KB122612

한국 조선산업사

일제시기편

배석만(裵錫滿, Bae Suk Man) ▌

1968년 강원도 춘천에서 태어났고, 부산대학교 인문대학 사학과에서 학사, 석사, 박사 학위
를 받았다. 부산대, 부경대, 부산외대, 경성대 등에서 사학과 학생들에게 한국사 강의를, 단
국대, 경기대, 성공회대, 한국외대 등에서 경제학과 학생들에게 경제사 강의를 했다. 일본 도
쿄대학, 가쿠슈인대학에서 객원연구원으로 연구했고, 현재는 고려대학교 민족문화연구원
HK연구교수로 있다. 산업사, 기업사, 자본가에 관심을 가지고 연구를 진행하고 있다. 저서로
『한국 중화학공업화와 사회의 변화』(공저, 2014), 『韓國經濟發展への經路 : 解放 · 戰爭 · 復興』
(공저, 2013), 『일제시기 부산항 매축과 池田佐忠』(공저, 2012) 등이 있다.

민족문화 학술총서 53

한국 조선산업사 일제시기편

초판 1쇄 발행 2014년 10월 30일

지은이	배석만
펴낸이	윤관백
펴낸곳	도서출판 선인

등 록	제5-77호(1998.11.4)
주 소	서울시 마포구 마포대로 4다길 4(마포동 324-1) 곳마루 B/D 1층
전 화	02)718-6252 / 6257
팩 스	02)718-6253
E-mail	sunin72@chol.com

정가 23,000원
ISBN 978-89-5933-772-9 93910

· 잘못된 책은 바꿔 드립니다.
· www.suninbook.com

한국 조선산업사

일제시기편

배석만

조선산업을 연구하게 된 것은 『대한조선공사30년사』라는 책과 만나게 된 것이 계기였다 1968년 대한조선공사(大韓造船公社)가 간행한 이 책은 사실 서울의 한 헌 책방에서 다른 책을 산 대가로 주인에게 덤으로 얻은 것이었다. 제본은 떨어지고 종이는 부식되어 가게 앞 도로에 탑처럼 쌓여져 있던 책들 속에 섞여 있었다. 다른 책을 많이 샀다고 생각했는지, 책방 주인은 내가 들고 온 이 상태가 좋지 않은 책에 대해 흔쾌히 인심을 썼다.

이렇게 얻게 된 『대한조선공사30년사』는 필자에게 대한조선공사의 전신으로 일제시기 일본인이 건설한 조선중공업주식회사(朝鮮重工業株式會社)라는 조선소의 존재를 알게 해 주었다. 그러나 이때만 하더라도 필자의 관심은 조선산업사(造船産業史)에 있었다기보다는 조선중공업이 일제가 남기고 간 귀속기업체였다는 점에 있었다. 필자가 대학원에 들어간 1990년대 초반은 이른바 '근대화논쟁'이 한창 뜨거웠던 때이고, 귀속재산은 논쟁의 중심에 있었던 연구대상 중 하나였다. 해방 후 한국 자본주의 발전 과정에서 귀속재산, 특히 귀속기업체가 어떤 역할을 했는가에 대한 논의가 진행되었다. 해방공간의 혼란과 한국전쟁으로 인한 파괴를 근거로 그 역할을 부정적으로 보는 주장과, 면방직 귀속기업체의 휴전 후의 급속한 부흥 등을 근거로 귀속기업체가 중요한 역할을 했다고 보는 주장이 맞서고 있는 상황이었다. 필자의 석사논문인 조선중공업이 해방 후 1950년대를 거치면서 어떤 식으로 운영되었고, 그 경영 상태는 어떠했는지를 분석한 「1950년대 대한조선공사의 자본축적시도와 실패원인」은 이 논쟁을 염두에 둔 것이었다. 필자는 조선중공업을 통해 해당 산업분야에서 압도적 지위를 점하고, 해방공간의 혼란과 전쟁으로 인한 물적 피해가 없는 귀속기업체라고 하더라도 해방 후 일본과의 단절, 새롭게 설정된 국내외적 경제조건으로 인해 그 역할을 제대로 하지 못하고 오히려 한국 경제에 부담으로 작용한 사례도 있다는 것을 주장하였다. 처음 쓴 논문이니 지금 보면 부끄러움이 앞서지만, 현재는 여러 학문 분야에서 주목하는 중요한 기업체를 처음 소개했다는 자부심도 조금은 있다.

석사논문을 제출한 이후의 나의 연구 활동은 박사과정에 진학하기는 했지만 슬럼프의 연속이었다. 여러 가지 요인이 있지만, 가장 컸던 것은 자료의 벽이었다. 대한조선공사의 1960년대 이후 경영에 대한 실증분석을 해보고 싶었지만, 국영기업이자 기간산업이었음에도 불구하고 도무지 관련 자료를 구할 길이 없었다. 비싼 차비와 숙박비, 그리고 시간을 들이며 서울의 주요 도서관과 헌책방 골목, 정부기록보존소 등을 누비고 다녔으나, 결과는 기대와 달랐다. 군대를 갔다 온 것도 있었지만, 논문 한 편 쓰지 못하고 몇 년의 시간이 지났다. 그런데 연구자로서의 새로운 전기는 의외의 계기에서 찾아왔다. 1년간 일본 도쿄대학에서 연구할 수 있는 기회를 얻었기 때문이다. 이미 나이는 30대 중반을 지나고 있었지만, 이 1년은 지금까지의 연구자 생활에서 가장 집중할 수 있었고, 행복했던 기간이었다. 특히 경제학부도서관에서 『전시해운자료(戰時海運資料)』와 만난 것은 행운이었고 이 책이 탄생하는 시초가 되었다. 동 자료를 통해 조선중공업의 태평양전쟁기 생산 활동 및 경영 실태를 확인할 수 있었다. 아울러 소형 목선을 건조하는 중소형 조선소들의 행적도 확인할 수 있었다. 대한조선공사의 1960년대 이후의 경영실태가 아닌 시대를 거슬러 올라가 일제시기 조선중공업을 중심으로 한 조선산업사를 연구해야겠다는 연구 방향을 결정하는 순간이었다. 여러 가지로 운이 따라서 당초 1년 예정이었던 일본에서의 연구 활동기간이 5년으로 늘어났다. 이로 인해 박사논문 중간발표와 심사를 위해 몇 번씩 현해탄을 건너는 본의 아닌 호사(?)를 누렸지만, 지금 생각해보면 즐거운 시간이었다. 한국 조선산업의 형성과 전개 과정을 역사적으로 분석한 이 책은 도쿄대학에서의 연구 기간에 대부분이 쓰여 졌다고 해도 과언이 아니다. 『전시해운자료』 외에 이 책의 주요 이용 자료들인 『묘가다니문서(茗荷谷文書)』, 『폐쇄기관청산관계자료』 등도 이 시기에 만난 자료들이다.

조선산업은 현재 한국의 대표산업으로 도크(dock)에서 거대한 선박이 진수하는 광경은 근대 공업화 및 경제발전의 상징이며, 정주영의 현대중공업 울산조선소 건설은 일반국민들에게도 낯익은 이야기이다. 더욱이 조선산업의 세계패자였던 일본을 누르고 2000년대 이후 세계 1위의 조선강국으로 부상한 업적이 가미되면서 한국 조선산업의 성장 과정은 하나의 신화가 되었다. 현재는 중국의 부상으로 고전하고 있기는 하지만 대표 수출산업이자 세계적 조선강국의 위상에는 큰 변화가 없다.

그런데 의외의 사실은 이와 같은 조선산업이 이 땅에 어떻게 형성되었고, 어떤 역사적 전개 과정을 거쳐 오늘에 이르렀는가에 대한 본격적인 연구서가 없다는 점이다. 조선업계나 조선학회에서 책을 발간한 적이 있지만, 대강의 흐름을 시계열적으로 나열하고 있는 형식이고, 그나마도 1970년대 이후의 전개 과정에 중점이 있다. 이런 경향은 현재의 조선산업이 있게 된 계기를 주로 박정희시대의 작품으로 알려지게 하는 데 중요한 역할을 하였다. 이 책은 이것이 일부만 타당한 얘기임을 밝히기 위한 것이기도 하다.

우리나라 조선산업의 역사는 생각보다 길다. 공업화를 위해 반드시 조선산업을 육성해야 한다는 인식, 그리고 이를 위해서는 국가의 '리더십'이 필요하다는 인식은 이미 이승만정권기에 정립되어 있었다. 1958년 제정된 '조선장려법'은 해방 후 최초의 산업육성법이었다는 사실이 이를 뒷받침한다.

한국전쟁 직후 세계에서 가장 빈곤한 나라 중 하나였던 상황에서 이승만정
권이 막대한 설비투자가 필요한 대표적 중공업인 조선산업의 육성에 주목
한 동기는 어디에 있었을까. 직접적인 계기는 한국전쟁을 계기로 대규모로
동원된 일본 선박의 대체가 필요했다는 것에 있지만, 일제시기 국책적 관
점에서 설립된 대형 강선(鋼船) 조선소인 조선중공업의 존재도 중요한 역
할을 했다.

이 책을 구상하면서 원래는 일제의 식민지가 된 이후 이 땅에 근대적 조
선이 이식되고, 태평양전쟁과 한국전쟁을 거치면서 변용의 과정을 거쳐 개
발독재시대의 시행착오를 통해 수출전문산업으로 정착되기까지의 역사 과
정을 밝히려 하였다. 그리고 이를 통해 근대 산업국가로의 발전에서 식민
지를 경험한 '후후발국(late late comer)'인 한국의 공업화 과정이 가지는 특
징, 급속한 성장의 동력을 구명해 보려고 하였다. 그러나 한 권의 책에 이
전부를 담기에는 여러 가지로 무리가 있었다. 그래서 우선 일제시기까지의
역사과정을 정리하여 출판하기로 하였다. 일제가 남긴 조선산업의 물적,
인적 유산을 토대로 시작된 이승만정권기 육성부터 대표적 수출전문산업
의 위상을 갖게 된 박정희정권기까지의 역사과정은 별도의 책으로 정리될
것이다.

이 책은 필자가 2005년 부산대학교에 제출한 박사학위논문 『1930~50년
대 造船工業 정책과 造船會社의 경영』과 그 이후의 후속 연구 성과를 토대
로 하고 있다. 사실 대체적인 자료 수집을 완료하고 체제를 구축하여 학위
논문을 본격적으로 쓰기 시작할 무렵에는 논문을 제출하면 부분적인 수정
만을 거쳐 그대로 공간하기로 마음을 먹었었다. 그러나 논문을 써내려가는
과정에서, 그리고 심사를 받으면서, 여러 선생님들, 선학, 후학들로부터 얻
은 소중한 가르침을 통해 많은 부족한 부분을 발견하게 되었다. 그리고 이
것은 책의 공간이 조금 늦어지더라도 필자 스스로 채워 넣어야 할 과제라

는 생각을 갖게 하였다. 일제시기의 경우 전통적 조선업과 근대적 조선산업의 관계, 개별 조선소의 구체적 경영실태, 한국인 조선업자의 실태 등을 보다 명확하게 하고 싶어졌다. 그리고 무엇보다 하고 싶었던 것은 조선산업이 한국의 대표산업으로 등장하는 변곡점의 시기가 되는 박정희시기에 대해 추가적인 연구였다. 운 좋게 좋은 사람들과 자료를 만나 연구의 진척이 있었지만, 결국 한 권의 책으로 묶을 수는 없었다.

지금 돌이켜보면 자신의 학문에 대한 소질과 능력을 고려하지 않은 만용이었다는 생각이 들고, 연구의 목표를 향한 현재진행형의 과정이지만, 일제시기편인 이 책의 내용 속에도 학위논문 이후의 연구진척 결과를 조금이나마 추가하게는 되었다. 초기 목조선을 중심으로 한 일본 조선업의 이식과정과 그럼에도 장기간 잔존한 한국의 전통적 조선업의 문제를 다룬 제1장의 전면 개작, 개별 조선소의 구체적 경영실태에 대한 보충, 한국인의 조선소 경영사례의 발굴 등이 그 내용이다. 고작 이 정도 때문에 학위논문 제출 이후에도 책으로 출판되기까지 거의 10년의 세월이 걸렸는가라고 추궁한다면, 부끄럽지만 나무는 보되 전체 숲을 보지 못했던 천박한 재능과, 천성적 게으름 때문이다. 그나마 오랜 세월이 걸렸음에도 불구하고 이렇게 책을 내게 된 것은 어디선가 주위들은 '우보만리'라는 고사성어에 기대어 스스로의 아둔함과 게으름을 합리화하며 버텼기 때문일 것이다.

필자의 박약한 소질과 천성적 게으름을 생각하면, 대학원에 들어와 20년이 넘는 세월을 한 길을 걸어올 수 있었고, 부끄럽지만 하나의 결과물을 세상에 낼 수 있기까지 주위의 많은 분들에게 도움을 받고 폐를 끼쳤다. 지면을 통해서나마 감사를 드리고 싶다. 김동철 선생님은 조선후기 경제사를 전공하셨음에도 불구하고 1950년대 경제사를 하겠다는 제자를 굳이 말리지 않으셨다. 오히려 항상 격려해 주셨고, 슬럼프에 빠진 제자가 일본에 갈 수 있도록 다리를 놓아 주신 것도 선생님이셨다. 일본에서의 연구 활동은 박사학위를 받고, 이 책이 나오게 된 재출발의 시작점이었음으로 그 은

혜를 잊을 수 없다. 최원규 선생님은 연구에 대한 열정과 부지런함을 몸소 보여주셨음은 물론 연구자의 주장이 서론과 결론에 있는 것이 아니라 본문의 실증분석 속에 들어있어야 한다는 것을 가르쳐주셨다. 모교를 떠난 지 이미 오래되었음에도 불구하고 불쑥 찾아가는 제자를 따뜻하게 맞아주고 격려를 아끼지 않으시는 채상식 선생님, 박사학위논문 심사가 끝난 자리에서 축하와 함께 이것이 연구자로서의 본격적인 시작임을 상기시켜 주신 윤용출 선생님, 스승의 자리임에도 불구하고 언제나 선배의 입장에서 조언과 격려를 해 주셨던 김기섭, 장동표, 백승충, 이수훈, 이종봉 선생님께도 감사드린다. 일본에서의 연구활동에서도 많은 선생님들께 도움을 받았다. 특히 요시다 미쓰오(吉田光男) 선생님, 핫토리 다미오(服部民夫) 선생님, 다케다 하루히토(武田晴人) 선생님, 가스야 겐이치(糟谷憲一) 선생님, 기미야 다다시(木宮正史) 선생님에게는 직접적인 큰 가르침을 받았다. 진심으로 깊은 감사의 마음을 전하며, 갑작스런 병마로 장기간 고투하고 계신 핫토리 선생님의 쾌유를 빈다. 일본에서 돌아온 후 아내의 직장을 따라서 본의 아니게 연구근거지를 서울로 옮기게 되었다. 아무런 연고도 없는 상황에서 필자가 보낸 간단한 메일 한 통에 흔쾌히 고려대 한국사연구소에 적을 두고 연구 활동을 지속할 수 있도록 편의를 봐주신 정태헌 선생님께도 깊이 감사드린다. 선후배, 동료 연구자들과의 연구공동체는 힘든 상황에서도 묵묵히 연구자의 외길을 걷도록 인도한 길잡이였다. 부산지역 근현대사 연구자들의 모임인 부경역사연구소 근현대연구부, 한 달에 한 번씩 서울나들이의 기회를 제공했던 산업사연구회, 그리고 현재 필자가 몸담고 있는 고려대 민족문화연구원 HK한국문화연구단의 여러 선생님, 선후배 동료 연구자들에게 감사드린다. 일일이 거론할 수 없었음에 송구한 마음이지만 앞으로도 변함없이 이분들과 같은 길을 걸을 것이다.

약속된 기일을 잘 지키지 않는 나의 고약한 습성 때문에 도서출판 선인의 윤관백 사장님에게는 항상 고마움과 미안함이 교차한다. 이번에도 변함없이 고약한 습성이 나타났음에도 불구하고 흔쾌히 출판을 맡아주셨다. 감사드린다. 까다로운 주문에도 변함없는 모습으로 꼼꼼하게 편집과 교정을 담당해준 이경남 팀장님과 편집부에도 같은 마음이다.

마지막으로 가족에 대한 언급으로 글을 마칠까 한다. 우선 사십대 후반에 접어든 아들임에도 여전히 걱정이 많으신 팔순의 아버님과 평생의 믿음이셨던 부처님 곁에서 편히 쉬고 계실 어머님께 이 책이 조그만 위안과 기쁨이었으면 좋겠다. 그리고 인생의 동반자이자 같은 시대를 전공하는 동료 연구자이기도 한 노기영 선생은 게으른 남편의 집필 독려자이자, 최초 독자, 그리고 최초 교정자로서 질정을 마다하지 않았다. 진심어린 고마움과 미안함, 그리고 사랑을 이 책에 담아 전한다.

2014년 가을에
배석만 씀

▌차례

▌표 / 그림 차례

서론

서 론

1. 산업사연구의 필요성

한국[1]을 후발 산업국가들 가운데서 보기 드물게 급격한 경제성장을 이룩한 나라라는 인식은 이제 일반적인 것 같다. 놀라울 정도로 장기간 한국 학계의 최대 논쟁거리인 '근대화논쟁' 조차도 따지고 보면 경제성장을 전제로 한 그 원인분석에 논점이 있다. 식민지와 전쟁을 경험하고 장기간의 권위주의적 통치하에서 힘겹게 민주화가 이루어진 나라임에도 불구하고 달성된 이 성공담은 세계적으로도 드문 케이스로 받아들여졌다. 국내외의 많은 학자들이 한국의 경제발전에 주목하고 그 원인을 밝혀보려고 시도한 것은 어쩌면 당연하다. 그리고 지금까지 쌓인 연구축적 속에서 한국 근대경제의 형성과 성장에 작용한 여러 가지 요인들이 분석되어 나오기 시작했다. 일제시기 '식민지 근대'의 경험과 유·무형의 유산, 해방 후 미국 또는 일본의 역할, 박정희로 상징되는 국가의 리더십, 노동자의 역할 등이 그것이다.

그러나 이들 주장은 20세기 한국의 근대 공업화 과정이라는 '전체상' 속

---

[1] 이 책에서는 일제시기의 경우도 조선(朝鮮)을 사용하지 않고 한국(韓國)을 사용했다. 대한제국기 한국이라는 국호가 사용되었다는 점을 염두에 두었으며, 조선(造船)과의 혼동을 방지하기 위한 목적도 있다.

에서 본다면 개별적이고 파편적이라는 느낌을 지울 수 없다. 일제시기 연구자는 식민지적 요인을, 박정희시기 연구자는 특정 인물의 리더십에 주목하고, 이것을 그대로 한국 경제발전의 결정적 요인이라고 주장하는 식이다.[2] 그러나 이것은 무리한 역사상을 만드는 측면이 있다. 대표적인 예가 식민지적 요인을 강조하는 연구자들이 시도한 일제시기 자본주의, 정확하게는 1930년대까지의 자본주의와 1960년대 박정희정권기의 기계적 연결이다. 그 사이에 두 번의 전쟁과 평시경제와는 전혀 다르게 작동하는 전시경제체제의 구축, 냉전과 원조 경제시스템이 있었음에도 불구하고 크게 신경쓰지 않는 것처럼 보인다. 현재의 한국 경제발전과 관련한 논쟁들의 비생산성의 측면들은 여기서 발생한다. 해당 요인들이 속한 시기의 연구만을 통해 경제발전이라는 현재의 한국 경제의 결과의 주요한 원인으로 해당 요인을 주장할 뿐 각각의 요인의 '상호 관련성'에 대해서는 그다지 주목하지 않기 때문이다. 그러나 당연한 이야기이지만 실제 역사 속에서는 다시 말해 20세기 한국 근대 경제사의 흐름 속에서는 각 요인이 충돌하기도 했고, 병존하거나 대체되기도 하고, 서로 결합하기도 하였다.

20세기 한국의 근대 공업화 과정의 총체적 모습을 생생하게 드러내 보일 수 있는 보다 효과적인 방법은 없을까? 현실적으로 일제시기부터 해방 후 박정희정권기를 아우르는 시기를 거시경제의 측면에서 총괄적으로 연구하는 데는 방법론적 한계가 있다. 최근 하나의 방법으로 '장기통계분석'이라는 통계학적 기법을 통해 20세기 한국 공업화를 분석하려는 연구가 활발하

---

[2] 이들 주장은 현재도 여전히 상호 간의 의사소통보다는 각개 약진 식으로 활발히 연구 성과를 만들어내고 있다. 최근의 연구 성과만을 언급하더라도 이런 연구경향은 쉽게 확인된다. 주익종은 식민지 유산(주익종,『대군의 척후─일제하의 경성방직과 김성수·김연수─』, 푸른역사, 2008), 브레진스키는 미국의 역할(Gregg Brazinsky, *Nation Building in South Korea : Koreans, Americans, and the Making of a Democracy*, Chapel Hill: The University of North Carolina Press, 2007), 니시노는 해방 후 일본의 역할(西野純也,「한국의 산업정책 변화와 일본으로부터의 학습 : 1960~70년대를 중심으로」, 연세대 박사논문, 2005), 박영구는 박정희정권의 리더십(박영구,『한국중화학공업화연구총설』, 해남, 2008)에 주목하고 있다.

게 시도되고 있다. 이 시도는 20세기 한국 경제사 연구의 기초데이터 구축
이라는 관점에서 큰 의의를 갖는 작업이지만, 주지하듯이 수치와 통계 분
석만으로는 역사의 많은 부문을 얘기하지 못한다. 한말과 일제 초기, 그리
고 20세기 최대의 혼란기인 1940~50년대는 자료 부족으로 신뢰할 만한 데
이터를 구축하는 것조차 힘겨워 보인다. 한편 역사연구의 전통적 방법 중
하나라고 할 수 있는 구체적인 사례를 통한 실증연구—경제사에서는 개별
기업사 연구나 자본가 연구가 여기에 속할 것이다—는 지속적으로 이루어
져 왔지만, 분석결과를 일반화시키는 데 한계가 있고, 일반화를 위해서는
다양한 사례연구가 필요하지만 그럴 경우 자료적 제약이라는 난관에 다시
부딪치게 된다.

결국 근대 한국공업화 과정의 총체적 모습을 그리려는 목적달성을 위해
새로운 돌파구가 필요한데, 이 책은 그 돌파구로 산업사적 접근법에 주목
했다. 산업사 연구는 특정 산업을 대상으로 국가의 정책과 기업의 대응이
라는 수직적 관계와 시장(원료, 제품)과 자본, 기술이라는 수평적 관계를
종합적이고, 시계열적으로 고찰하는 것이다. 개별 기업, 자본가 사례연구
보다 연구 대상의 범위가 넓고, 장기통계를 이용한 거시경제 분석의 단점
을 일정하게 보완할 수 있어서 한 국가의 장기공업화 과정을 밀도 있게 추
적하는 데 적절한 방법론으로 생각한다.

물론 산업사 연구는 새로운 방법론은 아니다. 근대 자본주의 발전 과정
이라는 '전체상'을 보는 하나의 방법으로 연구 대상 시기의 '대표 산업'을
실증적으로 분석하는 것은 이미 일찍부터 이루어졌다. 한국의 경우 1980년
대 말부터 일정하게 이루어진 면방직을 중심으로 한 섬유산업에 대한 연구
가 대표적이다.[3]

---

[3] 주요 연구는 다음과 같다. 權泰檍, 『朝鮮近代綿業史硏究』, 一潮閣, 1989 ; 김양화, 「1950년
대 제조업대자본의 자본축적에 관한 연구-면방, 소모방, 제분공업을 중심으로」, 서울대
박사논문, 1990 ; 曺晟源, 「植民地期朝鮮棉作綿業の展開構造」, 東京大 博士論文, 1992 ;
주익종, 「일제하 평양의 메리야스공업에 관한 연구」, 서울대 박사논문, 1994 ; 서문석,

그러나 섬유산업이 한국 공업화의 역사과정 전체 모습을 보여주지는 못한다. '대표 산업'이 곧 '전체상'은 아니라는 지극히 상식적인 지적을 하는 것이다. 다양한 산업 분야별 연구의 필요성이 제기되는 이유이다. 그리고 이들 산업별 연구의 성과가 종합되는 형태가 '한국 자본주의'라는 '전체상'에 보다 근접한 역사상이 될 것이다. 그러나 섬유산업을 제외하면 개별 산업사연구는 거의 이루어지지 않았다.[4] '자료 부족'이라는 현실적 문제를 감안하더라도, 식민지와 분단, 전쟁, 개발독재에 이르기까지 드라마틱한 20세기 산업화 과정을 경험한 한국 경제를 생각하면 개별 산업에 대한 연구의 필요성은 구체적 당위성을 가진다.

이 책은 개별 산업사연구에 대한 이와 같은 문제의식을 포함하여 20세기 '한국 조선산업사'의 서술을 목표로 한다. 사실 자체가 제대로 알려지지 않았음으로 조선산업의 역사적 전개 과정에 대한 실증분석 자체에 보다 중점을 두었다. 굳이 한국 근대 경제발전 내지 공업화와 억지로 연결시키려는 노력은 하지 않았다. 물론 이러한 한국자본주의의 '전체상'과의 관계 설정을 전혀 의식하지 않은 것은 아니지만, 장기간 '마이너산업'이었던 조선산업에서 할 수 있는 말이 그렇게 많지 않을 것이라는 생각도 했기 때문이다. 다만, 실증분석 과정 속에서 '전체상'과 관련된 의미 있는 무엇인가가 조금이나마 자연스럽게 드러난다면 지적하고 넘어갈 것이다. 이것은 한국근대 경제사의 쟁점적인 문제들인 식민지 공업화, 연속과 단절, 국가의 역할 등에 대해서도 동일한 이 책이 가지는 입장이다.

이 책은 원래 한말 이후 박정희정권기에 이르는 조선산업의 역사를 기록

「귀속 면방직기업의 변천에 관한 연구-사례연구를 중심으로」, 단국대 박사논문, 1997 ; 權赫泰, 「日本纖維産業の海外進出と植民地-日本と植民地朝鮮の絹業・綿業と中心に-」, 一橋大 博士論文, 1997.

4) 섬유산업을 제외하고 산업사 연구 범주에 넣을 수 있는 주요 연구들은 다음과 같다. 박기주, 「조선에서의 광공업 발전과 조선인 광업가」, 서울대 박사논문, 1998 ; 정재정, 『일제침략과 한국철도』, 서울대학교출판부, 1999 ; 林采成, 『戰時経済と鉄道運営-「植民地」朝鮮から「分断」韓国への歴史的経路を探る-』, 東京大学出版会, 2005.

하려고 하였다. 식민지 이식산업으로 출발해 군수공업으로 성장했고, 해방 후 오랜 침체기를 거쳐 박정희정권기 수출전문산업화를 통해 각광을 받기 시작하기까지 대략 70여년의 역사를 한 권의 책에 담아보고 싶었다. 그러나 필자의 능력 부족으로 일제시기까지의 성과를 먼저 출판하게 되었다. 아쉬움이 있지만, 곧 출판될 해방 후 박정희시기까지를 다룬 '후편의 역사'를 염두에 두고 서술할 것이다. 아울러 일제시기편인 이 책 역시 한 권의 책으로서의 자기 완결성을 갖도록 최대한 주의를 기울였다.

한국 조선산업사의 전편에 해당하는 이 책이 갖는 자기 완결성은 다음과 같은 문제의식 속에서 만들어보려고 하였다. 오늘날 세계 시장을 석권하고 있는 한국 조선산업이 이렇게 발전할 수 있었던 이유를 일반인에게 묻는다면 두말할 필요 없이 박정희 대통령과 현대그룹 정주영 회장의 울산 조선소 건설—현재의 현대중공업주식회사이다—의 이야기가 나올 것이다. 이것은 이제 하나의 전설이자 신화가 되어버린 감이 있다. 박대통령의 정주영에 대한 꾸지람으로 상징되는 국가의 기업에 대한 지도, 오백원짜리 지폐에 그려진 거북선을 가지고 대형유조선 수주계약을 성사시킨 정주영의 뚝심[5] 등등이 그것이다.

그러나 한국 조선산업의 출발이 국가의 영단과 기업인의 수완에 의해 '어느날 갑자기' 시작된 것으로 생각하는 것은 역사학의 입장에서는 수용하기 힘들다. 현대의 울산조선소 건설이 있기 전에도 한말·일제시기까지 거슬러 올라가는 조선산업의 역사가 있었다는 것을 염두에 둔 것이지만, 이것을 강조하는 것이 단순히 기원에 주목하는 역사연구자의 습관 때문만은 아니다. 실제로 현대중공업 건설 이전의 역사는 현대중공업 건설 이후의 역사에 그것이 긍정적인 것이든 부정적인 것이든 절대적인 영향을 미쳤으며 또 밀접한 관계가 있었다. 즉 조선총독부와 이승만정권으로 이어지는

---

[5] 이 무용담은 현대중공업의 기업이미지 광고로 TV에 등장할 정도로 정주영과 현대그룹의 상징적 기업정신이다.

조선산업 육성정책, 정책 중심에 있었던 조선중공업주식회사—해방 후에
는 대한조선공사(大韓造船公社)—의 경영, 국제정세까지 가미된 제반 요인
들이 서로 영향을 주고받으면서 만들어낸 결과물이 현대중공업 울산조선
소의 건설이었다. 이 책은 이 주장에서 일제시기 육성 정책과 조선중공업
에 주목한 것이다. 그리고 일제에 의해 이식되고 육성된 조선산업이 해방
후 우리에게 어떤 모습으로 남았는지도 확인할 것이다.

조선산업의 역사적 전개는 시간적 흐름에 순응한 단순한 계승이 아닌 각
시기별 환경과 결합한 다이나믹한 '변용'의 과정이었다. 즉 한국 근대 조선
산업의 역사, 정확하게는 오늘날의 조선산업을 이룩하는 토대를 박정희정
권의 '미래 예측적 영단'과 정주용의 저돌적 기업가정신에 입각한 현대중공
업 건설부터가 아닌 일제시기부터 해방 후 역대 정권에 이르기까지 다양한
이유로 국가권력에 의해 끊임없이 시도된 조선산업 육성의 '장기지속의 역
사 산물'이었다는 시각이 이 책의 기본적 입장이다.

2. 연구방향과 내용

일제시기 조선산업사는 일본 제국주의 식민지였던 시대에 과연 그런 산
업의 역사가 있었는지도 의문스러워 했을 정도로 베일에 싸여 있었다. 연
구가 이루어지지 않았기 때문이다. 경성제대 출신의 엔지니어로 태평양전
쟁기 인천에 있었던 주식회사 조선기계제작소(朝鮮機械製作所)에 취직하
여 일본 육군이 발주한 잠수정 건조에 종사했던 김재근(金在瑾)이 1978년
『大韓造船學會誌』에 게재한 단편 논문이 거의 유일한 기존 연구이다.[6] 김
재근은 해방 후 서울대 조선공학과 교수를 지내면서 한국 조선산업 발전에

[6] 金在瑾, 「日政時代의 造船業體」, 『大韓造船學會誌』 15-4, 1978.

공헌한 조선산업 1세대 엔지니어로, 그의 연구는 조선산업을 본격적인 역사연구의 대상으로 삼은 선구적 의의를 가진다. 그러나 그가 보다 주목한 것은 전근대 한국의 전통선 연구였고, 일제시기 조선산업에 대한 연구를 진척시키지는 않았다.[7]

이 책은 1차적으로 일제시기 조선산업의 구체적인 전개 과정을 실증적으로 밝히는 데 주력할 것이다. 최초의 목조선(木造船) 부문[8]에서의 일본 조선업자의 진출과 일본 전통선인 와센(和船)의 도입에 따른 변화에서 시작하여, 1930년대 민수와 군수 양 방향의 수요에 따른 조선산업의 본격적 확장과 대형 강선(鋼船) 조선소로서 조선중공업의 설립, 그리고 곧이어 직면한 전시통제경제 속의 침체와 이후 태평양전쟁기 전시계획조선(戰時計劃造船)에 따른 2차 확장, 마지막으로 해방 후 일제가 남기고 간 조선산업의 유산과 미군정기 귀속재산으로서의 관리 실태를 검토한다. 주로 국가차원의 육성정책의 배경과 실시 과정 및 결과, 그리고 정책에 대한 개별기업 대응, 그 결과로서의 경영실태와 변화에 주목하였다. 관련하여 다음의 몇 가지를 중점적으로 밝히고자 하였다.

첫째, 일본으로부터 이식된 초창기 조선산업의 내용을 밝히려했다. 특히 와센의 도입과 이들 선박의 건조 및 수리 수요에 대응하여 설립된 일본인 조선소들의 실태를 검토하는 한편으로 그럼에도 불구하고 한국의 기존 전통적 조선업이 장기간 존속했던 사실도 확인하려고 하였다.

---

[7] 김재근은 1920년 평안남도 龍岡에서 태어났고, 1943년 9월 경성제대 이공학부 기계공학과를 졸업했다. 졸업과 함께 조선기계제작소에 技手로 취직한 것을 계기로 잠수함 건조사업에 관여했다. 해방 후에는 국립해양대학 조선학과 교수를 거쳐 1949년부터 서울대학교 조선공학과 교수로 재직했다. 한국 조선엔지니어 1세대로 조선산업 발전에 중요한 역할을 했고, 역사에도 관심이 많아 한국의 전통선(韓船) 연구에 큰 업적을 남겼다. 김재근은 1987년『日政時代의 造船業』을 大韓民國學術院에서 출판하였으나 내용은 앞의 논문과 크게 다르지 않다.

[8] 일제시기 목조 어선 건조 및 수리를 중심으로 하는 조선 부분을 '목조선'이라고 불렀다. 이 책에서도 같은 의미로 사용한다.

둘째, 1930년대부터 본격적으로 규모가 확대된 조선산업과 관련하여 그 배경을 식민지 모국 일본과의 관계, 군수와 민수 모두를 염두에 둔 시장 분석을 통해 검토해 보려고 하였다. 정어리 어업을 중심으로 하는 수산업의 호황을 배경으로 한국 내 일본인 수산업자들을 중심으로 추진된 대형 목조선소 건설계획의 추진, 군수에 기대어 설립과 확장에 성공한 조선중공업의 실태를 구체적으로 밝힐 것이다. 아울러 이러한 군수, 민수 차원의 동시적인 조선산업 확장 움직임이 중일전쟁의 장기화에 따른 급속한 전시경제로의 전환으로 인해 제동이 걸리는 상황에도 주목할 것이다.

셋째, 1930년대 후반 전시경제체제의 구축에 한국의 조선산업이 어떻게 편입되어 생산활동을 전개하는지를 구체적으로 분석한다. 특히 전시경제의 양대 축인 물자동원계획과 생산력확충계획에 편입되어 생산 활동을 전개한 조선중공업의 재생산 구조를 면밀히 파악할 것이다. 이것은 전시경제체제에서 시국산업 내지 군수산업 확충이라는 이름으로 전개된 중화학공업화의 한국 내 실행 구조가 구체적으로 어떤 형태였는지를 파악하는 데 일정한 단서를 제공할 것으로 생각한다.

넷째, 태평양전쟁기 해상운송력 강화를 목적으로 한 선박 양산시스템인 전시계획조선을 계기로 한국 내 조선산업의 규모가 재차 확장하는 과정을 구체적으로 밝힐 것이다. 일본 해군의 직접적인 통제와 일본 조선업계에 직접 편입되어 대형 강선의 건조를 실시했던 조선중공업과 조선총독부의 통제하에 소형 목선 건조를 수행했던 그 외의 조선소들의 실태를 구체적으로 확인할 것이다.

다섯째, 조선산업이 일제 말에 어느 정도 수준까지 도달했는가를 파악한다. 이것은 일제시기 한국경제사 연구에서 누락된 태평양전쟁기 군수공업화의 모습을 일정정도 드러나게 할 것이다. 특히 태평양전쟁기는 전시통제경제가 본격적으로 한국에 적용되는 시기로 이 시기 공업화는 1930년대 조선총독부 주도의 공업화와는 또 다른 모습을 띠고 있음을 확인할 것이다.

아울러 1930년대 말의 시점이 아닌 1945년 8월 시점에서 조선산업의 실태가 명확해 짐으로써 해방 후 한국에 남아 있던 조선산업의 규모가 명확하게 드러날 것으로 생각한다.

여섯째, 해방공간 미군정에 의한 식민지 유산의 접수와 관리 실태, 개별 조선소의 경영실태를 검토할 것이다. 이것은 해방 후 한국 조선산업의 전개 과정을 염두에 두고 분석을 진행할 것이다. 구체적으로는 1950년대 한국 해역에서의 일본선박 축출이라는 정치적 목적으로 조선산업 육성을 강력하게 추진했던 이승만정권에게 식민지 유산이 어느 정도 인계되었는지를 확인하기 위한 작업이다.

대한조선공사는 일제시기 조선중공업의 역사를 자신의 역사로 포함하여 1968년 출판한 『대한조선공사30년사』에서 일제시기 조선에 대해 다음과 같이 서술하고 있다.

> "(조선중공업은) 500톤급 이하의 함정은 수십척을 건조하였으나, 대부분이 해군 당국의 건조 명령에 의한 것이었고, 일반 민수용 선박은 열손가락(十指)을 꼽을 정도였으며, 1,000톤급 이상 선박으로서는 1939년에 건조한 1,100톤급 화물선단 1척 뿐이었다"[9]

> "한국민의 혈세는 그들 위주의 조선, 그들 위주의 해운이었다. 한국민은 그들을 위하여 희생되었으나 남기고 갔다는 조선시설과 선박 등은 노후되어 폐품에 가까운 것뿐이었다. 우리들은 8·15해방 때 그들이 이 강토에 무엇을 남기고 갔는가를 생각할 것이 아니라 우리들이 자존자립의 길을 개척하는 새 출발을 함에 있어 우리들은 처음부터 시작하지 않으면 안되게 되었다는 것을 알아야 한다"[10]

사실 위의 대한조선공사의 주장은 완전히 틀린 말은 아니지만, 역사적 사실과도 차이가 있다. 이 책에서 밝히겠지만, 조선중공업은 위에서 지적

[9] 『대한조선공사30년사』, 1968, 26쪽.
[10] 위의 책, 50쪽.

한 1척의 선박 외에도 2,000톤급 이상의 화물선 수 척을 건조했다. 아울러 조선중공업의 시설은 노후되어 폐품에 가까운 것이었다고 보기도 어렵다. 오히려 이렇게 만든 원인은 관리에 중점을 둔 미군정의 정책에도 책임이 있으며, 조선중공업은 미군정의 반대에도 불구하고 생산 활동을 계속하려고 노력했다.

이 책은 대한조선공사가 주장하는 것과 같은 일제시기 조선산업사에 대한 역사인식에 오류가 있음을 밝히는 것이다. 그렇다고 일제시기 조선산업이 크게 발전했으며, 그것은 해방 후 한국 조선산업 성장에 결정적인 역할을 했다는 것을 의미하는 것은 아니다. 식민지 유산이 가지는 역할은 분단과 전쟁, 냉전, 원조경제라는 국내외적 정치경제요인과 결합하면서 근본적으로 변형되었기 때문이다. 이 부문에 대한 엄밀한 실증분석은 후편에서 이루어질 것이다. 일제시기 전시경제체제 구축을 이론적으로 뒷받침한 경성제대 교수 스즈키 다케오(鈴木武雄)는 패전직후 한반도 남부에서 발전했던 중화학공업을 언급하면서 경인지역의 금속기계공업, 삼척의 화학공업과 함께 부산의 조선산업을 지적했다.[11] 일제 말 조선총독 고이소 구니아키(小磯國昭) 역시 훗날의 회고록에서 부산을 조선산업으로 대표되는 지역으로 기억하고 있다.[12] 부산지역 공업에 대한 일본인들의 이와 같은 인식과 기억은 한말부터 형성된 영도의 목조선소들과 중일전쟁과 함께 설립되어 급성장한 조선중공업의 존재에 크게 지배되었던 것임이 확실하다. 그러나 일제시기 일본인들의 기억과 달리 해방 후 한국인들은 부산의 공업을 중공업과 연계시키지도 않았고, 부산을 대표하는 공업 중 하나로 조선산업을 떠올리지도 않았다. 박정희정권기에 들어 조선산업에 새롭게 서광이 비쳤을 때도 이 정권이 주목한 곳은 부산이 아니라 울산과 거제도였다.

---

11) 鈴木武雄, 「独立朝鮮経済の将来」, 大蔵省管理局, 『日本人の海外活動に関する歴史的調査』第11冊, 朝鮮編第10分冊, 1947, 168쪽.
12) 小磯国昭, 『葛山鴻爪』, 中央公論事業出版, 1963, 764쪽.

이 책은 서론과 결론을 제외하고 총 9장으로 구성되었다. 시기구분의 관점에서 보면 1장이 성장이 본격화되기 이전의 시기, 2장부터 4장까지가 1930년대 본격적 확장의 시기, 5장에서 7장이 태평양전쟁기인 1940년대 전반기를 대상 시기로 한다. 그리고 9장은 미군정기, 즉 1940년대 후반의 시기이다. 8장은 조선산업에서 활동한 한국인 자본가를 다룬 부문으로 보론으로 넣을까도 생각했지만, 이들이 경영한 조선소가 가지는 비중이 컸고, 주로 태평양전쟁기의 활동이었기 때문에 태평양전쟁기를 다룬 말미에 배치하였다. 책의 구성을 일제시기 한국 경제와의 관련성 속에서 보면, 식민지 공업화, 군수공업화와 전쟁동원, 식민지유산의 순으로 정리할 수 있을 것이다.

구체적 내용에서는 우선 일제시기 조선산업의 양대 부문인 목조선과 강선조선를 구분하여 서술하였고, 부문별로는 정책과 여기에 대한 기업의 대응이라는 산업사적 접근법을 유지하기 위해 노력하였다. 즉 일제시기 조선산업사에서 식민지 권력을 포함한 국가권력이 중요한 역할을 하기 때문에 관련 정책의 검토가 일차적으로 중요한 의미를 가지는 것은 사실이지만, 단순히 경제정책사적인 분석에 머무르지 않기 위해 해당 정책의 실현 여부를 파악함은 물론 최대한 주요한 개별 조선소의 경영 실태까지 밝혀 보려고 하였다. 이 책의 각 장별 연구내용은 다음과 같다.

1장에서는 목조선 부문을 중심으로 전개된 1920년대까지의 조선산업사를 개략적으로 다루었다. 1930년대부터의 본격적 전개의 전사(前史)라는 의미도 가진다. 일본으로부터의 초창기 조선산업 이식 실태와 이를 통한 1920년대 말의 조선산업의 규모와 수준, 그리고 일본 조선산업 이식에도 불구하고 장기간 존속한 한국의 전통적 조선업의 모습이 여기서 다루는 주요한 테마들이다.

2장에서는 확장이 본격화되는 1930년대 조선산업의 전체적인 실태와 주요 조선소의 경영상황을 분석하였다. 조선산업이 성장하는 배경을 민수시장과 군수시장이라는 양 측면에서 검토하고, 그 결과로 1930년대 말 조선 산업의 전체적인 추이와 대형 조선소의 설립상황을 살펴본다. 어업의 호황 에 힘입은 수산업자들의 대형조선소 건조 움직임에도 주목하였다.

3장은 한국 최초의 대형 강선 전문조선소로 1937년 설립된 조선중공업에 대해 분석하였다. 조선중공업은 1970년대 현대중공업이 건설되기 전까지 한국조선산업과 사실상 등치되는 위상을 가진 조선소로 군림하였다. 따라 서 설립배경부터 설립과정, 태평양전쟁 직전까지의 자본축적 과정 등을 최 대한 구체적으로 분석하려고 하였다.

4장은 1930년대 본격화 되었던 조선산업의 성장이 1937년 중일전쟁 발발 과 이 후 장기화가 전망되면서 엔블록 경제가 급속하게 전시경제체제로 전 환되는 국면에 직면하여 둔화 내지 정체되는 과정을 분석할 것이다. 주요 하게는 수산업자들이 필요한 어선의 자체 조달을 위해 추진한 조선소 건설 계획의 축소과정, 조선중공업이 전시통제경제로 인해 직면한 경영 위기와 이의 극복 노력 등을 다루게 될 것이다.

5장은 태평양전쟁기 해상운송력 유지·확충을 위한 선박 양산을 목적으 로 일본 정부가 엔블록 차원에서 실시한 전시계획조선의 전체적인 모습을 분석한다. 500톤 이상의 강선을 대상으로 하는 '갑조선(甲造船)'과 그 외의 선박, 주로는 목선을 건조하는 '을조선(乙造船)'의 구체적 시행 구조를 살펴 보고, 이를 토대로 일본에 직접 편입된 한국의 갑조선과 조선총독부가 진 행한 을조선의 시행 구조를 구체적으로 밝혀 볼 것이다.

6장은 일본 해군성의 직접 통제하에 시행된 한국 갑조선의 시행과정과 실적, 한계를 살펴볼 것이다. 특히 조선중공업의 제2의 확장기를 가져온 해 군 주도의 시설확충과 생산력확충계획에 의거한 기자재공급을 통해 2,000 톤급 전후의 전시표준선(戰時標準船)을 건조해 내는 과정을 구체적으로 분 석한다. 아울러 광산용 기계생산업체였던 인천의 주식회사 조선기계제작 소(朝鮮機械製作所)가 조선소로 전환하여 최종적으로는 육군의 잠수정을 만드는 과정도 살펴볼 것이다.

7장은 조선총독부가 주도한 을조선의 시행과정과 실적, 한계를 살펴본다. 특히 조선총독부가 신속한 선박양산체제를 갖추기 위해 시행한 기존 조선소의 통합정비 실태, 을조선 전문조선소로서 조선조선공업주식회사(朝鮮造船工業株式會社)를 설립하고 경영하는 과정을 중점적으로 분석할 것이다.

8장은 조선산업에서 활동한 한국인 자본을 분석한다. 특히 태평양전쟁기 전시계획조선에 편승하여 자본축적을 시도한 백낙승(白樂承)의 강원조선주식회사(江原造船株式會社), 이종회(李鍾會)의 대인조선주식회사(大仁造船株式會社) 사례를 관련 1차 자료를 통해 분석했다. 그리고 이를 통해 한국인 자본의 조선소 경영이 가지는 의미도 생각해 볼 것이다.

9장은 1945년 8월 15일 시점에 일본이 남기고 간 조선산업 관련 유·무형의 재산들이 어느 정도였고, 미군정에 의해 어떻게 관리, 유지되었는지 살펴본다. 특히 해방 후 미군정에 의해 접수된 일본인 조선소의 구체적인 규모, 미군정에 의해 임명된 관리인의 성격과 주요 조선소 경영실태도 살펴보았다. 한편으로 해방 당시의 조선산업의 상황을 확인하기 위해 1945년 전반기 선박건조가 사실상 마비된 상황에서 기존 선박의 수리를 중심으로 전개된 조선산업의 실태도 분석하였다.

제1장

∙ ∙

일본 와센(和船)의 침투와 한선(韓船)의 잔존

제1장 일본 와센(和船)의 침투와 한선(韓船)의 잔존

1. 전통적 조선업과 근대 조선산업

한국은 고래로부터 우수한 조선기술을 가지고 있었다. 최근 온 나라를 떠들썩하게 했던 영화 '명량'에 등장하는 주력 군함 판옥선(板屋船)의 견고함과 거북선을 굳이 거론하지 않더라도, 반도의 지형을 갖고 있는 한편으로 산악지역이 많은 국토의 특성상 선박은 군사, 경제상의 필요에 머물지 않고 일상생활의 필수도구였을 것이기 때문이다. 최근 연구에서는 고대 동아시아 해역을 운항한 신라선(新羅船)의 우수성도 주장되고 있다. 삼국시대 백제와 신라 등은 바닷길을 이용해야 하는 까닭에 고유의 조선 기술을 축적했고, 이것은 신라 통일 후 신라선으로 융합되어 장보고의 무역선, 그리고 일본의 견당사 파견에 사용된 견당사선(遣唐使船), 공물운반선 등 국제적인 선박으로 활용되어 고대 조선 기술의 우수성을 입증하였다는 것이다.[1]

그러나 태생적인 단점도 존재한다. 조선에 필요한 목재, 이른바 선재(船材)로 사용할 수 있는 나무가 귀했기 때문이다. 최고의 선재로 평가되는 춘향목(春香木), 낙엽송(落葉松) 등은 제한된 지역에서만 생산되었고, 일반적으로 사용되던 소나무는 곧은 목재를 얻기 힘들고 탄력이 없었다. 따라서

---

[1] 신라선에 대해서는 최근식, 『신라해양사 연구』, 고려대학교출판부, 2005 참조.

선체(船體)의 외벽을 구성하는 가장 중요한 선재인 장대재(長大材)를 명칭 그대로 얇고 길게 가공하기 힘들었다. 결국 현실에 맞게 우리의 선박은 상대적으로 두껍고 짧은 여러 장의 선재를 겹쳐서 선체가 만들어졌기 때문에 견고하다는 장점이 있지만 배가 무거워서 속도가 느린 단점을 가졌다. 과장된 것이지만, 영화 '명량'에서 판옥선이 일본 전함을 부딪쳐 부수는 충파(衝破)라는 전술을 사용하였다고 묘사된 점도 따지고 보면 판옥선의 견고함과 무게에서 힌트를 얻은 것으로 보인다. 그러나 한편으로 무거운 이유로 속도가 나지 않는 전함의 단점을 어떻게 보완할 것인가는 당시 조정의 골치 아픈 고민거리이자 해결되지 않는 숙제이기도 했다.[2]

이렇듯 선박은 일상생활의 가장 중요한 교통수단이자, 대외교역, 군사, 그리고 조운(漕運)으로 대변되는 국가경제의 중요한 수단이었기 때문에 전근대시대 조선은 기본적으로 국가의 직접 관리하에 있었고, 우수한 조선용 목재가 생산되는 지역 역시 봉산(封山)이라 하여 사사로운 벌채를 엄격히 금하고 국가가 관리하였다. 조선의 국가 관리와 관련하여 좀 더 구체적으로 보면 역대 왕조들은 조선을 담당하는 독립적인 국가기관을 설치하였고, 이들 기관을 통하여 국가가 필요한 선박을 직접 건조하여 사용하였다. 조선관련 관청으로는 신라의 선부서(船府署), 고려의 도부서(都部署), 전함병량도감(戰艦兵粮都監) 등이 기록에 나오고, 또 고려시대 조운제(漕運制)가 확립되면서 전국 12조창에 일정한 조선(漕船)이 건조, 배치되었다. 그러나 선박건조에 대해 얼마나 체계적으로 국가관리가 이루어졌는지는 알 수 없다.

조선과 관련한 국가관리 구조를 알 수 있는 것은 조선시대부터이다. 조선전기에는 사수감(司水監), 사재감(司宰監), 사수색(司水色), 수역전선색(修域典船色)을 거쳐 15세기 후반에 전함사(典艦司)에 이르기까지 행정개

---

[2] 우리나라 전통선인 한선(韓船)의 단점에 관해서는 김재근, 『우리 배의 역사』, 서울대 출판부, 1989, 제1편 4~5장 참조.

편에 따라 명칭은 여러 번 바뀌었지만 선박건조를 관장하는 독립관청이 존재해 왔다. 이들은 감독관청일 뿐만 아니라 선박건조를 직접 시행하는 조선소[3]의 역할도 함께 하였다. 조선후기에는 전함사 중심의 관영조선(官營造船) 체제가 붕괴되었다. 관영조선은 삼남지방의 수영(水營) 및 통영(統營)에서 담당하게 되었고, 일부는 민간 조선업자에게 맡겨지기도 했다. 18세기에 들어오면 정부가 직접 감관(監官)을 파견하여 민간 조선업자에게 선박건조를 요청하는 양상까지 보이게 되는데, 민간조선업을 통해 자본축적을 시도한 대표적인 세력이 경강상인(京江商人)이었다.[4]

한국의 전통적 조선업의 전체적인 흐름을 보면 국가 관리를 기본으로 고대 이래 축적된 높은 조선 기술을 가지고 있었고, 18세기 이후에는 민간 조선업도 발흥하였다고 정리할 수 있다. 그런데 여기서 한 가지 중요하게 지적하고 넘어가야 할 것이 있다. 전통적 조선업과 근대 조선산업은 밀접한 관련을 가지고 있을 것처럼 생각되지만, 사실 그렇지 않다는 점이다. 오히려 전통적 조선업과 근대적 조선산업은 크게 관련이 없다고 하는 편이 좀 더 역사적 사실에 가까운 것일지도 모르겠다. 가장 큰 이유는 양자를 구분하는 최초의 기준이 선체의 크기나 선박의 재질이 아닌 동력을 달았는가의 여부로 나뉘기 때문이다. 즉 엔진을 단 동력선, 즉 기선(汽船)의 건조 여부가 한 국가나 지역에서 근대적 조선산업이 태동하는 기점이다. '빌딩(building)'의 세계에서 '엔지니어링(engineering)'의 세계로 들어가는 것이다. 그런데 여기서 문제는 동력선의 출현이 기존 전통적 조선업의 무동력선, 즉 범선(帆船)을 대체했는가에 있다. 많은 역사적 사실들은 이러한 대체가 전면적으로 일어나지 않았으며, 상당히 오랜 기간 동안 전통적 조

---

[3] 당시에는 선소(船所)라고 불렀고, 조선기술자인 선장(船匠)이 배치되어 관선(官船)을 건조하는 구조였다.

[4] 전근대 조선업과 관련해서는 강만길, 「李朝造船史」, 『한국문화사대계』III, 고려대민족문화연구소, 1968 ; 金在瑾, 『韓國船舶史研究』, 서울대 출판부, 1984 ; 金在瑾, 『續韓國船舶史研究』, 서울대 출판부, 1994 참조.

선업 역시 공존하였음을 보여준다. 일찍이 서구로부터 근대적 조선산업을
받아들여 국가 차원에서 육성을 개시했던 일본의 경우도 오랜 기간 범선의
세계가 공존했다.[5] 한국 역시 후술하겠지만, 오랜 기간 동안 전통적 조선
업이 유지되었다.

  전통적 조선업, 즉 무동력 목선의 건조가 기선으로 상징되는 근대적 조
선산업의 발전에도 불구하고 오랜 기간 동안 유지된 가장 큰 이유는 시장
의 문제 때문이다. 근대 조선산업은 초창기 전통적 조선업이 가진 시장의
일부만 대체할 수 있었다. 원양 해운, 원양 어업, 군함 등의 분야이다. 연안
의 해운을 담당한 운송선과 연안 어업에 종사하는 어선, 짐을 싣고 강을
거슬러 오르는 강선(江船), 그리고 하다못해 사람을 태우고 강을 건너는 나
룻배 등 기존 전통적 조선업이 담당했던 넓은 시장은 오랜 기간 동안 그대
로 유지되었다. 한국에도 일제 말 야키다마(燒玉)엔진[6] 등 범용적 석유엔
진이 보급되면서 목선에도 동력 장착이 이전보다 빨라지게 되었고, 동력
목선을 생산하는 기업형 조선소가 속속 등장했지만, 이것이 소형 무동력
목선을 건조하는 전통적 조선업을 완전히 대체하지는 못했다. 그 이유를
경제적 통념에서 보면 연료를 사용하는 근대적 동력선이 나룻배를 대체하
기 위해서는 그만한 채산성이 담보되는 수요가 있어야 하기 때문이다. 나
룻배가 사라진 것은 근대적 동력선에 의한 교체 보다는 다리 건설이 보다
주요한 원인이었다. 또 전통적 조선업을 대변하는 가장 큰 시장인 어선에

---

5) 일본의 전통적 조선업이 장기간 존속했던 과정과 관련해서는 中岡哲朗, 『日本近代技術の
  形成:'伝統'と'近代'のダイナミクス』, 朝日新聞社, 2006, 제7장 참조.
6) 야키다마 엔진은 실린더 내에 연료를 분사하여 연소시켜 에너지를 얻는 내연기관으로,
  디젤기관과 원리가 유사하다고 하여 '세미디젤'이라고도 불렸다. 그러나 실린더 내부의
  공기압축이 디젤기관과 같이 연료분사에 의한 자연점화에 이를 정도로 높게 되지 않기
  때문에 실린더 머리부문에 공 모양의 공간(燒玉)을 별도로 만들어서 그것을 가열하여
  분사된 연료를 점화시키는 원리를 이용했다. 연비가 낮고 취급에 숙련이 필요했지만,
  구조가 간단하고 연료의 범용성(汎用性) 때문에 일제시기는 물론 해방 후에도 상당 기간
  중소형 엔진으로 널리 이용되었다.

서 목선 자체가 급속하게 사라진 것은 근대 조선산업에서 강재(鋼材)로 건조한 동력 강선(鋼船)에 의해서가 아니고, 강화플라스틱선(FRP船)이 본격적으로 보급된 것이 계기가 되었고, 한국의 경우 그 시점은 1980년대부터였다.

한국에서 전통적 조선업이 오랜 기간 동안 존속할 수 있었던 또 하나의 이유는 거대한 설비투자와 이를 위한 회사조직, 그리고 대규모 인력, 설계도면으로 상징되는 매뉴얼화 된 기술을 필요로 하는 근대 조선산업과 달리 이른바 '배목수', '배무이'로 일컬어지는 선대공(船大工)의 존재와 이들이 대를 이어 전승되는 가업으로서 조선업이 존재했기 때문이다. 몇 명의 배목수와 그들이 평생 지니고 다니는 연장만 있으면 언제, 어디서든 조선이 가능했고, 조선의 그들 식 표현인 '배 짓기', '배 모으기'를 하는 장소가 곧 조선소였다. 다리가 건설되어 나룻배가 다니지 않을 때까지, 굳이 동력을 장착한 큰 배를 만들어 멀리 나가지 않아도 고기가 잡힐 때까지, 한강수운에서 보듯이 소규모 생필품의 운송로로써 강의 역할이 여전히 살아있을 때까지 배목수 자체가 조선소인 전통적 조선업은 끈질기게 생존을 이어나갔던 것이다. 이 땅에 근대적 조선산업이 어떻게 이식되어 정착되고, 이후 전개되어 나가는가에 대해서 일차적으로 주목하지만, 20세기 존속했던 '조선의 세계'에는 전통적 조선업 역시 중요한 부문을 차지하고 있었다는 것만은 지적해 두고 싶다.[7]

2. 국가주도 육성의 실패와 일본 조선업자의 진출

19세기 서양열강의 침략과 개항의 물결 속에서 동력선, 이른바 기선의

---

[7] 근대 조선산업과 장기간 병존한 전통적 조선업의 실태를 밝히는 작업은 후고를 기약한다.

등장은 근대적 조선산업의 필요성을 대두시켰다. 한국에서 국가차원의 기선 건조에 대한 관심은 의외로 일찍부터 시작되었다. 1866년 대동강에 침입한 미국상선 제너럴셔먼(General Sherman)호가 평양관민의 공격으로 침몰되자, 대원군이 제너럴셔먼호의 잔해를 건져 올려 서울로 이송하여, 서양식 기선을 제작해보려고 한 기록은 이런 사실을 뒷받침한다.[8]

근대적 조선산업의 성장은 근대적 해운업의 육성 없이는 이루어질 수 없는 것이다. 또 막대한 자본과 기술력이 필요한 조선산업의 특성상 후발국가가 근대적 해운업 육성을 위해서는 선진국의 노후선을 구입하여 사용하는 것으로부터 시작한다. 이후 해운업의 발전 및 국가 기간산업으로서 정부 육성시책과 결합하여 조선산업이 발전하고, 필요한 선박을 국내에서 공급하게 된다. 이 과정은 물론 긴 기간이 필요하다. 따라서 개항 전 국가차원의 기선에 대한 관심과 건조시도는 현실을 무시한 유아적 발상으로 평가할 수 있다. 그러나 국가가 개항이전부터 근대식 선박건조에 관심을 갖고 있었다는 사실은 개항 후 정책적 해운업 육성과 이를 통한 조선산업 발전의 가능성과 관련하여 의미가 있다고 볼 수 있다.

근대적 해운업 육성이 본격적으로 시도된 것은 1876년 개항 이후부터였다. 개항과 함께 일본 및 중국과의 근해항로 및 국내 연안항로를 일본 해운업 자본에게 점령당했지만[9], 이를 극복하기 위한 노력과 함께 국내 연안해운을 중심으로 근대적 해운업으로의 발전이 시도되었다.

근대적 해운업 발전을 위한 노력은 정부 차원의 육성정책과 민간 차원에서 한국인의 해운업 진출로 나눌 수 있다. 정부 차원의 육성 사례로는 1883년 해운업 전담부서로 통리교섭통상사무아문(統理交涉通商事務衙門)의 설

8) 국사편찬위원회, 『한국사—서세동점과 문호개방』 37, 2000, 105~106쪽.
9) 개항초기에는 주로 일본 중소해운업자가 조선항로(朝鮮航路) 및 국내 연안항로에 취항했지만, 1890년 일본 오사카상선주식회사(大阪商船株式會社)가 조선항로를 개설하면서 일본 해운업 대자본의 본격적인 진출이 시작되었다(나애자, 「한국근대 해운업발전에 관한 연구(1876~1904)」, 이화여대 박사논문, 1994, 25쪽).

치, 전운국(轉運局) → 이운사(利運社)로 이어지는 정부 직영해운의 운영을
들 수 있다.[10] 정부 직영해운에 필요한 선박은 외국에서 기선을 구입하거
나 용선(傭船)하여 충당하였다. 기선 구입은 1886년 해룡호(海龍號)를 시작
으로, 1887년 광제호(廣濟號), 조양호(朝陽號), 1892년 현익호(顯益號), 1893
년 이운호(利運號)가 각각 관선으로 구입되었다.[11]

한편 한국인에 의한 민간 해운업의 발전은 1880년대부터 시작되었다.
1886년 대흥상회(大興商會)의 설립이 그 효시이며[12], 이후 활발한 민간의
해운업 참여가 이루어졌다. 그 유형으로는 회사설립에서부터 개인이 한두
척의 선박을 가지고 해운업에 뛰어드는 경우까지 다양했고, 일본을 중심으
로 한 외국 해운업과의 경쟁 속에서 적극적인 경영활동을 펼쳤다. 해운업
에 참여한 한국인들의 신분은 전통적 해운업 종사자인 선상(船商), 한말 관
영해운에 관계했던 관리(官吏), 신문물을 받아들인 양반계층인 신사(紳士)
등이었다.[13] 민간 해운업에 진출한 한국인들도 필요한 선박은 전부 일본
및 외국으로부터 구입하거나 용선하여 충당하였다.[14]

한말 정부 및 민간에서 동시에 전개된 자주적인 해운업 육성의 노력은
조선산업의 관점에서 본다면 기선의 필요성을 인식시킨 것이었다. 당시 국

---

[10] 조세 수송(漕運)을 목적으로 하는 정부 관영해운업은 당시 급변하는 정치적 소용돌이
속에서 순탄한 길을 걸을 수 없었다. 즉 이운사의 경영은 일본의 책략에 의해 소속 기선의
운항권이 일본우선주식회사에 넘어갔고 아관파천으로 정권이 교체됨에 따라 다시 독일
세창양행(世昌洋行)에 의해 기선이 위탁 운항되었다(海運港灣廳, 『草稿 韓國海運港灣史
(上)』, 1979, 351~414쪽).

[11] 손태현, 『한국해운사』, 아성출판사, 1982, 161쪽.

[12] 대흥상회는 서울에 거주하는 이병선, 김동헌, 김범식 등이 주동하여 창설되었다. 그들은
일본에 거주하는 미국인 에드워드 레이크(Edward Lake)로 부터 기선 1척을 구입하여 해운
을 시작하였다. 이 기선은 72톤의 소형 기선으로 국내 미개항 항구의 미곡과 대두(大豆)
등을 운송하였다. 그러나 기선의 구입비가 외국자본의 차입에 의한 것이었고 경영의
수지상태 역시 좋지 않아 결국 창립 1년 만에 종말을 고했다(손태현, 위의 책, 234~237쪽).

[13] 한말 해운업에 종사했던 인물로 자료에서 확인되는 사람은 133명이다. 이중 신분이 확인
되는 사람은 55명인데, 관리가 32명, 상민이 21명, 신사(紳士)가 2명이었다(海運港灣廳,
위의 책 및 나애자, 앞의 논문 참조).

[14] 한말 민간 해운업의 실태에 대해서는 손태현, 위의 책, 225~274쪽 참조.

내 해운업이 필요로 하는 각종 기선을 중고선 수입 내지 용선으로 충당하
는 것은 앞서 언급했듯이 근대 해운업의 시작단계에서는 보편적인 것이었
다. 정부도 '조선창(造船廠)의 창설이란 손쉬운 일이 아니니 우선 외국기선
을 도입하여 이를 운항하는 방책으로 해운진흥을 기도한다'[15]고 하여 이러
한 현실을 나름대로 인정하고 있었다. 따라서 당시의 해운업에 대한 정부
및 민간의 관심을 고려하면 그 후 해운업 발전에 비례해서 근대적 조선산
업의 발전 가능성이 있었다. 그러나 우리에게는 그런 기회가 주어지지 않
았다. 1910년 한일합방으로 자주적 해운업 발전은 저지되었고[16], 그 결과
기선 건조 내지 외항용 대형 강선 건조와 같은 근대적 조선산업은 시작 되
지도 못한 채 좌절되었다.

정부 주도의 조선산업 육성이 좌절된 상황에서 결국 근대적 조선산업은
일본인 조선업자의 진출에 의한 이식이 기원일 수밖에 없었다. 그 최초의
시작은 한말 일본 어민, 수산회사의 조선 진출에 따라 들어온 일본인 조선
업자들이었다. 일본인의 국내 어장침탈과 이에 따른 일본 어선의 진출에
의해 국내에는 일찍부터 일본선을 건조, 수리하는 일본인 조선소가 설립되
었다. 개항과 더불어 일본 해운회사들의 조선항로 취항, 수산업자의 진출
과 일본 어민에 의한 조선 각지 이주어촌 건설 등이 진행되면서 일본 선박
의 건조 및 수리와 관련한 시장이 국내 주요 개항장과 포구, 이주어촌 건설
지역에 형성되었기 때문이다.[17] 회사형태를 갖춘 최초의 일본인 조선소는
1890년 부산 영도에 설립된 다나카조선소(田中造船所)였다.[18] 자본금은

---

15) 손태현, 위의 책, 196쪽.
16) 일제시기까지 해운업에 종사한 한국인 중 한말부터 해당 업계에서 일했던 사람이 거의
    없다는 점에서 한말 자주적 해운업은 인적 부문에서 조차 대체적으로 단절되었다고 판단
    된다.
17) 일본인 이주어촌건설에 대해서는 呂博東, 『일제의 조선어업지배와 이주어촌 형성』, 도서
    출판 보고사, 2002 참조.
18) 『釜山日本人商業會議所年報』, 1907, 190쪽 ; 다나카조선소의 설립 시기에 대해서는 자료
    에 따라서 1887년으로도 기록되어 있다(朝鮮總督府殖産局, 『朝鮮工場名簿-昭和7年版』,

10,000엔[19], 일본선의 건조 및 수리가 주 업종이었다. 부산은 최초의 개항 지이자 일본인 어업의 중심지로서 선박의 출입이 빈번했기에 일정한 규모 의 일본인 조선소가 일찍부터 생겨난 것이었다.

일본인이 국내 어업을 장악하고 그들이 사용하는 일본 선박 중 일부가 국내 일본인 경영 조선소에서 건조되어 공급되는 구조는 일본인들의 어업 장악에 비례하여 확대되었다. 한국인 어민들 중에는 일본인이 쓰다가 노후 하여 처분하는 선박을 구입하여 어업에 종사하는 사람도 발생하였다.[20] 그 리고 한일합방 후 조선총독부에 의해 정책적으로 일본형 선박 보급이 시작 되면서 한국인 어민의 일본형 어선 보유는 보다 가속화되었다. 1911년 한 국인 어민은 882척의 일본형 어선을 보유하였으나, 1913년 1,946척, 1915년 3,100척, 1919년 5,480척으로 빠르게 확대되었다. 1920년대에도 이런 상황은 계속되어서 1927년 10,232척으로 1만 척을 넘어서게 되었고, 1931년에는 1 만 2,753척에 달했다.[21]

3. 제한적 이식과 전통의 잔존

한말 일본인의 어업 침탈에 편승하여 주로 이들의 어선 건조 및 수리를 위해 따라 들어온 일본인 조선업자들에 의해 이식된 최초의 조선산업은 다 나카조선소에서 보듯이 그들이 회사 조직을 갖춘 조선소를 건설하고, 1910 년대에 들어서는 동력선 건조를 시도한다는 점에서 근대적 조선산업의 면

朝鮮工業協會, 39쪽).
19) 일제시기 화폐단위 圓은 기존 연구에서 주로 '원'으로 통칭되었으나, 이 책에서는 당시 사용하던 용어인 '엔'을 쓰기로 한다. 해방 후 한국의 화폐 단위와의 구분을 염두에 두더라 도 '엔'으로 하는 것이 타당하다고 생각한다.
20) 關澤明淸·竹中邦香, 『朝鮮通漁事情』, 團々社書店, 1893, 104쪽.
21) 朝鮮總督府, 『朝鮮總督府統計年報』 해당연도판 참조. 일본형 수산물 운반선의 경우도 1919년 491척에서 1931년 1,293척으로 3배 가까이 증가했다.

모를 갖추고 있었다고 할 수 있다. 그러나 1920년대 말까지도 다나카조선
소와 같은 조선소는 일본인 어업 진출이 활발했던 남해안의 극히 일부에
불과했기 때문에 근대적 조선산업의 이식은 매우 제한적이고 부분적이었
다. 이런 사실은 1920년대 말까지 조선소 실태를 정리한 〈표 1-1〉을 통해서
도 알 수 있다.

〈표 1-1〉 1910~1920년대 조선소 실태

연도	조선소 수	자본금(圓)	종업원 수	선박건조		
				전체수(隻)	20톤이상(隻)	20톤이상(톤)
1911				2,990		
1912	2	45,000	51		8	226
1913	2	68,000	28	2,386	8	226
1914	4	78,000	63	1,726	2	40
1915	4	78,000	77	1,827	2	244
1916	4	63,300	56	1,629	6	235
1917	8	54,000	114	1,572	17	588
1918	15	284,530	492	1,516	51	3,285
1919	14	608,000	287		57	2,022
1920	13	601,500	161		29	892
1921	17	683,850	152		17	536
1922	23	1,289,350	232		28	950
1923	27	1,720,800	354			
1924						
1925	19	730,300	339			
1926	24	570,800	409			
1927	24	499,100	464			
1928	33	908,900	507	2,448		
1929	33		664	12,431		

자료 : 朝鮮總督府,『朝鮮總督府統計年報』각년도판 ; 朝鮮事情社,『朝鮮の通信及運輸』,
1925, 123~124쪽에서 작성

1920년대 말 국내 조선산업의 규모는 33개 조선소에 종업원 664명, 자본
금 총액이 100만 엔을 넘지 못하는 영세성을 보이고 있다. 조선소 수, 자본
금, 종업원 수가 점차 증가하고 있었고, 조선 실적도 1929년을 예외로 할

때, 평균 2,000척 전후를 건조하고 있었지만, 20톤 이상 선박은 손에 꼽을
정도이고, 대부분은 20톤 미만의 초소형선이었다.[22) 20톤 이상의 선박도
대부분 범선이고 용도는 어선이었다. 기선(동력선)은 1916년 26톤 1척이 건
조된 것을 시작으로 100톤 미만의 선박이 연간 2~3척씩 건조되었을 뿐이
다.[23) 1920년대에 동력선을 이용한 어업이 활발해지고 있었음에도 불구하
고 동력선 건조가 거의 이루어지지 않았던 것은 필요한 동력선의 경우 일
본의 조선소에서 건조되거나, 일본의 중고선을 구입함으로써 공급되었기
때문이었다. 이것은 국내 조선시장이 일본에 잠식되었던 한편으로 일본 중
고선박의 배출지였다는 것을 의미한다.

한말부터 일본인 조선업자가 진출했음에도 불구하고 국내 조선산업이
1920년대까지 소형 무동력선 건조에서 벗어나지 못했던 이유는 일제의 어
장침탈에 따른 소형 어선건조의 수요 이외에 조선산업 성장을 위한 어떠한
경제적 동인도 없었다는 것이 근본 원인이다. 소형 무동력 어선조차도 상
당량을 일본의 공급에 의존하고 있었다. 당시의 자료는 그 원인으로 필요
자재를 대부분 수이입에 의존하기 때문에 건조비가 높은 점, 숙련직공의
대우가 열악해서 일본으로부터 기술자의 공급은 물론 자체 양성에도 어려
움이 많았던 점 등을 들고 있다.[24) 건조비는 높은 반면 기술력이 부족했기
때문에 선박건조 기간이 일본에 비해 길수밖에 없는 상황이었음으로 선주

22) 1918년부터 1923년까지 급성장하는 경향을 보이는데, 이것은 제1차 세계대전 전시특수의
영향에 따른 선박건조수요의 증가와 당시까지 기업설립을 억제하던 회사령이 무력해진
데 힘입은 것으로 보인다. 압록강 근처에는 비교적 대규모의 조선소가 설립되어 압록강
목재를 이용한 목조 범선의 건조가 이루어졌다(朝鮮事情社, 『朝鮮の交通及運輸』, 1925,
123쪽). 그러나 주지하듯이 제1차 세계대전 종전과 반동공황으로 전시특수는 사라지고
1920년 중후반은 만성불황의 시대였다. 〈표 1-1〉을 보면 조선산업에서도 1923년을 정점으
로 정체 내지 위축 경향을 보이고 있는데 같은 상황이 반영된 것으로 볼 수 있다.
23) 기선 건조실적은 다음과 같다(朝鮮事情社, 위의 책, 123~124쪽).

연도	1916	1917	1918	1919	1920	1921	1922
척수(톤수)	1(26)	4(174)	3(72)	1(93)	2(69)	3(104)	3(132)

24) 朝鮮事情社, 위의 책, 122~123쪽.

(船主)의 입장에서는 당연히 선박건조는 물론 수리까지도 일본에서 하기를 희망했던 것이다.

그런데 초기 일본 조선산업 이식의 결과물인 소형 무동력 목조 어선은 일본의 전통적인 와센(和船)에 기반을 둔 것이었다. 다시 말해 일본으로부터의 최초 조선산업 이식은 일본 전통선인 와센으로 우리의 전통선인 한선(韓船)을 교체하는 것이라고 말할 수도 있다. 그리고 이러한 와센의 보급은 어선개량사업의 이름으로 조선총독부에 의해 정책적으로 장려되었다. 총독부는 한일합방 직후부터 와센 건조기술 보급을 위해 선장(船匠)강습회를 실시하고, 선박건조 및 구입사업에 보조금을 교부하였다.[25]

그러면 1920년대 말까지 국내에 설립되어 운영된 조선소들의 면면을 좀 더 구체적으로 살펴보자. 1932년판『조선공장명부』는 1930년 현재 5인 이상 직공을 고용한 조선소 32개소의 소재지와 개략적 직공 수, 설립일, 소유주를 알 수 있다. 정리하면 〈표 1-2〉와 같다.

〈표 1-2〉 조선업체 현황(1930년 현재)

조선소명	소재지	설립일	소유주	직공수
谷口製船所	경성	1905년 3월	稻田末藏	A
正木조선철공소	군산	1912년 10월	正木圧太郎	A
菊田조선소	마산	1914년 7월	菊田岩一	A
橋本조선소	마산	1914년 2월	橋本六三郎	A
大野조선소	목포	1926년 7월	大野龜藏	A
松永조선소	목포	1925년 6월	松永伊作	A
河合조선소	목포	1926년 7월	河合好	A
出上조선소	목포	1920년 8월	出上藏長	A
大田조선소	목포	1907년 3월	大田政右工門	A
西條조선철공소	부산	1928년 1월	西條利八	A
田中조선철공소	부산	1887년 10월	田中淸	B
中村조선철공소	부산	1902년 3월	中村久藏	A
岡田조선소	부산	1906년 3월	岡田忠三郎	A

25) 신원철,「기업내부노동시장의 형성과 전개 : 한국 조선산업에 관한 사례연구」, 서울대 박사논문, 2001. 72~74쪽.

大地조선소	부산	1917년 5월	大地伴之	A
富森조선소	부산	1920년 10월	富森彌大平	A
百合野조선소	부산	1920년 1월	百合野又五郎	A
村上조선공장	영일	1914년 10월	村上與利松	A
熊谷조선공장	영일	1916년 10월	熊谷鹿藏	A
방어진철공조선주식회사	울산	1929년 7월	방어진철공주식회사	B
柃谷철공소	인천	1908년 10월	柃谷道平	A
大澤조선철공소	전북	1928년 5월	大澤藤十郎	A
朝鮮商工株式會社鎭南浦철공소	진남포	1911년 6월	조선상공㈜진남포철공소	B
安藤조선공장	청진	1928년 10월	安村圧太郎	A
佐佐木조선공장	청진	1908년 6월	佐佐木長吉	A
杣友조선소	통영	1924년 5월	杣友文吉	A
濱崎조선소	통영	1925년 2월	濱崎實治	A
竹田조선소	통영	1930년 3월	竹田與作	A
伊津조선소	통영	1916년 5월	伊津兵一	A
池田조선소	통영	1921년 1월	池田幸四郎	A
板井조선소	통영	1912년 3월	板井美代吉	A
橋本조선소	통영	1930년 2월	橋本春太郎	A
山田조선소	함경남도	1923년 8월	山田時節	A

자료 : 朝鮮總督府殖産局, 『朝鮮工場名簿－昭和7年版』, 朝鮮工業協會, 38~40쪽에서 작성.
주) 1. 직공 5인 이상을 사용하는 설비를 갖거나, 상시 5인 이상의 직공을 고용하고 있는
　　　공장에 한 함.
　　2. 직공수에서 A: 5~50인, B: 50~100인을 의미함.

조선소들은 지리적으로 연안 주요 항구를 중심으로 집중되어 있었다.
1930년 현재, 부산과 통영이 7개소로 가장 많은 조선소가 밀집해 있는 지역
이었고, 그 다음이 목포의 5개소였다. 부산은 앞선 언급했듯이 최초의 일본
인 조선소인 다나카조선철공소를 포함하여 3개의 조선소가 한일합방 이전
에 설립되어 일찍부터 일본인 조선소 설립이 활발했던 지역임을 알 수 있
다.[26] 부산의 조선소는 모두 부산항 맞은편 섬인 영도(影島)에 위치하고 있
었다.[27] 또 한국인 소유 조선소가 1개소도 없는 것은 조선산업이 일본인에

---

[26] 다나카조선소가 어느 시기에 다나카조선철공소로 사명(社名)에 철공을 포함하였는지는
　　확실하지 않다. 『朝鮮功勞者銘鑑』에서 1912년 공장을 영도로 이전하면서 조선업 외에
　　철공업을 겸하였다는 기록이 확인되는데, 이때 변경되었을 가능성이 크다(阿部薫 編,
　　『朝鮮功勞者銘鑑』, 民衆時論社, 1935, 255쪽).
[27] 朝鮮總督府殖産局, 『朝鮮工場名簿－昭和7年版』 참조.

의해 완전히 독점되었음을 보여주는 한편으로, 〈표 1-1〉의 건조된 선박의
대부분이 와센에 기반한 일본형 선박이었음을 가리킨다.

32개 조선소 중 29개가 직공 50인 미만의 소형조선소로 조선소의 전체적
인 영세성을 다시 한 번 확인할 수 있다. 그러나 몇몇 조선소는 열악한
재생산조건 속에서도 1910~1920년대에 걸쳐 선박 엔진을 제작하여 자체적
으로 동력선 건조가 가능해지는 등의 일정한 성장을 통해 근대식 조선소로
발돋움 한 조선소도 있었다. 부산의 다나카조선철공소, 나카무라조선철공
소(中村造船鐵工所), 마산의 기쿠타조선소(菊田造船所), 진남포의 조선상
공진남포철공소 등이 이 범주에 들어가는 조선소이다. 이들이 따지고 보면
일본에서 이식된 근대 조선산업의 1세대 조선소들이다. 이 1세대 조선소의
성장 과정을 개략적으로 정리하면 다음과 같다.

우선 가장 이른 시기에 설립되었고, 앞서 소개한 다나카조선철공소는
1912년 현재 자본금 3만 엔에 연간 신조(新造) 30척, 수리 70척의 실적을 보
였다.[28] 1918년부터는 선박용 석유발동기의 자체 개발에 착수하여 1926년
30마력과 50마력짜리의 제작에 성공하였다. 이 발동기들은 '다나카식(田中
式)'이라 명명되었고, 생산을 시작한 후 국내 각지에 보급되었다.[29] 주요
건조 선박인 어선 가운데 동력선이 처음으로 등장하는 것은 1918년경이었
다. 야마구치현(山口縣) 수산시험장의 선학호(仙鶴號)(39톤, 51마력)가 방
어진에서 고등어건착망(巾着網)어업시험을 시도하여 호성적을 거둔 것을
계기로 하야시가네상점(林兼商店)이 동력선을 이용한 남해안 고등어건착
망어업에 진출한 것이었다.[30] 〈표 1-2〉에서 종업원 50명 이상 3개 조선소
중 1929년 설립된 방어진철공조선도 하야시가네가 어선건조 및 보유 선박
수리를 위해 건설한 조선소였다. 따라서 다나카조선철공소가 1918년부터

---

28) 朝鮮總督府, 『朝鮮總督府統計年報－大正2年版』, 1915, 198~199쪽.
29) 阿部薫 編, 앞의 책, 255쪽.
30) 吉田敬市, 『朝鮮水産開發史』, 朝水會, 1954, 285쪽.

선박용 엔진제작을 시도하고 있었다는 것은 당시 국내 조선산업의 수준을 생각할 때 상당히 앞선 것이었다. 엔진의 자체 제작이 가능해지면서 1920년대 말에는 소형이지만 동력 화물선의 건조 시장에도 뛰어들어 1929년에는 조선기선주식회사(朝鮮汽船株式會社)가 발주한 화물선 영해호(寧海號)를 건조하였다.[31] 1931년에는 자본금 10만 엔의 주식회사 체제로 전환하면서 설비를 증강하여 조선총독부의 검사규정을 통과, 총독부 인정공장이 되었다.[32]

1902년 설립된 나카무라조선철공소[33]는 1907년 57척의 선박을 건조하였고, 1912년 현재 자본금 3만 엔, 신조 50척, 수리 80척의 생산실적으로 다나카조선철공소에 비하여 약간 큰 규모였다.[34] 1931년 조선기선이 발주한 화물선 대창호(大昌號)를 완성하였다.[35] 대창호는 77마력의 기관을 장착한 113톤 화물선이었다.[36]

조선상공진남포철공소는 주식회사 나카무라구미(中村組)가 1911년 6월 자사 소유 선박의 수리를 목적으로 진남포에 건설한 조선소이다. 1915년 시설을 확충하여 조선, 조기(造機)시설 및 선박수리용 인양선가(引揚船架)를 보유하게 되었다. 1920년 조선상공주식회사[37]가 인수한 뒤 진남포의 주요 조선소로 성장하였다. 1928년 현재 인양선가는 최대 300톤급 선박을 끌

---

31) 朝鮮汽船株式會社, 『伸び行く朝汽』, 1940, 17쪽.
32) 『殖銀調査月報』 제70호, 1944.3, 4쪽.
33) 『釜山日本人商業會議所年報』에는 1892년에 설립된 것으로 나온다.
34) 『釜山日本人商業會議所年報』, 189쪽 및 朝鮮總督府, 『朝鮮總督府統計年報－大正2年版』, 1915, 198~199쪽.
35) 朝鮮汽船株式會社, 위의 책, 17쪽.
36) 朝鮮汽船株式會社, 위의 책, 23쪽.
37) 조선상공주식회사는 1919년 10월 자본금 200만 엔(100만 엔 불입)으로 설립된 회사로 시멘트, 비료, 소금, 기계류를 판매하는 商事 부문과 철공, 조선, 와사토관 제조의 이원 체계를 가지고 있었다. 주요 생산 공장은 평양과 진남포에 있었는데, 평양공장은 주로 水道鑄鐵管을 제작하였고, 진남포 공장은 조선소였다(東洋經濟新報社, 『朝鮮産業の決戰 再編成－昭和18年版 朝鮮産業年報』, 1943, 106쪽).

어올려 수리할 수 있는 능력을 보유하고 있었고, 직공은 90명이었다.[38]

1914년 설립된 기쿠타조선소는 1926년 조선기선이 발주한 92톤급 소형 화객선(貨客船) 2척을 건조하였다. 모두 동력선으로 각각 150마력과 100마력의 엔진을 장착했다.[39]

1920년대까지 국내 조선산업의 실태는 일반적으로 일본 전통선인 와센을 기반으로 어선 수요에 입각하여 소형 무동력 범선을 건조하는 것이 주를 이루는 상황이었다. 회사 형태를 띤 대부분의 조선소도 이들 일본형 어선을 건조하는 것이었다. 다만 한말부터 일본인 어업 침투가 활발했던 경남 해안 지역을 중심으로 일부 두각을 나타낸 조선소들에 의해 근대 조선산업의 이식 모습을 제한적으로 확인할 수 있다. 이들 조선소들은 1920년대 후반에 이르면 소형 동력 화물선의 건조가 가능한 수준까지 성장해 있었다.

1920년대까지 국내 조선업계가 이러한 상황이었음으로 와센에 기반을 둔 일본형 어선의 보급이 진행되어 전체 어선 시장에서 차지하는 비중이 빠르게 높아졌다. 그러나 이로 인해 기존 한국 전통선인 한선에 기반을 둔 조선형 어선이 급속하게 축출된 것은 아니었다. 1920년대까지는 일본형 어선과 격차가 줄고 있지는 하지만, 조선형(朝鮮型) 어선의 숫자도 계속 증가하고 있었다. 〈그림 1-1〉과 〈그림 1-2〉는 일제시기 무동력 어선과 수산물 운반선의 증감 추이를 정리한 것인데 이런 양상을 잘 보여준다. 무동력 어선에 있어서 전통선은 1911년 9,170척, 1920년 14,157척, 1930년 19,419척으로 증가하였고, 1930년대에도 증가세는 둔화되지만 1935년 20,335척까지 증가하였으며 이를 정점으로 감소세로 돌아선다. 한편 일본선은 1911년 3,015척에서 1940년 35,560척으로 증가하였고, 전통선의 숫자를 앞지르는 것은 1933년부터였다. 수산물 운반선의 경우도 비슷한 경향이다.

---

[38] 金在瑾, 「日政時代의 造船業」, 62쪽.

[39] 朝鮮汽船株式會社, 앞의 책, 22쪽 ; 엔진의 경우 기쿠타조선소가 자체 제작한 것으로 보기는 힘들고 기성품 기관을 일본에서 수입하여 장착한 것으로 보인다. 100마력 이상의 기관제작은 1930년대까지도 힘들었기 때문이다.

〈그림 1-1〉 일제시기 무동력 어선의 증감 추이(단위 : 隻)

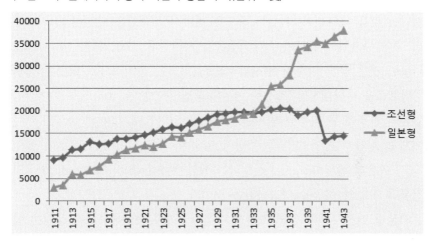

자료 : 朝鮮總督府,『朝鮮總督府統計年報』각년도판에서 작성.

〈그림 1-2〉 일제시기 수산물 운반선의 증감 추이(단위 : 隻)

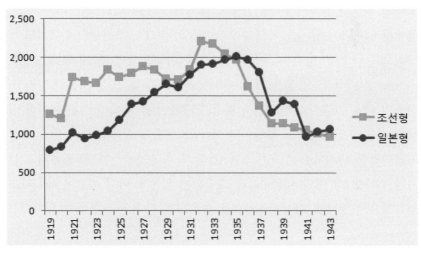

자료 : 〈그림 1-1〉과 동일.

일제시기 와센에 기반한 일본형 선박의 급격한 보급에도 불구하고 1930

년대 중반까지 조선형 어선 역시 동반 증가한 것은 국내 선박시장이 확장
했다는 것을 나타낸다. 어선이 주도한 선박시장 확장은 당연히 1910~20년
대 국내 수산업의 규모가 확대되었음을 의미한다. 수산업의 규모 확대를
주도한 것은 물론 일본인 수산업자들로, 그들이 본격적으로 국내 어장을
침탈했음을 나타내지만, 조선형 어선의 동반 증가는 국내의 전통적 어업이
일본의 침투에 큰 타격을 받지는 않았음을 의미한다. 오히려 한국인 어민
에게도 조업 기술에 영향을 주면서 일정한 기회를 제공한 측면이 있었
다.[40] 아울러 한일 양국에서 선호하는 생선 종류(魚種)의 차이 등도 한국의
전통적 어업의 생명을 연장시켰을 것이다.

일본형 어선시장은 물론 조선형 어선시장까지 동반상승하는 상황은 이
들 선박이 대부분 무동력 소형 목선이라는 점에서 국내 전통적 조선업이
유지될 수 있는 기반을 제공했다. 특히 조선형 어선은 대부분 한국인 배목
수들이 건조했기 때문에, 그 증가는 전통적 조선업의 유지를 뒷받침한다고
보아도 무리가 없다. 더욱이 전통적 조선업의 주체인 한국인 배목수들은
급격히 늘어나는 일본형 어선 수요에 대응하여 그 건조기술의 습득에도 적
극적으로 나섰다. 일본형 어선의 건조기술 습득은 조선총독부의 권장정책
이기도 했던 선장강습(船匠講習)이라는 교육을 통해, 또는 일본인 경영 조
선소의 하급 기술자로 일하면서 현장 학습을 통해 체득하였다. 이러한 실
태는 최근의 연구에서도 확인되고 있다. 조선시대 이래 한강의 주요 조선
지역이었던 '밤섬마을'의 근대 100년간의 변화 과정을 연구한 권혁희의 논
문에 의하면 이 지역 배목수들은 확장되는 일본형 어선 수요에 대응하여
적극적으로 일본형 어선건조기술을 습득하여 구래의 조선업을 유지하고

---

[40] 최근 부산 지역의 일본인 이주어촌의 실태를 정리한 김승은 이주한 일본인 어민들과
한국인 어민들 사이에는 불합리한 수탈과 착취의 길항관계만이 항시적으로 존재했던
것이 아니라 쌍방이 경제적 이익과 자신의 처지에서 상호 이해를 추구하는 '합리적 계약관
계' 또한 작동하고 있었음을 지적하고 있다(김승,『근대 부산의 일본인 사회와 문화변용』,
선인, 2014, 129쪽).

있었다. 이들은 조선형과 일본형 어선이 선체의 구조, 선재의 재질, 사용하는 도구에 차이가 있고, 일본형 어선건조에 일본인들이 설계도면을 사용하는 것 등에 당황했지만 일본형 어선건조기술의 습득에 큰 어려움이 없었다. '목재를 가공하여 배를 짓는' 큰 범위에서는 동일했기 때문이다. 배목수가 전통적 조선업을 유지하는 데 있어서는 주문받은 일감이 조선 배든 일본 배든 크게 상관이 없었을 것이다. 아울러 전통적 어업의 유지로 조선형 어선의 건조 역시 활발하였다. 조기, 새우젓 등 한국인이 소비하는 수산물이 유통되는 한강권은 조선형 어선이 지속적으로 제조, 수리되었으며, 강선(江船)의 경우 조선형 목선이 지속적으로 필요했기 때문이다.[41]

그런데 이들 전통적 조선업의 실체는 〈표 1-2〉에서 보듯이『조선공장명부』와 같은 자료에는 전혀 나타나지 않는다. 그 이유는『조선공장명부』의 기준에 따른다면 한선을 건조하는 재래식 조선이 5인 이상 직공을 고용한 회사 형태의 근대식 조선소가 아니었음을 의미한다. 이것은 어떻게 보면 당연한 것일 것이다. 앞서 언급했지만 전통적 조선업은 이른바 배목수, 배무이로 일컬어지는 선대공(船大工)의 존재와 대를 이어 전승되는 '가업'으로서의 존재했기 때문이다. 배목수와 그들이 평생 지니고 다니는 연장만 있으면 언제, 어디서든 조선이 가능했고, 조선의 그들 식 표현인 '배짓기', '배 모으기'를 하는 장소가 곧 조선소였다. 그리고 이러한 전통적 조선은 도면이나 계획서 없이 아버지의 연장과 함께 기억과 경험으로 아들에게 이어졌다. 1930년대 초 서양인 선교사 언더우드(Horace H. Underwood)의 눈에 비친 한강 노량진 배목수들의 모습도 이런 것이었다.[42]

일제시기 조선산업의 전체상은 상당 기간, 최소한 1920년대 말까지도 한일 양국의 전통선에 기반한 소형 무동력 목선의 세계였고, 근대적 산업으

---

41) 권혁희,「밤섬마을의 역사적민족지와 주민집단의 문화적 실천」, 서울대 박사논문, 2012,
제3장 3절 참조.
42) Horace H. Underwood, *Korean Boats and Ships*, Yonsei University Press, 1979, 22~23쪽 ;
저자는 연세대학교 설립자 호러스 그랜트 언더우드(Horace G. Underwood)의 아들이다.

로서 의미를 부여하기 힘들었다. 가장 큰 이유는 화물선, 여객선, 원양 어
선 등 근대적 조선산업의 시장이 일본 조선산업에 점령되어 있었기 때문이
다. 일본 수산업자의 진출과 일본인 이주어촌의 형성에 따라 어선 시장이
급격히 확대되었지만, 대부분은 전통선의 세계인 소규모 무동력 어선의 시
장이었다. 일본형 어선을 만드는 일본인 경영 조선소가 회사의 형태를 가
지고 조직된 노동력을 이용하면서 점차 그 숫자를 늘려가고 있었지만, 일
찍이 일본인 수산업자의 진출이 활발했던 부산 등 남해안 주요 항구의 몇
몇 조선소를 제외하면 대부분은 근대적 조선산업의 범주에 넣기 힘든 수준
이었다. 1920년대 말까지 근대적 조선산업의 본격적 이식은 아직 시작되지
않았으며, 일본형 무동력 어선을 건조하는 일본인 경영 조선소의 상층 일
부가 1920년대에 접어들어 동력선 건조를 시도하면서 근대적 조선소로의
발전을 모색하고 있었다.

　한편 무동력 목조 어선 시장의 확대, 특히 조선형 어선 수요의 증가에
힘입어 한국의 전통적 조선업도 큰 타격 없이 유지될 수 있었던 것으로 보
인다. 한국인 배목수들은 여기서 한발 더 나아가 일본형 선박의 조선기술
을 습득하고, 이들 선박을 건조하면서 전통적 조선업의 생명을 연장시키려
하였다. 그리고 이 과정에서 양국의 전통적 조선기술은 '개량'이라는 명목
으로 섞이기도 했고, 일본인 조선소를 모방하여 회사 형태의 근대 조선소
설립을 시도하기도 했다. 그러나 가업으로 이어진 영세한 전통적 조선업이
근대 조선소로 전환하는 것은 그렇게 쉬운 일은 아니었다. 이것은 〈표 1-2〉
에서 보듯이 5인 이상의 조선소에서 한국인 경영 조선소는 단 한 곳도 없
는 것에서 알 수 있는데, 『동아일보』에 보이는 원산의 수산업자 윤상필(尹
相弼)의 사례는 이런 상황을 잘 보여준다.[43] 전통적 조선업은 일본인 조선

---

43) 윤상필은 십여 년 간 가산을 쏟아 부어 어선개량사업을 추진하였고, 1922년 마침내 조선형
　개량어선의 선형(船型)을 만드는 데 성공하였다(『동아일보』 1922. 10. 31). 그는 이 개량선
　을 건조하여 일반에 널리 보급하기 위해서 조선소 설립을 계획하였다. 필요한 자재는
　강원도 통천의 국유림 20정보를 조선총독부로부터 불하받아 사용하고, 자금은 경성부

소가 건조하지 않는 조선형 선박의 증가, 그리고 일본형 어선시장의 일부로서, 주로 일본형 어선을 가지고 싶은 한국인 어민의 수요 속에서 존속할 수 있었다.

재력가의 원조 및 한일은행에서 10,000엔의 대부로 충당할 계획이었다. 1923년 4월부터 조선을 시작하며 규모는 약 50척─특별한 언급은 없으나 연간 건조량으로 보임─을 건조하는 수준이었다(『동아일보』 1923.3.14). 그러나 그의 노력은 지역민들로부터 존경과 신망을 얻었을지는 모르나 자본가로서의 경제적인 성공을 담보하지는 못했다. 조선소 건설 사업은 계획대로 진행되지 않았던 것으로 보이며, 1932년 초에는 경영하던 원산조선인공제조합(元山朝鮮人共濟組合)이 경영난에 직면하였다. 그 자신도 파산하여 생활난에 허덕였다. 그의 회생을 위해 원산지역 유지 140여 명이 진정서를 작성하여, 총독부에 탄원하는 상황으로까지 발전했지만, 3월 윤상필은 그 결과를 보지 못한 채 사망하였다(『동아일보』 1932.2.3, 3.19).

제2장

· ·

1930년대 시장 확장과 대형조선소의 등장

제2장 1930년대 시장 확장과 대형조선소의 등장

1. 민수시장의 확장

1930년대에 들어서면서 조선산업은 새로운 국면에 접하게 된다. 무동력 소형 목선의 건조가 주류였던 1920년대까지의 상황과 달리 1930년대는 본격적인 근대 조선산업 형성을 위한 환경이 마련되었기 때문이다. 우선 민수시장에서 그간 국내의 주요 선박을 공급하던 일본 조선업계가 일본 내 수요도 따라가지 못할 만큼 공전의 활황을 맞이하면서 더 이상 그 역할을 수행할 수 없게 되었던 반면에, 국내시장은 정어리 조업을 중심으로 한 어업의 활황, 식민지 공업화와 만주시장이 열린데 따른 해운업 활황으로 보다 많은 선박이 필요해졌다. 다음으로 군수시장에서도 대륙에서 대소련, 대중국 긴장감이 높아지면서 유사시 군함 및 군수수송 선박의 수리를 위한 근대적 도크(dock)[1]시설의 필요성이 대두되었다. 시장에서의 민수와 군수라는 두 방향의 임팩트가 식민지에 근대적 조선산업의 본격적 출범을 가져온 것이다. 구체적으로 보면 목선을 건조하는 목조선(木造船)분야에서는 주로 동력 어선을 건조하는 대형 조선소들이 1930년대

---

[1] 일제시기에는 선거(船渠)라고 했다. 오늘날 도크의 개념은 배를 만드는 곳이지만, 일제시기까지만 해도 선대(船臺, building berth)에서 주로 조선작업을 하였고, 도크는 선박을 수리하는 곳이었다.

에 등장하고, 해운업에 필요한 대형 화물선 건조와 수리, 군함 수리를 명목으로 조선총독부의 지도와 일본 재벌자본이 결합한 조선중공업주식회사가 설립되었다.

그러면 우선 민수시장의 확장을 좀 더 구체적으로 살펴보자. 어획량과 무역량의 추이를 정리한 〈표 2-1〉을 보면 어업과 해운업 모두 1920년대 후반부터 성장이 두드러지기 시작하여 1930년대에 접어들어서는 보다 가속화되었음을 알 수 있다. 기존 조선산업의 주요 시장이었던 어업에서는 1930년대 동해안 정어리어업의 활황이 새로운 성장의 동력이었다. 해운업의 발전은 1930년대 이후 한국 및 중국대륙을 포함한 일본 경제권역 내의 해상 물동량이 증가한 것이 원인이었다. 주지하다시피 일제의 대륙침략에 따라 만주와 화북의 새로운 시장이 개척되고, 한국과 만주의 공업화가 급격히 이루어진데 따른 것이었다. 1937년 중일전쟁 발발로 인한 전시특수는 일본과 대륙 간 물동량 증가를 더욱 가속화했다.

〈표 2-1〉 1930년대 어획량 및 무역량 추이

연도	어획량		무역량		
	수량(톤)	가격(圓)	수이출(圓)	수이입(圓)	합계
1924	538,910,689	51,997,921	259,717,000	244,628,000	504,345,000
1925	537,386,153	51,551,642	260,417,000	245,024,000	505,495,000
1926	586,597,204	53,742,367	304,166,000	307,396,000	611,562,000
1927	830,504,884	64,075,250	319,331,000	350,959,000	670,290,000
1928	848,486,959	66,114,052	356,964,000	369,536,000	726,500,000
1929	904,835,329	65,338,398	333,736,000	381,670,000	715,406,000
1930	866,646,956	50,129,028	308,339,000	368,958,000	677,297,000
1931	1,039,471,740	46,578,170	431,518,000	345,575,000	777,093,000
1932	1,168,178,768	46,263,592	446,242,000	390,654,000	836,896,000
1933	1,007,258,303	51,378,158	459,245,000	450,055,000	909,300,000
1934	1,393,448,547	57,777,901	523,843,000	548,145,000	1,071,988,000
1935	1,503,219,085	65,966,614	537,614,000	646,016,000	1,183,630,000
1936	1,668,228,787	79,879,137	550,403,000	750,705,000	1,301,108,000
1937	2,115,785,278	89,920,363	620,520,000	718,130,000	1,338,650,000
1938	1,759,100,034	89,082,880	794,406,000	753,988,000	1,548,394,000

1939	2,046,243,901	151,098,000	794,492,000	836,091,000	1,657,583,000
1940	1,736,391,274	175,498,949	628,883,000	846,777,000	1,475,660,000
1941	1,318,041,149	166,750,671	617,996,000	801,082,000	1,419,078,000
1942	845,785,476	162,066,840			

자료 : 朝鮮總督府, 『朝鮮總督府統計年報』, 1933, 1942년판 ; 안병직편, 『韓國經濟成長史
  －예비적 고찰』, 서울대학교출판부, 2001, 214~219쪽.
주) 1. 어획량은 『朝鮮總督府統計年報』, 무역량은 『韓國經濟成長史－예비적 고찰』에서 작성.
   2. 무역량은 1934~1936년 불변가격임.

그러면, 조선산업의 주요 시장인 어업과 해운업의 활황에 따른 선박확충
이 구체적으로 어느 정도 이루어졌는지를 살펴보자. 먼저 어선 및 수산물
운반선의 증가 현황을 표시한 것이 〈표 2-2〉이다.

〈표 2-2〉 어선 및 수산물 운반선의 증가 추이

연도	어선 수(隻)			운반선 수(隻)		
	무동력선	동력선	합계	무동력선	동력선	합계
1924	31,105	236	31,341	3,083	204	3,287
1925	31,026	286	31,312	3,158	140	3,298
1926	32,620	387	33,007	3,370	193	3,563
1927	34,173	464	34,637	3,495	344	3,839
1928	35,798	543	36,341	3,587	431	4,018
1929	37,471	822	38,293	3,548	466	4,014
1930	38,042	990	39,032	3,518	529	4,047
1931	38,919	1,055	39,974	3,834	627	4,461
1932	39,551	1,094	40,645	4,368	632	5,000
1933	39,563	1,165	40,728	4,330	493	4,823
1934	41,833	1,323	43,156	4,259	601	4,860
1935	46,448	1,410	47,858	4,196	834	5,030
1936	47,210	2,015	49,225	3,772	997	4,769
1937	48,971	2,548	51,519	3,325	1,045	4,370
1938	53,201	2,682	58,883	2,596	1,135	3,731
1939	54,528	2,718	57,246	2,676	1,229	3,905
1940	56,034	2,851	58,885	2,570	1,377	3,947
1941	58,506	3,085	61,591	2,603	1,387	3,990
1942	61,879	3,277	65,156	2,705	1,427	4,132

자료 : 朝鮮總督府, 『朝鮮總督府統計年報』, 1933, 1942년판에서 작성.

〈표 2-2〉를 보면 1930년대 어획량의 증가에 따라 어선 수가 증가하는 모습을 보이고 있다. 1924년부터 1930년까지 6년간 어선은 대략 8,000척이 증가했지만, 1936년까지의 6년간 10,000척이 증가했고, 다시 1942년까지의 6년간 16,000척이 증가했다. 여기서 주목되는 점은 어선의 경우 동력선뿐만 아니라, 무동력선(帆船)도 같이 증가하고 있다는 점이다. 일본의 경우 1910년대부터 동력선이 빠르게 보급됨에 따라 1920년경에는 어선의 80%가 동력선으로 교체된 상황이었음[2]을 감안하면 동력선과 무동력선의 동반증가는 식민지의 후진성을 표현한 것이라고 볼 수도 있다. 왜냐하면 선박엔진을 생산할 수 있는 정밀기계공업이 한국에 이식되지 않고 1930년대까지도 일본 이입에 의존하는 구조가 반영된 결과로 해석할 수 있기 때문이다.[3] 한편 운반선의 경우는 동력선이 보급되면서 일시적으로 감소하는 경향도 보이지만[4], 1938년을 기점으로 다시 증가하여 어업 활동을 반영하고 있다.

선박엔진 같은 핵심부품은 일본으로부터의 이입에 의존해야 했지만, 주요 시장인 어선이 동력선, 무동력 모두 양적으로 확대되었기 때문에 조선소는 이전보다 선박건조의 기회가 많아지고, 주요 조선소에는 동력선 건조, 나아가서는 소형 엔진의 자체제작이 가능한 환경이 조성되었다.

해상 물동량 증가에 힘입은 해운업의 성장은 근대 조선산업의 본격적 이식에 보다 결정적 역할을 했다. 1930년대 국내 해운회사들은 물동량 증가에 자극되어 대대적인 선박 확충을 시작하였다. 확충 방향은 중고선 매입보다는 선박 신조(新造)를 지향하였고, 가급적 대형선박을 건조하고, 선가(船價)가 올라가더라도 우수한 선박을 확보하려고 하였다. 1925년 국내 연

---

2) 淸水弘 · 小沼勇, 『日本漁業經濟發達史序說』, 潮流社, 1949, 92~93쪽 참조.
3) 1940년 초까지 한국에서 사용되는 엔진의 대부분은 완성품으로 일본에서 이입하였다. 같은 해 한국에서 생산한 선박엔진은 총 612대, 894,030엔이고, 이입량은 24,586,266엔으로 생산액은 이입액의 1/27에 불과했다. 생산된 엔진의 대부분은 100마력 미만의 소형엔진이었다(『殖銀調査月報』 제67호, 1943.12, 20쪽).
4) 동력 운반선은 무동력 운반선의 몇 배의 능력을 발휘하기 때문에 무동력선에서 동력선으로 교체하는 기간 동안 선박 수의 감소가 일어날 수 있다.

안해운 독점회사로 설립된 조선기선주식회사(朝鮮汽船株式會社)[5]의 사례를 통해 좀 더 구체적으로 살펴보자.

조선기선의 영업개시 당시 보유선박은 용선(傭船)을 포함해서 26척 1,344톤이었는데, 이 중 100톤 이상 선박은 187톤 화객선(荷客船) 공주호(公州號)가 유일했다.[6] 그런데 설립 15년이 지난 1940년에는 조선기선 보유선박이 37척 5,404톤으로 증가하였고, 그중 100톤 이상 선박이 19척이었다. 보유한 최대 선박은 조선우선주식회사(朝鮮郵船株式會社)[7]로부터 구입한 화물선 신의주호(新義洲號)로 709톤이었다.[8] 보유선박 수는 11척이 증가했고, 톤수는 4배 이상 증가하여 선박대형화가 급격하게 진행되고 있었음을 알 수 있다. 조선기선의 선박 확충은 중고선 구입, 용선도 있었으나 주로는 선박을 새로 건조하는 것으로 이루어졌다. 1940년 현재 조선기선 보유 선박 중 15척 2,128

---

5) 조선기선주식회사는 1925년 남해안을 중심으로 연안해운에 종사하고 있던 해운업자들과 조선우선주식회사의 남해안 연안항로 부문이 통합하여 설립한 회사이다. 회사 설립에 참여한 해운회사는 조선우선, (株)大池回漕店, 釜統汽船組合, 통영해운주식회사와 中村松三郎, 須ノ内常太郎, 山本利吉 등의 개인 경영자로, 남해안 주요 연안 해운업자가 망라되었다. 설립 당시 자본금은 100만 엔이었고, 약 50%의 자본을 출자한 조선우선이 최대주주로 경영권을 장악하였다. 남해안을 중심으로 한 연안 해운업자를 통합한 조선기선은 1928년 3월 釜山回漕株式會社를 매수하고, 4월에는 마산-통영 간의 항로 통일을 목적으로 鎭海灣汽船株式會社를 매수·합병하였다. 이어서 1929년 2월에는 木浦海運株式會社를 매수하여 조선기선의 목포지점으로 삼았다. 남해안 항로를 통합한 조선기선은 1930년대 동해안 항로에 진출하여 1935년에는 부산-원산 간 정기항로를 개설하였다. 1930년대 말에는 비록 부정기항로였지만 일본 北九州와 瀨戸内海에도 수차례 배선하여 조선우선에 이어서 근해항로 진출을 모색하는 단계에 이르렀다. 1941년 6월 일제의 전시해운통제에 의해 立石汽船株式會社(부산)와 晃陽汽船株式會社(여수)가 통합하여 西日本汽船株式會社를 설립할 때까지 조선기선은 남해안 연안항로의 독점회사이자 조선우선 다음의 위상을 가진 해운회사였다(朝鮮汽船株式會社, 『伸び行く 朝汽』, 1940 ; 『朝鮮郵船株式會社二十五年史』, 1937, 233~240쪽 ; 서일본기선주식회사, 「제1기 영업보고서」 참조).

6) 朝鮮汽船株式會社, 위의 책, 6~7쪽.

7) 조선우선은 1912년 조선총독부가 각지에 분립되어 있던 해운업자에게 합동경영을 종용하여 자본금 300만 엔으로 설립한 회사이다. 총독부의 명령항로 취항 등 총독부의 해운통제의 손발 역할을 하면서 연안 및 근해항로 독점회사로 성장하였다(『朝鮮郵船二十五年史』 참조).

8) 朝鮮汽船株式會社, 위의 책, 21~24쪽.

톤이 1930년대 새로 건조한 선박이었다. 그 현황을 보면 〈표 2-3〉과 같다.

〈표 2-3〉 1930년대 조선기선주식회사 선박건조 현황

연도	발주 조선소(소재지)	선박명	용도	톤수	엔진(마력)
1930	向島船渠(일본)	太平丸	荷客船	197	350
		太安丸	荷客船	193	340
1931	中村조선소(부산)	大昌丸	화물선	113	77
1932	三菱彦島조선소(일본)	太西丸	客船	228	330
		太東丸	客船	268	330
1934	中村조선소(부산)	大國丸	화물선	166	150
1935	三菱彦島조선소(일본)	金城丸	客船	331	290
	大村조선소(일본)	高砂丸	화물선		
1936	本田船渠(일본)	浦島丸	화물선		
	百合野조선소(부산)	有明丸	荷客船	68	77
	中村조선소(부산)	豊南丸	화물선	20	30
1938	今治野崎조선소(일본)	廣進丸	화물선	198	190
1940	菊田조선소(마산)	廣安丸	화물선	199	250
		鎭海丸	客船	34	45
	中村조선소(부산)	大進丸	화물선	113	80
합계		15척		2,128	

자료 : 朝鮮汽船株式會社, 『伸び行く朝汽』, 1940, 17~24쪽에서 작성.

〈표 2-3〉에서 주목되는 점은 1930년대 조선기선의 신조 선박은 국내와 일본에서 각각 절반씩 건조되었다는 사실로, 15척의 선박 중 7척이 부산과 마산의 조선소에서 건조되었다. 즉 해운업의 활황으로 조선시장이 확대되면서 국내 조선소가 시장의 일부를 담당하고 있음이 확인된다. 일본에서 건조한 선박보다는 상대적으로 성능과 규모가 떨어지지만 1930년대 말에는 최대 200톤급 250마력의 목조화물선의 건조가 이루어졌다.

선박 확충은 당시 국내 해운업계의 전반적 동향이었다. 〈표 2-4〉는 근해 항로를 독점하고 있던 조선우선의 선박 확충의 추이인데 1930년대, 특히 1930년대 중반이후 급격한 선박 확충과 대형화를 시도했음을 알 수 있다. 조선우선은 1936년도에만 4,100톤급 3척, 4,800톤급 1척, 5,100톤급 2척 총

6척 27,300톤이라는 대규모 화물선 건조를 결정하여 미쓰비시중공업(三菱重工業) 등 일본의 각 조선소에 발주하였다.[9]

〈표 2-4〉 1930년대 조선우선주식회사의 선박 확충 변화 추이

연도	척수(A)	톤수(B)	B/A
1930	32	35,774	1,118
1931	30	32,953	1,098
1932	28	37,778	1,349
1933	22	36,294	1,650
1934	22	36,032	1,638
1935	21	36,625	1,744
1936	20	35,355	1,767
1937	25	51,132	2,045
1938	26	53,767	2,068
1939	26	53,774	2,068
1940	26	54,680	2,103
1941	27	57,035	2,112

자료 : 조선우선주식회사, 「해당년도 후반기 영업보고서」 재산목록에서 작성.
주) 1. 해당년도 9월 말 현재임.
　　2. 1척 당 톤수는 반올림하였음.

문제는 급증하는 선박 수요를 일본 내 조선소들의 건조능력이 따라가지 못했다는 점이다. 특히 급증하는 상선 수요에 더하여 대륙에서의 전쟁기운이 높아지면서 군부의 함정건조 수요까지 가세하면서 민간 조선업계의 시설능력 부족은 가속화되었다.[10] 〈표 2-5〉는 이런 상황을 잘 보여준다. 일본 민간조선소의 상선건조는 1935년 15만 톤이던 것이 불과 2년 뒤인 1937년에 2배를 훨씬 넘는 40만 톤을 기록하였고, 함정건조의 경우도 1936년 1만 5천 톤 수준에서 1937년 2만 6천 톤, 1939년 6만 톤, 1940년 12만 톤으로 급격히 증가하고 있음을 알 수 있다.

---

[9] 조선우선주식회사, 「제25기 전반기 영업보고서」 참조.
[10] 小野塚一郎, 『戰時造船史 - 太平洋戰爭と計劃造船』, 日本海事振興會, 1962, 270~271쪽.

〈표 2-5〉 일본 내 조선소의 상선 및 함정건조량 비교

년차	민간조선소				해군공창	
	일반상선		함정			
	척수	총톤수	척수	배수톤수	척수	배수톤수
1935	166	150,123	9	16,300		32,800
1936	192	217,461	28	15,750		23,900
1937	219	399,324	20	26,640		33,350
1938	233	423,039	23	31,900		18,400
1939	116	333,431	23	59,640		50,200
1940	125	307,161	39	124,910		85,900
1941	112	241,090	43	96,120		24,300

자료 : 日本造船學會編, 『昭和造船史』 第1卷(戰前, 戰時編), 原書房, 1977, 36쪽.

1930년대 후반 일본 조선산업의 상황으로 인해 그때까지 필요한 선박을 일본에 의존하던 한국에게는 선박을 자체적으로 조달하고, 나아가서는 공급이 달리는 일본 조선시장을 보조하는 역할까지 수행해 할 필요성이 대두했다. 어떤 의미에서는 '강요된 수입대체'라고 볼 수 있지만, 한국에 최초로 근대 조선산업의 상징이라고 할 수 있는 대형 강선의 조선시장이 열렸음을 의미하는 것이었다.

2. 군수시장의 형성

1930년대 후반 대륙에서 급격히 높아진 긴장감으로 인해 유사시 함정을 수리할 조선시설을 한국에 두어야 한다는 군부의 목소리가 점차 강화되었다. 전술한 대로 조선중공업 설립이전까지 조선시설은 남해안의 일부 조선소를 제외하면 대부분 소형 무동력 목선을 건조하는 조선소가 전국 해안에 산재되어 있을 뿐이었다. 소형선은 육지로 끌어올려 수리할 수 있지만, 함정과 같은 대형선의 수리를 위해서는 도크가 필요하였다. 당시 부산항 맞

은편 섬인 영도(影島)에 소재한 사이조철공소(西條鐵工所)가 국내에서는 유일하게 1,400~1,500톤급 선박의 수리가 가능한 도크를 보유하고 있었다.[11] 그러나 이 유일한 시설조차도 함정을 수리하기에는 너무 작았다. 진해 군항이 있었지만, 함정을 수리할 도크시설은 없었다. 대부분의 함정은 한국 연안에서는 간단한 정비수준의 수리를 받는 것 이상을 기대할 수 없는 상황이었다. 도크에서 수리가 필요한 함정은 일본까지 가서 해결해야만 했다. 물론 상선도 마찬가지 상황이었다.[12]

한편 1930년대에 접어들어 원활한 식민통치를 위한 정책의 일환으로 식민지 공업화를 추진하던 조선총독부의 입장에서는 군부의 이러한 분위기를 적극 이용할 필요가 있었다. 일본정부가 조선총독부의 급속한 공업화 추진에 난색을 표하고 있었기 때문이다. 특히 같은 시기 추진된 종합제철소 건설계획의 사례에서 보듯이 상공성을 필두로 한 경제관청이 극히 부정적인 자세를 취하고 있었다.[13] 일본 정부 내 반대를 극복하고 조선총독부가 자신이 의도한 공업화정책을 밀어붙이기 위해서는 군부의 지지가 필요했다. 2·26사건 이후 제국의 국책 결정과정에서 군부의 힘이 빠르게 강화되고 있었던 것이 이런 조선총독부의 판단을 확고하게 했다. 사실 조선총독부의 입장에서 보면 식민지 공업화에 군사적 필요성을 강조하는 데 거부감이 없었다. 이것은 종합제철소 건설과 관련하여 '설립만 하면 되었지 그

---

11) 「朝鮮重工業株式會社株式引受ノ件(1937.5.24)」, 『茗荷谷文書』 E45 ; 『茗荷谷文書』는 도쿄 묘가다니(茗荷谷)의 외무성연수원에 소장되어 있던 문서군으로 주로 일제시기 조선을 포함한 식민지의 拓務省, 內務省 등에서 올린 각종 보고서 및 첨부자료들로 구성되어 있다. 『閉鎖機關淸算關係資料』와 함께 전시기 경제사 자료를 보충할 수 있는 중요한 자료군으로, 일본 외무성 외교사료관에서 원본을 소장하고 있으며 아시아역사자료센타(アジア歴史資料センター) 인터넷 사이트에서도 순차적으로 자료공개가 이루어지고 있다. 한국에서는 국사편찬위원회가 마이크로필름으로 자료를 소장하고 있다.

12) 朝鮮總督府, 「朝鮮重工業株式會社資本增加」, 『事業資金調整關係書類(乙)』 , 1940.

13) 종합제철소 건설에 관한 조선총독부와 일본정부의 대립과정에 대해서는 배석만, 「조선제철업 육성을 둘러싼 정책조율과정과 청진제철소 건설(1935~45)」, 『동방학지』 151, 연세대 국학연구원, 2010 참조.

것이 군수용이든 민수용이든 나중의 사용 목적은 중요한 것이 아니었다'는
당시 조선총독부 식산국장 호즈미 신로쿠로(穂積眞六郎)의 말에서도 증명
된다.[14] 이런 인식은 한반도라는 지역 경제의 장래가 아닌 제국 차원의 식
민통치 안정이라는 관점에서 공업화에 접근했던 조선총독부의 입장에서는
자연스러운 것으로 볼 수 있다.

결국 1930년대 후반 식민지 공업화의 추진 과정, 특히 조선산업을 포함
한 중공업 육성은 통치적 관점에서 정책적으로 밀어붙이려는 조선총독부
와, 대륙의 군사적 긴장감을 배경으로 한국에 일정한 수준의 군수산업 육
성이 필요하다고 생각하는 군부의 의기투합으로 전개된 것이었다. 특히 조
선총독부는 공업화정책의 성패가 군부의 지지에 달려있다고 판단했음으로
'국방상의 필요성'을 강조하는 데 주저하지 않았다. 1936년 10월 조선총독
부 주도로 개최된 조선산업경제조사회(朝鮮産業經濟調査會)는 이러한 의도
가 관철되는 장이었다.[15]

1936년 4월 조선총독부가 산업경제조사회에 제출할 목적으로 작성한 의
안(議案)에서 조선산업의 육성은 국책상 특별히 진흥책을 강구하여 적극적
으로 발전을 도모해야 하는 공업 분야에 석탄액화(石炭液化), 연료주정(燃
料酒精), 경금속, 제철업과 함께 선정되었다.[16] 구체적 육성 방법은 '소형
선박조선업 및 선박수선업자에 있어서 일정의 조건을 구비한 자에 대해 조

14) 学習院大学東洋文化研究所 友邦文庫, 「未公開資料 朝鮮総督府関係者 録音記録(5)−朝鮮
軍・解放前後の朝鮮」, 『東洋文庫研究』6, 学習院大学 東洋文化研究所, 2004, 310쪽.
15) 조선산업경제조사회의 준비과정은 다음과 같다. 1936년 초부터 조선총독부 식산국을
중심으로 조선산업경제조사회에 제출할 총독부의 장래 산업시책 계획안이 준비되었다.
4월에는 계획안의 개요가 완성되고 9월에는 구체적인 세부계획서인 의안참고서가 마련
되었다. 동년 8월 총독이 宇垣一成에서 南次郎로 교체되는 우여곡절이 있었지만 10월
동 조사회가 개최되었다. 산업경제조사회는 제출된 총독부의 계획안을 심의하고, 諮問答
申案을 마련하여 총독부에 제출하였다. 조선산업경제조사회의 준비 및 개최 과정에 대해
서는 호즈미의 회고(穂積眞六郎, 『わが生涯を朝鮮に』, 友邦協會, 1974, 90~99쪽) 참조.
16) 朝鮮總督府, 「朝鮮産業經濟調査會に提出すべき議案概要(1936.4.15)」, 『朝鮮産業經濟調
査會に提出すべき議案參考書(1936.9.15)』.

성(助成)의 방도를 강구한다'[17]고 하여 기존 업체 중 대상 업체를 선정하여 조선총독부가 지원·육성하는 것이었다. 산업경제조사회 제2분과위원회에서 실시된 심의 과정에서는 이들 공업의 육성 이유로 군사적 필요성이 강조되었다.[18] 그 결과 조선총독부에 제출된 최종 자문안 답신서에는 '특히 국방상의 견지에서 중요하게 인정되는 공업'이라는 문구가 삽입되었다.[19] 그리고 이 영향으로 조선산업의 경우 기존 의안에서 지원 대상으로 명시되었던 '소형선박의 건조 및 선박수선업'이라는 문구가 삭제되었다. 회의석상에서 '특히 국방상의 견지에서'라는 문구를 삽입할 경우 소형선박의 건조 및 선박수선업을 구체적 육성 대상으로 지정하는 것은 어울리지 않는다는 지적이 있었기 때문이었다.[20] 조선산업의 육성이 필요한 이유로 '특히 국방상의 견지'가 강조되는 상황에서 주로 군함이나 대형 화물선이 아니라 소형 목조어선을 지칭하는 소형선 건조 및 수리가 그 대상이라고 명시하는 것이 앞뒤가 맞지 않는다고 판단했던 것이다. 아울러 최종 자문안 답신서에는 자동차 및 비행기조립수리, 광업용 기계제조, 연료알콜 등 육성공업 분야가 추가되었다. 이로써 조선산업은 '국책상 특히 국방상의 견지에서 중요하게 인정되는 공업으로 현 정세를 감안하여 특별한 진흥책을 강구하여 급속히, 그리고 적극적으로 발전을 도모해야 하는 공업' 중 하나로 결정되었다.[21] 그리고 이 방침은 이듬해인 1937년 조선중공업의 설립을 통해 유사시 함정을 수리할 수 있는 7,000톤급 도크를 조선총독부의 보조금 지원하에 건설하는 것으로 가시화되었다.

17) 朝鮮總督府, 「朝鮮産業經濟調査會諮問答申案試案參考書(1936.10)」, 117쪽.
18) 朝鮮總督府, 「朝鮮産業經濟調査會議錄(1936.10)」, 437~450쪽 참조.
19) 朝鮮總督府, 「朝鮮産業經濟調査會諮問答申書(1936.10)」, 28쪽.
20) 朝鮮總督府, 「朝鮮産業經濟調査會會議錄(1936.10)」, 438쪽.
21) 朝鮮總督府, 「朝鮮産業經濟調査會諮問答申書(1936.10)」, 28~29쪽.

3. 대형조선소의 등장

어업과 해운업의 호경기에 힘입은 민수시장의 확장과 대륙의 긴장감에 의한 군수시장의 대두라는 양 방향의 자극으로 1930년대 조선산업은 빠르게 확장하였다. 우선 1930년대 조선산업의 전체적인 현황을 살펴보면 〈표 2-6〉와 같다.

〈표 2-6〉 1930년대 조선산업 현황

연도	조선소 수	종업원 수	선박건조(隻)	규모별 조선소 수(직공수 기준)			
				1～49	50～99	100～199	200명이상
1930	33	618	3,512	29	3		
1932	48	693	2,763	46	3		1
1933	49	819					
1934	48	965	3,161	50	4	2	
1935	56	1,301	3,575	49	4	2	
1936	55	1,565	4,119	47	2	4	1
1937	53			45	4	3	
1938	53	1,301	4,858	48	1	4	1
1939	59	2,799		53		4	2
1940	64	3,339					
1941	97						

자료 : 朝鮮總督府, 『朝鮮總督府統計年報』 각년도판 ; 朝鮮總督府殖産局, 『朝鮮工場名簿』 각년도판, 朝鮮工業協會에서 작성.

주) 1. 1932년 선박건조 수가 갑자기 줄어든 것은 20톤 미만의 소형 범선의 건조 수가 통계에서 제외되었기 때문임.

2. 조선소 수와 규모별 조선소 수의 차이는 전자는 『朝鮮總督府統計年報』, 후자는 『朝鮮工場名簿』에 의해 작성된 것에 의해 생긴 차이임.

조선소 수는 1930년 33개에서 1941년 97개로 3배 가까이 늘었고, 선박건조실적도 1932년 2,763척에서 1938년 4,858척으로 약 1.8배가 증가하였다. 1930년 대비 1932년의 선박감소는 대공황의 영향이라기보다는 20톤 미만의 소형 범선이 통계에서 제외되었기 때문이다. 종업원 수는 5배 이상 증가하였는데, 조선소 수보다 종업원 수의 증가폭이 훨씬 크다는 것은 많은 노동자를 고용하는 대형조선소의 출현을 의미한다. 1930년 종업원 100명 이상의 조선소가 전혀 없었던 것에 비해 1939년에는 100명 이상의 종업원을 보유한 6개의 조선소가 확인된다. 종업원의 민족별 구성을 보면 상층부인 직원 내지 기술자 및 숙련공은 일본인이, 일반 노동자는 한국인이 절대비중을 차지했다. 1941년 8월 조선총독부가 실시한 제1회 조선노동기술통계조사에 의하면 조선산업의 경우 131명의 기술자를 제외한 노동자 3,892명 중 한국인이 3,135, 일본인이 716명이었다.[22]

조선산업 확장추이를 구체적으로 보기 위해 1941년 현재 97개 조선소의 현황을 정리했는데 〈표 2-7〉과 같다.

〈표 2-7〉 1941년 현재 전국 조선소 현황

조선소명	소재지	설립일	대표자	1930년 규모	1939년 규모
長濱조선철공소	강릉		長濱正		
鶴賀조선소	강원도 고성		鶴賀忠治		
長箭어업조합조선철공부	강원도 장전		長箭어업조합		
高田조선소	강원도 통천		高田登介		
高橋조선공장	경주 감포		高橋繁太郎		
今西조선공장	경주 감포		今西元助		
柳川조선공장	경주 감포		柳川一馬		
藤田조선철공소	고흥	1931년 2월	梅迫力一		A
일본디젤공업 주식회사군산공장	군산	1938년 8월	藤野治運平		C
군산조선철공주식회사	군산	1939년 11월	군산조선철공주식회사		C
西村조선소	군산		西村秀吉		
朝鮮철공소	군산		博田憲正		
荒木조선소	군산		荒木松次		
南海조선철공소	남해		岩本相兌		
* 菊田조선소	마산	1914년 7월	菊田岩市(菊田岩一)	A	A
山中조선소	목포		山中熊一		
* 河合조선소	목포	1926년 7월	河合好	A	A
* 田中조선철공소	부산	1887년 10월	田中てい(田中淸)	B	C
* 中村조선철공소	부산	1902년 3월	中村高次(中村久藏)	A	A

22) 朝鮮總督府, 『昭和16年8月10日現在 工場, 鑛山, 運輸事業場, 事務所, 商店數及び其ノ所屬 勞務者, 技術者數(第1回朝鮮勞動技術統計調査結果報告)』, 45쪽.

城崎조선소	부산	1917년 10월	城崎藤治		A
田尻조선소	부산	1917년 8월	田尻喜敏		A
* 富森조선소	부산	1920년 10월	富森彌大平	A	A
* 百合野조선소	부산	1920년 1월	百合野又五郎	A	A
宇都宮조선공장	부산	1928년 3월	宇都宮數馬		A
西中조선소	부산	1930년 2월	西中쯔루		A
栗山조선소	부산	1930년 4월	栗山茂三郎		A
松藤조선소	부산	1930년 6월	松藤重太郎		A
池本조선소	부산	1932년 11월	池本奎平		A
田村조선소	부산	1932년 12월	田村謙貞		A
上田조선소	부산	1935년 10월	上田孝壽		A
三技조선소	부산	1937년 1월	三技光行		A
田中조선철공소 제2공장	부산	1937년 2월	田中てい(田中淸)		A
조선중공업주식회사	부산	1937년 7월	阿部梧一		D
大陸중금속공업주식회사	부산		平戶淸治		
管原조선소	북청		管原勝藏		
渡邊조선소	북청		渡邊久吉		
寺井조선소	북청		寺井富		
俵조선소	북청		俵金市		
鶴長조선소	북청		鶴長英雄		
三敬조선소	삼척		新井慶柱		
佐藤조선소	삼척		佐藤龜太郎		
竹本조선소	삼척		竹本조선소		
藤田조선소	성진	1931년 9월	藤田?太郎		A
河原조선소	신의주	1913년 10월	河原高一		A
堤田조선소	신의주	1930년 10월	澤江榮次郎		A
宮崎조선소	여수	1927년 2월	宮崎彌七		A
金光조선소	여수		金光鐵洙		
島田조선소	여수		島田榮太郎		
土井조선소	여수		土井孝一		
筒井조선소	여수		筒井第吉		
坪井조선소	여수		坪井梅吉		
* 村上조선공장	영일	1914년 10월	村上與利松	A	
* 熊谷조선공장	영일	1916년 10월	熊谷鹿藏	A	
濱田조선소	영일		濱田登		
新井조선소	영일		新井相權		
良原조선소	영일		良原泰坊		
有富조선소	영일		有富九州男		
* 방어진철공조선주식회사	울산	1929년 7월	中部謙吉	B	D
武山조선소	울진		武山泰寅		
厚浦조선소	울진		松浦正芳		
澤井철공조선소	원산	1912년 4월	山田定一		
春日조선소	원산	1931년 12월	佐古和夫		

大東철공소	원산		李錫夏		
大平조선소	인천	1930년 5월	大平福壽		A
藤川조선소	인천	1931년 6월	藤川時雄		A
大仁조선주식회사	인천		野崎常次郎		
미나토철공소	인천		平海鶴根		
濱野조선소	인천		濱野重吉		
龜村조선소	진남포		龜村市次郎		
堀田조선소	진남포		堀田元秋		
今本조선소	진남포		今本平次		
磯邊조선소	진남포		磯邊藤次郎		
山口조선소	진남포		?野義明		
森內조선소	진남포		森內訓造		
船本조선철공소	진남포		船本孫一		
柳조선소	진남포		柳浩璉		
中岡조선소	진남포		中岡岩三		
坂口조선소	진남포		坂口三男		
藤田조선소	진해		藤田久一		
藤浦조선소	청진	1918년 11월	藤浦春次郎		A
청진조선철공소	청진	1937년 2월	佐々木光次		C
함북조선철공주식회사	청진	1938년 1월	松下和三郎		A
충남기계제작주식회사	충남 장항		충남기계제작주식회사		
* 伊津조선소	통영	1916년 5월	伊津兵一	A	A
山本조선소	통영	1920년 1월	矢用德次		A
木下引揚조선소	통영	1931년 7월	木下勝藏		A
藤原조선소	통영	1935년 8월	藤原朝太郎		A
中村조선소	통영		中村吉男		
森脇조선소	평양		森脇常市		
沼조선소	평양		沼輿七		
滿興철공소	함북 경성		明本春林		
松茂조선소	함북 경성		松茂興作		
熊本조선소	함북 경성		熊本조선소		
竹田조선소	함북 경성		竹田철공소		
奧屋조선소	해주	1925년 5월	奧屋嘉一		A
黃海조선소	해주		梅原康憲		
西湖조선철공소	흥남	1937년 6월	村田村太郎		A

자료 : 朝鮮總督府殖産局, 『朝鮮工場名簿-昭和18年版』, 朝鮮工業協會, 94~99쪽에서 작성.
주) 1. 직공 5인 이상을 사용해야 하는 설비를 갖고 있거나 또는 상시 5인 이상의 직공을 고용하고 있는 공장에 한 함.
　　2. 설립연도는 1943년판에는 나오지 않기 때문에 이전 공장명부에서 보충했음. 1939년 규모는 1941년판에 의함.
　　3. 대표자의 '( )'는 이전 경영자임.
　　4. 규모는 종업원 수로 A: 1~49, B: 50~99, C: 100~199, D: 200명 이상임.
　　5. *는 1930년 현재를 나타낸 『朝鮮工場名簿-昭和7年版』에 나오는 조선소임.

『조선공장명부』중에서 공장 설립일과 직공을 기준으로 한 규모가 기재
된 것은 1939년 상황을 기록한 1941년판까지이다.[23] 그러므로 〈표 2-7〉에
서 설립일이 없는 공장들은 1940년 상황을 기록한 1942년판 이후의『조선
공장명부』부터 새롭게 기재된 조선소들이다. 그러나 전체 97개 조선소 중
절반 이상이 해당되기 때문에 이들 조선소 모두가 1940년 이후 신설된 조
선소라고 보기는 힘들다. 신설된 조선소 이외에도 이전부터 존재했지만
『조선공장명부』의 조사기준인 '직공 5인 이상 또는 그에 준하는 설비보유'
에 미달되었다가 시설확장을 통해『조선공장명부』에 포함된 경우를 추정
해볼 수 있다. 〈표 2-7〉를 보면 1930년 이전에 설립되었음에도 불구하고,
1930년 현재『조선공장명부』에 포함되지 않은 조선소가 이후『조선공장명
부』에 등장하는 경우가 상당수 발견되기 때문이다. 다음은 조사누락의 가
능성인데, 이 가능성은 그렇게 크다고 생각되지 않는다. 왜냐하면 〈표 2-6〉
의 조선소 수는 1941년을 제외하고는『조선총독부통계연보』에 의거한 것
이고, 규모별 공장 수는『조선공장명부』에 의한 것인데, 이 둘이 대체로 일
치하기 때문이다.

이러한 통계상의 변수가 존재함에도 불구하고, 1930년대 많은 조선소가
신설되었음은 확실하다. 또 1920년대 주요 조선소인 다나카조선철공소과
방어진철공조선의 규모 확장을 확인할 수 있다. 기존 주요 조선소 중 하나
였던 조선상공주식회사 진남포철공소는『조선공장명부』1939년판(1937년
현재)부터 조선산업 부문에서 기계기구제조업 부문으로 이동하였기 때문
에 〈표 2-7〉에는 누락되어 있지만 1939년 현재 직공 200명이상(『조선공장
명부』기준으로 D급)을 보유한 대공장이었다.[24]

<hr>

23) 『조선공장명부』는 1932년판, 1934년판, 그리고 1935년판부터 1943년판까지 총 11권이 남
아있고, 조사 시기를 기준으로 하면 1930년부터 1941년까지이다.

24) 朝鮮總督府殖産局,『朝鮮工場名簿—昭和16年版』, 朝鮮工業協會, 61쪽 ; 이 공장은『조선
공장명부』의 1939년판(1937년 현재)부터 조선이 주 생산품목에서 제외되었는데 그 이유
는 명확히 알 수 없다. 그러나 1937년 이후에도 조선상공주식회사 진남포철공소의 주력

대체적으로 설립연도가 확인되는 부산지역 조선소의 경우를 통해서 구체적으로 살펴보면, 우선 부산지역에 1941년 현재 존속하는 조선소 중 절반이상이 1930년대에 설립되었다. 또 기존 부산지역 최대 규모였던 다나카조선철공소는 1937년 2월 제2공장을 신설하여 규모를 확장하였다. 기노사키조선소(城崎造船所), 다지리조선소(田尻造船所)는 1910년대에 설립되었지만 공장명부에 포함되지 않다가 1930년대 이후에 등장하였는데, 이 역시 시설확장의 결과라고 해석할 수 있다. 한편으로 대부분의 조선소는 직공 50명 미만(규모 A에 해당)의 영세한 수준을 벗어나지 못했고 단기간에 사라지는 사례도 많았다. 1930년 현재 『조선공장명부』에 기록된 조선소 중 1/3만이 존속하고 있는 사실이 이를 뒷받침한다. 지리적으로는 주요 항구를 중심으로 밀집해 있는 형태와 부산이 그 중심지라는 사실은 1930년대 말에도 변함없지만, 연안해운과 어업의 성장에 따라 중소포구에까지 활발하게 조선소가 설립되었다.

1939년 현재 직공 100명 이상의 조선소는 다나카조선철공소, 청진조선철공소, 일본디젤공업주식회사 군산공장, 군산조선철공주식회사, 조선중공업주식회사, 방어진철공조선주식회사의 6개인데, 여기에 조선상공주식회사 진남포철공소를 포함하면 모두 7개 회사이다. 이들 중 다나카조선철공소, 조선상공 진남포철공소를 제외하면, 전부 1930년대에 신설된 회사들이다.[25] 이들 중 방어진철공조선의 사례를 보면 이 조선소는 당시 한국 어업계를 장악하고 있던 일본 수산재벌 하야시가네상점(林兼商店)의 나카베 이쿠지로(中部幾次郎)가 자신의 어업근거지이자 대표적인 일본인 이주어촌

생산품이 조선이라는 사실은 다른 자료에서도 확인되기 때문에 완전히 업종전환이 이루어진 것은 아니었다(東洋經濟新報社,『朝鮮産業の決戰再編成 -昭和18年版朝鮮産業年報』, 1943, 106쪽). 더욱이 1939년에는 50만 엔을 투자, 기존 시설능력을 3배로 확장하여 300톤급 선박을 건조할 수 있는 능력을 갖출 계획이었다(『동아일보』 1939.9.27, 11.4). 태평양전쟁기에는 조선총독부가 주요 항구의 조선소를 1개로 통합하는 정책(1港1社主義)을 실시하였는데, 진남포지역은 이 철공소를 중심으로 통합되었다.
25) 방어진철공조선주식회사는 1929년에 설립되었지만, 가동은 1930년부터이다.

인 울산 방어진26)에 설립한 조선소로 하야시가네상점 소속의 어선 및 수산물 운반선의 건조 및 수리를 목적으로 하였다.27) 방어진철공조선의 설립 시 자본금은 10만 엔이었는데, 주식의 45%인 900주를 나카베와 그 일족이 출자하였고, 그중 나카베가 350주를 보유하여 최대주주이자 사장에 취임하였다.28) 공장설비는 크게 조선소와 철공소로 나누어졌는데, 조선소는 목조 어선의 건조, 철공소는 어선에 장착할 소형 발동기 제작을 담당하였다. 1938년 5월에는 자본금을 20만 엔으로 증자하였고29), 규모를 지속적으로 확장하여 1939년에는 〈표 2-7〉과 같이 200명 이상의 직공을 거느린 한국 최대의 조선소 중 하나가 되었다.

방어진철공조선 이외에 1930년대 설립된 대형 조선소 중 청진조선철공

---

26) 방어진은 인공 방파제가 없었던 한말에는 파도가 연안까지 덮쳐 양질의 漁港을 형성할 수 없는 곳이었으나 일제가 식민지 어업기지로 일본 어민의 이주어촌을 건설하기 위해 개발한 대표적인 지역이었다. 일본 岡山, 島根, 福岡의 어민이 집단으로 이주하였고, 1923년에는 동해안 최초로 방파제가 착공되어 70여만 엔을 들여 1928년 완공되었다. 일제시기 방어진은 어획고가 전국의 10%를 차지할 만큼 번성했고, 1937년에는 울산군 중심지인 울산읍에 이어서 읍으로 승격되었다. 해방 직전까지도 인구가 3만에 달하여 울산읍 보다 호구 수가 많았다고 한다. 稅收 및 擔稅力이 울산군 내에서 최고였기 때문에 방어진읍은 한때 울산군청과 울산경찰서 등 주요 관공서의 유치운동을 펼치기도 하였다. 일제시기 방어진은 조선 제일의 수산기지로 일본인 이주어촌의 성공적 사례였기 때문에 역대 총독 및 정무총감의 초도순시 지역에서 빠지지 않았다. 또 일본 고위 관리들이 방어진항을 이용해 일본에 드나들었기 때문에 어항뿐만 아니라 한일 간의 연락거점 역할도 하였다 (『蔚山東區誌』, 1999, 176~181쪽).

27) 나카베 이쿠지로는 원래 일본 瀨戶內海의 鮮魚 운반업자였다. 1905년 일본에서 처음으로 8마력 석유발동기를 장착한 동력 운반선을 개발한 것을 계기로 일본 3대 수산업자의 한 명으로 성공하였다. 나카베는 1907년부터 한국 연안어업에 진출하였고, 이후 1910~1920년대를 거치면서 한국 어업계의 1인자로 성장하였다. 하야시가네상점의 성장 과 한국 어업계 장악과정에 대해서는 神谷丹路, 「日本漁民の朝鮮への植民過程をたどる ―岡山縣和氣郡日生漁民を中心として」, 『靑丘學術論集』 13, 1998, 96~100쪽 및 코노 노부카즈, 「일제하 中部幾次郎의 林兼商店 경영과 '水産財閥'로의 성장」, 『동방학지』 153, 연세대 국학연구원, 2011 참조. 나카베는 태평양전쟁이 발발하자 소유 어선을 군부에 자진 헌납하고 생선을 무료로 군납하는 등 전쟁에 적극 협력하였고, 그 공로로 훈4등의 상훈을 받았다(『蔚山東區誌』, 181쪽).

28) 『朝鮮銀行會社組合要錄』 1933년판, 東亞經濟時報社. 149쪽.

29) 『朝鮮銀行會社組合要錄』 1941년판, 東亞經濟時報社. 138쪽.

소 1937년 2월, 조선중공업 1937년 7월, 일본디젤공업 군산공장, 1938년 8
월, 군산조선철공이 1939년 11월에 각각 설립되었다. 모두 1930년대 후반,
특히 1937년부터 1939년까지 집중적으로 설립되었다.

조선소 설립 자본의 조달처는 대체로 민간자본에 의한 것이었다. 1937년
중일전쟁 발발로 일본과 식민지 전체가 전시경제체제로 전환되고 전쟁수
행에 필요한 공업 분야, 이른바 '생산력확충 대상공업'에 대해서는 국가 자
본의 투입을 비롯한 각종 정책적 지원이 시작되었다. 그러나 조선산업 부
문에서는 조선산업경제조사회의 결과물로 설립된 조선중공업 1개 회사만
이 그 대상이었다.

1930년대 조선산업에 투자된 민간자본은 일본 독점자본의 진출, 한국 내
일본인 자본의 출자, 기존 조선소의 증자를 통한 규모 확장이라는 3가지
유형으로 나눌 수 있다. 일본자본의 진출은 방어진철공조선, 일본디젤공업
군산공장의 경우로 방어진철공조선은 앞서 살펴본 바와 같이 일본 수산재
벌 하야시가네상점으로부터, 그리고 일본디젤공업 군산공장은 일본 면방
독점재벌 가네가후치(鐘淵)의 출자로 필요자금이 공급되었다.[30] 이 경우는
주력업종으로 조선산업을 육성하겠다는 의지보다는 자사 소유선박의 정비
및 필요선박의 건조를 목적으로 한 투자였다. 다음으로 한국 내 일본인 자
본의 출자는 군산조선철공[31]이 해당된다. 군산조선철공은 군산지역 유지
의 공동출자로 설립되었는데, 항구의 입출항 선박의 수리·정비라는 항구
도시의 지역적 필요성에 의한 것으로 보인다.

1930년대 조선산업의 성장 분위기 속에서 한말부터 설립되었던 기존 조
선소도 증자를 통해 자본을 확대하였다. 그러나 필요한 자본의 대부분은
소유주와 그 가족의 폐쇄적 분할출자를 벗어나지 못했다. 이미 한말 소형

---

30) 이 외에도 실현여부는 확인되지 않으나 1939년 일본 大阪造船이 진남포로 진출하여 조선
소 설립을 계획하였다(『동아일보』 1939.7.18).
31) 자본금 25만 엔으로 설립되었으며, 자본금은 설립 시 100% 불입할 계획이었다(『동아일보』
1939.7.12).

조선소를 설립하여 성장해온 다나카조선철공소, 나카무라조선철공소의 경
우 1930년대에 한국 내 중견조선소의 위치를 차지했지만 나카무라조선철
공소는 여전히 개인경영공장이었고, 다나카조선철공소는 주식회사로 전환
하였지만 필요자본의 공급은 소유주의 개인출자라는 기존 구조가 유지되
었다.[32]

조선소의 경영도 당시 호경기를 반영하듯 좋은 성적을 올리고 있다. 예
를 들어 방어진철공조선의 경영상황을 보면 동 조선소의 영업성적은 조선
식산은행이 1934년 하반기부터 전국 300여 기업의 영업보고서를 토대로 각
기업의 영업성적을 분석한 『조선회사사업성적조(朝鮮會社事業成績調)』를
통해 알 수 있는데[33], 정리하면 〈표 2-8〉과 같다.[34]

〈표 2-8〉 1930년대 방어진철공조선주식회사의 영업성적 현황(단위 : 圓, %)

회기	자본금	불입금	차입금	순이익금	상각금	유보금	이익률 朝鮮 전체 평균	이익률 방어진 조선소	유보율 朝鮮 전체 평균	유보율 방어진 조선소	배당률 朝鮮 전체 평균	배당률 방어진 조선소
1934 下	100,000	36,000	22,656	2,302	1,070	302	14.72	18.73	42.25	13.12	5.46	10.00
1935 上	100,000	36,000	32,561	2,870	1,500	870	15.33	24.28	37.25	30.31	5.33	10.00
1935 下	100,000	50,000	23,596	5,962	2,000	1,762	16.46	31.85	42.04	29.55	5.20	15.00
1936 上	100,000	50,000	26,036	3,333	1,500	633	14.37	19.33	54.46	18.99	4.72	10.00
1936 下	100,000	50,000	42,436	-7,272			15.84		40.32		5.10	

---

32) 다나카조선철공소는 1931년 자본금 10만 엔의 주식회사로 전환한 이후 제2공장의 건설
등 설비확장을 추진하였지만, 증자는 실시하지 않았다.

33) 자료명은 1939년부터 『朝鮮事業成績附分析比率』로 명칭이 바뀌지만, 조사방법은 대체로
동일하다. 조사 자료는 1942년까지 남아있다(一橋大學經濟硏究所日本經濟統計情報セン
ター, 『日本帝國外地關係統計資料目錄-朝鮮編』, 1994, 72~73쪽 참조).

34) 서호조선철공소의 경우 1938년 상반기에 1차례만 조사되었기 때문에 사례로서는 부적당
하고, 조선중공업은 1938년 하반기부터 포함되어 1930년대 전체상황을 보여주지 못한다.

1937 上	100,000	70,000	44,413	2,689		2,689	15.79	7.68	38.07	100.00	4.90	
1937 下	100,000	70,000	52,014	5,349	1,500	5,349	17.08	19.57	38.83	100.00	5.40	
1938 上	100,000	100,000	62,591	5,809	1,500	2,009	19.97	14.62	50.71	34.58	5.60	7.00
1938 下	200,000	125,000	43,243	8,567	3,500	1,867	21.40	19.31	41.81	21.79	6.60	10.00

자료 : 朝鮮殖産銀行調査部, 『朝鮮會社事業成績調』 해당년도판에서 작성.
주) 1. 이익률은 공표 순이익금 및 당기상각금의 합계를 불입자본금으로 나눈 비율을 年率로
   표시한 것임.
   2. 유보율은 이익금 중 배당, 상여, 교제비 등 社外배분금을 제외한 금액(사내 유보금)을
   순이익금으로 나눈 비율임.

  방어진철공조선은 손실이 발생한 1936년 하반기를 제외하고는 평균 20%
의 높은 이익률을 내고 있다. 1930년대 한국 내 기업 전체의 평균이익률도
15%이상으로 공업화 및 중일전쟁의 전시특수로 인한 경기활황이 기업의
영업성적 호조로 반영되었다는 사실을 확인할 수 있다.
  일반적으로 기업의 영업 성적이 좋아지면 배당이 높아지고, 이것은 다시
주금 불입 내지 증자라는 형태로 자본유입을 활발하게 하여 그 자본을 통
한 시설확장이 이루어지는 선순환 구조가 작동하게 되는데, 방어진철공조
선도 이를 실현하고 있다.
  방어진철공조선은 높은 기업이윤 달성으로 전국 회사기업의 배당률 평
균을 2배 정도 웃도는 10%의 고배당을 실현하였고, 32%의 이익률을 달성한
1935년 하반기에는 무려 15%의 고배당을 실현하였다. 1936년 하반기 갑자
기 발생한 손실로 1937년까지 무배당을 실시하고 이윤의 전부를 사내(社
內)자금으로 보유하였지만, 1938년부터는 고이윤→고배당→증자의 호황
구조로 복귀하여 하반기부터는 이전 수준인 10%의 배당을 실시하였다.
  영업성적 호조에 힘입어 1934년 하반기까지 공칭자본금 10만 엔에 대해
36,000엔 불입에 불과하던 자본금이 1938년까지 10만 엔 전액이 불입됨과

동시에 추가로 10만 엔의 증자를 실시하여 1차로 25,000엔을 1938년 하반기까지 불입완료하고 있다. 방어진철공조선의 사례를 통해서 볼 때 1930년대 조선산업의 활황이 개별 조선소의 영업성적에도 반영되었던 것을 확인할 수 있다.

제3장

· ·

조선중공업주식회사(朝鮮重工業株式會社)의 설립

제3장 조선중공업주식회사(朝鮮重工業株式會社)의 설립

1. 설립배경 및 과정

1930년대 등장한 다른 대형 조선소과 달리 조선중공업은 조선총독부의 주도하에 보다 국책적 관점에서 설립된 것이었다. 1936년 10월 개최된 조선산업경제조사회를 계기로 설립이 본격화되었는데 방법은 당시까지 유일하게 도크를 소유하고 있던 사이조철공소를 확장하여 근대식 조선소로 전환시키는 방식으로 실현되었다.

조선중공업 설립은 조선총독부의 지휘 아래 당시 조선우선이 실무의 중추적 역할을 수행했다.[1] 조선우선은 당시 해상 운송량 증가에 대응하여 대형화물선 중심으로 보유 선박의 교체를 추진하던 상황이었으므로 대형 화

---

[1] 東洋拓殖株式會社, 「朝鮮重工業株式會社株式買取ノ件(1939.5)」, 『朝鮮重工業K.K關係(簿冊番号 前17G番24号)』, 일본국립공문서관 소장 폐쇄기관청산관계자료 ; 폐쇄기관청산관계자료는 제2차 대전 후 일본에 진주한 미군에 의해 폐쇄기관으로 지정되어 청산된 식민지개발기관, 통제회사, 전시동원기관 등의 관련 자료군이다. 폐쇄기관에는 동양척식주식회사, 조선은행, 조선식산은행 등도 포함되었기 때문에 한국 관련 중요자료도 다수 포함되어 있다. 자료의 질과 양, 규모로 볼 때 전시기 이후 경제사 연구에 중요한 역할을 할 것으로 기대된다. 현재 일본 국립공문서관 츠쿠바(筑波)분관에 소장되어 열람과 개인 소지 카메라 촬영, 마이크로필름 복사가 가능하나 문서에 따라서는 사전 심사가 필요하기 때문에 입수하는 데 시간이 걸린다. 일본국립공문서관의 홈페이지에서 목록 검색이 가능하다. 폐쇄기관에 관해서는 大藏省財政史室編, 『昭和財政史－終戰から講和まで』 1권, 1984, 제9장 참조, 폐쇄기관자료에 대한 소개는 原朗·山崎志郎, 『戰後日本の經濟再編成』, 日本經濟評論社, 2006 서문 참조.

물선의 건조 및 수리가 가능한 조선소 건설이 절실한 입장이었다. 설립계획의 대체적인 윤곽은 조선총독부가 조선산업경제조사회에 제출할 '의안참고서'가 마련되기 직전인 8월에 공식화되었다. 언론에 흘러나온 주요 내용은 ①사이조철공소를 토대로 새로운 회사 설립과 시설 확장, ②신설 회사의 사명은 조선중공업주식회사, 자본금은 300~500만 엔, ③신회사의 운영자금은 우선 불입자본금으로 충당(1/4 불입, 125만 엔[2]), 부족할 경우 저리 차입금 의존, ④동력선(발동기선) 건조 및 4000~5000톤급 대형선 수리, ⑤대형선 수리에 필요한 도크(船渠) 건설은 조선총독부 체신국 예산에서 보조, ⑥본사는 경성에 두고, 우선 부산에 조선소를 신설하고, 2~3년 후에는 다시 인천에 증설, ⑦신설되는 회사는 그 모태가 되는 사이조철공소가 경영하도록 하는 것 등이었다.[3]

사이조철공소는 사이조 리하치(西條利八)[4]가 1906년 부산 부평동(富平洞)에 설립한 소형 철공소로 각종 철기류(鐵器類)를 제작하였고, 설립 당시 직원은 일본인 15명, 한국인 20명으로 총 35명의 제법 큰 철공소였다.[5] 조선산업에 본격적으로 손을 댄 것은 1912년 해운업을 하던 부산의 유력 자본가 오이케 추스케(大池忠助)와 합작으로 부산 영도 영선동(瀛仙洞)에 도크를 건설한 것이 계기가 되었다. 이것은 1916년 자본금 40만 엔의 조선선거주식회사(朝鮮船渠株式會社)가 되었고, 이후 경영난 등으로 인한 우여곡절 끝에 사이조가 동 회사를 완전히 인수하였다. 1928년 사이조는 기존 부평동의 사이조철공소를 영도로 이전, 조선선거와 합병하여 사이조조선철공소를 신설하였다.[6] 1930년대에는 강선 건조도 실시하여 1935년 384톤급,

2) 125만 엔 불입자본금은 문맥상으로 보아 500만 엔 자본금의 경우에 상정한 것이다.
3) 『每日申報』 1936.8.13, 8.28, 8.30, 12.4, 1937.2.4.
4) 사이조가 한국에 들어온 것은 27세 때인 1904년이다. 일본에서 직공 60여 명을 인솔하여 부산에 들어와서 공사현장 감독으로 경부철도 건설공사에 참여하였다. 경부철도공사가 끝난 후 일본으로 돌아가지 않고 부산에 남아 철공, 조선의 청부공사를 목적으로 자본금 7,000엔으로 설립한 것이 사이조철공소였다(『京城日報』 1935.10.24).
5) 『釜山日本人商業會議所年報』, 1907, 190쪽.

1936년에는 533톤급 선박을 건조하였다.[7] 조선중공업 설립 당시 사이조철공소의 주요 시설능력은 최대 1,500톤급 선박수리, 500톤급 강선건조, 500마력 디젤엔진 제작이 가능한 수준이었다. 그러나 실제 주력생산품은 육상 기계제작 및 수리였고, 부수적으로 조선총독부, 조선기선 등이 소유한 선박을 수리하고 있었다. 연평균 매출액은 69만 엔 정도로 육상 기계제작 44만 엔, 기계수리 10만 엔, 선박수리 15만 엔이었다. 동 회사는 본격적인 식민지 공업화에 따른 각종 기계제작 수요가 폭증하면서 호황을 맞고 있는 상태였다.[8] 따라서 조선총독부의 지원하에 대규모 시설확장이 가능해 진 것은 사이조의 입장에서는 대자본가로 성장할 수 있는 절호의 기회였다.

사이조는 조선총독부의 계획에 신속하게 대응했는데, 우선 조선중공업 설립계획이 공식화된 8월 시설확장에 필요한 부지 마련을 위해 사이조철공소 앞의 공유수면 12만2,800평방미터에 대한 매립면허를 조선총독부에 출원하였다.[9] 사이조는 매립한 부지에 5,000톤급 및 10,000톤급 도크를 각각 건설하겠다는 야심찬 계획을 가지고 있었다.[10]

그런데 사이조철공소가 주도하던 조선중공업 설립계획은 1937년 2월 사이조철공소를 매수하여 추진하는 내용으로 갑자기 변경되었다.[11] 사이조철공소의 입장에서 본다면 총독부의 정책에 편승하여 근대적 조선소로 도약할 수 있는 절호의 기회는 물론이고 잘나가던 회사 자체가 사라질 입장에 봉착한 것이었다. 갑작스런 계획변경의 원인은 1937년 2월 일본 미쓰비

---

6) 阿部薰 編, 『朝鮮功勞者銘鑑』, 民衆時論社, 1935, 253쪽.

7) 朝鮮總督府, 「朝鮮總督府時局對策調査會諮問案參考書-軍需工業ノ擴充二關スル件(1938.9)」, 83쪽.

8) 「朝鮮重工業株式會社株式引受ノ件(1937.5.24)」, 『茗荷谷文書』 E45.

9) 東洋拓殖株式會社朝鮮支社, 「第1回重要業務報告」, 『朝鮮重工業K.K関係(簿冊番号 前17G番24号)』.

10) 「釜山府瀛仙町町地先 公有水面埋立計劃平面圖」, 『朝鮮重工業K.K関係(簿冊番号 前17G番24号)』.

11) 『每日申報』 1937.2.4.

시중공업(三菱重工業)의 참가 결정과 관련이 있었다. 1937년 2월 조선우
선 사장 모리 벤지로(森辨治郎)[12]가 미쓰비시중공업 상무로 동 회사의 대
륙진출사업을 총괄하고 있던 이토 다쓰조(伊藤達三)[13]를 경성에서 만나 협
의한 후 미쓰비시의 사업 참여를 결정하였는데[14], 이 시점을 전후하여 계
획이 변경되었기 때문이다. 또 신설될 회사의 경영자로 미쓰비시중공업계
인물인 아베 고이치(阿部梧一)가 내정되었다는 점도 이런 정황을 뒷받침한
다.[15] 아베는 도쿄대학(東京大學) 공학부 조선과 출신의 엔지니어로 미쓰
비시중공업 관계회사 요코하마도크(橫浜船渠)의 전무, 고문을 지낸 인물이
었다.[16]

계획변경은 조선산업의 토대가 갖춰지지 않았던 식민지의 현실에서 일
본의 최대 조선회사인 미쓰비시중공업이 신생 조선소의 설립 및 경영을 주
도한다면 대형화물선 및 군함 수리와 동력어선의 수입대체라는 목적을 보
다 신속하게, 그리고 안정적으로 달성할 수 있을 것이라는 조선총독부의
판단이 작용한 것이었다. 관련하여 1937년 1월 초 미쓰비시상사(三菱商事)
경성지점장과 접촉한 총독부 식산국 수산과장은 한국에는 발동기선의 신
조(新造) 및 수리가 가능한 공장이 없으며, 비록 부산에 조선소라고 칭할

---

[12] 모리는 早稻田大學의 전신인 東京專門學校 영문과를 졸업하고, 日本郵船株式會社에 입
사, 이후 일본우선 관계사인 日淸汽船株式會社 사장을 거쳐 1930년 4월 역시 일본우선이
최대주주였던 조선우선의 사장으로 취임했다. 관련해서는 森健吉, 『玉泉錄－森辨治郎追
憶記』, 1941 참조.

[13] 이토는 1934년 8월 만주국을 시찰한 뒤, 奉天 공장지대에 소규모 기계공장 설립을 제안하
고, 그 결과 1935년 11월 미쓰비시중공업 자회사로서 자본금 300만 엔의 滿洲機器有限公
司가 설립되었다(『三菱社誌』 37, 1036~1037쪽). 1936년에는 해군이 타이완에 대형함정
수리선거의 설치 필요성을 제기하여 타이완총독부로 하여금 건설하도록 하고, 민간회사
에게 경영을 맡기기로 하여 미쓰비시중공업이 지명되었는데, 역시 이토가 타이완 현지
조사를 시행했다. 이를 통해 大阪鐵工所가 1899년 설립한 基隆船渠株式會社를 매수하여
1937년 6월 臺灣船渠株式會社가 설립되었다. 동 회사의 자본금은 100만 엔으로 미쓰비시
중공업 외에 臺灣銀行, 大阪商船, 近海郵船이 공동출자하였다(『三菱社誌』 37, 1280쪽).

[14] 『每日申報』 1937.2.4.

[15] 「朝鮮重工業株式會社株式引受ノ件(1937.5.24)」.

[16] 帝國秘密探偵社, 『第14版大衆人事錄－外地,滿洲,海外篇』 제4권, 1943.

수 있는 한 두 개의 회사가 있으나 기술자가 없이 빈약한 상태라고 하였다. 아울러 그는 조선총독부가 미쓰비시중공업의 참여를 희망하는 이유로 조선산업에 대한 경험과 우수한 기술진, 그리고 풍부한 자금력을 가졌기 때문이라고 하였다.[17] 수산과장은 유일하게 조선소라고 말할 수 있는 부산의 한 두 개의 조선소도 '소위 선대공(船大工)식'이라고 하였는데, 이것은 전통적 배목수들에 의한 조선을 의미하는 것으로 사이조철공소만 하더라도 그런 수준은 아니었고 앞서 언급했듯이 다나카조선소는 자체적으로 선박용 엔진을 개발했다는 점에서 당시 국내 조선산업에 대한 총독부 담당 관료의 평가는 현실보다 매우 저평가된 것이었다. 따라서 사이조철공소의 배제는 총독부의 국내 조선산업에 대한 불신에서 파생된 강력한 의지의 결과였다고 볼 수 있다. 식민지 권력이 스스로의 의지에 입각하여 일본 거대재벌과 적극적으로 결합한 상황에서 식민지에서 1910년대 초부터 20년이 넘게 자생적으로 성장한 사이조라는 일본인 조선업자가 설 자리는 없었다.[18]

미쓰비시중공업의 참가가 결정되면서 조선중공업 설립은 6월을 목표로 빠르게 진행되었다. 우선 시설확장을 위한 구체적 안이 마련되었다. 시설확장 부지는 사이조철공서의 앞바다를 매립하여 총 37,000평을 확보하고, 그 위에 수리용 도크 및 부속시설을 건설하도록 계획하였다. 매립비용은 평당 19엔으로 계산하여 대략 70만 엔이 상정되었고, 도크 건설은 35만 엔의 예산으로 3,000톤급 선박의 입거수리가 가능한 규모로 계획되었다. 부지매립 및 도크공사는 1939년까지 완성하는 것을 목표로 하였다.[19]

---

17) 三菱商事株式会社京城支店長 伊藤栄治, 「造船工場新設ノ件(1937.1.13)」, 『朝鮮重工業 K.K関係(簿冊番号 前17G番24号)』

18) 미쓰비시중공업이 경영권을 가지는 것에 대해 당연히 사이조의 반발이 있었고, 당시 언론들은 다소 과장되게 이를 보도했지만 조선총독부의 의지가 확고한 상황에서 파급력을 가질 수는 없었다. 오히려 내정되었던 경영진에서 조차 배제되는 결과만을 초래했다. 사이조와 그를 지원하는 부산지역 자본가들의 반발과 관련해서는 정안기, 「1930년대 조선형특수회사, 조선중공업(주)의 연구」, 『사회와 역사』 102, 한국사회사학회, 2014 참조.

19) 「朝鮮重工業株式會社株式引受ノ件(1937.5.24)」.

회사설립 및 시설확장에 필요한 자본금은 부지매립, 도크 건설, 사이조
철공소 매입비 등을 합쳐서 300만 엔으로 계획하였다. 설립 계획 및 그에
따른 자금계획의 구체안은 〈표 3-1〉과 같다.

〈표 3-1〉 조선중공업주식회사 설립 계획 및 필요자금 내역(단위 : 圓)

	1937	1938	1939	1940	합계
西條철공소매수	850,000				850,000
창립비	15,000				15,000
埋立공사비	200,000	350,000	150,000		700,000
船渠建造			350,000		350,000
기계정비비	150,000	50,000	100,000		300,000
잡공사비		30,000	50,000		80,000
재료구입자금	150,000				150,000
준비금	235,000	-130,000	-50,000	500,000	555,000
합계	1,600,000	300,000	600,000	500,000	3,000,000

자료 : 「朝鮮重工業株式會社株式引受ノ件(1937.5.24)」, 『茗荷谷文書』 E45.

자본금 300만 엔은 액면가 50엔 주식 6만 주를 발행하여, 이중 3만 9,000
주는 설립을 주도한 이들에게 할당하고, 나머지 2만 1,000주는 공모할 예정
이었다. 설립과 함께 자본금의 50%인 150만 엔을 불입하고, 1940년 2차로
나머지를 완료할 계획이었다. 〈표 3-1〉을 보면 이미 초년도에 계획된 투자
자금이 불입자본금을 초과하고, 1939년까지 100만 엔 정도의 추가자금이
필요한 상황이었다. 이것은 일단 차입금으로 충당하고 1940년 2차 불입된
자본금으로 변제할 예정이었다.[20]

필요자금의 동원은 미쓰비시중공업과 조선우선 외에 1937년 5월 동양척
식주식회사의 출자가 결정되었다. 이 역시 미쓰비시중공업과 마찬가지로
조선총독부의 제안을 수용한 것으로, 동척이 감독기관인 일본 척무성(拓務
省)에 투자승인을 신청하여 6월 2일 허가받음으로써 최종 확정되었다.[21]

20) 위의 자료.

동척의 출자규모는 12,000주 60만 엔으로 미쓰비시중공업과 함께 최대출자
자였다.

〈표 3-2〉은 전체적인 출자계획인데, 설립을 주도한 조선우선과 미쓰비시
중공업, 그리고 동척의 투자금을 합하면 계획된 자본금의 절반이었다. 나
머지는 자신의 조선소를 매수당한 사이조와 부산의 또 다른 유력 일본인
자본가 하자마 후사타로(迫間房太郎)[22]의 출자 및 공모를 통해 충당한다는
내용이었다.

〈표 3-2〉 조선중공업주식회사 출자계획

	주식수	비율(%)	금액(圓)	1차불입(37년)	2차불입(40년)
三菱重工業	12,000	20	600,000	300,000	300,000
東洋拓殖	12,000	20	600,000	300,000	300,000
西條鐵工所	6,000	10	300,000	150,000	150,000
朝鮮郵船	5,000	8	250,000	125,000	125,000
迫間房太郎	3,000	5	150,000	75,000	75,000
水産組合	1,000	2	50,000	25,000	25,000
公募	21,000	35	1,050,000	525,000	525,000
합계	60,000	100	3,000,000	1,500,000	1,500,000

자료 : 「朝鮮重工業株式會社株式引受ノ件(1937.5.24)」.

계획에 비추어 실제 출자상황이 어떻게 이루어졌으며, 이 후 자본지배구
조가 어떻게 변화되는지를 정리한 것이 〈표 3-3〉이다.

[21] 동척은 척무성에 투자승인을 신청하는 서류에서 '조선총독부의 종용(慫慂)을 받았다'고
기록하고 있다(「東拓ノ朝鮮重工業株式會社株式引受ノ件(1937.6.2)」,『茗荷谷文書』E45)
; 동척은 조선총독부의 통제도 받지만, 동척법에 의거 일본 중앙관청의 지휘·감독을
받았다. 1908년 설립 시에는 大藏省, 1910년 拓殖局, 1913년 內務省, 1917년 拓殖局, 1922년
拓務事務局, 1924년 內閣拓殖局을 거쳐 1929년부터 拓務省의 관할 아래 있었다(東洋拓殖
株式會社,『帝國議會說明資料-業務槪要(1938.12)』, 31~32쪽).
[22] 하자마 후사타로는 1860년 일본 和歌山縣 출신으로 1880년 오사카 五百井상점의 지배인으
로 부산에 건너왔다. 1899년 독립한 그는 1904년부터 부산을 거점으로 한 부동산투자를
통해 거부를 일구었다(부산경남역사연구소,『시민을 위한 부산의 역사』, 늘함께, 1999
참조). 1930년 현재 소유 토지는 780만평으로 경남 전체 소작지의 3.5%에 달했다(「부산의
상맥」 37,『국제신문』1991.5.27).

〈표 3-3〉 조선중공업주식회사의 주요 주주현황(단위 : 株)

株主名	주소	계획	1기 (37.11)	3기 (38.11)	5기 (39.11)	10기(42.5) 구주	신주	합계	13기 (43.9)
동양척식㈜	東京	12,000	12,000	11,800	12,800	12,700	17,066	29,766	29,766
조선식산은행	경성		4,800	4,600	6,100	6,300	8,665	14,965	14,965
조선우선	경성	5,000	3,800	4,800	4,800	5,000	7,800	12,800	14,532
三菱중공업㈜	東京	12,000	11,700	11,700	12,700	12,700	16,933	29,633	29,633
주요법인소계		29,000	32,300	32,900	36,400	36,700	50,464	87,164	88,896
西條利八	부산	6,000	6,100	5,550	1,550	300	400	700	
迫間房太郎(一男)	부산	3,000		1,900	2,400	2,400	4,333	6,733	4,783
立石良雄(信吉)	부산			1,000	1,150	550		550	500
부산일본인자본소계		9,000	6,100	8,450	5,100			7983	5,283
金季洙(三養同濟會)	경성		1,000	1,000	1,000				
河駿錫	경남		1,000	200	470				
張秉良	경성		1,000	1,000	1,000	1,000		1,000	1,000
朴榮喆(朴潤昌)	경성		1,000	1,000	1,000				
崔昌學	경성		1,000	1,000					
多山育英會	경성					1,000		1,000	1,000
한국인자본소계			5,000	4,200	3,470			2,000	2,000
山本健次郎	大阪				3,400	1,900	1,333	3,233	3,033
武田次七	東京			2,150	2,150		500	500	
浦賀船渠(주)	東京		3,800	3,800	1,800				
鈴木二魯	新奈川 (東京)				500	400	666	1,066	966
田中正之輔	神戸						2,000	2,000	2,000
廣內友三	神戸					750	750	1,500	
山文상점(주)	東京					900	550	1,450	1,182
伊藤恭一	大阪								500
笹山梅治	富山								1,000
神榮증권(주)	神戸								1,400
伊藤達三	東京								700
山本博一	兵庫						1,200	1,200	
일본일본인자본소계			3,800	5,950	7,850	3,950	6,999	10,949	10,781
총주수			60,000	60,000	60,000	60,000	80,000	140,000	140,000
주주수(명)				69	71			320	348

자료 : 계획은 「朝鮮重工業株式會社株式引受ノ件(1937.5.24)」, 『茗荷谷文書』 E45 ; 1기는 「朝鮮重工業株式會社(本社釜山)」, 『茗荷谷文書』 E38 ; 3기는 「朝鮮重工業 3期 株主名簿」, 『茗荷谷文書』 E51 ; 5, 10기는 조선중공업주식회사 「제10기 영업보고서」 첨부 주주명부 ; 13기는 「朝鮮重工業 13期 株主名簿」, 『茗荷谷文書』 E78에서 작성. 조선인자본은 『大韓造船公社30年史』, 1968에서 보충.

조선중공업 설립을 주도한 회사들이 필요자본의 절반을 조달하는 것은 대략 계획대로 이루어졌음을 알 수 있다. 한 가지 주목되는 사실은 회사 설립 직전까지도 참여 계획이 없었던 조선식산은행의 자본출자이다. 직접적인 출자경위는 알 수 없지만 조선우선 및 하자마의 출자가 계획보다 적어지면서, 그 부족금액을 조선식산은행이 떠맡은 양상이다. 그렇다고 식산은행의 참여가 갑작스러운 결정은 아니었다. 조선중공업 설립계획에 초기부터 참여하고 있음이 확인되기 때문이다.[23] 식산은행이 군수산업의 자금창구였음을 상기하면 조선총독부에 의한 명령출자였을 가능성도 있다.

조선중공업의 주주구성에서 조선총독부 국책회사인 동척, 식산은행, 조선우선 및 미쓰비시중공업의 지분은 점차 증가되는 것이 확인된다. 최초 계획에서 48%(29,000주)였던 이들 4대 회사의 지분은 설립 시 54%(32,300주), 300만 엔에 대한 자본불입이 완료된 1939년 11월에 61%(36,400주), 700만 엔으로 증자가 이루어진 1942년 5월에는 62%(87,164주), 1943년 9월에는 63.5%로 지속적으로 증가하였다. 반면 사이조의 지분은 급격히 감소하여 1942년 5월에는 700주를 소유했을 뿐이었다. 사이조는 1939년 시행된 2차 자본불입을 거부하고 소유주식 중 4,000주를 방매하였다. 이 주식은 동척과 미쓰비시중공업이 각각 1,000주, 식산은행이 1,500주, 하자마가 500주를 인수하는 것으로 처리되었다.[24] 사이조의 지분감소는 4대 회사의 지분 상승의 주요한 원인이었다. 1942년 11월 사이조가 사망하면서 조선중공업에서 사이조철공소의 흔적은 완전히 사라지게 된다.

부산지역 일본인 자본가들은 조선중공업 출자에 소극적이었다. 출자계획 당시 주요하게 이름이 거론되었던 하자마의 출자는 원래 계획(5%, 3000주)에 미치지 못했고[25], 2차 증자에도 참가했지만 지분은 여전히 5%가 되

23)『每日申報』1936.8.30.
24)「朝鮮重工業株式會社株式買收ノ件(1939.5.24)」,『茗荷谷文書』E51.

지 못했다. 조선중공업에 첫 번째로 선박을 발주한 다테이시기선(立石汽船) 사장 다테이시 요시오(立石良雄)[26]는 1939년 9월 동 회사 주식 1,500주를 인수했지만[27] 2차 증자에는 참여하지 않았고, 보유주식도 감소하였다.

한편 조선중공업 설립에는 한국인 자본가의 참여도 이루어졌다.[28] 그러나 적극적인 투자행위로 보기는 힘들다. 〈표 3-3〉에서 보듯이 일률적으로 1,000주씩을 투자했고 이후 대규모 증자가 계속되는 상황에서 역으로 투자자본을 회수하고 있기 때문이다. 전시체제기 내선일체가 강조되던 분위기 속에서 시국산업에 대한 상징적 참가였던 것으로 짐작할 수 있다.

일본에서의 출자는 미쓰비시중공업을 제외하면 설립초기는 미미했지만 경향적으로 확대되었다. 그러나 지분에 변동 폭이 큰 것을 보면 투자수익을 노린 여유자금의 단기투자 경향이 강하다.

결국 조선중공업의 출자는 전시체제기 자금조달 창구인 동척과 식산은행, 국책 해운사인 조선우선, 그리고 일본의 미쓰비시중공업이 주도하였고,

---

25) 하자마 가즈오(迫間一男)는 하자마 후사타로(迫間房太郎)의 아들이다. 그는 1935년 조선부동산주식회사를 설립으로 부산상공계에 등장한다(『국제신문』 1991.5.27). 〈표 3-2〉의 출자계획 당시에는 아버지 후사타로의 이름이 올라가 있는데, 〈표 3-3〉의 실제 출자 시에는 아들 가즈오 명의로 투자가 이루어졌다. 가즈오는 1942년 8월 아버지 후사타로의 사망으로 부산 최대의 재력가라는 지위를 물려받았다.

26) 다테이시 요시오는 1911년 부산에 건너와서 석유행상으로 시작하여, 1923년 (주)立石商店을 설립하였다. 미국산 松표, 勝利표 모빌유의 지정판매상이 된 것을 계기로 한국 내 석유공급권을 장악하였다. 1934년에는 한국 최초의 원유정제시설인 立石製油공장을 설립하였다. 立石汽船은 이 정유공장이 생산하는 석유의 운송을 위해 설립한 회사였다. 다테이시는 부산의 석유왕으로 불리었으며, 하자마, 오이케 추스케(大池忠助), 가시이 겐타로(香椎原太郎), 요네쿠라 세이자부로(米倉淸三郎)와 함께 부산 5대 자본가 중 한 명이었다(『국제신문』 1991.4.15). 1941년 9월 사망한 후에는 아들인 다테이시 신키치(立石信吉)가 사업을 계승했다.

27) 조선중공업주식회사, 「제5기 영업보고서」.

28) 金季洙는 경성방직 사장, 朴榮喆은 조선상업은행 두취이며, 崔昌學은 평안북도 출신으로 조선의 금광왕으로 불렸던 인물이다. 河駿錫은 경남창녕의 대지주로 영남자동차(주) 사장이었다. 관련해서는 阿部薰 編, 앞의 책 참조.

시간이 지나면서 이 자본지배 구조는 강화되었다. 한편 설립 초 내선일체의 모범적 모습을 위해 한국인 및 한국 거주 일본인의 자본참여가 이루어졌지만, 곧 위축 내지 소멸되었고 그 자리를 단기투자를 목적으로 한 일본에서의 투자가 메우는 경향도 보였다.

필요자금의 주요 조달처가 확정된 5월부터 사이조철공소의 매수 작업이 본격화되었다. 매수 작업은 조선총독부가 직접 시행하였는데, 당시 경남지사였던 하지 모리사다(土師盛貞)가 일체의 권한을 부여받아 사이조철공소와 협상하였다.[29] 매수를 위한 사이조철공소의 자산평가는 기계설비의 경우 조선총독부 체신국 소속 기사 구로다 요시오(黑田吉夫), 토지 및 건물에 대한 평가는 신설회사의 경영자로 내정된 아베가 담당하였다.[30] 사이조철공소의 평가액은 대략 65만 엔 정도였는데 그 내역은 다음과 같다.

〈표 3-4〉 사이조철공소 자산평가 내역(단위 : 圓)

평가대상	평가액	西條측 주장액	비고
船渠 및 제기계기구	262,011	290,826	西條측 장부가격
토지	330,000	440,000	
건물	11,000	11,000	
鑄工所	50,000	100,000	
합계	653,011	841,826	

자료 : 「朝鮮重工業株式會社株式引受ノ件(1937.5.24)」.

평가액은 65만 엔 정도였고, 이것은 사이조 측 주장액과 19만 엔 정도의 차이가 났다. 실질 매수비는 80~85만 엔 정도로 계획되었는데, 실질 평가액과 매수비용의 차액은 그간 사이조철공소가 쌓아온 영업권(신용)에 대한 대가 지불이었다.[31] 결과적으로 사이조 측 자산평가 주장을 받아들인 모양

---

29) 『每日申報』 1937.5.7.
30) 「朝鮮重工業株式會社株式引受ノ件(1937.5.24)」.
31) 위의 자료.

새로, 이것은 조선총독부가 갑자기 계획을 변경하여 수용에 가까운 매수를 한 것에 대한 위로금의 성격도 포함되었다고 볼 수 있다. 그러나 최종적으로 결정된 매수금은 75만 엔으로 축소되었다. 내역은 사이조철공소 69만 2,600엔과 1934년 10월 사이조가 철공소 내에 자회사로 설립한 조선전기주강주식회사(朝鮮電氣鑄鋼株式會社) 5만 7,400엔이었다.[32]

비록 사이조측이 주장한 금액이나, 조선중공업 창립 주도측이 애초 영업권을 인정하여 지불하려고 했던 금액보다 대폭 축소되었지만, 사이조가 공장 매각비로 신설되는 조선중공업 주식을 매입하려고 했다면 최대주주가 될 수 있었다. 그러나 그에게 그런 기회는 주어지지 않았다. 앞서 보았듯이 사이조에게는 신설회사 주식의 10% 정도가 할당되었을 뿐이었다.

애초의 목표일보다 약간 늦은 1937년 7월 10일 자본금 300만 엔의 조선중공업이 설립되었다. 창립총회는 부산역 철도회관에서 열렸고, 회사설립의 산파역을 맡았던 조선우선 사장 모리가 초대사장에 선임되었다.[33] 그러나 실질적 경영은 계획대로 요코하마도크의 임원 출신이자 조선엔지니어인 아베가 담당하였다.[34] 확정된 조선중공업 경영진과 이후 변화 추이를 보면 〈표 3-5〉과 같다.

---

[32] 朝鮮重工業株式會社, 「朝鮮重工業株式會社創立總會決議錄」, 『朝鮮重工業K.K関係(簿冊番号 前17G番24号)』; 조선전기주강은 주물을 통한 기계제작을 목적으로 설립한 회사로 사이조철공소가 필요로 하는 기계 외에, 광산용, 기타 여러 기계를 생산하는 것을 목적으로 하였다. 자본금은 5만 엔으로 전액 불입되었다(阿部薰 編, 앞의 책, 253~254쪽).

[33] 『每日申報』 1937.7.12.

[34] 아베는 설립 당시에는 '일신상의 이유'로 고문으로 임명되었으나, 1938년 3월 임시주주총회에서 만장일치로 대표이사(代表取締役) 겸 전무에 선임되었다. 이로서 조선중공업은 사장인 모리와 함께 아베의 2인 대표이사 체제가 되었으나, 실질적인 경영은 아베가 맡았다(東洋拓殖株式會社, 「朝鮮重工業株式會社臨時總會ノ件(1938.2.21.)」; 朝鮮重工業株式會社 社長 森辨治郎, 「臨時株主總會ニ關スル報告ノ件(1938.3.7)」, 『朝鮮重工業K.K関係(簿冊番号 前17G番24号)』 아베는 모리가 사망한 1939년부터 사장이 되어 1인 대표가 되었고, 이후 조선중공업에는 별도의 대표이사나 전무를 두지 않았다.

〈표 3-5〉 조선중공업주식회사 경영진의 추이

지위	성명	재임기간(영업기수)	이력	비고
사장	森辨治郎	1937.7~1939.2(1~4)	조선우선㈜ 사장	東京專門學校(早稻田大學 전신) 영어과 졸업, 1939.2 사망
	阿部梧一	1939.2~1942.1(4~10)	三菱중공업 橫濱船渠 전무취체역, 고문	東京大 工學部 造船科 졸업, 조선중공업 전무취체역(2~3기)
	伊藤達三	1942.1~1944.4(10~15)	三菱중공업 전무취체역	東京大 工學部 造船科 졸업, 조선중공업 취체역(1~9기)
	蓑田俞吉	1944.8~1945.3(15~16)	三菱중공업 神戸造船所 副長	東京大 工科 졸업, 조선중공업 상무취체역(11~14기)
	代谷清志*	1945.4~1945.8(17)	일본 해군 중장	甲種 22기, 일본 해군대학 40기
이사	佐方文次郎	1937.7~1943.3(1~12)	동양척식㈜ 취체역	
	森脇信夫	1943.10~1944.3(14)	동양척식㈜	佐方文次郎 후임
	藤內泰	1944.4~1945.8(15~17)	동양척식㈜ 張家口(중국) 지점장	
	櫟木幹雄	1939.6~1945.8(5~17)	조선우선㈜취체역, 사장	森辨治郎 후임
	廣瀨博	1944.4~1945.8(15~17)	조선우선㈜ 전무취체역	조선중공업감사역(1~14기)
	中村武夫	1944.8~1945.3(15~16)	三菱 役員	조선중공업 상무취체역
	深瀨治	1944.8~1945.3(15~16)	三菱 役員	조선중공업 상무취체역
	松井小三郎	1944.8~1945.8(15~17)	三菱重工業 상무취체역	
	迫間一男	1937.7~1945.8(1~17)	조선부동산㈜ 사장	迫間房太郎의 아들
	田中正之輔	1940.12~1944.5(8~15)	高千穗상선㈜ 사장	迫間房太郎의 사위
	朴榮喆	1937.7~1939.3(1~4)	조선상업은행 두취	1939.3 사망
	牛島省三	1937.12~1940.10(2~7)	경춘철도㈜사장	1940.10 사망
감사역	松井彦治郎	1937.7~1938.11(1~3)	조선식산은행 부산지점장	
	安永傳七	1938.12~1941.11(4~9)	조선식산은행 부산지점장	松井彦治郎 후임
	種子島蕃	1941.12~1944.9(10~15)	조선식산은행 부산지점장	安永傳七후임
	石川清深	1944.10~1945.8(16~17)	조선식산은행	種子島蕃 후임
	立石良雄	1937.7~1941.9(1~9)	立石기선 사장	1941.9 사망
상담역	西條利八	1937.7~1942.5(1~10)	西條조선철공㈜ 사장	1942.11 사망, 조선중공업 취체역(11기)

資料 : 朝鮮重工業株式会社,「営業報告書」(各期) ; 三菱重工業株式会社,「営業報告書」(各期) ; 三菱社誌刊行会,『三菱社誌』(昭和20年) ; 滿蒙資料協会,『工業人名大辭典』, 1939 ; 帝國秘密探偵社,『第14版 大衆人事錄』 3, 4卷, 1943 ; 森健吉,『玉泉錄－森辨治郎追憶記』, 1941) ; 東洋經濟新報社,『朝鮮銀行會社組合要錄』, 1941 ;『大韓造船公社30年史』, 1968 ; 日本近代史料研究會,『日本陸海軍の制度・組織・人事』, 1981)에서 작성.
* 『大韓造船公社30年史』에는 '代谷清'으로 나오지만, '代谷清志'가 맞다(「昭和20年在外企業調査」,『三菱關係會社資料』 no.50).

전체적으로 보면 설립 당시 조선총독부의 의도대로 조선중공업의 경영권은 미쓰비시중공업이 장악하였고, 이것은 패전직전 식민지 기업의 극단적 병영화 속에서 현역 군인이 경영권을 장악한 기간을 제외하면 변동이 없었다. 초대 사장은 조선우선의 사장 모리였으나, 실질적인 경영은 전무인 아베가 담당하였기 때문에 조선중공업의 사장들은 모두 조선관련 최고학부를 졸업한 고급기술자로 미쓰비시중공업이라는 거대 조선소의 경영경험이 있는 임원, 중견관리직 인물들이었다. 기술과 경영능력을 겸비한 미쓰비시중공업 인물이라는 공통점은 조선산업의 토대가 없는 한국에서 급속하게 근대식 조선소를 설립, 발전시키는 목표달성을 위해 미쓰비시에 전적으로 의존하였다는 사실을 보여준다.

경영진에는 설립과 출자를 주도한 조선우선, 동척, 식산은행의 국책 3사 및 미쓰비시 계열 인물로 채워졌다. 미쓰비시중공업과 동척, 조선우선의 임원들이 이사진에 포진했고, 식산은행측은 감사역의 역할을 담당하고, 조선중공업이 위치한 부산의 지점장이 줄곧 당연직으로 승계했다. 결국 조선중공업의 경영은 미쓰비시중공업의 주도하에 식민지 조선의 국책 3사가 보조 내지 견제하는 형태였다고 하겠다.[35]

이사진에는 부산지역 일본인자본도 참여했지만 하자마를 제외하면 사망 등으로 지속되지 못했고, 사이조의 경우 마치 그를 위해 만든 자리 같은 상담역에 있다가 사망하였다.[36] 한국인은 조선상업은행 은행장 박영철이 이사의 한 자리를 차지했지만, 곧 사망하였고, 이후 한국인이 경영진에 들어간 경우는 없었다. 또 하자마의 매형이자 일본 다이도해운(大同海運) 사장이었던 다나카 마사노스케(田中正之輔)를 제외하면 일본의 일본인 자본가가 경영에 참여한 경우는 없었다.

---

35) 일반적으로 조선중공업을 미쓰비시중공업의 자회사로 보는데 엄밀하게 본다면 미쓰비시중공업의 출자지분이 20% 정도에 불과하다는 점과 최대 주주가 동척이라는 점에서 위탁경영으로 보는 것이 좀 더 타당하다고 생각한다.
36) 〈표 3-5〉에서 보듯이 사이조 이후 상담역은 선출되지 않았다.

2. 시설확장과 선박수주 폭증

조선중공업의 전체적인 설립취지는 식민지 조선에 최초로 대형 강선을 건조·수리할 수 있는 조선소를 건설하는 것에 있었다. 그러나 실질적인 생산계획에서 조선의 비중은 〈표 3-6〉에서 보는 것과 같이 50% 정도로 그다지 높지 않았다. 대신 육상공사의 비중이 높게 설정되어 있는데 이것은 설립주도자들이 신설되는 조선중공업의 실제 경영을 전문조선소가 아닌 육상에서의 각종 기계 및 설비 제작을 겸영하는 '종합중공업회사'로 상정하고 있었음을 보여준다.

〈표 3-6〉 조선중공업주식회사의 생산계획 및 수익률 예상(단위 : 圓)

	초년도	4년도(시설공사완성년도)
선박건조	300,000	700,000
선박수리	200,000	400,000
육상일반공사	500,000	1,000,000
불용품 매각	10,000	10,000
합계	1,010,000	2,110,000
당기이익	193,500	402,000
이익률	12.90%	13.40%
배당률	8%	8%

주 : 이익률은 당기이익 / 불입자본금.
자료 : 「東拓ノ朝鮮重工業株式會社株式引受ノ件(1937.6.21)」, 『茗荷谷文書』 E45.

조선 전업도를 낮게 잡은 것은 현실 경영의 측면이 고려된 결과였다. 원래 덩치 큰 주문생산품인 조선은 경영상 리스크가 큰 업종이다. 선박 수주가 없을 경우는 바로 휴업으로 이어지기 때문이다. 따라서 경영 안정 전략의 일환으로 조선 이외에도 육상공사, 플랜트, 기계제작 등을 병행하여 종합중공업회사의 형태를 띠는 경우가 많다. 특히 후발주자로 영국을 중심으로 한 유럽 조선소들과 경쟁해야 했던 일본 조선업계에 이런 경향이 강했다. 비록 조선수요가 증가하고 있었고, 직접 경쟁 상대인 일본 조선소들이

수주량을 감당하지 못하는 상태였다고 하더라도, '후후발주자'인 신생 식민
지 조선소에 조선 주문이 들어올지 장담할 수 없는 상황이었다. 결국 국책
이라는 이상과 경영이라는 현실이 결합하여 만들어낸 결과가 종합중공업
회사로서의 출발이었다고 할 수 있다. 육상공사, 플랜트, 기계제작의 겸영
을 통해 조선 전업도를 낮춘 것은 〈표 3-6〉의 13% 전후의 이익률과 8% 배
당을 실현하기 위한 안전고리였던 셈이다.

　실제 조선총독부는 조선중공업의 작업물량 확보를 우려하고 있었다. 조
선총독부는 조선중공업의 초기 경영유지를 위한 대책으로 당시 조선총독
부가 추진하고 있던 어선의 기관교체사업을 전담시키려고 하였다. 조선총
독부는 연료절감을 목적으로 1937년부터 10개년 사업으로 어선의 기관교
체사업을 추진하고 있었다. 사업의 내용은 크게 세 가지로 대형 야키다마
엔진(燒玉機關)을 디젤기관으로 교체하는 사업(899척), 소형발동기기관의
우량화사업(1,157척), 경유기관을 중유기관으로 교체하는 사업(403척)이었
다. 이 사업에 조선총독부는 조선중공업 자본금 보다 많은 약 320만 엔의
보조금을 투입할 예정이었다.[37]

　그러나 육상공사, 기계제작을 아우르는 종합중공업회사를 지향하며 출
발한 조선중공업이 전문조선소로서 위상을 공고히 하는 데는 그렇게 오랜
시간이 걸리지 않았다. 해운업의 호황에 대응하여 일본은 물론 국내 해운
회사들이 선박의 대규모 확충을 시도했던 반면에 일본 조선업계가 이 수요
를 전부 소화할 수 없는 구조는 신생 조선소인 조선중공업에게 기대 이상
의 훨씬 큰 기회를 제공했다. 그 영향은 이미 설립초기부터 나타났다. 설립
직후 부산에 본점을 둔 다테이시기선으로부터 400톤급 전후의 화물선 4척
을 수주했고, 이듬해인 1938년에는 조선우선으로부터 1,100톤급 화물선 수
주에 성공했다. 이것은 현실적 경영 문제를 우려하여 종합중공업회사로 출

---

[37] 「朝鮮重工業株式會社株式引受 ノ件(1937.5.24)」.

발하고자 한 조선총독부의 생각이 기우였음을 보여줬다. 조선중공업 경영
진도 연이은 선박 수주에 힘입어 영업목표를 선박건조에 둔다고 밝히고 당
초 계획에는 없던 선박건조용 간이선대(簡易船臺) 2기의 건설에 우선 착수
하였다.[38] 간이선대 2기는 1938년 상반기에 완성되었고, 완성된 선대에서
다테이시기선으로부터 수주 받은 화물선(370톤급 2척, 420톤급 2척)을 1939
년 상반기까지 건조하였다.[39] 또 부지 2,820평을 1938년까지 매립하고 그
위에 추가로 선대 2기를 건설하였다.[40] 이 선대는 1,000톤급 대형선박의 건
조가 가능한 것으로 조선우선에서 주문받은 1,100톤급 화물선을 건조하여,
1939년 8월 진수, 1940년 2월 완성·인도하였다.[41] 태창호(泰昌號)로 명명
된 이 선박은 한국에서 건조한 최초의 1,000톤급 이상 강선으로 총톤수
(G/T) 1,122톤, 1,100마력 레시프로(Recipro)엔진 장착, 최대 속도 13.1노트,
항해속도 10.5노트의 근해용(近海用) 화물선이었다.[42] 사이조철공소를 인
수하여 회사를 설립한 지 3년이 안된 시점에서 1,000톤급 이상의 강선 화물
선을 건조하는 성과를 올린 것이다.

그러나 설립초기 조선중공업의 순조로운 선박 수주는 서막에 불과했다.
조선중공업 설립직후 발발한 중일전쟁이 새로운 기회를 가져다주었기 때
문이다.[43] 중일전쟁이 단기전의 예상을 깨고 장기화함으로써 일본제국 경
제가 빠르게 군수생산 중심의 전시경제로 전환했고, 한국의 병참기지로서
의 역할을 주장하는 군부의 주장이 힘을 얻게 되면서 조선중공업의 대규모

---

[38] 『대한조선공사30년사』, 1968, 27쪽 ; 자료로서는 선대의 규모를 알 수 없으나, 건조한
　　선박의 규모로 봐서 500톤급 선대로 판단된다.
[39] 조선중공업주식회사, 「해당기 영업보고서」 참조.
[40] 조선중공업주식회사, 「제3기 영업보고서」 참조.
[41] 조선우선주식회사, 「제27전기, 28전기, 28후기 영업보고서」 참조.
[42] 船舶部會 橫浜, 『船舶史稿』 제19권, 2000, 73쪽 ; 이 선박은 이후 朝鮮油槽船株式會社에
　　매각되었다가, 1945년 6월 5일 六連燈臺의 87度2.3浬 해상에서 機雷와 충돌하여 침몰했다
　　(船舶部會 橫浜, 위의 책, 74쪽).
[43] 조선중공업 설립이 7월 10일이고, 중일전쟁의 발발원인이 된 蘆溝橋事件이 7월 7일, 일본
　　고노에(近衛)내각의 중국출병 결정이 7월 27일, 만주 일본군의 군사행동개시가 7월 28일이다.

조선시설 확충이 결정되었다.

조선중공업의 조선시설 확충은 1938년 조선총독부가 개최한 시국대책조사회에서 결정되었다. 동 조사회는 일제가 전시체제 구축의 양대 축으로 삼은 생산력확충계획(이하 생확계획으로 줄임) 및 물자동원계획(이하 물동계획으로 줄임)에 대응하여 식민지 경제를 여기에 편입시키기 위한 방책을 마련하고자 열린 것이었다. 일제는 전쟁수행에 필요한 물자를 제국 내에서 최대한 동원한다는 목표 아래 1938년부터 필요물자의 효율적 공급을 목적으로 하는 물동계획을 개시했고, 이듬해 필요물자의 증산을 위한 생확계획을 시작함으로써 급속하게 전시경제체제로 전환하였다.[44]

일제의 물동 및 생확계획이 식민지를 포함하여 입안됨에 따라 식민지에서는 본국 계획에 반영할 식민지의 물동 및 생확계획을 수립해야 했다. 식민지의 물동 및 생확계획은 본국 계획 속에 포함되어 절충된 후 엔블록 전체 계획의 일부분으로 확정되었다. 생확계획의 절충은 본국 물동 및 생확계획의 입안을 담당한 기획원 총재를 회장으로 하는 생산력확충위원회에서 이루어졌다.[45] 조선총독부는 1937년 9월 담당기구로 관방자원과를 설치하는 한편, 1938년 2월에는 시국대책준비위원회를 설치하여 조선의 생확계획을 준비하였다. 9월에는 시국대책조사회가 개최되어 총독부가 제출한 확충계획을 심의한 후 답신안을 총독부에 제출하였다.[46]

시국대책조사회에서 조선총독부는 조선중공업의 선박건조시설을 단계적으로 확충하여 1941년에 이르면 〈표 3-7〉과 같이 23,000톤의 건조능력과 20,000마력의 기관제작능력을 보유하고, 한국에서 필요한 강선 건조의 자

---

44) 일본의 물동계획 및 생확계획 수립과정에 대해서는 原朗, 「初期物資動員計劃資料解說」, 『初期物資動員計劃資料』1, 現代史料出版, 1997 및 山崎志郎, 「生産力擴充計劃資料の解說」, 『生産力擴充計劃資料』1, 現代史料出版, 1996 참조.

45) 企劃院, 「昭和14年度生産力擴充實施計劃-船舶」, 『生産力擴充計劃資料』3-附錄, 現代史料出版, 1996.

46) 김인호, 『식민지 조선경제의 종말』, 신서원, 2000, 115~116쪽.

급을 달성하는 계획안을 제출하였다.

〈표 3-7〉 시설확충을 통한 조선중공업주식회사의 연도별 생산능력 도달목표

	1938년(현재수준)	1939년	1940년	1941년
선박건조(톤)	5,500	8,300	12,300	23,600
기관(마력)	2,000	4,000	11,000	18,400
鋼船 자급률	40%	55%	75%	100%
기관 자급률	14%	26%	65%	100%

자료 : 朝鮮總督府, 「朝鮮總督府時局對策調查會諮問案參考書－軍需工業ノ擴充二關スル
件(1938.9)」, 86쪽.

조선총독부의 조선산업에 대한 생확계획은 시국대책조사회에서 조정되어
최대 확충목표 23,000톤, 절대 확충목표 20,000톤으로 최종 정리되었다.[47] 그
리고 이 목표를 달성하기 위해 조선중공업은 〈표 3-8〉에서 보는 바와 같이
3,000톤급 선박을 건조할 수 있는 선대 3기와 7,000톤급 도크의 신설, 20,000
마력의 선박엔진 제작을 위한 시설확충계획이 결정되었다. 육상공사의 비중
이 큰 중공업회사에서 3,000톤급 강선 3척의 동시 건조 및 최대 7,000톤급 선
박의 수리가 가능한 근대식 조선소로의 전환이 결정된 것이었다.

〈표 3-8〉 조선중공업주식회사 시설확충 계획

확충시설	규모	수량	소요자금(圓)	비고
船臺	3,000톤급	3기	2,700,000	부속설비 포함
도크	7,000톤급	1기	1,150,000	부속설비 포함
기관제조	20,000마력(年産)		1,400,000	
합계			5,250,000	필요자금은 장기연부상환의 저리자금융통과 일부 국고보조를 통해 충당

자료 : 朝鮮總督府, 「朝鮮總督府時局對策調查會諮問案參考書－軍需工業ノ擴充二關スル
件(1938.9)」, 『日帝下支配政策資料集』16, 高麗書林, 1993, 85쪽.

---

47) 朝鮮總督府, 「朝鮮總督府時局對策調查會諮問答申書－第14軍需工業ノ擴充二關スル
件(1938.9)」, 『日帝下支配政策資料集』16, 高麗書林, 1993.

시국대책조사회를 계기로 수립된 조선중공업의 시설확장안은 일본 기획
원이 마련한 전체 생확계획에 그대로 반영되었다. 1939년 시작된 생확계획
에서 조선중공업은 엔블록 식민지 조선소 중 유일하게 선박건조 부문의 시
설확충대상기업으로 선정되어 1940년 생확계획부터 연차적으로 반영되었
다. 확충계획 결과를 보면 〈표 3-9〉와 같다.

〈표 3-9〉 생산력확충계획에 반영된 조선중공업주식회사 시설확충 계획 및 실적

	1939년		1940년		1941년	
	보유능력 (최대)	보유능력 (평시)	확충계획	실적	확충계획	실적
선박건조(톤)	7,000	5,000	3,000	3,000	6,000	6,000
기관제작(馬力)	4,500	3,300	2,000	0	500	0
선박수리(최대입거능력)	2,000	2,000	7,500			7,500

자료 : 朝鮮總督府,「朝鮮總督府時局對策調査會諮問答申書－第14軍需工業ノ擴充二關スル
     件(1938.9)」,『日帝下支配政策資料集』16, 高麗書林, 1993 ; 企劃院,「昭和15年度－昭
     和17年度生産力擴充實施計劃－船舶」,『生産力擴充計劃資料』4, 5. 7, 現代史料出版,
     1996에서 작성.
주) 도크 완성시기는 조선중공업주식회사 제8기 영업보고서에 의함.

〈표 3-9〉를 보면 기관제작과 관련한 조기(造機)시설의 확충은 극히 부진
했지만, 선대와 도크의 건설은 계획대로 이루어졌음을 알 수 있다. 3,000톤
급 선대는 1940년에 1기, 1941년에 2기가 완공되었고, 새로운 도크는 계획
보다 500톤이 더 큰 7,500톤급으로 1941년에 완공되었다. 시설확충의 결과
태평양전쟁 직전인 1941년 조선중공업은 3,000톤급 선대 3기 및 500톤급 2
기[48], 7,500톤급 및 2,000톤급 도크[49] 각 1기를 보유한 한국 유일의 대형 강
선건조 조선소가 되었다.

조선중공업 설립 당시 시설확장계획은 최대 3,000톤급 선박의 수리가 가

---

[48] 500톤급 선대는 생확계획의 반영이 아니라 조선중공업이 설립 초 자체적으로 건설한
    것이다.
[49] 사이조철공소의 1,500톤급 도크를 확장한 것이다.

능한 도크건설을 통해 국내 해안을 항해하는 대형 화물선과 군함을 수리하
는 것에 중점을 두었다. 시설 공사는 1939년까지 완료할 계획이었다. 그러
나 실제 시설확장은 위에서 보았듯이 도크가 아닌 선대 건설을 통해 선박
건조시설을 확충하는 방향으로 진행되었다. 게다가 계획보다 확대된 규모
로 빠르게 전개되었다. 1941년 말까지 완료된 주요 시설확장을 통해 조선
중공업은 〈표 3-10〉과 같은 조선능력을 갖게 되었다.

〈표 3-10〉 조선중공업주식회사 시설확장 현황(1941년 말 현재)

시설명	생산능력	수량	설립 시 현황	비고
船臺	20,000톤(年産)	5기	없음	1943년도 생산력확충계획에서 추가로 3,000톤 확장 계획결정
도크(船渠)	7,500톤급 1기 2,000톤급 1기	2기	1,500톤급 1기	7,500톤급은 총독부 명령공사 2,000톤급은 1,500톤급의 시설확장
造機	2,000마력(年産)		500마력	1943년도 생산력확충계획에서 추가로 1,500마력 확장 계획결정
艤裝岸壁		1		총독부 명령공사
공장건물		65동	28동	

자료 : 企劃院, 「昭和17, 18年度生産擴充實施計劃－船舶」; 조선중공업, 「영업보고서」; 「朝
　　　鮮重工業株式會社株式引受ノ件(1937.5.24)」; 朝鮮總督府, 「朝鮮總督府時局對策
　　　調査會諮問案參考書－軍需工業ノ擴充二關スル件(1938.9)」에서 작성.
주) 1. 톤은 總噸(G/T)임.
　　 2. 설립 시 현황은 西條鐵工所 인수시 시설 현황임.
　　 3. 선대 생산능력은 500톤급 이상 선박건조에 사용하는 선대의 표준능력임.
　　 4. 도크의 생산능력은 입거가능 최대 선박을 의미함.

선대를 연간 2회전 시킨다고 가정하면 20,000톤의 조선능력을 가지게 되
므로 조선총독부의 계획대로 시설확충이 이루어진 것을 알 수 있다. 또 당
초 계획에는 없던 의장안벽(艤裝岸壁) 공사도 동시에 진행되어 1940년
하반기에 준공되면서 신속한 의장작업이 가능해졌다.[50] 그러나 조기부문
의 시설확충이 전혀 이루어지지 않아 조선과 조기를 아우르는, 다시 말해

---

50) 조선중공업주식회사, 「제7기 영업보고서」.

건조한 선체에 자체 제작한 엔진과 관련 기계부품, 장치 등을 장착하여 선
박을 완성하는 완전한 일관생산체제의 조선소로 전환하는 데는 실패했다.
엔진 등 선박에 들어가는 주요 기계제작 능력이 없는 선체조립전문 조선소
가 태평양전쟁 직전까지의 조선중공업의 모습이었고, 따라서 대형선 자급
을 목표로 한 조선총독부의 구상은 완전히 달성되지 못했다. 엔진제작 능
력이 없음은 외부에서의 조달을 의미하고 당연히 일본에서 의존할 수밖에
없었다. 부산의 경우 당시 다른 지역에 비해 상대적으로 기계공업이 발전
했고, 일부 조선소는 소형 목선에 장착되는 엔진 및 관련부품의 생산이 시
도되었지만 주로 100마력 이하의 범용성 소형엔진 생산에 국한되었기 때문
에 대형선의 조기부문을 뒷받침하기에는 역부족이었다. 1940년 현재 전국
적인 엔진 생산 현황을 보아도 중유를 사용하는 원동기 수준의 소형엔진이
주로 생산되었고, 그나마도 전체 수요의 4% 수준에 불과해서 대부분 일본
에서 이입으로 충당하고 있었다.[51]

　　조선중공업의 조선시설 확충은 중일전쟁 장기화→ 엔블록 전체를 아우
르는 전시체제의 구축과 생활계획 및 물동계획 시작→ 식민지경제를 여
기에 대응시키기 위한 조선총독부의 시국대책조사회 개최→ 조선산업 확
충을 위한 조선중공업 조선시설 확장계획 결정 → 생활계획에 포함→
1941년까지 계획된 선대 및 도크시설 완공이라는 프로세스로 진행되었다.
여기서 한 가지 주목할 점은 조선중공업의 건조시설확충계획이 일본에서
최종 결정되는 엔블록 전체 생활계획에 반영된 것이 극히 이례적이라는
것이다. 당시 제국의 생활계획에서 조선산업은 정책의 역점이 설비확충보
다 기존 시설 가동률을 최대화하는 것을 통해 증산을 달성하는 데 맞춰져
있었다. 조선산업의 군수적 중요성을 낮게 평가한 결과는 물론 아니었고
이 당시에 이미 일본 제국경제가 자재조달 면의 한계를 드러내는 상황에

---

[51]『殖銀調査月報』 제67호, 1943.12, 20쪽.

서 부족한 자재를 효과적으로 사용하기 위한 고육책이었다.[52] 그 결과 일
본 조선업계의 경우 1939년 계획에서는 단 1건의 시설확장계획도 없었고,
조선중공업의 3,000톤급 선대 및 7,500톤급 도크공사가 포함된 1940년 생
확계획의 경우[53]도 아마가사키선거(尼崎船渠)에 4,000톤급 선대 1기를 건
설하는 것이 유일했다.[54] 식민지 조선소로서 설립 시기 및 과정이 조선중
공업과 유사한 타이완선거(臺灣船渠)의 경우 생산력확충 대상기업으로 선
정되었지만, 함정 수리용 도크 건설만이 반영되었다.[55] 타이완선거의 경
우 미쓰비시중공업이 경영권은 물론 자본에서도 64%의 절대 지분을 소유
하고 있었다.[56]

　조선산업에 대한 생확계획의 전체적 정책기조와 달리 한국의 조선소에
대규모 조선시설 확충이 용인된 것은 조선중공업의 설립배경이기도한 군
수, 민수의 시장 요인이 보다 강력한 영향력을 발휘했기 때문이었다. 군수
를 대변한 것은 물론 군부이다. 1937년 조선중공업 설립 당시에도 함정수
리를 위한 조선시설 마련이라는 군수적 관점이 작용했고, 설립을 주도한
조선총독부 역시 필요 자금의 조달과 관련하여 군부, 특히 해군의 지원을
기대했었다.[57] 그러나 1938년 9월 시국대책조사회가 열리기까지 군부의 조

---

52) 原朗編, 『日本の戰時經濟-計劃と市場』, 東京大學出版會, 1995, 52쪽.

53) 조선중공업의 시설확충은 연차적으로 실시되었지만, 전체계획은 1940년에 이미 확정되어
있었다(企劃院, 「昭和15年度生産力擴充實施計劃-船舶」, 『生産力擴充計劃資料』 4, 現代
史料出版, 1996).

54) 企劃院, 「昭和14年度生産力擴充實施計劃-船舶」; 企劃院, 「昭和15年度生産力擴充實施
計劃-船舶」.

55) 企劃院, 「昭和15年度生産力擴充實施計劃-船舶」; 企劃院, 「昭和16年度生産擴充實施計
劃-船舶」, 『生産力擴充計劃資料』 5, 現代史料出版, 1996; 企劃院, 「昭和17年度生産擴充
實施計劃-船舶」, 『生産力擴充計劃資料』 7, 現代史料出版, 1996.

56) 미쓰비시중공업은 타이완선거(臺灣船渠)에 대해 설립 당시부터 최대주주(45%)였고,
1939년 500만 엔으로 증자하면서 증자분의 대부분을 미쓰비시중공업이 인수, 64%의 지
분을 보유하여 자본도 완전히 지배하였다. 이 구조는 패전 시까지 유지되었다(臺灣船渠
株式會社, 『주주명부』 참조). 타이완선거에 관해서는 최근 출판된 홍사오양(洪紹洋)의
연구를 참조할 수 있다(洪紹洋, 『近代臺灣造船業的技術移轉與學習(1919~1977)』, 遠流出
版社, 2011).

선중공업에 대한 지원은 최소한 '공식적'이지는 않았다. 하지만 중일전쟁 장기화와 전시체제의 본격적 구축이 시작되면서 군부는 한국에 조선산업 시설을 대규모로 확충하는 데 보다 적극적인 자세를 보였다. 그 대표적인 사례가 시국대책조사회 직전 관동군과 조선군이 합의한 조선시설 확충계획이다. 관동군과 조선군은 조선총독부가 계획한 조선중공업의 시설확충과 별도로 나진에 10,000톤급, 인천에 5,000톤급 도크설치 구상을 협의했다. 그리고 이 구상은 양 군부의 합의안으로 교통문제를 다루는 '시국대책조사회 제3분과회의'에 기밀을 전제로 제출되었다.

그러나 군부의 조선시설 확충제안은 일본 중앙관청 경제관료의 상당한 반발을 샀다. 특히 조선산업을 포함해 제국 전체 해사업무를 총괄하는 일본 체신성을 대표해 조사회에 참석한 다구라 하치로(田倉八郎)는 자신이 이런 사실을 사전에 몰랐던 것에 대해 불쾌감을 표출했다. 결론적으로 군부의 제안은 일본 중앙관청 경제관료의 반발, 기술부족 등 당시 한국경제의 현실적 조건, 한국의 협소한 조선시장을 감안한 경제성도 고려해야 한다는 한국의 재계 인물들의 반대로 채택되지 않았다. 재계의 경우 특히 조선중공업 사장 아베가 가장 적극적으로 반대했는데, 좁은 선박시장에서 출혈경쟁이 불가피하다는 것이 그의 반대 논리였다. 해프닝으로 끝났음에도 불구하고 이 사건은 한국의 조선산업은 군사적 관점에서 일본과 달리 시설을 확충해야 한다는 군부의 강력한 의지를 여실히 보여주는 것이었다.[58]

---

57) 1937년 5월 조선중공업 설립에 자본투자를 하게 된 동척이 그 승인을 얻기 위해 일본 척무성에 올린 「투자승인신청자료」에는 조선중공업 설립과 관련한 조선총독부의 구상이 나와 있다. 조선총독부의 구상은 크게 4가지로 나눌 수 있는데, ①건설비에 대한 저리융자, ②공장부지 확보를 위한 공유수면 매립허가, ③설립 후 경영과 관련해서는 조선총독부 관련 선박수리 및 정부 관련사업(어선용 발동기, 철공제품 제작사업)불하, ④국방상의 견지에서 해군 지정공장이 되어 해군으로부터 상당한 원조를 기대할 수 있다는 것이었다 (「朝鮮重工業株式會社株式引受ノ件(1937.5.24)」).

58) 한국 내 조선산업 시설확충과 관련한 시국대책조사회의 논의에 대해서는 朝鮮總督府, 「朝鮮總督府時局對策調査會諮問答申書－第14軍需工業ノ擴充ニ關スル件(1938.9)」, 417~424쪽 참조.

조선중공업 시설확충이 조선산업에 대한 일본제국의 전체적 정책기조에 어긋남에도 불구하고 생확계획에 반영되는 데 군부가 결정적인 역할을 했을 것이라는 것은 어렵지 않게 짐작할 수 있는 대목이다.

다음으로 민수를 대변한 것은 조선총독부이다. 조선총독부는 이 시기에 오면 한국이 필요로 하는 대형 선박은 한국에서 자급한다는 생각을 구체화했고 적극적으로 실행에 옮겼다. 조선중공업 설립 당시 전문조선소가 아닌 종합중공업회사로 출발했다는 것에서 보듯이, 최소한 설립초기인 1937년 단계에서 조선총독부는 조선중공업을 대형 선박 전문조선소로 육성하기위한 구체적인 구상을 가지고 있지 않았다. 따라서 초기 주요 조선시설 계획도 〈표 3-1〉에서 보듯이 군부의 요구인 기존 사이조철공소가 가지고 있던 수리용 도크를 3,000톤급으로 확장하는 것에 머물렀고 조선용 선대의 새로운 건설은 계획 속에 없었다. 그런 조선총독부가 시국대책조사회가 개최되는 1938년 9월의 시점에서 대대적인 선박건조시설 강화를 통해 필요선박의 자급을 계획하게 된 배경에는 이 시기에 오면 조선 내에서 대형 강선 수요가 늘어나는 것이 예상이 아닌 현실이 되었기 때문이었다. 1938~1939년의 시점은 엔블록 경제가 정점에 도달한 시기로 한국의 해운업계 조차도 앞다퉈 대형선을 확보하려고 노력하고 있었다. 조선총독부는 대형선의 수요 증가가 대륙과의 긴밀한 경제적 연결로 인해 일시적이 아니라 앞으로도 지속될 것이라고 판단하였다.[59]

조선총독부가 대형선 자급정책을 구체화하는 데는 기존 한국에서 필요한 선박의 건조처였던 일본 조선업계의 상황도 주요 원인의 하나로 작용했다. 일본 조선업계가 한국의 선박수요까지를 감당할 수 없었음은 앞서 언급했지만, 이 시기에 오면 상황이 보다 심각하여 발주자체가 불가능한 상황이었다. 시설확장이 필요했지만, 당시 일본 조선정책의 중심은 앞서 언

---

[59] 이런 사실은 조선총독부가 시국대책조사회에 낸 조선산업 확충계획안의 확충 이유에 관한 서술에 잘 반영되어있다(朝鮮總督府, 위의 자료, 83~84쪽).

급한 대로 시설확장에 있지 않았다. 그 이유는 근본적으로 강재부족 때문이었지만, 당시 일본 보유 선박의 전체규모가 전쟁수행에 필요한 해상수송력의 관점에서 충분하다는 일본정부의 판단도 작용했다.[60] 따라서 전체적인 조선정책은 기존시설에서 상선(商船) 건조를 줄이는 대신 그 결과 여력이 생긴 시설로 함정을 건조하는 방향으로 진행되었다. 2장의 〈표 2-5〉를 보면 그 기점이 1938년임을 알 수 있다. 한국은 필요한 대형 상선을 자급할 수밖에 없는 상황에 직면해 있었던 것이다.

한국 내 조선시장이 확장되고 있던 반면에 일본 조선업계가 이 수요를 흡수하지 못하는 상황이 제공한 기회가 시설을 확장한 조선중공업에게 현실화된 것은 시설확장이 결정된 직후인 1939년부터 이미 시작되었다. 〈표 3-11〉에서 보듯이 1939년 다테이시기선이 발주한 1,100톤급 화물선을 시작으로 1940년 상반기까지 1년 동안 소형 잡선(雜船)을 제외하고도 총 18척, 29,050톤의 대량 발주가 조선중공업에 들어왔다. 생확계획에 의해 확충되는 조선시설의 최대능력인 20,000톤을 100% 발휘한다고 하더라도 1년 반 이상의 작업량을 확보한 것이고, 기타 잡선 건조를 합칠 경우 거의 2년간 조선만으로 회사운영이 가능한 작업량이었다. 또 수주량을 금액으로 환산하면 대형 화물선 수주액이 15,158,000엔, 소형 잡선 1,187,000엔, 기타 787,000엔으로 합계 17,132,000엔이었다.[61] 이것은 당시 조선중공업 자본금의 6배에 해당하는 거액이었다.

---

[60] 전쟁수행을 위한 해상운송력이라는 관점에서 충분한 선복량을 보유하고 있다는 판단의 결과 일본의 조선정책은 보유 선박의 유지를 위한 수리시설확충 이외에는 태평양전쟁 개전까지 상선 건조를 억제하고, 그 여력을 함정 건조로 돌리는 방향으로 진행되었다. 이것은 결과론적으로 심각한 오판이었고, 태평양전쟁에서 운송력 열세에 의한 제국몰락의 근본원인으로 작용하였다(寺谷武明, 『造船業の復興と發展』, 日本經濟評論社, 1993, 13~14쪽).

[61] 「東拓ノ朝鮮重工業株式會社增資新株引受ノ件(1940.10.21)」, 『茗荷谷文書』 E75.

〈표 3-11〉 조선중공업주식회사 선박수주 현황(1939.6~1940.5)

영업기별	톤수(G/T)	척수	선종	톤수합계	발주자	비고
5기(39.6~11)	1,100	1	화물선	1,100	立石汽船	
	490	2	화물선	980	立石汽船	
	490	2	화물선	980	朝鮮汽船	
	490	1	화물선	490	九州郵船	
6기(39.12~40.5)	1,300	1	화객선	1,300	日本郵船	
	1,100	1	화물선	1,100	日本郵船	
	550	1	화물선	550	日本郵船	
	2,750	2	화물선	5,500	東亞海運	
	2,750	1	화물선	2,750	高千穗商船	
	2,750	2	화물선	5,500	朝鮮郵船	
	2,750	2	화물선	5,500	立石汽船	
	2,750	1	화물선	2,750	澤山兄弟商會	
	550	1	화물선	550	朝鮮汽船	
합계		18		29,050		
같은기간 수주한 잡선	250	1	水船		佐世保해군공창	적재중량(D/W)임
		7	土運船		北支新港임시건설사무국	120입방미터
		3	函船		長項港수축사무소	길이 20.4미터
		1	橋船		진해요항부	길이 12미터

資料 : 朝鮮重工業株式会社, 「營業報告書」(各期)에서 작성.

한편 조선중공업에 선박을 발주한 대상을 보면 몇 가지 주목되는 점이 있다. 첫째, 상선 건조가 주력이라는 사실이다. 군부와의 거래는 진해요항부나 사세보(佐世保)해군공창의 주문이 있지만 함정이 아닌 소형 잡선에 불과하고 비중도 미미하다. 군수공업 확충의 관점에서 설립되었고, 군부의 지원하에 시설확충이 이루어진 회사이지만 그 경영은 당시 해운업 활황에 연동한 민간 선박건조에 중점을 두고 있음을 보여준다. 둘째, 조선중공업의 대형 화물선 수주 시장이 한국은 물론 일본까지 포함하고 있다는 점이다. 〈표 3-11〉의 조선중공업에 발주한 해운회사 중 한국 소재 해운회사는 조선우선, 조선기선, 다테이시기선, 사와야마형제상회(澤山兄弟商會), 일본 소재회사는 일본우선, 동아해운, 다카치호상선(高千穗商船)이었다. 수주량으로 보면 한국이 11척, 총 17,360톤, 일본이 7척, 총 11,690톤으로 일본 해운업계의 발주가 무시할 수 없는 비중이다. 대형선 건조시장에서 조선중공업의 위치가 일본 조선업계의 상황에 연동하여 한국 내 필요 수요에 대한 대응과 함께, 일본 시장을 보조하는 위치에 있음을 보여주는 것이다. 셋째, 한국 내 대형선 시장의 확장이다. 조선우선은 그렇다 하더라도 기존 연안해운 회사에 불과하던 다테이시기선과 조선기선이 대형 화물선을 연이어서 발주하고 있는 사실이 이를 뒷받침한다. 1930년대 말 공전의 해상운송량 증가에 힘입어 한국 내 연안해운 회사들도 선박 확충을 통해 근해항로로의 진출을 적극적으로 모색하고 있었음을 나타낸다.

설립계획 당시의 우려와 달리 초창기 조선중공업은 순항을 거듭했다. 경제호황과 전쟁이라는 양 쪽의 혜택을 모두 입었기 때문이었다. 전쟁은 대규모 시설확충을 가능하게 했고, 경제호황은 선박건조 주문이 쏟아져 들어오게 했다. 그러나 이 순항은 오래가지 않았다. 전시통제경제의 본격적 작동에 의한 생산의 위축이 곧바로 현실화되었기 때문이다.

제4장

전시통제와 생산 위축

제4장 전시통제와 생산 위축

1. 목조선의 성장제약

물자동원계획과 생산력확충계획을 양대 축으로 하는 전시통제경제의 작동은 국책적 관점의 시국산업, 군수산업의 지위를 부여받은 조선중공업에게는 시설확충이라는 혜택을 주었지만, 주로 수산업 활황을 기반으로 한 동력어선 시장을 토대로 성장하던 목조선 분야는 그 혜택에서 상대적으로 소외되었다.

사실 1936년 산업경제조사회 단계에서는 어선을 중심으로 한 목조선 진흥정책 역시 조선중공업 설립에 못지않게 중요하게 취급되었고, 조선총독부의 지원하에 육성 계획이 수립되었다. 산업경제조사회에서 결정된 주요 내용은 우량 어선을 개발하여 표준선으로 결정, 보급하는 한편으로 주요 어항에 어선을 전문으로 건조하는 조선소 및 기관제작공장을 건설한다는 것이었다.[1] 그리고 여기에 들어가는 필요자금은 국고보조금 등의 정책적 자금을 조성하여 충당할 계획이었다.[2] 그러나 어선을 중심으로 한 목조선 진흥정책은 제대로 진행되지 않았다. 1938년 7월 조선총독부가 조선산업경제조사회의 결정 내용의 추진 상황을 정리한 것에 따르면 어선부문은 자금

[1] 朝鮮總督府, 「朝鮮産業經濟調査會諮問答申書(1936.10)」, 13~14쪽.
[2] 朝鮮總督府, 「朝鮮産業經濟調査會諮問答申案試案參考書(1936.10)」, 72~73쪽.

조성책이 마련되지 않아 대부분 시작조차 하지 못했다.[3]

조선산업에 대한 정책적 육성은 1938년 9월 개최된 시국대책조사회를 통해 다시 한번 가시화되었다. 그러나 여기서는 결정된 조선산업의 육성은 조선산업 전체가 대상이 아니라 조선중공업에 국한된 것이었다. 결과적으로 시국대책조사회는 조선산업 전반의 육성을 포기하고 조선중공업에 지원을 집중시키는 것, 다시 말해 조선산업의 대다수를 차지하는 목조선부문을 정책적 육성에서 제외하는 것을 확정하는 자리가 되었다.

목조선공업이 정책적 육성에서 배제되면서, 그 육성을 부르짖었던 수산업계를 중심으로 한 관련업계는 자력에 의한 조선소 건설을 추진하였다. 이들은 연안어업에 종사하는 어선 및 운반선의 건조 및 수리와 선박엔진 제조 및 수리의 한국 내 수요 전체를 담당하는 것을 목적으로 1939년부터 주식회사 조선조선철공소(朝鮮造船鐵工所)의 건설을 구체화했다. 그리고 동 계획이 현실화된 것은 1939년 8월경으로, 원산항에 조선조선철공소 건설을 정식으로 결정하였다.[4] 결정과정에서 장기간의 교섭이 필요했는데, 부산, 군산, 해주 등 주요 항구도시가 지역번영의 호기로 생각하고 치열한 유치경쟁을 하였기 때문이다. 이중 부청(府廳) 및 부회(府會)가 앞장서서 필요부지 제공 등을 제시하며 공장 유치에 적극적으로 나선 원산이 공장 설립지로 결정되었고, 원산부는 1940년 4월까지 부내 하촌동(下村洞) 앞바다 7,000평을 매립하여 조선조선철공소에 매각하기로 하였다. 설립될 조선소는 자본금을 200만 엔으로 하고, 주로 동력선을 건조할 계획이었다.[5] 설립목적으로 '朝鮮내 선박 중 대다수를 점하는 수산관계 선박 소유자의 수요에 응하여 장래 조선 내 주요지역에 공장을 설치하여 그 권익을 옹호하

---

3) 朝鮮總督府, 「朝鮮産業經濟調査會答申事項處理槪要－1938年7月末現在調査」, 『일제하 전시체제기 정책사료총서』 제71권, 한국학술정보, 2001, 266쪽.

4) 『殖銀調査月報』 제16호, 1939.9, 152쪽.

5) 『殖銀調査月報』 제19호, 1939.12, 124쪽.

는 것에 始終한다'고 하여 어선건조 전문조선소로 설립하는 것임을 명확하게 하였다.[6] 필요자금은 어업관련업자의 공동출자로 마련되었다.

그러나 조선조선철공소의 설립은 계획보다 상당히 지연되었다. 1939년 11월 임시자금조정법에 따라 설립인가신청서를 조선총독부에 제출했지만 그 승인이 지연되었기 때문이었다. 지연 이유는 설립될 조선소의 규모, 필요자재 조달 등의 현실성을 이유로 조선총독부가 계획의 축소를 요구했기 때문이다.[7] 그 결과 최초의 설립계획서는 반려되었고, 1940년 7월 재신청한 설립인가신청서에 대해서도 조선총독부가 계획 변경을 요구하였다. 이런 과정에서 최초의 설립신청에서 1년 1개월이 경과한 1940년 12월 말에 가서야 조선총독부의 인가가 떨어졌다. 이듬해인 1941년 1월 설립발기인대회를 경성 태평통(太平通) 경성부민관(京城府民館)에서 개최하고 3월 정식으로 설립을 보게 되었다.[8]

설립된 회사의 본점 사무실은 경성에 두고 원산에 본공장을, 청진에 분공장을 두었다. 청진 분공장은 신설하지 않고, 유력 조선소를 흡수·합병하도록 계획되었다.[9] 청진 분공장은 1941년 8월 임시주총을 통해 1937년 2월 설립된 청진조선철공소(자본금 50만 엔)의 흡수·합병을 결정하였다. 그리고 흡수·합병과 동시에 선박엔진 제작을 위한 조기(造機)공장을 신설하도록 하였다.[10] 청진공장은 합병전 청진조선철공소의 사장이었던 사사키 고지(佐々木光次)가 본사 상무 겸 청진공장 공장장으로 선임되어 관할하였다.[11] 조선조선철공소의 주요한 설비 내역은 〈표 4-1〉과 같다.

---

[6] 株式會社朝鮮造船鐵工所,「會社ノ槪要」,『造船關係書類』, 總督府東京事務所, 연도미상.

[7] 朝鮮總督府,「事業資金調整關係書類(乙)」1940, 29-1(국가기록원 문서번호).

[8] 朝鮮造船鐵工所,「第1期 營業報告書」,『造船關係書類』.

[9] 朝鮮造船鐵工所, 위의 자료.

[10] 株式會社朝鮮造船鐵工所, 위의 자료, 3~4쪽 및 朝鮮造船鐵工所,「第2期營業報告書」,『造船關係書類』.

[11] 株式會社朝鮮造船鐵工所, 위의 자료, 8쪽 및 朝鮮造船鐵工所,「第4期營業報告書」,『造船關係書類』.

〈표 4-1〉 조선조선철공소 주요 설비 내역

구분	주요 공장	주요 설비	구입선
원산공장	造船공장	上架軌條 7線 船臺 38기	주로 東京, 大阪의 철공소, 기계제작소
	造機공장	각종 旋盤 51대 기중기 10톤, 2톤 각 1대	
	鑄造공장	鎔銑爐, 前爐附3톤, 1톤 각 1대 기중기 5톤, 2톤 각 1대	
	木型공장	목공선반 2대	
	鍛造공장	空氣鎚 50마력 17톤 1대	
	製罐공장	공기압축기 15마력 1대	
	열처리공장	電氣爐 2대	
	제재공장	帶鋸기계 3대, 丸鋸기계 7대	
청진공장	造船공장	上架軌條 8線 船臺 36기	주로 東京, 大阪의 철공소, 기계제작소
	造機공장	각종 旋盤 24대 기중기 5톤, 3톤 각 1대	자체 제작
	鑄造공장	鎔銑爐 1.5톤, 1톤, 0.5톤 각 1대	
	木型공장		
	鍛造공장	압축기 10마력 1대, 전기로 1대	大阪 內藤철공소, 東京 富士電爐공업회사
	製罐공장		
	열처리공장		
	제재공장	제재기 1대, 帶鋸기계 1대, 丸鋸기계 3대	

자료 : 株式會社朝鮮造船鐵工所, 「會社ノ槪要」, 『造船關係書類』에서 작성.

공장건설은 자재난 등으로 인해 지연되었지만, 매수한 청진조선철공소를 주축으로 조기공장을 건설한 청진공장은 1942년 2월부터 조업을 개시하였고, 원산공장은 1943년부터 대부분의 설비를 완공하여 가동하였다.[12] 조선조선철공소의 생산능력은 1943년 현재 원산공장이 선박건조능력 2,400톤(100톤급 24척), 조기능력 12,000마력이었고, 청진공장은 선박건조능력 1,500톤(100톤급 15척), 조기능력 8,000마력이었다. 종업원 수는 1943년 현재 경성 본사직원 20명, 원산공장 445명(직공 350명), 청진공장 335명(직공 250

---

[12] 朝鮮造船鐵工所, 「第3, 4期 營業報告書」, 『造船關係書類』.

명)으로 총 800명이었다.[13]

조선조선철공소 건설에 필요한 자금은 청진조선철공소의 합병으로 계획의 200만 엔보다 50만 엔이 증가한 250만 엔이 되었다.[14] 필요자금은 동회사 설립을 주도했던 어업종사자 및 수산물 가공업자들에 의해 대부분 출자되었다. 주요 출자자는 조선약유비제조업수산조합연합회(朝鮮鰯油肥製造業水産組合聯合會), 청진어업조합 이사장이자 아키타수산주식회사(秋田水産株式會社) 사장인 이자와 기요시(飯澤淸), 조선수산개발주식회사 등이었다.

⟨표 4-2⟩ 조선조선철공소 출자 현황

주주명	주식(株)			금액(圓)	비고
	구주	신주	소계		
飯澤淸	5,500		5,500	275,000	청진어업조합이사장, 秋田수산주식회사 사장
松野二平	4,000		4,000	200,000	조선협동해운주식회사 사장
東海수산주식회사	4,500		4,500	225,000	
咸鏡北道若油肥製造業水産組合	500		500	25,000	
朝鮮第1區汽船底曳網漁業水産組合	400		400	20,000	
朝鮮鯖巾着網漁業水産組合	600	300	900	45,000	
청진어업조합	400		400	20,000	
조선수산개발주식회사	5,000		5,000	250,000	
協同油脂주식회사	4,000		4,000	200,000	三井계 회사, 三井유지화학공업주식회사로 社名 변경
佐々木光次		3,160	3,160	158,000	흡수 합병된 청진조선철공소 사장
朝鮮鰯油肥製造業水産組合聯合會	6,300		6,300	315,000	
원산어업조합	500		500	25,000	
佐々木準三郎	800		800	40,000	
大村鎌次郎	500		500	25,000	
조선유지주식회사		1,000	1,000	50,000	

---

13) 株式會社朝鮮造船鐵工所, 앞의 자료.
14) 朝鮮造船鐵工所, 「第2期 營業報告書」.

조선어업조합중앙회		1,000	1,000	50,000	
鐘淵朝鮮수산주식회사		1,000	1,000	50,000	
소계	33,000	6,460	39,460	1,973,000	
기타	7,000	3,540	10,540	527,000	400주 이하 소액주주의 합계
총계	40,000	10,000	50,000	2,500,000	

자료 : 株式會社朝鮮造船鐵工所, 「株主名簿(1943.3.31 현재)」, 『造船關係書類』에서 작성.

신주 1만 주의 발행은 청진조선철공소의 매입을 위해서 50만 엔을 증자한 때문이고 이 중 32%는 동 철공소 소유주였던 사사키가 출자하였다.[15] 주금(株金) 불입은 설립 당시 100만 엔이 이루어졌고, 1942년 1월 2차 100만 엔의 불입이 완료되었다. 그리고 곧바로 증자 50만 엔에 대한 불입을 실시하여 1942년 4월에 완료함으로써 전체 자본금 250만 엔에 대한 불입이 모두 이루어졌다.[16]

그러나 전시통제가 심화됨에 따른 필요자재 공급이 원활치 않아 공사가 지연되면서 공사비가 증가하여 원산공장 건설비만 223만 엔이 소요되는 등, 기존 자본금만으로는 공장건설자금 충당도 힘겨운 실정이었다.[17] 결국 부족한 시설자금 및 운전자금의 공급을 위해 1941년 8월 조선식산은행으로부터 설비자금 100만 엔을 차입, 1942년 10월에 다시 운전자금 100만 엔을 차입하였다.[18] 이 중 일부는 증자한 50만 엔으로 변상하였지만, 1943년 3월 현재 140만 엔의 차입금이 남아있었다.[19] 간신히 1943년부터 본공장인 원산공장이 완공되어 가동을 시작했다. 그러나 이 시기에 들어서면 동 조선소는 이미 원래 목적인 어선건조 전문조선소가 아닌, 군수공장으로서 조선

---

15) 佐々木次光는 이후 지분을 늘려서 4,000주(20만 엔)를 소유하였다(朝鮮造船鐵工所, 「主タル株主」, 『造船關係書類』).

16) 朝鮮造船鐵工所, 「第1~4期 營業報告書」, 『造船關係書類』 참조.

17) 東洋經濟新報社, 『朝鮮産業の決戰再編成－昭和18年版朝鮮産業年報』, 1943, 105쪽.

18) 朝鮮造船鐵工所, 「第2, 4期 營業報告書」 참조.

19) 朝鮮造船鐵工所, 「第4期 營業報告書」 참조.

총독부 내지 군부가 명령한 선박을 건조해야했다.

　조선조선철공소의 건설과정은 조선중공업과는 상당히 대비된다. 설립과 정에는 조선총독부, 전시통제경제 작동 이후에는 생산력확충계획에 포함되어 제국 차원의 정책적 육성대상이었던 조선중공업과 달리 수산업자들을 중심으로 민간 차원에서 건설이 추진된 조선조선철공소는 오히려 '전시통제3법' 중 하나인 임시자금조정법에 의해 설립이 지연되고 규모가 축소되었다. 물론 그 이유는 설립 계획시 함정 수리라는 군수적 성격이 강조된 조선중공업과 달리 조선조선철공소는 수산업자들이 필요한 어선건조를 전문으로 하는 비군수기업이었기 때문이다. 제국차원의 전시통제경제의 시스템이 작동하기 시작하고 시간이 지날수록 강화되는 상황에서 식민지권력기관인 조선총독부는 스스로 만들었던 목조선부문의 진흥책을 진행시킬 수 없었을 뿐만 아니라 한발 더 나아가 식민지모국 중앙정부의 시책에 따라 민간수산업계의 자발적 어선건조 전문조선소의 건설을 오히려 규제하였다. 1936년 산업경제조사회 당시의 조선총독부와 불과 3~4년이 지난 1940년 전후의 조선총독부의 전혀 다른 모습을 확인할 수 있다.

　1930년대 후반 관련 민간업자들이 주도한 목조선부문의 육성과정을 통해서 볼 때, 제국차원의 전시통제경제시스템이 식민지에서도 작동되는 강도에 비례하여 기존의 식민지 공업화의 관점에서 추진하던 조선총독부의 산업육성정책은 좌절되거나 변형을 강요당해야 했던 상황이 확인된다. 조선산업은 전시체제기에 들어서도 수산업, 해운업 등 민간시장 확대에 힘입어 확장이 지속되었다. 신규 조선소가 증가하고, 위의 조선조선철공소의 사례를 통해서도 확인할 수 있었다. 그러나 정책적 지원의 면에서는 군부의 지원을 받는 조선중공업을 제외하면 비군수공업이라는 관점에서 소외되었고, 전시통제와 군수공업화 정책이 심화됨에 따라 역으로 정책적 규제가 이루어지는 전개를 보였다.

2. 조선중공업의 위기와 타개책

민간업계의 열망에도 불구하고 목조선부문의 성장이 전시통제의 정책적 규제에 직면하여 위축되었다면, 조선중공업은 엔블록 경제가 갖는 근본적인 한계에 직면하여 위기에 봉착했다. 그 한계란 엔블록 전체의 생산력 한계가 낮은 자재난 등 현실적 조건이고, 이것은 조선중공업의 생산활동, 즉 조선을 극도로 위축시켰기 때문이다. 앞서 〈표 3-11〉에서 보았듯이 조선중공업은 1940년을 전후하여 국내는 물론 일본에서 2,750톤급 대형화물선을 중심으로 대량의 선박을 수주하였다. 그러나 이들 수주 받은 선박은 대부분 태평양전쟁 발발 전까지 착공조차 못하는 실정이었다.

〈표 4-3〉 조선중공업주식회사의 선박건조실적

年度 (営業期)	톤数 (G/T)	隻数	種類	船主	注文 時期	備考
37下(1)						
38上(2)						
38下(3)	370	2	貨物船	立石汽船	1期	
		1	橋船	鎭海要港部	3期	길이15m, 폭5m
39上(4)	420	2	貨物船	立石汽船	2期	
		1	起重機船	釜山土木出張所	2期	揚荷能力15톤
39下(5)	1,100	1	貨物船	朝鮮郵船	3期	
40上(6)		1	起重機船	釜山土木出張所	3期	揚荷能力60톤
	300	2	重油船	佐世保海軍工廠	4期	積載톤数
40下(7)	500	1	油送船	立石汽船	4期	
	250	1	水船	佐世保海軍工廠	5期	積載톤数
		1	橋船	鎭海要港部	6期	길이12m
41上(8)	490	1	貨物船	九州郵船	5期	
		3	特殊発動艇	陸軍運輸部	7期	
		1	橋船	鎭海要港部	7期	길이15m, 폭5m
41下(9)	1,100	1	貨物船	立石汽船	5期	선박인도시는 선주가 西日本汽船(株)
		2	土運船	北支新港臨時建設事務局	6期	120입방미터
		1	泥受船	鎭海海軍工作部	8期	

		5	土運船	北支新港臨時建設事務局	6期	120입방미터
42上 (10~11)		1	曳船	鎭海軍工作部	8期	排水量100톤
	690	3	鑛石運搬船	日本製鉄	8期	積載톤数
		2	特種発動艇	陸軍運輸部	9期	
42下(12)		11	雜船			

자료 : 朝鮮重工業株式会社, 『営業報告書』(1938上~1944下) ; 西日本汽船株式會社, 『営業報告書』(1期), 1941에서 작성.

주 : 1) 10기까지는 12월~5월, 6월~11월 회기, 11기는 회기변경으로인해 6~9월, 12기부터는 4~9월, 10~3월 회기이다.

   2) 1942년 상반기(12기)의 11척은 추정치이고, 전부 500톤 미만의 소형선임.

〈표 4-3〉은 조선중공업의 1942년까지의 조선 실적을 정리한 것인데, 수주 받은 선박을 정리한 〈표 3-11〉과 비교하면 극히 저조함을 확인할 수 있다. 특히 1940년 전후로 수주한 대형 화물선 중 태평양전쟁기까지 2,750톤급은 단 1척도 공사에 들어가지 못했다. 유일한 건조실적은 1939년 하반기에 다테이시기선에서 수주 받는 1,100톤급 다테이시호(立石號)가 1940년 공사에 들어가 1941년 8월에 완공되었을 뿐이다.[20]

선박건조 부진은 조선중공업의 경영에 타격을 가했다. 〈표 4-4〉는 조선중공업의 매출액 및 이익률을 계산한 것인데, 선박 수주가 폭증한 1940년 전후부터 그간 급격히 늘어났던 공사수입이 정체되고 있음을 알 수 있다. 그리고 공사수입 정체의 원인은 신조선 공사수입의 감소 때문이었다.

[20] 대량수주 선박들은 태평양전쟁이 시작되면서 민간조선사업이 갑조선사업으로 해군에 이관되고, 해군 주도하에 전시표준선 대량건조로 전환되면서 대부분 건조되지 못했다. 조선중공업이 수주 받은 대형화물선들도 앞서 언급한 다테이시호와 日本郵船의 1,100톤급 화물선(1943년 진수)을 제외하고는 공사대기 내지 공사 중에 취소되었다(조선중공업주식회사, 「제5~14기 영업보고서」 참조).

〈표 4-4〉 조선중공업주식회사의 매출액 및 이익률 현황

년도	1기 (37下)	2기 (38上)	3기 (38下)	4기 (39上)	5기 (39下)	6기 (40上)	7기 (40下)	8기 (41上)	9기 (41下)
공사수입 총액	59,099	171,518	599,728	796,065	1,446,814	1,440,294	1,466,898	1,443,254	2,262,998
신조선공사			303,724	423,000	800,000	645,595	358,770	465,267	983,949
선박입거수리		148,563	148,977	191,306	329,635	261,060	652,369	793,866	1,190,414
선박소수리		1,734	3,181	11,178	14,323	9,801	14,747	13,639	
육상공사		20,219	143,846	170,580	302,856	523,837	441,011	170,479	88,633
제품수입		1,000							
보조금								500,000	
당기이익금	14,166	35,880	42,302	43,832	89,373	97,447	114,305	511,136	192,734
이익률(%)	1.89	4.78	5.64	5.84	5.96	6.50	5.72	25.56	7.70
배당률(%)	무배당	4	4	4	5	5	5	5	5

자료 : 朝鮮重工業株式會社, 『營業報告書』(1937下~1944下)에서 작성.
주) 이익률은 당기이익금 / 불입자본금의 비율.

앞선 〈표 3-6〉에서 보았듯이 설립 당시 계획에서 13% 전후의 이익률과 8%의 배당을 기대했지만, 현실은 5%대의 이익률과 5%의 배당이었다. 특히 1940년 이후에는 설비확장이 대체적으로 완료되어 1939년 하반기부터 대량으로 수주한 선박의 본격적인 건조가 진행됨으로써 매출이 급격히 상승하고 높은 영업성적을 달성해야 하는 상황이었지만, 실제 성적은 기대치에 미치지 못했다. 오히려 1941년도 상반기의 경우 이익률은 총독부 명령공사인 도크건설 보조금 50만 엔이 반영된 것을 제외하면 0.56%에 불과했다. 1941년 하반기부터 매출액이 다시 증가하기는 하지만, 이익률은 7%대에 불과하고, 배당률 역시 5%에서 변화가 없다. 시설확장과 함께 대량으로 수주받은 대형화물선을 연속적으로 건조해냄으로써 한국은 물론 엔블록 전체에서도 굴지의 조선소로 성장할 수 있는 기회를 상실하고 있었던 것이다. 신조선공사에 비해 선박수리공사는 1940년 상반기를 제외하면 매출이 꾸준히 증가하고 있다. 선박건조가 부진한 상황에서 수리공사가 그것을 만회하는 형국이지만, 그것만으로는 조선소의 급격한 성장을 견인하기에는 한계가 있었음을 보여주는 것이다.[21]

제국 생산력확충계획의 대상 기업이 되어 대규모 시설 확장이 이루어지고, 대량의 선박 수주를 받았음에도 불구하고 선박건조 실적이 극도로 저조했던 가장 큰 원인은 필요한 자재의 공급에 어려움을 겪었기 때문이었다. 특히 가장 중요한 자재인 강재의 부족이 신조선공사 부진의 결정적 요인이었다. 1938년 이후 일본제국 경제가 전시경제로 전환하면서 생산력확충의 최우선 과제로 사활을 걸고 철강 증산을 시도하였지만 그 생산은 하락일로에 있었다. 〈표 4-5〉는 1938년 이후 강재 중 가장 일반적이고 대부분의 비중을 차지하는 보통강강재(普通鋼鋼材)의 생산현황을 표시한 것인데, 지속적인 감소 경향이 확인된다.

〈표 4-5〉 전시체제기 엔블록 보통강강재 생산량(단위 : 톤)

년도	일본	한국	만주	계
1938	4,803,090	87,847	5,333	4,896,270
1939	4,581,298	75,262	2,032	4,658,592
1940	4,483,332	76,318	76,804	4,636,454
1941	4,212,005	91,311	71,525	4,374,841
1942	4,030,727	104,060	71,667	4,206,454
1943	4,101,391	95,081	29,400	4,225,872
1944	2,613,288	68,049	8,970	2,690,307
1945	314,961	9,602		324,563

자료 : 國民經濟研究協會,「生産力擴充計劃ト其ノ實績(1946)」, 『生産力擴充計劃資料』 9,
　　　現代資料出版, 1996.
주) 1. 1945년은 9월까지의 통계이고, 한국의 경우는 6월까지의 통계임.
　　2. 만주의 경우 자체소비량을 제외한 일본 이출량임.

21) 근대 조선공업은 선박건조가 중심이 되고, 선박수리 및 육상공사, 기계제작 등은 新造船 발주가 없는 불황기 공장유지의 방책이었다. 시장의 변동에 관계없이 일정한 수요가 존재하고, 공사기간이 짧은 관계로 물가변동 등의 영향이 적고, 확실한 이익을 보장하기 때문이다. 전시계획조선을 통해 선박의 대량증산이 시도되는 태평양전쟁기에 들어서면 일제는 조선산업의 효율성을 위해 조선소를 新造船 전문조선소와 수리전문 조선소로 나누어 육성하려고 했지만 조선회사들은 강력히 반대했다. 조선회사들의 입장에서는 新造船을 하면서도 불황대책으로 수리시설을 倂置하고 싶어 했기 때문이다(小野塚一郎, 앞의 책, 339~340쪽).

한국의 경우 보통강강재는 1942년까지도 일본제철 겸이포공장이 유일하게 생산하고 있었지만, 일본의 직접 통제 속에 전량 일본으로 이출되고 있었다. 조선중공업의 필요 강재는 전부를 일본으로부터 이입하였다.[22] 따라서 일본의 강재 생산 감소는 급속한 시설확장과 생산 확장을 시도했던 조선중공업에게 결정적인 제약조건이 되었다.

강재부족이 조선중공업의 선박건조에 영향을 미치기 시작하는 것은 이미 설립초기부터 시작되고 있었다. 1938년 공판조합을 통한 정상적인 강재 입수가 어려워서 미쓰비시중공업 나가사키제강소(長崎製鋼所)와 교섭하여 히고시마조선소(彦島造船所)[23]로부터 분양형식으로 500톤급 선박 3척분의 강판 600톤을 공급받기로 하였다.[24] 1939년 하반기부터는「영업보고서」 사업개황에 직접적으로 강재 조달난에 대한 언급이 나타나서 이 문제가 보다 심각해지고 있음을 알 수 있다. 〈표 4-6〉은 조선중공업 영업보고서에 나타나는 강재 조달관련 언급인데, 1939년 하반기부터 '극도의 자재입수난의 시대가 도래하였다'는 언급이 처음 나타나서 태평양전쟁이 시작될 때까지 전혀 개선되지 않았음을 알 수 있다. 자재난이 1942년 하반기에 이르러 호전된 것은 조선중공업이 해군이 주도하는 전시계획조선에 참가한 때문이었다.

---

[22] 겸이포공장의 생산강재는 운송문제와 역할분담 때문에 전부 나가사키에서 소화되었고, 조선중공업은 上海江南造船과 함께 규슈지역에서 필요한 강재를 공급받고 있었다(小野塚一郞, 앞의 책, 215쪽).

[23] 1914년 미쓰비시합자회사가 시모노세키 남단의 섬인 히고시마에 건설한 조선소로 1934년 미쓰비시중공업 산하 조선소로 편재되었다. 현재는 미쓰비시중공업 시모노세키조선소로 운영 중이다.

[24] 東洋拓殖株式會社朝鮮支社,「第六回重要業務報告」,『朝鮮重工業K,K関係(簿冊番号 前17G番24号)』.

〈표 4-6〉 조선중공업 각 기 영업보고서에 나타난 자재 입수난 표현

5기(39下)	극도의 자재 입수난의 시대
6기(40上)	점점 심각화하는 자재 입수난
7기(40下)	각 방면의 수주가 증가하고 또 상당량의 강재의 할당을 받았지만 현품의 입수상황이 원활하지 않아 신조선 공정이 순조롭지 않다.
8기(41上)	신조선공사는 계속 자재 입수가 원활하지 않아 공정이 진척되지 않고 있지만 올해는 강재의 할당이 증가해서 호조를 보일 것으로 생각
9기(41下)	신조선 공사는 계속 자재 입수가 원활하지 않아 공정이 진척되지 않고 있는 것은 심히 유감
10기(42上)	신조선 공사는 계속해서 소요자재의 입수가 원활하지 않아 공정이 진척되지 않고 있다.
11기(회기변경기)	신조선공사는 일부를 제외하고는 소요자재의 입수가 원활하지 않아 공정이 진척되지 않고 있다.
12기(42下)	신조선공사는 소요자재의 수급이 계속 원활하지 않았으나, 극력 그 획득에 노력한 결과 현저한 진척을 보였다.

자료 : 조선중공업주식회사, 「제 5~12기 영업보고서」 사업개황에서 작성.

조선중공업은 1939년 생산력확충계획 대상기업으로 선정되면서 일본 기획원의 물동계획 및 생확계획에 포함되어 시설확충을 위한 할당과는 별도로 〈표 4-7〉과 같이 해마다 선박건조 물량 및 건조에 필요한 강재를 할당받고 있었다.

〈표 4-7〉 조선중공업에 대한 선박건조량 및 필요 鋼材 할당

연도	선형	척수	톤수	톤수합계	강재할당량(보통강)
1939		?	?	4,900	3,500
1940	일반형	1	1,100	3,850	4,500
	일반형	1	2,750		
1941	일반형	2	1,100	3,180	7,036
	F형	2	490		
1942	일반형	1	1,100	1,590	2,866
	F형	1	490		
합계		8		13,520	17,902

자료 : 企劃院, 「昭和14年度-昭和17年度生産力擴充實施計劃-船舶」, 『生産力擴充計劃資料』 3, 4, 5, 7, 現代史料出版, 1996에서 작성.

1939년은 몇 톤급 선박인지 알 수 없지만 총 4,900톤의 선박건조와 이에 필요한 강재가 할당된 것을 시작으로 1942년까지 총 13,520톤의 선박건조용 강재가 할당되었다. 그중에는 1940년을 전후하여 조선중공업이 대량 수주한 물량도 반영되었다. 수주 받은 선박의 건조가 생활계획에 반영되어 필요한 강재를 할당받았지만, 문제는 할당받은 강재를 실제로 확보할 수 없었다는 점이다. 〈표 4-6〉의 제7기 영업보고서의 내용에서 언급한 '각 방면의 수주 증가에 힘입어 상당량의 강재를 할당받았지만 현품의 입수상황이 원활하지 않아 선박건조가 차질을 빚는' 상황이 지속된 것이다.

비록 제국 내 강재 생산의 절대량이 감소하고 있었으나 조선산업은 생활계획상 초중점 생산력확충공업이었고, 조선에 필요한 강재는 민수물자 중에는 공급에 최우선권이 있었다는 사실[25]을 상기하면 조선중공업의 심각한 자재수급난은 이례적인 것이었다. 여기에는 '함정건조우선주의(艦艇建造優先主義)'라는 또 다른 변수가 있었다. 조선용 자재가 함정건조에 집중된 것이다.[26] 앞의 〈표 2-5〉를 보면 1939년을 기점으로 상선건조량이 감소하는 반면 함정건조량이 급증하는 것을 확인할 수 있다. 1939년은 조선중공업의 자재난이 시작되는 시기와 일치한다는 점에서 함정건조 우선주의가 조선중공업 자재난을 발생시킨 원인 중 하나였음을 보여 준다. 강재의 생산이 줄어드는 상황에서 함정건조 증가로 인해 상선건조에 돌아오는 강재의 몫은 크게 줄 수밖에 없고 이 줄어든 물량을 가지고 일본 조선업계와 확보경쟁을 해야 했다. 절대적으로 조선용 강재가 부족한 상황에서 식민지

---

[25] 1938년 물동계획이 시작되면서 필요물자를 크게 군수(육군-A, 해군-B)와 민수(C)로 나누고, 민수는 다시 우선공급순위에 따라 크게 5등급으로 구분하였다. C1은 充足軍需, C2는 생산력확충용, C3는 官需, C4는 만주 및 중국방면 수출 C5는 일반 민수였다. 이중 조선용 자재는 C2에 속했다. C1은 사실상 군수이므로 C2가 민수 중에는 최우선적 공급순위였다(原朗, 「初期物資動員計劃資料解說」 참조).

[26] 1941년에는 함정의 신조, 수리공사가 극히 빈번해서 상선건조가 타격을 받을 수밖에 없었다. 1941년도 물자동원계획에서 상선건조에 할당된 강재는 불과 수만 톤에 불과했다(小野塚一郎, 앞의 책, 131쪽).

의 신생조선소인 조선중공업이 일본 유수의 조선소들과 그것도 일본에서
강재쟁탈전을 벌여야 하는 상당히 불리한 입장에 놓이게 된 것이었다.

대규모 시설확장과 선박수주에 성공함으로써 근대적 조선소로서 자본축
적을 본격화할 수 있는 시점에서 발생한 강재 입수난이라는 결정적 축적제
약조건에 대응하여 조선중공업은 필요 강재의 자급을 추진하였다. 1939년
9월 조선중공업은 제철사업 진출을 공식화하였다. 당초에는 자력으로 제
강공장 건설을 계획했고 총독부로부터 제철사업 설립인가를 얻었지만, 이
후 일본고무주식회사의 아사히제강소(旭製鋼所)와 자본합작 및 기술제휴
를 통해 자회사 조선전기제강주식회사(朝鮮電氣製鋼株式會社) 설립으로
전환하였다.[27]

설립계획을 보면 부산 가야리(伽倻里)의 조선중공업 소유부지 20,000평
에 공장을 설립하고, 3톤 및 1.5톤의 전기로(電氣爐)를 설치, 우선적으로 조
선중공업이 필요한 강재를 공급하고 장기적으로는 사업을 확대하여 각종
기계, 공작물 건조를 목표로 하였다.[28] 따라서 우선 1차 년도에는 주강(鑄
鋼)공장을 건설하고, 이듬해 기계공장 및 모형공장 등을 건설하는 것으로
계획되었다. 구체적인 건설계획 및 필요자재 조달계획은 〈표 4-8〉 및 〈표
4-9〉와 같다. 2대의 전기로를 필두로 기중기, 선반 등 주요 설비의 대부분
은 모회사인 조선중공업에서 제작하여 충당하도록 하였다. 또 필요자재 조
달계획은 다양한 경로가 확인되는데, 1939년 말 현재의 물자통제 단면을
확인할 수 있다. 신철(新鐵)과 철강재(鐵鋼材)는 이 시기에 이미 완전히 통
제되고 있었다.

---

27) 「朝鮮電氣製鋼株式會社設立趣旨書(1939.9)」, 『茗荷谷文書』 E53.
28) 「東拓鑛業株式會社ノ朝鮮電氣製鋼株式會社株式引受ノ件(1940.7.24)」, 『茗荷谷文書』 E53.

〈표 4-8〉 조선전기제강주식회사 공장건설 계획

설비내용	규모	수량	단가(圓)	구매처	완성일시
건물					
주강공장	500평	1동			1940.01
기계공장	250평	1동			1940.12
모형공장	200평	1동			1940.12
실험실	200평	1동			1940.12
주요 기계설비					
電氣爐	3톤	1대	85,000	조선중공업 제작	1939.12
	1.5톤	1대	35,000	조선중공업 제작	1939.12
燒鈍爐		1대	15,000	自家用	1939.12
乾燥爐		1대	6,000	自家用	1939.12
기중기	15톤	1기	32,000	조선중공업 제작	1939.12
기중기	5톤	1기	24,000	조선중공업 제작	1941.06
컨프레샤	50마력	1대	8,000	조선중공업 제작	1939.12
電動機	50마력	1대	2,200	조선중공업 제작	1939.12
	20마력	2대	900	安川電氣	1940.11
	기타소형	11대		安川電氣	1940.11
旋盤	12촌x6척	2대	1,600	조선중공업 제작	1939.12
	8척	3대	6,000	조선중공업 제작	1940.11
	8촌x35척	2대	28,000	조선중공업 제작	1940.11
	기타	11대		조선중공업 제작	1940.11
슬롯터	24촌x12척	1대	48,000	三菱商事	1940.11
	16촌x6척	1대	23,000	三菱商事	1940.11
전기용접기		2대	950	大阪電氣	1939.12
시험기		2대	26,000	東京衡器	1941.03
光學分析及藥品		1식	13,000	島津製作所	1941.03

자료 : 「東拓鑛業會社關係朝鮮電氣製鋼株式會社株式引受ノ件(1940.2.22)」, 『茗荷谷文書』
　　　E53에서 작성.

〈표 4-9〉 주요 자재 조달방법

자재명	수량	가격	주요 구입처
屑鋼	160톤	20,800	부산 本田商店 및 조선중공업, 기타
古鐵	100톤	12,000	부산 本田商店 및 조선중공업, 기타
新鐵	60톤	5,500	道廳配給
電力	65만kw	14,300	南鮮合同電氣

電極	30본	6,000	昭和電極
코크스	40톤	2,000	三菱商事
카바이트	120관	480	三菱商事
鐵鋼材	50톤	15,000	道廳配給
耐火煉瓦	爐體及蓋	1,600	三石耐火

자료 : 「東拓鑛業會社關係朝鮮電氣製鋼株式會社株式引受ノ件(1940.2.22)」에서 작성.

공장건설에 필요한 자본금은 200만 엔으로 계획하고 총 4만 주(액면가 50엔)의 주식을 발행할 계획이었다. 최대주주는 조선중공업(13,100주), 그 외 일본고무(13,000주), 동척광업(10,000주)이 주요 자본 참여자였다.[29] 자본금의 75%는 공장건설 등 설비자금에, 25%가 원료 및 자재구입비 등 운전자금에 충당될 계획이었다.

〈표 4-10〉 소요 자금의 예상(단위 : 圓)

	1차년도	2차년도	합계
설비자금	677,220	869,790	1,547,010
토지	174,000	0	174,000
건물, 기타 공작물	268,500	200,000	468,500
기계, 기타 설비	234,720	669,790	904,510
운전자금		452,990	452,990

자료 : 「東拓鑛業會社ノ朝鮮電氣製鋼株式會社株式引受ノ件(1940.7.24)」, 『茗荷谷文書』 E53 에서 작성.

1939년 12월 조선중공업 사장 아베의 명의로 조선총독부에 회사설립인가 신청서가 제출되었고[30], 1940년 7월 조선총독부는 조선중공업의 제철사업권을 조선전기제강에 양도하는 것과 조선전기제강의 설립을 인가하였다.[31] 이듬해인 1940년 8월 창립총회가 개최되어 조선전기제강이 설립되었

---

29) 동척광업의 참가는 1940년 2월 결정되어 동년 7월 동척의 감독기관인 척무성의 승인을 받았다(위의 자료).

30) 「東拓鑛業會社關係朝鮮電氣製鋼株式會社株式引受ノ件(1940.2.22)」, 『茗荷谷文書』 E53.

31) 「朝鮮電氣製鋼株式會社ニ關スル件(1940.7.9)」, 『茗荷谷文書』 E53.

다. 창립총회를 통해 조선중공업에서는 아베가 사장에, 이토 다쓰조(伊藤
達三)가 이사에 선임되었다.32)

조선전기제강의 생산품은 강재 중에서도 주강(鑄鋼)을 중심으로 1차 년
도에 총 1,500톤 정도를 시작으로 설립 3차 년도에는 4,000톤 정도까지 생
산을 확대한다는 계획이었다. 〈표 4-11〉을 보면 실제 생산은 계획을 크게
밑돌았지만, 1941년도부터 주강 1,200톤을 포함 총 1,600톤의 강재를 생산
하였다.

〈표 4-11〉 조선전기제강주식회사 생산계획 및 생산실적(단위 : 톤)

연도		鑄鋼	특수강	합계
1941년	계획	1,010	540	1,550
	생산	1,232	407	1,639
1942년	계획	1,200	760	1,960
	생산	1,242	421	1,663
1943년	계획	2,600	1,450	4,050
	생산	1,100	500	1,600

자료: 「東拓鑛業會社ノ朝鮮電氣製鋼株式會社株式引受ノ件(1940.7.24)」 ; 企劃院, 「昭和16
　　年度-昭和18年度生産力擴充實施計劃-船舶」에서 작성.
주) 1943년은 생산력확충계획하의 할당계획임.

조선전기제강의 설립으로 선박건조에 필요한 강재 중 주강 및 특수강강
재는 1941년부터 자급이 가능해졌다. 식민지 조선회사가 자재수급난에 적
극적인 대응을 모색한 결과로 제강회사를 일본자본과 합작하여 설립, 강재
확보를 시도했다는 것은 주목되는 사실이다. 그러나 필요강재의 80%를 차
지하는 보통강강재는 여전히 일본에 의존해야 했기에 주강(鑄鋼)의 자체공
급만으로 소요강재의 자급에 큰 전기를 마련했다고 보기는 어렵고 근본적
인 한계가 있었다.33)

---

32) 조선중공업주식회사, 「제7기 영업보고서」 참조.
33) 1942년 생활계획에서 조선중공업에 할당된 자재는 普通鋼鋼材 2,866톤, 鍛鋼 211톤, 鑄鋼

조선중공업 설립의 모태인 사이조철공소는 69명의 종업원에 소형 도크 1기를 보유한 조그만 수리공장에 불과했지만, 조선중공업은 전시체제의 한 축인 생확계획에 힘입어 태평양전쟁이 일어나기 직전인 1941년 말에는 선박건조능력 20,000톤, 7,500톤급 포함한 도크 2기, 종업원 1,083명(1940년 말 현재)을 거느린 근대식 조선소로 성장하였다.[34] 이것은 일본 조선소와 비교해도 중급 규모의 조선소에 해당하는 것으로 불과 4년 만에 이룬 고속 성장이었다. 또 이 시기에 이미 국내에서 최초로 1,000톤급 이상의 대형 강선을 건조한 경험을 가지고 있었다.

그러나 조선중공업은 1939년부터 시작된 자재난으로 인해 시설확장에 비례한 생산 증가에는 실패하였고, 이것은 경영에도 부담으로 작용하였다. 조선중공업은 자재난문제의 해결을 위해 조선전기제강을 자회사로 설립하였다. 조선전기제강을 통해 강재 중 일부 자재의 자급을 이루었다는 점은 평가할 수 있는 것이지만 완전한 해결책이 되지는 않았다. 태평양전쟁 발발은 조선중공업이 이러한 한계를 극복하고 한 단계 더 확장할 수 있는 계기가 되었다. 해군이 주도하는 전시계획조선하에 전시표준선의 대량생산 체제가 구축되고, 이 체제에 조선중공업이 참가의 기회를 얻었기 때문이다. 조선중공업은 전시표준선 D형(1,900~2,300톤급)을 할당받아 패전까지 5척을 건조하였고, 여기에 대응하여 자본금을 1,500만 엔으로 증자하는 등 새로운 국면을 맞았다.

98톤, 鋼塊 20톤, 普通銑 374톤, 특수강강재 16톤이었다(企劃院, 「昭和17年度生産力擴充實施計劃－船舶」).

[34] 사이조철공소의 종업원 수는 日本造船學會編, 『昭和造船史』 제1권(戰前 · 戰時編), 原書房, 1977, 46쪽 참조. 조선중공업 종업원 수는 조선중공업주식회사, 「제7기 영업보고서」 참조.

제5장

태평양전쟁기 전시계획조선

제5장 태평양전쟁기 전시계획조선

1. 일제의 전시계획조선 실시

1941년 12월 태평양전쟁의 발발과 함께 조선산업은 새로운 국면을 맞게 되었다. 일제가 전시 해상수송력 강화를 위해 선박 양산을 목적으로 하는 계획조선을 강력히 실시하였기 때문이다. 이것을 통상 전시계획조선(戰時計劃造船)이라고 불렀다. 그 내용은 국가가 1년 단위로 필요한 선복량(船腹量)을 예측, 결정하여 각 조선소에 건조명령을 내리고, 건조된 선박은 인수희망자를 선정, 인도하여 운항하게 하는 '조선에 대한 총체적 국가관리 제도'였다. 계획조선 과정에서 소요되는 자금은 대부분 국가재정에서 보조하거나 저리융자가 실시되었다. 계획조선 실시로 인해 조선산업은 국가통제 안에 들어갔고, 조선소가 자유롭게 선박을 건조하는 것은 사실상 금지되었다.

전시계획조선의 핵심은 급박한 전쟁 상황에서 필요 선복량을 단기간 내에 충족하는 것이었기에 건조대상선박으로는 전시표준선(戰時標準船)의 선형(船型)이 채택되었다. 전시표준선은 선박의 건조공정을 단순화·최소화한 선형으로, 각 조선소에 할당하여 반복생산하게 하였다. 전시표준선의 반복생산은 필요자재의 규격화, 기술숙련도의 상승을 가져옴으로서 강재 절약과 건조 기간 단축을 통한 양산의 효과가 있었다.

해상수송력 강화를 위한 전시계획조선이었지만, 엄밀하게 얘기하면 전쟁수행에 필요한 '운송력 유지'를 위한 특단의 조치였다. 태평양전쟁 개전을 결정한 1941년 11월 5일 어전회의에서 일본과 식민지 전체물동계획을 담당하고 있던 기획원 총재 스즈키 데이이치(鈴木貞一)는 전쟁수행에 필요한 물자 동원을 위해 유지해야 할 선박의 규모—'물자동원대상용 선복량' 또는 줄여서 '물동대상선'이라고 함—는 최소 300만 톤이고, 전쟁으로 인한 소모량과 일본 조선산업의 능력을 감안한다면 300만 톤의 선복량을 유지하기 위해서는 연간 60만 톤의 선박건조가 필요하다고 보고했다.[1] 그러나 연간 60만 톤의 신조선은 당시 일본 조선산업의 현실에서는 무리였다. 이 안을 기안했던 해군함정본부(海軍艦政本部) 조차도 당시 일본 조선산업의 선박건조능력을 연간 30만 톤 미만으로 판단하고 있었다.[2] 결국 현실과 목표의 격차를 줄이기 위한 복안으로 나온 것이 전시계획조선이었다.

그러나 결론부터 얘기한다면 계획조선의 근본목적이었던 물자동원대상용 선복량을 300만 톤으로 유지하는 일은 쉽지 않았다. 〈그림 5-1〉에서 보듯이 물동대상선이 300만 톤을 유지한 것은 전쟁기간 내내 단 한 번도 없었다. 육군 및 해군에 의한 징발선(A船과 B船)을 제외한 모든 민간선박의 선복량(C船)도 300만 톤을 넘은 것은 전쟁 초기인 1942년 8월부터 12월까지 5개월에 불과했다.

[1] 일제가 태평양전쟁 수행을 위해 필요한 선복량을 산출하는 과정에 대해서는 寺谷武明, 『造船業の復興と發展』, 日本經濟評論社, 1993, 15~22쪽 참조.
[2] 小野塚一郎, 『戰時造船史－太平洋戰爭と計劃造船』, 日本海事振興會, 1962, 362쪽.

〈그림 5-1〉 태평양전쟁기 물동대상선 및 C선의 선복량 추이(단위 : 1,000톤)

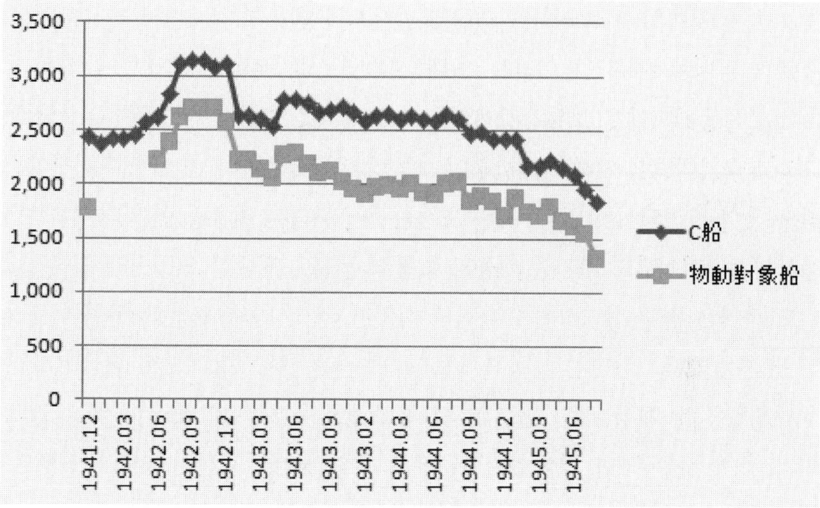

자료 : 船舶運營會, 『船舶運營會史(前編)上』, 1947, 193~194쪽에서 작성.

　전시계획조선의 목적이었던 물동대상선 300만 톤을 유지하지는 못했지만, 전시계획조선 자체만을 놓고 본다면 실패였다고 할 수는 없다. 2차 전시표준선형을 도입한 1943년 이후 계획조선은 궤도에 올라 애초에 목표한 선박 양산의 면에서 상당한 성과를 거뒀다. 1943년의 112만 톤 건조는 기존의 연간 최대 건조량이던 1919년 63만 톤의 기록을 갱신한 것이었고, 1944년에는 158만 톤을 건조하여 그 절정에 이르렀다. 이 수치는 일제가 대미전쟁을 준비하면서 연간 필요한 선박건조량으로 예측했던 60만 톤의 목표량을 훨씬 웃도는 수치였다.

　물자부족에 허덕이던 태평양전쟁기였음에도 불구하고 단기간에 대량의 선박건조가 가능했던 것은 해상 운송력 강화에 사활을 걸었던 일제가 전시계획조선에 총역량을 집중했기 때문이다. 특히 제한된 물자를 가지고 단기간 대량건조라는 목표를 달성하기 위해 도입한 각종 제도와 기술은 나름대로 효율성을 갖고 있었다. 그중에서도 표준선을 제정함으로써 부품을 규격화하고, '블록

건조공법'과 이를 위한 '용접기술'의 보급은 근대 조선산업사에서 중대한 의미를 가지는 것이었다. 그러나 이러한 요인만으로 엔블록 경제가 한계점에 이르렀던 1944년에 158만 톤이라는 최대 선박건조량 기록을 설명하기 힘들다. 1944년 물동계획에서 보통강강재의 40%를 계획조선에 쏟아 부었다는 사실[3], 그리고 국가권력에 의해 무제한적인 노동력 동원을 통한 수탈이 이루어졌다는 점도 같이 지적되어야 한다. 특히 조선산업이 수많은 전후방 연관공업을 가진 종합기계공업이기도 하지만 대규모 노동력 동원이 필요한 노동집약적 공업이기도 하다는 점을 상기하면 1944년의 선박건조량 상승에 노동력 동원이 중요한 역할을 했을 것이다. 노동력 동원 부문을 좀 더 구체적으로 살펴보자.

태평양전쟁 개전 직전 일본의 전체 조선소—강선건조 조선소에 한정—의 노동자 수는 11만 명이었지만, 개전 후 전시계획조선이 본격적으로 수행되면서 조선이 정점에 달한 1944년에는 28만 명까지 증가하였다. 그런데 함정을 생산하는 해군공창 및 조선 관련 사업장까지 포함하면 최대 75만 명의 노동력이 동원되었으며, 이는 단일 업종으로는 최대의 노동력 동원이었다.[4] 노동력 동원에는 일본 내 청장년 이외에도 죄수와 연합군 포로의 동원 및 여자정신대, 학도, 한국인 노동자 및 중국인 노동자 등의 징용에 이르기까지 가능한 한 모든 수단이 동원되었다.[5]

일제가 군수공업의 확대를 위해 대규모 노동력 동원을 시도한 것은 중일전쟁 기부터였다. 중일전쟁이 장기전 국면으로 바뀐 1938년 4월 국가총동원법이 실시되고, 1939년 9월 국민징용령이 발표되면서 전쟁 수행을 위한 대대적인 노동력 동원이 시작되었다. 일제는 노동력 동원에 한국인 노동자를 포함할 것을 밝

3) 태평양전쟁기 물자동원계획에서 보통강강재의 갑조선 배당 비율을 보면 1941년 7%, 1942년 12%, 1943년 19%, 1944년 38%, 1945년(1/4반기) 43%였다(アメリカ合衆國戰略爆擊調査團, 正木千冬譯,『日本戰爭經濟の崩壞』, 日本評論社, 1950, 189~190쪽). 태평양전쟁과 함께 시작된 계획조선으로 강재배당이 급격히 증가해서 1944년 절정에 이르렀음을 알 수 있다.
4) 小野塚一郎, 앞의 책, 178쪽.
5) 小野塚一郎, 위의 책, 186~195쪽.

혔지만, 1944년 9월 국민징용령이 한국에 적용되어 공식화될 때까지는 모집, 관청 알선 등의 형태로 노동력 동원이 이루어졌다.[6] 일본의 주요 조선소도 1941년부터 일제의 허가를 얻어 각 조선소별로 한국에서의 노동력 징용을 실시하였다.[7] 1944년 9월 국민징용령이 한국에 적용된 후 최초의 대규모 징용은 해군함정본부가 관리하는 일본 21개 조선소에 투입할 39,500명이었다. 1944년 9월 1차로 18,500명, 10월에 2차로 21,000명을 투입할 예정이었다.[8] 해상수송력 증강에 제국의 사활을 걸고 있던 일제는 일본의 주요 조선소에 한국인 노동자를 대규모로 투입할 방침을 1944년 초에 결정하였고[9], 국민징용령이 실시되자 1차로 약 4만 명의 한국인을 일본의 각 조선소에 동원하여 노동력을 수탈하였던 것이다.

일제 패전까지 조선소에 징용된 한국인 노동자의 전체 규모는 자료 부족으로 알 수 없지만, 1944년 초에 이미 약 4만 명이 투입될 예정이었으므로, 대규모 한국인의 징용이 이루어졌을 것으로 생각된다.[10] 한국인 노동자는 군대식으로 편성, 조선소 내 막사에 집단 수용되어 아침 5시부터 하루 12시간 이상

---

6) 朴慶植, 『朝鮮人强制連行の記錄』, 未來社, 1965, 50~54쪽.

7) 일본 효고현 播磨造船所의 경우 1940년 12월 일제 당국의 허락을 받아 1941년 1월 회사 勞政課 직원 八木廣之助 등이 한국에 파견되어 경상남도에서 123명을 징용하였다(『播磨造船所50年史』, 1960, 149쪽).

8) 朴慶植, 앞의 책, 56쪽.

9) 小野塚一郎, 앞의 책, 195쪽.

10) 小野塚一郎에 의하면 징용의 시작단계인 1944년 9~10월간 川崎造船 2,237명, 日鋼鶴見造船 997명, 浦賀船渠 500명이 징용되었고, 이후 藤永田, 日立櫻島, 川南香燒島 등에 조선인 노동자가 다수 징용되었다고 한다(小野塚一郎, 앞의 책, 195쪽). 그러나 실제로는 이보다 훨씬 많았음이 확실하다. 小野塚一郎이 언급하지 않은 播磨造船所의 경우 1944년 9~10월동안 주로 전라남도에서 1,710명의 조선인 노동자가 징용되어 입사했다고 기록하고 있다(『播磨造船所50年史』, 149~150쪽). 그러나 이마저도 축소된 숫자로서 1946년 일본 후생성이 조사한 자료에 의하면 播磨造船所에는 제주도를 포함한 전라남도, 평안북도, 경상남북도 등 조선 전역에서 2,215명이 징용되었다고 기록하고 있기 때문이다(「朝鮮人勞務者に關する調査」, 1946 ; 兵庫朝鮮關係研究會編『近代の朝鮮と兵庫』, 明石書店, 2003에서 재인용). 한편 鶴見造船所의 경우도 징용되었던 노동자의 증언에 의하면 1944년 7월 함경북도 북청군에서 징용된 3,000명의 조선인 노동자가 투입되었다고 하는데 이것은 小野塚一郎의 기록과는 큰 차이가 있는 것이다(梁弘模「造船所勞動者6000人の半ばが朝鮮人だった」, 『統一評論』 460, 2004.2, 95쪽). 그리고 이들 통계에는 군함을 건조하는 海軍工廠에 징용된 조선인 노동자수는 전혀 포함되지 않았다.

의 가혹한 노동에 시달려야 했다. 조선소의 노동은 그 성격상 중노동이었으나 임금 지불은 고사하고 식량도 제대로 공급되지 않는 상황이었다고 한다. 더욱이 1944년 말부터는 미군의 공습이 극심해지면서 조선소는 빈번한 공습을 받았다. 따라서 당시 조선소의 노동은 굶주림과 공습의 공포가 어우러진 혹독한 작업이었고, 많은 한국인 노동자가 사고와 공습으로 목숨을 잃었다.[11]

이렇듯 1944년 전시계획조선이 최고실적을 거둘 수 있었던 배경에는 가혹한 노동력 수탈이 잠재되어 있었고, 그 속에는 한국인 노동자의 대규모 징용도 포함되었다. 그러나 일제가 갖은 수단으로 추진한 선박양산도 전쟁에서의 선박소모량을 따라가기에는 역부족이었고, 〈표 5-1〉에서 보듯이 해상수송력 감소를 저지할 수 없었다. 섬나라인 일본에 있어 물류의 혈관이나 다름없는 해상수송력의 한계는 패전의 결정적 요인이 되었다고 할 수 있다.

〈표 5-1〉 태평양전쟁기 선박 증감 현황(단위 : 1,000톤)

기간	증가			감소			증감	保有船腹	상실률 (%)
	신조선	기타	계	전쟁손실	海難, 기타	계		年末現在	월평균
1941.12月 ~1942.3月	71	78	149	145	29	174	-25	6,359	0.7
1942년*	425	254	679	1236	180	1,416	-737	5,622	2
1943년*	1,124	87	1,211	2817	270	3,087	-1,877	3,745	5.4
1944년*	1,583	37	1,620	3307	181	3,488	-1,869	1,877	10.3
1945.4月~8月	165	3	168	607	58	665	-498	1,379	8.5
계	3,368	458	3,826	8113	718	8,831	-5,005		

자료 : 「資料 戰時造船史」, 『戰時海運資料』 no.30에서 작성.
주) 1. 길이 50m이상 강선.
　 2. 개전당시 보유선복량은 6,384,000톤.
　 3. 증가의 기타는 나포선, 침몰인양선, 외국용선, 만주치적선의 선복량을 합친 것.
　 4. *는 정확하게는 당시의 1년 회기인 해당년도 4월부터 이듬해 3월까지임.

---

11) 조선소에 징용된 조선인 노동자의 노동실태에 대해서는 조선인 노동자들의 증언을 담은 兵庫朝鮮關係研究會編, 앞의 책, 123~161쪽 참조. 播磨造船所에 징용되었던 조선인 노동자중 패전 시까지 60명이 사망했다(兵庫朝鮮關係研究會編, 앞의 책, 125쪽).

2. 갑조선(甲造船)의 해군 이관과 식민지 조선소의 직접 통제

1941년 12월 23일 내각회의에서 길이 50m이상(대략 500톤 이상) 강선의 조선관련 업무, 이른바 갑조선의 해군이관이 결정되었다. 1942년 2월 5일에는 '조선 사무에 관한 소관 등의 전시특례에 관한 건'이 칙령으로 공포되어 갑조선 업무의 해군 이관이 법적으로 뒷받침되었다. 민간 상선 건조의 업무를 해군에 이관한 것은 함정 건조와의 불필요한 경쟁을 방지하여 계획조선의 효율성을 극대화한다는 이유에서였다. 이로써 500톤 이상의 중대형 민수용 강선조선사업(甲造船)은 해군이, 500톤 미만의 소형 강선 및 목선조선사업(乙造船)은 체신성이 담당하는 구조가 만들어졌다. 갑조선의 실무는 해군성 산하 해군함정본부가 담당하였다. 식민지의 경우 갑조선은 해군이 직접 관장하였고, 을조선의 경우 식민지권력이 수행하였다. 1942년 5월 12일 내각회의는 '계획조선 확보에 관한 건'을 결정, 계획조선의 시행방법을 확정하였다. 제국의회는 1942년 5월 25부터 28일까지 이른바 조선회의(造船議會)라고 불린 제80회 임시의회를 소집, 산업설비영단법을 개정하여 계획조선과 관련한 실무를 산업설비영단[12]이 담당하도록 하는 한편, 선박건조융자 및 손실보상법을 개정하여 계획조선에 대한 자금지원방안을 마련하였다. 필요자금은 일본흥업은행 등 금융기관을 통해 공급하며, 계획조선으로 건조된 선박을 양도받는 선주에게는 선가(船價)의 80%까지 저리융자(年 3.7%)가 실시되었고, 융자를 통해 발생하는 금융기관의 손실은 정부가 책임졌다.[13]

---

12) 산업설비영단은 1941년 11월 제77회 제국의회에서 산업설비영단법이 제정되어 12월 시행됨으로써 설립된 국가기관이다. 설립목적은 군수공업, 생산력확충계획공업 등 국가긴요산업의 설비 중 민간자본이 건설하기 힘든 시설 내지 미완성시설을 인수하여 건설을 완료하거나, 유휴설비를 인수하여 대여하는 사업을 통해 전쟁수행을 위한 관련공업의 진흥과 최대한 활용을 목표로 한 것이었다. 사업에 필요한 자금은 2억 엔의 정부출자금과 그 5배에 해당하는 10억 엔의 산업설비채권 발행으로 총 12억 엔이었다. 산업설비영단은 1942년 전시계획조선 실무 담당자로 지정되었는데, 이것은 1942년 5월 제국의회에서 산업설비영단법을 개정하고, 사업내용으로 계획조선을 명시하도록 함으로써 법적으로 뒷받침되었다. 산업설비영단에 관해서는 重要産業協議會編, 『産業設備營團解說』, 東邦社, 1943 참조.

전시계획조선과 관련한 행정적 절차는 1942년 5월까지 대개 완료되었지
만, 그전인 4월에 해군함정본부는 이미 500톤 이상의 강선에 대한 계획조
선인 갑조선의 건조 선형으로서 제1차 전시표준선을 선정하였다. 화물선
6종, 유조선 3종, 광석운반선 1종으로 총 10종이었다. 이후 전시표준선은
전황의 변화에 따라 선종 변경 및 선형 개량이 실시되어 패전 시까지 4차
례의 전시표준선 선형이 만들어졌다. 4차례 선정된 선형 중 실제 건조단계
에 이른 것은 3차 전시표준선형까지였다.

갑조선 1차 선형은 대량생산을 목적으로 한 전시표준선이었음에도 불구
하고 우수한 선박을 건조한다는 원칙이 부분적으로 반영되었고, 또 전후(戰
後) 선박운영도 염두에 두고 설계되었기 때문에 전시표준선 선형 중에서는
가장 성능이 좋았다고 평가되었다. 그러나 속행선(續行船)[14] 건조지연, 전시
표준선의 기술적 시행착오 등으로 계획조선이 부진한 반면 1942년 10월 이
후 전황불리에 따른 선박소모량이 예상을 초월하여 급격히 증가하면서 전시
표준선 선형에 대한 재검토가 요구되었다. 그 결과 고안된 것이 2차 전시표
준선형인데 건조선형의 종류를 줄이는 한편 선박구조에서도 안전성과 성능
을 희생하는 대신 자재와 공사기간을 절약하여 단기간 내에 선박을 대량생
산하는 것을 목적으로 하였다. 2차 전시표준선형은 1943년 3월부터 건조가
시작되었다. 3차 및 4차 전시표준선형은 1944년 하반기 전황이 극도로 불리
해지고 자재가 한계에 이르자, 계획조선을 축소하여 대량생산을 포기하는
대신 이전보다 우수한 선박을 건조한다는 방침 아래 설계된 선형이었다.[15]

13) 자세한 내용은 島居辰次郞, 「戰時計劃造船と産業設備營團」, 『産業設備營團解說』, 東邦
   社, 1943, 96~106쪽 참조.
14) 속행선은 계획조선 실시 이전에 각 조선소가 수주 받아 공사 중이거나, 계약상태에 있었던
   선박을 의미한다. 해군함정본부는 계획조선의 실시와 함께 이들에 대한 신속한 건조완수
   를 독려했으나 자재 부족으로 인해 효과가 없었고, 결국 계획조선의 본격적 추진에 가장
   큰 방해요인이 되었다.
15) 태평양전쟁기 전시표준선형 변경의 배경 및 과정의 추이에 대해서는 小野塚一郞, 앞의
   책, 36·72~93쪽 참조.

〈표 5-2〉 전시계획조선 갑조선(甲造船) 1차~4차 전시표준선 선형 일람

船型	船種	航行區域	총톤수 (G/T)	載貨重量 (D/W)	항해속력 (knot)	기관 (馬力)	건조 일수	소요강재량 (톤)
1A	화물선	원양	6,400	10,425	12		150	4,760
1B	화물선	원양	4,500	7,336	12.3	2,200	150	2,730
1C	화물선	근해	2,700	4,476	11	2,000	300	1,765
1D	화물선	근해	1,900	2,850	10	1,200	300	1,260
1E	화물선	근해	830	1,320	10	750	195	603
1F	화물선	근해	490	771	10	600	270	415
1K	광석운반선	근해	5,300	8,423	10.5	2,400	180	3,190
1TL	유조선	원양	10,000	15,600	15	8,600	210	7,400
1TM	유조선	원양	5,200	7,790	12.5	3,300	135	3,790
1TS	유조선	근해	1,010	1,272	10	1,050	180	720
2A	화물선	원양	6,600	11,200	10	2,500	135	3,390
2D	화물선	근해	2,300	4,000	9	1,100	165	1,120
2E	화물선	근해	870	1,581	7.5	450	165	415
2TL	유조선	원양	10,000	16,600	13	5,000	165	5,850
2TM	유조선	원양	2,850	4,722	9.5	1,200	135	1,700
2TE	유조선	근해	870	1,618	7	420		
3A	화물선	원양	7,200	10,230	12	5,000	135	
3B	화물선	원양	5,100	7,000	14	5,000		
3D	화물선	근해	3,000	4,750	12	2,500		
3E	화물선	근해	875	1,540	7.5	580	135	
3TL	유조선	원양	10,200	15,067	16	10,000	165	
3TL貨	화물선	원양	10,000	13,080	12			
4B	화물선	원양	3,400		18	9,500		
4TM	유조선	원양	3,400	4,400	18	9,500		
4ET	유조선	근해	1,150	1,600	10	1,200		
4TL	유조선	원양	9,600	13,800	19	20,000		
UTL	유조선	원양	10,200	15,467	16	10,000		
R	냉동운반선	동력어선	1,100	1,350	9.5	880	240	
レ	냉동운반선	동력어선	535	700	9	600	225	
ト	트롤선	동력어선	495	425	9.5	600	200	
G	화물선	근해	250		11	580		
W	車輛渡船	靑函연락선	2,850	2,744	15.5	4,400		
H	車輛渡船	博釜연락선	3,000					
波	試作船		500					

자료 : 小野塚一郎, 『戰時造船史－太平洋戰爭計劃造船』, 日本海事振興會, 1962, 164, 210쪽, 제4장 부록표에서 작성.

주) 1. 1A는 1차 전표선 A선형을 의미함.
2. 기관마력은 최대마력임.
3. 2E와 3E는 장착 엔진이 피스톤형(rs)과 디젤형(d)의 두 종류가 있으나 규모와 성능은 비슷하다. 여기서는 rs형을 기준으로 함.
4. 건조 일수는 1943년 3월 改6船表에 의해 각 조선소에서 제작된 선박의 평균건조일수, 소요강재량은 船體部에 국한한 것임.

500톤 이상의 강선을 건조하는 갑조선의 시행은 우선 해군함정본부가 장기적인 선박건조계획표인 선표(線表)를 작성하는 것으로 시작한다. 1942년 3월 최초의 선표를 작성하였으나 다시 수정을 거듭하여 4월에 처음 실행에 이르게 된 개4선표(改4線表)를 확정함으로써, 1942년부터 1945년까지의 계획조선량을 수립하였다. 그 내용은 1942년 52만 톤, 1943년 75만 톤, 1944년 95만 톤, 최종년도인 1945년에는 120만 톤을 생산목표로 하였다.[16] 선표가 확정되면 이에 따라 산업설비영단이 1년 단위로 선박건조를 일괄 발주하고, 건조된 선박을 인수희망 선주를 선정하여 양도하는 구조였다.

조선에 필요한 철강 등의 자재수급은 해군함정본부가 'Bx'라는 독자적인 물동계획을 수립하고, 전체물자동원계획을 담당하는 기획원—후에는 군수성 총동원국(軍需省 總動員局)[17]—과 협의, 결정한 후 각 조선소별로 할당하였다.[18] 자재는 용도에 따라 건조용, 수리용 등으로 나누어 할당하였고, 자재를 할당받은 조선소는 그 할당에 기초하여 소요자재의 구체적 사용명세표를 조선통제회(造船統制會)를 거쳐 해군함정본부에 제출하였다. 조선통제회는 총동원법에 의해 1942년 1월 설립된 조선산업에 대한 일원적 통제단체였다. 사용명세표를 제출받은 해군함정본부는 필요자재에 대한 관련기관과의 협의를 통해 조선소 요청 자재의 타당성을 검토한 후 배급허가 쿠폰을 발급하였다. 조선소는 발급받은 쿠폰을 자재배급기관에 제시하고,

16) 小野塚一郎, 앞의 책, 41~42쪽 ; 선표는 패전까지 빈번하게 변경되어 改12線表까지 작성되었다. 장기선박건조계획표라는 이름이 무색하게 자주 변경된 이유는 급변하는 전황에 따른 결과였다. 특히 전황이 급격히 불리해지는 1944년 하반기부터 패전까지는 무려 4번이나 선표가 변경되었다(小野塚一郎, 앞의 책, 제1장 부록 '태평양전쟁 계획조선 추이표' 참조).
17) 1943년 11월 총동원체제의 일원적 강화를 목적으로 군수성이 출범하면서 기존 동원계획을 수립하던 기획원이 폐지되고, 그 업무의 대부분은 군수성 산하 총동원국이 계승하였다(山崎志郎, 「軍需省關係資料の解說」, 『軍需省關係資料』 1, 現代史料出版, 1997 참조).
18) 조선용 자재는 생산력확충 자재인 C2에 포함되어 있었으나 계획조선이 시작되고 甲造船이 해군에 이관되면서 자재부문도 해군에 이관, Bx라는 명칭으로 물동계획상 독립적인 위치를 가지게 되었다. 甲造船 전용물자인 Bx는 여전히 민수(C)에서 충당되는 것이었지만 독립적으로 물동이 계획되고, 해군군수(B)와 동등한 군수물자로 취급됨으로써 물자확보에 있어서 우선권이 강화되었음을 의미했다.

필요자재를 수령하여 현물화하였다. 자재 이외에 하청생산이 필요한 엔진 등 주요 선박부품, 선용품(船用品)의 제작 및 공급은 계획조선과 같은 구조로 해군함정본부의 계획에 기초하여 산업설비영단이 업체를 선정, 발주하고, 완성품을 각기 필요한 조선소에 공급하였다.[19]

선박의 건조가격은 해군함정본부 회계부장을 책임자로 하는 기준건조가격협회의에서 결정하였는데, 평균능력을 보유한 조선소의 건조경비에 10% 정도의 이윤을 보장한 가격으로 결정하였다. 대금은 계약, 기공, 진수, 준공의 4분기로 나누어 각 분기마다 25%씩 지불하였다. 건조된 선박의 양도가격은 해무원—후에 해운총국(海運總局)—, 대장성, 산업설비영단, 선박운영회에서 파견된 위원들로 구성된 별도의 위원회가 운항 상의 채산을 고려하여 결정했다. 건조가격과 양도가격의 차액, 특히 양도가격보다 건조가격이 높아서 발생하는 손실은 산업설비영단이 부담하였다.[20] 전시계획조선에 의거한 선박의 건조명령을 받은 조선소는 해군의 직접관리공장으로 지정, 관리되는 한편으로 조선통제회에 강제 가입되어 일괄적으로 통제되었다.

한편 완성 선박에 대한 양도업무는 체신성 해무원이 담당하였다. 해무원 장관을 위원장으로 하는 건조선박할당협의회가 구성되어 할당 우선순위를 비롯한 할당 원칙 및 희망 선주를 선정하였다. 이 과정에서 여러 가지 복잡한 기준과 원칙이 마련되었지만, 실질적으로는 체신성이 운항실무자로 선정한 일본과 식민지 주요 해운회사에게 전쟁피해 선박에 대한 보상 차원으로 양도한 것이 대부분이었다.[21]

전체적으로 전시계획조선 갑조선의 실시 구조는 전반적인 계획입안과

---

19) 계획조선의 전체적인 윤곽은 기획원의 해당년도 '생산력확충실시계획' 문건 속에 선박부문으로 표시되었다.

20) 「帝國會議質疑應答資料」, 『戰時海運資料』 no.37 및 小野塚一郎, 앞의 책, 226~228쪽 참조 ; 『戰時海運資料』는 전시체제기 해운과 조선 관련 1급 자료들로 도쿄대 경제학부도서관에 마이크로필름으로 소장되어 있다. 경제학부 홈페이지에서 세부목차의 검색이 가능하므로 마이크로필름 번호 등은 생략한다.

21) 「建造船舶割當協議會綴」, 『戰時海運資料』 no.35.

감독·통제, 선박건조에 관해서는 해군함정본부가, 자금부문은 산업설비영
단이, 그리고 건조선박의 양도 및 운영과 관련해서는 체신성 해무원이 담
당하는 구조였다.

갑조선에는 선박건조 외에 수리도 이른바 '계획수리'라는 이름으로 병행
해서 실시되었다. 계획수리를 위해서 1942년 봄 해군함정본부에 별도의 수
리위원회를 조직하여 연간계획을 수립하였다. 주요 입안 내용은 ①수리선
의 연간 규모, 수리실시 정도, 수리기간, ②수리를 주로 하는 조선소의 지
정, ③대상 조선소에 대한 수리량의 개략적 할당, ④수리용 자재배급 계획,
⑤식민지 및 점령지에 대한 수리방침 및 할당규모 결정 등이었다.[22] 선박
수리에 대한 계획이 완성되면 해군함정본부는 계획수리를 담당하는 조선
소로 구성된 지역별 수리위원회에 원안을 제시하고, 각 지역의 수리위원회
는 원안에 근거하여 구체적인 실행계획을 결정, 선박수리를 실시하였다.
중앙계획과 지역의 실행계획 간에 차이가 있을 경우는 해군함정본부가 조
정하도록 하였다.[23]

한편 식민지 조선소의 전시계획조선 시행은 전체적으로 일본의 조선소
와 동일했지만, 식민지에 위치하고 있었기 때문에 시행 과정에는 몇 가지
차이점이 있었다. 첫째, 조선통제회에 가입하여 전시표준선을 할당받고,
일본 산업설비영단과 직접 건조계약을 하며, 필요자재를 일본 물자동원계
획의 갑조선 물동인 Bx에 포함되어 할당받는 등 계획조선의 전반적인 업
무가 일본에서 진행되었다. 따라서 식민지의 조선소는 관련 업무를 전담하
는 사무실을 일본에 설치해야만 했다. 조선중공업의 경우도 계획조선에 참
가하면서 도쿄에 사무실을 개설하였다.

둘째, 지휘감독 및 통제가 이원적으로 이루어졌다. 즉 일본 해군대신이

---

22) 海軍省, 「海軍省戰時船舶造修事務處理規定一部改定ノ件申進(1943.6)」, 『戰時海運資料』
no.36.
23) 小野塚一郎, 앞의 책, 287~289쪽.

식민지에 직접 명령할 수 있는 권한이 없었으므로 계획조선 사무 중 일반 사무는 식민지 통치기관을 경유해서 시행할 수밖에 없었다. 또 직접적인 해군관련 업무는 식민지관할 해군 최고사령부를 거쳐 시행되었다.[24] 일반 사무는 조선총독부를 경유하였고, 해군관련은 한국 주둔 해군의 최고 통솔 기관인 진해요항부(鎭海要港部)[25]를 통해 이루어졌다. 조선중공업은 조선 회사에 대한 통제단체의 경우도 일본과 한국, 양쪽에 동시에 가입하였다. 즉 1942년 4월 조선통제회에 가입하였지만, 이와 동시에 조선총독부가 식민지 조선소의 일원적 통제를 위해 1942년 2월 설립한 조선조선공업조합연합회(朝鮮造船工業組合聯合會, 1943년 11월부터는 朝鮮造船工業組合으로 개조됨)에도 가입하였다.[26]

셋째, 식민지 조선소는 할당받은 필요자재 중 주 자재인 강재의 대부분을 일본에서 현물화해야 했다. 계획조선에 참가한 식민지 조선소 중 조선중공업과 상하이(上海) 쟝난조선(江南造船)은 규슈(九州)지역, 만주 다롄선거(大連船渠)는 간사이(關西)지역, 미쓰이샹강(三井香港)은 주고쿠(中國)지역에서 각각 강재를 현물화했다.[27] 이 과정에서 자력으로 확보하지 못한 부문은 해당 조선소와 관련이 있는 일본 조선소에 위탁하여 처리하도록 규

24) 小野塚一郎, 앞의 책, 279쪽.

25) 진해요항부의 기원은 1904년 러일전쟁을 계기로 일제가 진해만을 해군근거지로 하기 위해서 第3臨時築城團을 파견한 것에서 시작되었다. 松井庫之助 공병중좌 지휘하의 축성단은 1904년 8월 중순 加德島와 猪島에 상륙하여 1905년 1월까지 砲臺공사를 완료했다. 이후 山路通信 소좌 지휘하의 2개 중대편제인 '진해만 요새포병대대'가 주둔하였다. 1905년 4월에는 진해만 요새사령부가 설치되고 포병대대는 예하 포병대로 재편되었다. 한일 합방직후인 1911년 4월 對馬島와 조선연안 일대를 합쳐서 第5海軍區로 하면서 진해만은 군항으로 지정되고 1916년 4월 진해요항부가 설치되면서 조선주둔 해군의 최고지휘부의 역할을 하였다. 1941년 11월에는 진해경비부로 개편되었다(林鍾國, 『日本軍의 朝鮮侵略史』 Ⅰ·Ⅱ, 일월서각, 1988·1989 참조).

26) 『殖銀調査月報』 제69호, 1944.2, 15쪽.

27) 小野塚一郎, 앞의 책, 215쪽 ; 조선중공업의 경우 당시 규슈지역 조선소의 주요 강재공급처가 일본 최대 제철소인 日本製鐵 八幡공장이었으므로 주로 이곳에서 강재를 현물화한 것으로 추정된다.

정되었다.[28]

넷째, 책정선가(策定船價)에 차이가 있었다. 해군함정본부의 선가결정 원칙은 같은 선형의 전시표준선은 동일가격으로 책정하였다. 이는 생산성이 뛰어난 조선소가 더 많은 이윤을 얻을 수 있도록 길을 열어 놓음으로써 조선소 간의 생산성 향상경쟁을 유도하기 위한 것이었다. 그러나 식민지 조선소는 일본보다 높은 식민지의 물가고와 자재를 일본에서 현물화하는 데 따른 운송비 부담을 고려하여 일본 조선소에 비해 선가를 10% 높게 책정하였다.[29]

3. 을조선(乙造船) 시행과 조선총독부

1) 일본의 을조선 시행

전시계획조선은 앞서 언급한 대로 갑조선과 을조선 계획으로 구분하여 전자는 해군이 후자는 체신성이 담당하였다. 을조선은 원칙적으로 길이 50m 이상 강선(500톤 이상)을 대상으로 한 갑조선 부문을 제외한 모든 선박을 대상으로 하였기 때문에 갑조선보다 범위가 넓고 다양한 종류의 선박이 포함되었다. 우선 사용하는 주요 자재를 기준으로 강선과 목선으로 나눌 수 있는데, 강선은 해군에 이관된 갑조선 부문을 제외한 길이 50m 미만(500톤 미만)의 소형선을 그 대상으로 하는 것으로 별도로 을강선(乙鋼船)이라고 부르기도 했다. 목선의 경우는 규모와 상관없이 모든 선박을 을조선에 포함하였다.

선박의 용도별로는 화물선, 부선(艀船)[30], 예인선(曳船), 어선, 기타 특수

---

28) 海軍省,「海軍省戰時船舶造修事務處理規程一部改定ノ件申進」,『戰時海運資料』no.36.
29) 小野塚一郎, 앞의 책, 227쪽.

선 등 다양했지만, 을조선의 기본 목적이 갑조선을 보완하여 주로 연안 및 근해의 근거리 운송력 강화에 있었으므로, 목조 화물선의 대량건조에 중점을 두었다. 을강선의 경우는 을조선이 목조 화물선 건조를 중심으로 전개되었기 때문에 갑조선과 을조선 사이에서 방임 형태로 되어버려서 제대로 추진되지 않았다.[31] 그 직접적인 원인은 1942년 갑조선 사업이 체신성에서 해군으로 이관되면서, 선박용 강재의 경우에는 갑, 을조선을 막론하고 해군성이 통제했기 때문이다.[32] 소형선이지만 주 자재로 강재를 사용하는 을강선의 건조 책임은 체신성에 있었지만 강재 수급은 해군성의 권한인 상황에서, 체신성은 목조 화물선 건조에 역점을, 해군성은 갑조선에 역점을 두는 상황이 벌어진 것이었다. 이런 문제를 개선하기 위해서 1944년 7월 을강선 건조사업이 해군에 이관되었지만, 패전이 임박한 상황에서 실적을 내지는 못하였다.

을조선 계획은 앞서 언급한 대로 체신성이 담당하였고, 실무기관은 체신성 산하 해무원이었다. 해무원은 일본의 해사(海事) 업무를 총괄하던 관재국(管船局)을 확대·강화한 것으로 해운, 조선, 선원행정 등 각종 해사업무를 일괄 감독·통제하기 위해 1941년 12월 19일 설립되었다. 그러나 해무원 설립직후 강선건조 업무가 갑조선이라는 이름으로 해군에 이관되면서 그 나머지 부문을 을조선으로서 담당하게 되었다. 1943년 11월 행정기구 개편에 따라 체신성이 철도성과 통합하여 운수통신성이 되면서 해무원은 산하 해운총국(海運總局)으로 개편되었다.

계획조선에 필요한 자금은 갑조선과 동일하게 선박건조융자 및 손실보

---

30) 艀船은 港內, 內海, 호수, 하천, 운하 등에서 화물을 운반하는 소형선박이다. 현재는 바지 선(barge)으로 많이 불린다. 부선 중 항구 내에 접안할 수 없는 선박의 화물을 싣고 내리기 위해 本船 옆에 대는 배를 특별히 라이터(lighter)라고 구분하여 부르기도 한다.

31) 小野塚一郎, 앞의 책, 493~494쪽.

32) 1942년 칙령 제619호 '造船事務에 관한 소관 등 전시특례에 관한 건'의 제4조 '길이 50m 미만의 선박 제조 및 수리에 필요한 선박용 자재, 의장품 기타 선박용품에 있어서 주요한 품목의 수급에 관한 사항의 해군이관'에 의거한 것이다(小野塚一郎, 위의 책, 27~28쪽).

상법의 적용을 받았는데, 전시표준선을 양도받는 선주는 선박을 담보로 선가의 80%를 연 3.7%의 저리로 융자받을 수 있었다. 융자금의 상환조건은 1년 거치 8년 연부상환이었다.[33] 1943년 4월부터는 계획조선을 시행하는 조선소에 자금지원이 실시되었다. 이것은 같은 해 3월에 책정된 '목조선 긴급방책의 수행에 필요한 자금대책에 관한 건'에 의한 것이었다. 지원대상은 크게 조선소 간의 통합자금, 설비확충자금, 운전자금으로 나누어졌다. 조선소간 통합 및 설비확충에 필요한 자금은 장기자금으로 지원되었는데, 자금 공급은 원칙적으로 전시금융금고(戰時金融金庫)가 담당했고, 산업설비영단이 보조하였다. 운전자금은 1차적으로 일본흥업은행, 일본권업은행 등이 지원하였고, 이것이 곤란할 경우는 전시금융금고가 담당하였다. 대출한도가 없어서 필요한 자금으로 인정될 경우 무제한으로 가능했다. 융자조건은 장기자금의 경우 현재 보유한 공장시설 등 고정자산을 담보로 최대 2년 거치 10년 연부상환, 연리 4.9%였다. 최대 1년 이내 단기자금의 경우는 연리 4.75%이고 담보는 산업설비영단과의 계획조선 계약서로 가능했다.[34] 을조선에 필요한 자금공급에 핵심적인 역할을 한 전시금융금고는 군수산업, 생산력 확충산업을 중심으로 일반 금융기관이 공급하기 힘든 자금을 공급하는 것을 주목적으로 하여 1942년 3월 자본금 3억 엔으로 설립된 특수금융기관이었다. 전시금융금고는 패전 시까지 을조선에 대략 1억 3,600만 엔의 가까운 자금을 공급하였다.[35]

1942년 5월 12일 내각회의가 '계획조선 확보에 관한 건'을 통해 결정한 계획조선 실시방침에서 을조선의 대상 전시표준선은 목조 화물선 6종 및 목조 부선 4종에 한정되어 있었다. 어선, 예인선 등 그 외의 선박은 전시표

---

33) 橋本德壽, 『日本木造船史話』, 長谷川書房, 1952, 313쪽.
34) 橋本德壽, 위의 책, 324~325쪽 및 山崎志郎, 『戰時金融金庫の研究—総動員体制下のリスク管理』, 日本経済評論社, 2009, 154쪽 참조.
35) 전시금융금고의 을조선 자금공급과 관련해서는 山崎志郎, 위의 책, 1장 및 5장 참조.

준선에 준하는 표준형 선박을 설계한다는 원칙만이 규정되었을 뿐이었다.[36] 그러나 이후 계획조선의 실시과정에서 전황에 의한 필요성 등으로 어선, 예인선, 유조선 등이 포함되었다.

을조선의 중심인 목조 화물선의 경우 구조 간소화를 통한 대량 생산이라는 전시표준선 개념이 가장 충실하게 적용되었다. 전시계획조선 시작과 함께 6종으로 정리되었던 화물선 전시표준선형은 1942년 8월 과타카날전투 패전 이후 선박소모량이 급증하면서 운송력 확충이 보다 절실해지자 1943년 1월 2차 전시표준선형이 만들어졌다. 기존 1차 선형 6종을 3종으로 정리하는 한편 그 구조도 자재절약 및 건조 기간 단축을 목적으로 최대한 단순화한 선형이었다.[37] 1945년 3월에는 제3차 전시표준선형이 설계되었는데, 2차 전시표준선의 극단적 구조 단순화로 인해 초래된 선체의 견고성 결함을 개선하는 것이 목적이었다. 목조 화물선은 선형 변경 외에 목선의 중요 부문의 자재를 강재로 대체하여 대형화를 꾀한 목철교조선(木鐵交造船) 2종류가 설계되었다.[38]

1944년 9월에는 비록 화물선을 개량한 것이지만, 3종의 소형 목조유조선의 전시표준선형이 설계되었는데, 이것은 1945년 3월까지 실시된 이른바 '남방석유 수송작전'의 일환이었다. 일제는 남방제해권 상실을 예상한 상황에서 그 전에 남방 산출 석유를 최대한 일본으로 옮기는 작전을 실시하였고, 대형 유조선의 동원이 곤란해질 상황에 대처하여 목조화물선을 유조선으로 개조하여 동원하려고 했다.[39]

---

[36] 橋本德壽, 앞의 책, 303~304쪽.

[37] 목선구조의 간소화 조치의 주요 내용은 선형의 직선화, 削가공의 억제, 長尺材 사용의 최소화 등이었다(「木船建造緊急方策要綱(1943.1)」, 『戰時海運資料』 no.37).

[38] 木鐵交造船 건조계획은 목선의 대형화를 통해 궁극적으로 갑조선의 근해용 화물선인 1,000톤급 전후의 선박을 대체, 강재절약 및 운송력 강화를 목적으로 해군함정본부와 해운총국이 동시에 추진하였다. 그러나 예상과 달리 대량의 강재가 소비되고, 또 갑조선 전시표준 2E형이 블록건조를 통해 대량건조가 가능해짐으로써 계획이 본격화되지는 못했다(小野塚一郞, 앞의 책, 548~550쪽).

어선은 을강선으로 포경선, 트롤선 등의 표준선형이 정비되었고, 목선으로는 저예망(底曳網, 저인망) 등 조업방법에 따라 6종을 농림성 수산국이 표준선형으로 제정하였다.[40] 예인선은 을강선에 속하는 것으로 크게 항내(港內)용과 항양(航洋)용으로 구분되는데 계획조선이 적용된 것은 항양용 예인선이었다. 그 이유는 일제가 1944년 후반기이후 운송력 부족에 대한 해결책의 일환으로 무동력 목조 화물선의 예인 및 목재수송 뗏목의 예인 등을 계획하면서 예인선의 필요성이 증가하였기 때문이다.[41] 1944년 7월 을강선의 해군 이관이후 어선과 예인선에 대한 건조계획이 2차에 걸쳐 수립되고, 전시표준선에 의한 양산이 추진되었으나 실적은 전반적으로 부진했다.[42]

〈표 5-3〉 태평양전쟁기 을조선(乙造船) 전시표준선 선형 일람

船種	구분	船型	총톤수 (G/T)	載貨重量 (D/W)	항해속력 (knot)	기관 (馬力)	비고	선형선정기관
화물선	1차전표선	70톤형	70	100	5	65		체신성 해무원
		100톤형	100	140	5.2	75		체신성 해무원
		150톤형	150	210	5.6	115		체신성 해무원
		200톤형	200	280	6.4	140		체신성 해무원
		250톤형	250	330	6.8	200		체신성 해무원
		300톤형	300	420		240		체신성 해무원
	2차전표선	250톤형	250					체신성 해무원
		150톤형	150					체신성 해무원
		100톤형	100					체신성 해무원
	3차전표선	100톤형						운수통신성 해운총국
		200톤형						운수통신성 해운총국
	木鐵交造船	300톤형						운수통신성 해운총국
	木鐵交造船	500톤형						운수통신성 해운총국

39) 日本郵船株式會社, 『七十年史』, 1956, 363쪽.
40) 橋本德壽, 앞의 책, 306쪽.
41) 小野塚一郎, 앞의 책, 541~545쪽.
42) 小野塚一郎, 위의 책, 500~501쪽.

艀船		100積톤형					체신성 해무원
		150積톤형					체신성 해무원
		200積톤형					체신성 해무원
		300積톤형					체신성 해무원
	木造鋼材艀	300積톤형					운수통신성 해운총국
어선		25mA형	100		210	鰹鮪釣, 鮪延繩	농림성 수산국
		25mB형	75		160	底曳網	농림성 수산국
		21m형	55		120	鰹鮪釣, 鮪延繩	농림성 수산국
		20m형	35		75	底曳網	농림성 수산국
		17m형	25		50	鰯揚繰網	농림성 수산국
		16m형	19		50	일반어업	농림성 수산국
	강선	370톤형	380	15		捕鯨	농림성 수산국
	강선	320톤형	325	11	800	트롤	농림성 수산국
	강선	200톤형	202	10	430	鰹鮪	농림성 수산국
유조선		100톤형	100				운수통신성 해운총국
		150톤형	150				운수통신성 해운총국
		250톤형	250				운수통신성 해운총국
曳船	강선→목선	150톤형	150	9	500		해군성 해군함정본부
		150톤형	150	10	500		운수통신성 해운총국
		70톤형	70	8.5	200		운수통신성 해운총국

자료 : 橋本德壽, 『日本木造船史話』, 長谷川書房, 1952, 305~334쪽 및 小野塚一郎, 『戰時造船史 – 太平洋戰爭計劃造船』, 日本海事振興會, 1962, 493~550쪽에서 작성.

을조선의 시행방식은 갑조선과 마찬가지로 1942년 5월 내각회의가 결정한 '계획조선 확보에 관한 건'의 적용을 받았기 때문에 갑조선과 대체로 동일하였다. 즉 해무원이 작성한 선박건조계획[43]에 의거하여 체신대신 명의의 건조명령이 하달됨과 동시에 산업설비영단이 일괄 발주를 실시하고, 완성된 선박을 국가가 지정한 양도자에게 인도하는 구조는 갑조선의 시행방식과 차이가 없었다. 또 계획조선을 위한 자재의 수급, 건조 및 양도기준선가의 결정, 선박엔진 등 하청생산이 필요한 선박관련품의 조달, 계획수리의 병행실시 등도 갑조선과 동일한 구조로 시행되었다.

[43] 을조선은 갑조선과 같이 수년에 걸친 장기건조계획서를 작성하지 않고, 1년 단위로 건조계획을 수립하였으며, 그 역시 전황에 따라 수시로 변경되었다(海運總局, 「木造戰ノ建造計畫卜其ノ後ノ変更(1945.11.15)」, 『戰時海運資料』 no.27).

이처럼 계획조선 시행방식의 큰 틀은 갑조선과 거의 같았지만, 구체적인 시행과정에서는 여러 가지 차이가 있었다. 우선 필요자재의 조달에서 갑조선은 초중점 생산력확충 품목으로, 필요자재가 Bx라는 독자적인 물동 배당이 이루어진 반면, 을조선의 경우 1942년까지 생산력확충품목이 아니었고, 필요자재도 우선순위가 가장 떨어지는 C5(일반민수)에 포함되어 있었다. 1943년 생산력확충계획부터 을조선이 생산력확충 대상품목에 포함되면서 필요자재도 C2(생산력확충용 자재)로 우선순위가 상승하였고, C2 내에서도 독립적인 물자동원이 계획되었다.[44]

다음으로 을조선의 주요 자재인 목재는 국유림과 민유림을 대상으로 공출을 실시하였는데, 공출의 강도는 운송력 부족이 심화됨에 따라 더욱 심해졌다. 일제는 목재공출과 관련하여 예상되는 반발을 피하고 다량의 목재공출을 단행하기 위한 방편으로 이른바 목재공출 국민운동을 전개하였다. 1943년 1월 선박부족에 따른 을조선의 획기적 강화를 위해 발표된 목선건조긴급방책요강(木船建造緊急方策要綱)에는 당시 일제 군국주의 선전의 최대 관변단체인 다이세이요쿠산카이(大政翼贊會)로 하여금 전국적인 목재공출국민운동을 전개시키는 한편 목재 및 기타 자재의 반출공장의 신설 등에 있어서 청장년단, 재향군인회 등이 '봉공적 협력'을 하도록 조치할 것임을 천명하였다.[45] 1943년 2월 일본국왕이 왕실 소유림 목재를 250톤급 전시표준형 목선을 건조하는 10개 조선소에 하사하는 전달식이 체신성에서 개최되었다.[46] 이 상징적 의례는 민유림 공출의 정당성 확보 및 목재공출 국민운동의 분위기를 고조하기 위한 것이었다.

계획조선 대상 조선소의 선정에 있어서도 목조선은 갑조선과는 다른 양상을 보인다. 을조선의 대상이 되는 조선소는 일본 전국에 걸쳐 3,000개가 넘었

---

44) 「生産擴充計劃品目改定ニ關スル件(1943.5.3)」, 『生産力擴充計劃資料』 8, 現代史料出版, 1996, 7쪽.

45) 「木船建造緊急方策要綱(1943.1)」, 『戰時海運資料』 no.37.

46) 橋本德壽, 앞의 책, 321~322쪽.

다. 이들 재래의 목조선소들은 규모가 작고 자본력이 불충분하여 일제가 목
적으로 하는 대량건조를 기대할 수 없었기 때문에 통합정비가 선행되어야
했다. 1942년 3월 해무원은 목조선업정비요강(小造船業整備要綱)을 통해 통
합정비의 원칙을 정하고, 7월부터 강제적 통합정비 및 시설확충작업을 실시
하였는데, 이를 통해 3,000개가 넘는 조선소를 600개로 통합하는 한편, 선박
엔진을 제작하는 내연기제작업체도 기존 1,200개에서 400개로 통합정비 할
계획이었다.[47] 그러나 일본 전역에 흩어져 있는 소규모 조선소의 통합정비
는 현실적으로 많은 시간이 필요한 작업이었다. 반면 1942년 하반기부터 전
황이 불리해지면서 선박소모량이 급속히 늘어나고, 이로 인해 운송력이 급
격히 감소하는 상황에 직면하였다. 결국 해무원은 을조선 수행의 새로운 대
책으로 기존 조선소의 통합정비와 병행하여 주요 해운회사들인 일본우선(日
本郵船), 오사카상선(大阪商船), 미쓰이선박(三井船舶) 등에 목조선 회사의
신설을 종용하였다. 그 결과 이들 해운회사는 1943년부터 자회사의 형태로
일본 각지에 조선소를 설립, 주로 화물선 2차 전시표준선형을 건조하였다.[48]

건조된 계획조선 전시표준선의 양도절차는 갑조선과 동일했다. 즉 건조
선박할당협의회가 양도자를 선정하여 산업설비영단에 통보하면 산업설비
영단이 양도자와 양도계약을 체결하고 선박을 인도하였다. 그러나 양도대
상자의 선정은 갑조선과 차이가 있었다. 갑조선의 경우 전술한 바와 같이
1942년 3월 전시해운관리령에 의해 운항실무자로 선정된 일본 및 식민지의
주요 해운회사에 전쟁 피해선 보상으로 양도되었음에 반해 을조선은 새롭
게 해운회사를 설립하고, 이 회사를 운항실무자로 선정하여 계획조선에 의

47) 「第81回帝國會議質疑應答資料」, 『戰時海運資料』 no.37.
48) 을조선 조선소를 설립한 주요 해운회사는 日本郵船, 大阪商船, 三井船舶, 辰馬汽船, 川崎
汽船, 栗林商船 등이었다. 일본우선의 경우 1943년 5월 와카야마현에 紀州造船株式會社
(자본금 500만 엔) 설립을 시작으로 총 6개 회사를 설립하였고, 大阪商船은 1943년 3월
石川縣에 報國造船株式會社(자본금 500만 엔)를 설립하였다(日本郵船株式會社, 앞의 책,
359~362쪽 ; 『大阪商船株式會社80年史』, 1966, 128~129쪽).

해 건조된 선박을 운항하도록 하는 구조였다.[49] 회사의 신설방법은 을조선
의 조선소 설립과 마찬가지로 주요 해운회사들을 종용하여 자회사를 설립
하도록 하였다. 자회사를 설립한 주요 해운회사는 일본우선, 오사카상선,
미쓰이선박, 야마시타기선(山下汽船), 가와사키기선(川崎汽船), 다쓰우마기
선(辰馬汽船), 닛산기선(日産汽船), 구리바야시상선(栗林商船) 등이었다.[50]
을조선의 선박양도에서도 새로운 회사를 설립하여 양도하는 방식을 취한 것
은 목조선소와 마찬가지로 기존 회사의 영세성과 통합의 지연 때문이었다.[51]
　산업설비영단과의 건조계약에 있어서도 개별회사와 직접 계약하는 갑조
선과 달리 을조선은 복잡한 경로를 통해 이루어졌다. 즉 산업설비영단은
개별 목조선소가 아닌 중앙통제조직 일본목조선공업조합연합회(日本木造
船工業組合聯合會)와 계약을 했고, 계약된 계획조선 물량은 다시 각 지역
목조선조합에 할당, 지역 목조선공업조합이 소속 조선소에 할당하는 방식
이었다.[52] 대금결제도 동일하게 산업설비영단과 목조선공업조합연합회 간
에 이루어졌다. 중앙 연합회 → 지구조합 → 해당 조선소의 형태로 이루어
진 대금지불은 해당 지역 해무원의 통제 아래 기공에서 준공까지 1/3씩 분
할 지불되었다.[53] 을조선의 건조계약이 복잡했던 이유는 수많은 조선소들

---

[49] 운항실무자제도는 鋼船의 경우 1945년 4월부터 폐지되고 국가에 의한 직접 운영이 실시되
지만, 목조 기범선의 경우는 패전 시까지 제도가 유지되었다.

[50] 大阪商船은 1943년 6월 오사카에 자본금 1,000만 엔의 報國近海汽船株式會社를 설립하고,
산업설비영단으로부터 패전까지 총 153척 18,800톤의 선박을 양도받아 운영하였다. 日本
郵船은 1943년 6월 자본금 1,000만 엔의 郵船近海汽船株式會社를 설립하였는데 패전까지
산업설비영단으로부터 양도받아 운영한 선박은 85척, 17,352톤이었다(『大阪商船株式會
社80年史』, 129쪽 ; 日本郵船株式會社, 앞의 책, 362~363쪽).

[51] 일본 연안 소형해운업자들은 중일전쟁이후 통합이 추진되어 태평양전쟁 직전에는 각
지구별 기범선해운조합과 그 중앙기구로서 전국기범선해운조합연합회가 설립되었다.
목선의 활용이 한층 중요하게 된 1943년 이후에는 선박운영회 산하에 목선부를 별도
설치하고, 기존 기범선해운조합체제를 해체하고, 전국 단일의 목선해운협회를 설립하여
국가의 통제를 한층 강화했지만 한계가 있었다.

[52] 일본목조선공업조합연합회의 대표성은 각 조선소가 해당지역 목조선공업조합에 위임장
을 내고, 이들 지역 공업조합이 중앙조직인 목조선공업조합연합회에 위임장을 제출하는
형식으로 확보되었다(『殖銀調査月報』 제69호, 1944.2, 14~15쪽).

이 전국에 산재되어 있는 현실을 반영한 것이었다. 계획조선을 수행할 조
선소는 원칙적으로 조선통제회의 가입조선소로 한정시켰는데 갑조선은 대
상 조선소 각각이 회원이었던 반면 목조선의 경우 일본목조선공업조합연
합회가 회원이 되는 것으로 해결되었다.[54] 일본의 전시계획조선 을조선의
전체 구조를 정리하면 〈그림 5-2〉와 같다.

〈그림 5-2〉 일본의 전시계획조선 을조선 시행구조

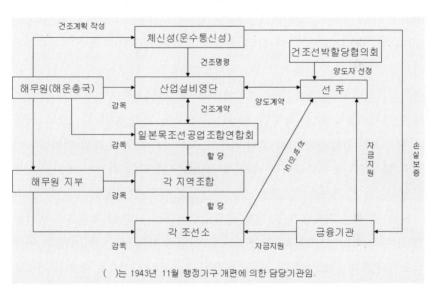

계획조선과 병행하여 실시된 계획수리는 갑조선의 경우 중앙과 지역에
수리위원회가 조직되어 연간 계획을 수립하여 시행하였지만, 을조선의 경
우는 수리만을 위한 별도의 조직체는 구성되지 않았고 목조선공업조합이
담당하였다. 사안이 발생했을 때 해당 조선소가 수리신청서를 조합에 제출

---

53) 神戶海務局 九鬼英利, 『木造船』, 佃書房, 1943, 100~101쪽.
54) 일본 목조선공업조합연합회는 1942년 4월 造船統制會의 회원이 되었다(橋本德壽, 앞의
    책, 301쪽).

하면 조합이 해무원 또는 해무원 지국에 신청서를 제출, 승인을 받았다. 승인서는 다시 조합을 경유하여 조선소에 전달되었고, 조선소는 승인서에 기초하여 견적서를 작성하여 선주와 수리계약을 체결하는 방식이었다.[55] 수리와 관련한 입거료(入渠料), 선가료(船架料), 선저도장료(船底塗裝料) 등 주요 비용은 국가에 의해 결정되었다.[56]

최초의 을조선 계획은 1942년 8월 체신대신이 건조명령을 내림으로써 9월부터 시작되었으나 대상 조선소의 기업정비가 진행되는 상황이었고, 자재확보 등이 여의치 않아서 1942년도 계획은 제대로 추진되지 못했다.[57]

1943년 이후 전술한 바와 같이 운송력 부족에 대응하여 목선건조긴급방책요강이 마련되어 을조선을 생산력확충 대상으로 지정하고, 해무원 내 목선건조본부를 설치하여 대량 건조에 박차를 가하였다. 2차에 걸친 계획변경을 거쳐 4월에 최종 확정된 1943년도 계획은 연간 50만 톤 건조였는데 그 대부분은 화물선이었다. 그러나 자재 확보난으로 인해 계획 대비 20%미만의 실적을 내는 데 그쳤다. 특히 선정(船釘) 등 강재 확보가 어려웠는데, 물동계획상 병기생산 및 갑조선에 우선권을 뺏겼기 때문이었다.[58]

1944년도에는 화물선 40만 톤을 중심으로 총 585,900톤의 계획을 수립하였으나, 한층 어려워진 자재난과 연료사정, 전황에 따른 남방 석유수송을 위한 유조선 건조의 필요성이 대두되자 계획을 축소하는 한편으로 유조선 건조를 대폭 늘린 내용으로 수정되었다. 수정계획의 총 건조계획량은 433,000톤이었다. 이에 대해 건조실적은 264,000톤으로 목표의 61% 정도를 달성하였다.

1945년도에는 466,000톤을 계획하였으나 전황이 극도로 불리해지면서 필요자재 확보가 불가능한 상황이 벌어지고, 연합군의 공습이 격화되면서 조

---

55) 神戸海務局 九鬼英利, 앞의 책, 55~56쪽 참조.
56) 선박수리 공정가격은 1942년 11월 16일 海軍·遞信兩省告示 제6호에 의해 제정되었다. 결정된 수리 사항별 가격에 대해서는 神戸海務局 九鬼英利, 위의 책, 57~60쪽 참조.
57) 海運總局, 「木造戰ノ建造計畵ト其の後ノ変更(1945.11.15)」.
58) 海運總局, 위의 자료.

선소의 시설피해 및 작업능률 저하로 인해 계획을 대폭 축소하여 최종적으로 232,000톤이 확정되었다. 그중에서 패전 시까지 건조된 선박은 5만 톤에 불과했다. 일본의 을조선계획과 이에 대한 실적은 〈표 5-4〉와 같다.

〈표 5-4〉 일본 을조선 계획과 실적(단위 : 톤)

年度	船種	계획	실적	달성율(%)	비고
1942	화물선	69,000	100		
	港內艀	27,750	1,425		
	어선	10,836			
	소계	107,586	1,525	2%	
1943	화물선	323,000	74,800		
	무동력선	100,000	7,200		
	유조선	7,000	5,270		
	港內艀		4,300		
	어선	70,000			
	기타				
	소계	500,000	91,570	18%	최초 계획은 36만톤, 2월 40만톤, 4월에 50만톤으로 최종확정
1944	화물선	210,000	203,570		
	무동력선	60,000	47,560		
	유조선	100,000	7,100		
	被曳艀	20,000	1,200		
	港內艀	40,000	4,125		
	어선		503		
	曳船	3,000			
	소계	433,000	264,058	61%	최초의 계획은 585,900톤
1945	화물선	78,200	25,640		
	무동력선		1,700		
	유조선	15,000	10,900		
	曳船	3,750	900		
	被曳船	78,500	9,000		
	港內艀	53,000	5,200		
	어선	3,700	142		
	소계	232,150	53,482	23%	최초의 계획은 466,135톤
총계		1,272,736	410,635	32%	

자료 : 海運總局, 「木造船/建造計画ト其/後/変更(1945.11.15)」, 『戰時海運資料』 no.27에서 작성.
주) 1945년도 실적은 9월 말까지의 실적임.

을조선이 시작된 1942년부터 1945년까지의 건조계획량은 총 127만 톤이
었고, 그중 41만 톤이 건조되어 계획대비 건조실적은 32%에 불과했다. 저
조한 건조실적은 자재난이 근본 원인이었지만, 전시계획조선의 핵심이 갑
조선에 있었다는 점도 한 원인이었다.[59] 을조선 추진 주체인 체신성—1943
년 11월부터 운수통신성—은 갑조선을 담당한 해군성과의 자재 등을 둘러
싼 경합에서 밀렸다.[60] 또 전국에 산재한 목조선소를 통합·정비하여 일원
적으로 관리하는 것이 현실적으로 어려웠다는 점도 부진한 실적의 한 원인
이었다.

2) 조선총독부의 을조선

을조선은 일본의 시행과 동시에 한국에서도 조선총독부의 주관으로 실
시되었다. 계획수립 및 감독·통제는 1912년 조선총독부 체신관서 관제가
공포된 이래 줄곧 해사(海事)와 관련된 업무를 통괄하였던 체신국[61]이 담
당하였다.[62] 일본 해군성이 일본 및 식민지 조선소를 일원적으로 통제하며

[59] 1943년 6월 제82회 제국회의에서 을조선 사무를 해군성에 이관하여 계획조선을 해군이
일원적으로 통합 관리하는 방안이 심의되었지만, 실현되지 못했다. 당시 을조선을 담당했
던 체신성은 목조선소는 소규모 조선소가 전국에 산재되어 있기 때문에 그 관리에 많은
힘이 필요하므로 을조선을 해군에 이관하는 것은 해군에 큰 부담이 가중되기 때문에
부적당하다면서 반대하였다(日本海事振興會,『海運』, 1943.8, 107~108쪽 ;「第82回帝國會
議船舶部關聯質疑應答－遞信省海務院」,『戰時海運資料』no.37).
[60] 당시 海軍艦政本部 商船班에 소속, 해군의 갑조선계획에 참여했던 小野塚一郎은 '해운총
국(체신성 해무원의 후신)의 목조선계획은 건조해야만 하는 것과 건조할 수 있는 것을
혼동한 단순한 책상머리 계획으로 그 실패는 처음부터 명확한 것이었다'고 전제하고,
'해운총국은 그 조직과 진용을 볼 때 계획조선 실시를 담당할 만한 실력을 갖고 있지
못했고, 그런 업무의 담당자로서는 약체였다'고 평가하였다(小野塚一郎, 앞의 책, 369쪽).
[61] 1943년 11월 일본의 행정 간소화 조치에 호응하는 한편 육상과 해상운송 및 항만행정의
일원화를 위해 교통국을 발족하면서 계획조선 역시 교통국 소관이 되었다(朝鮮總督府交
通局,『朝鮮交通狀況』第1回, 1944.11, 1~2쪽).
[62] 大藏省管理局,『日本人の海外活動に關する歷史的調査』9冊(朝鮮編 第8分冊), 1947, 57쪽.

시행한 갑조선과 달리 조선총독부가 독자적으로 을조선을 시행할 수 있었던 것은 전국에 중소형 조선소가 산재되어 있는 목조선소의 특성상 일본의 을조선을 담당한 체신성이 일본과 식민지 전체를 일원적으로 통제한다는 것은 불가능했기 때문이다. 계획의 기본구조는 〈그림 5-3〉과 같은데, 전체적으로 일본의 구조와 동일하지만 한국의 현실 조건을 반영하여 일정한 변형이 가해졌다.

〈그림 5-3〉 한국의 계획조선(목선) 구조도

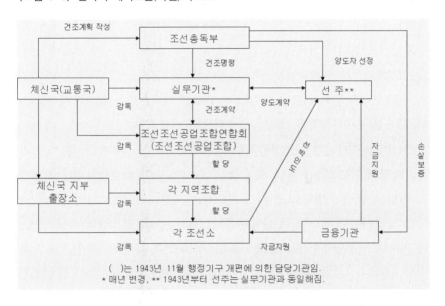

조선총독부의 계획조선 기본구조가 일본과 비교해 가장 큰 차이는 일본의 산업설비영단과 같이 실무를 전담하는 기관이 없는 대신 민간해운회사 내지 해운통제회사가 조선총독의 건조명령을 받아 발주하였다는 점이다. 이 구조는 1944년 10월 조선중요물자영단(朝鮮重要物資營團, 1943년 12월 설립)이 계획조선 실무를 담당하기 이전까지 유지되었다.

건조계약은 명령을 받은 해운회사 내지 해운통제회사가 조선산업 중앙 통제단체인 조선조선공업조합연합회(朝鮮造船工業組合聯合會, 1942년 2월 설립, 1943년 11월부터는 朝鮮造船工業組合으로 개조)와 체결하였다. 조선 조선공업조합연합회는 산하 지역조합을 경유하여 각 조선소에 건조물량을 할당하였다. 할당기준은 기존 건조 실적이었다. 선박건조대금의 지불도 같 은 경로로 지불하였는데, 계약, 기공, 진수, 준공의 4분기로 나누어 지불되 었다.[63]

건조된 선박의 양도는 조선총독부가 결정한 선주(船主)에게 인도하여 운 항하도록 하였다. 일본의 경우 발주자는 산업설비영단, 양도자는 주요 해 운회사가 신설한 연안해운 회사였지만 조선의 경우는 해마다 조금씩 달랐 다. 1942년 계획에서는 발주자는 조선우선, 양도자는 서일본기선 등 기존 의 주요 연안해운회사 및 개인이었다. 1943년 계획부터는 발주자와 양도자 가 같아졌다. 이 상황을 좀 더 구체적으로 살펴보자.

1942년 을조선계획은 조선총독부 국책해운회사 조선우선주식회사가 계 획건조량 전체(100톤급 목조 화물선 65척[64])에 대한 조선총독의 건조명령 을 받았고,[65] 건조명령을 받은 조선우선은 조선조선공업조합연합회와 계 약을 체결하였다.[66] 65척의 화물선은 각 지역 조선공업조합에 할당되었는 데, 남선조선공업조합(南鮮造船工業組合) 10척[67], 북선조선공업조합(北鮮 造船工業組合) 17척, 중선조선공업조합(中鮮造船工業組合) 22척, 동선조선

63) 『朝鮮造船工業KK關係』, 일본국립공문서관 소장 폐쇄기관청산관계자료.
64) 최초의 계획은 80척 건조였으나 계획보다 착공이 늦어지고 자재확보 문제 등이 대두하면 서 최종적으로 65척으로 결정되었다(『每日申報』 1942.9.11).
65) 朝鮮郵船株式會社, 「第31期 前半期 營業報告書」, 1942.
66) 『殖銀調査月報』 제69호, 1944.2, 18쪽.
67) 부산을 중심으로 하는 南朝鮮造船工業組合이 조선산업의 최대 중심지였음에도 불구하고 10척만이 할당된 것은 이 지역에 대한 할당이 지연된 결과였다. 1942년 8월의 할당에서 다른 지역에 대한 할당은 결정되었지만, 南朝鮮造船工業組合에 대한 할당은 유보되었다. 南朝鮮造船工業組合은 이후 25척의 건조를 희망했지만 10척만이 할당되었다(『每日申報』 1942.8.30, 9.11).

공업조합(東鮮造船工業組合) 11척, 서선조선공업조합(西鮮造船工業組合) 5
척이었다.[68] 1943년 3월 조선우선은 1942년도 계획조선에 의해 건조된 선
박을 놓고 선정된 선주들과 양도계약을 체결하였다. 양도자는 서일본기선
등 연안 주요 해운회사를 포함한 11곳이었다.[69]

　계획조선이 본격화된 1943년과 1944년 계획에서는 여러 종류의 화물선
과 부선, 유조선의 건조계획이 수립되었고, 발주는 해당 선종(船種)의 일원
적 운영을 위해 신설된 통제회사가 담당하였다. 우선 화물선은 동력선의
경우 1943년 2월 설립된 조선선박운항통제회(朝鮮船舶運航統制會, 1944년
5월 통제회사령에 의해 조선선박운항통제주식회사로 개조)가 일괄발주자
였다.[70] 조선선박운항통제회는 전시해운관리령이 한국에서 시행됨으로써
설립된 해운통제단체였다.[71] 건조된 선박의 소유권은 운항통제회 구성원
인 주요 해운회사가 가지고 있지만, 전부를 운항통제회가 용선하여 운항하
는 구조였다.

　무동력선(純帆船)은 조선근해운수주식회사(朝鮮近海運輸株式會社)가 일

68) 『每日申報』 1942.8.30, 9.11.
69) 『每日申報』 1942.3.21.
70) 「海運業」, 연도미상.
71) 선박운항통제회는 한국 내 해운회사 소유선박, 官船, 개인소유 선박 등 모든 朝鮮置籍船
　　중 일본 船舶運營會 공출선박 및 군 징용선박을 제외한 나머지 선박 전부를 대상으로
　　50톤 이상 선박은 傭船, 50톤 미만의 선박은 위탁운항의 형태로 관리·운용하는 한국해운
　　의 일원적 통제단체였다. 한국에서 해운업통제가 본격화된 것은 1941년 4월 해운조합령
　　(일본은 1939년 실시)이 시행되면서부터였다. 전국을 7개 지구(인천, 군산, 목포, 진남포,
　　원산, 청진, 부산)로 나누어 지역해운조합을 설립하고, 이들을 토대로 중앙기구 朝鮮海運
　　組合聯合會를 설립하여 配船통제 및 중점수송을 시행하였다. 이것이 1943년 2월 해운관
　　리령이 한국에 적용되면서 조선선박운항통제회가 전국 단일조직으로 설립되었던 것이다
　　(大藏省管理局, 앞의 책, 62~63쪽). 조선선박운항통제회는 애초부터 주식회사 형태로 설
　　립되었고, 전체 자본금 50만 엔은 조선우선과 당시 한국 내 연안해운을 담당하던 해운회
　　사의 공동 출자로 이루어졌다. 설립과 동시에 자본금 전액이 불입되었고, 출자지분의
　　구성은 조선우선 365,000엔, 서일본기선 100,000엔을 중심으로 京仁상선 5,000엔, 군산기
　　선 7,500엔, 진남포기선 5,000엔, 日和해운 7,500엔, 劍特武(?) 5,000엔 등이었다(日本海事
　　振興會, 『海運』 1권1호(창간호), 1943.5, 內外海事資料編, 10쪽).

괄 발주하고 건조된 선박의 소유권을 양도받아 운항을 맡았다. 조선근해운
수는 조선선박운항통제회 산하의 무동력선 해운부문을 분리시켜 1943년 8
월 설립한 회사이다. 계획조선에 의해 건조된 무동력선을 일괄 양도하여
국가계획운송에 투입하려는 조선총독부의 의도에 의해 설립된 것으로 조
선총독부는 회사설립의 필요자금 조달을 위해 일본 거대 해운회사 오사카
상선의 자본투자를 성사시켰다. 그 결과 회사 경영은 오사카상선이 담당했
고, 1944년 8월 현재 순범선 48척(3,800톤), 기범선 2척(140톤), 부선 기타 35
척(1,400톤)을 소유하였다.[72]

부선은 대륙연계물자 수송의 원활화를 기하기 위한 항만하역 강화를 목
적으로 1943년 12월 설립한 항만운송 통제회사 조선해륙운수주식회사(朝
鮮海陸運輸株式會社)가 일괄 발주하였다.[73] 유조선은 역시 한국 내 일원적
운영을 위해 1943년 3월 설립된 조선유조선주식회사(朝鮮油槽船株式會社)
가 일괄 발주하였다.[74]

1944년 10월 조선중요물자영단이 계획조선 실무를 담당하였지만 조선
선박운항통제회가 담당하던 동력 화물선에 국한되었던 것으로 보인다. 물
자영단은 계획조선을 일괄발주하고 건조된 선박의 소유권을 가졌을 뿐만
아니라 기존 계획조선에 의해 건조된 선박도 주요 해운회사로부터 일괄
매수하였다. 물자영단이 소유한 계획조선 선박은 조선선박운항통제회에
용선되어 운항되었다.[75] 해방될 당시 조선선박운항통제회는 주로 계획조

---

72) 『大阪商船株式會社80年史』, 130쪽.

73) 艀船의 일부는 대동강 수운의 艀船운항통제를 담당한 大同江水運株式會社 및 官鹽輸送株
式會社 元山北港도 발주하였다(海運局, 『海運十年略史』, 1955, 22쪽).

74) 「海運業」, 연도미상 및 위의 책 22쪽 ; 동 회사는 朝鮮鰮肥油製造業, 水産組合聯合會,
(주)立石商船의 소유 유조선이 현물 출자되어 설립되었다(鮮交會, 『朝鮮交通史』, 1986,
1001~1002쪽).

75) 조선물자영단은 1945년도 사업계획에서 1942년부터 1944년 계획수립 시까지의 계획조선
에 의해 건조된 선박 119척 및 기타 중고선 52척 총 171척을 16,259,000엔에 매수하여
일괄 조선선박운항통제주식회사에 대부하고 대부료 1,087,000엔을 징수한다는 계획을

선 선박인 물자영단 소유 선박의 용선 135척(22,325톤), 기타 용선 125척 (15,710톤), 위탁선 156척(8,790) 총 416척(46,825톤)의 운영을 담당하고 있었다.[76]

물자영단의 계획조선 참여로 한국의 을조선은 건조된 선박의 소유권까지도 조선총독부가 가지는 완전한 국영조선 시스템의 모습을 띄게 되었다. 민간해운회사가 국가로부터 건조된 선박을 소유권까지 포함하여 완전하게 양도받아 운영함으로써 태평양전쟁 말기까지 계획조선의 한축을 담당했던 일본과 다른 양상으로, 조선총독부의 영향력 강화를 의도한 측면도 있겠지만 영세한 민간해운업이라는 식민지의 현실적 조건에서 비롯된 측면이 보다 강했던 것으로 보인다.

계획조선 선박의 건조가격 및 양도가격 역시 조선총독부가 결정하였다. 전부 100톤급 화물선 건조인 1942년 계획에 있어서는 건조가격은 선체(船體) 55,000엔, 엔진 및 의장품을 포함한 전체 가격은 85,000엔으로 결정되었다. 이것은 중선조선공업조합(中鮮造船工業組合) 지역의 가격으로, 이를 기준으로 각 지역별로는 목재 운송비 등이 감안되어 약간의 차이가 있었다.[77] 건조가격 결정의 기준은 1942년까지는 주요 자재인 목재가 일본에서 이입되어 사용되는 구조가 여전히 유지되었기 때문에 일본의 목재가격을 기초로 하여 결정되었다.[78] 양도가격에 대해서는 1943년 3월 1척 당 70,000엔으로 잠정 결정되었다. 건조가격과 양도가격의 차액은 국고보조로 충당할 계획이었다.[79] 그러나 1943년부터 발주자와 양도

수립하여 제국의회에 보고하였다. 대부료의 내역은 船價상각금 800,000엔과 금리 287,000엔을 합친 금액이었다(「第86回帝國議會說明資料(1944.12)」, 『日帝下支配政策資料集』4, 高麗書林, 1993, 40~41쪽).

76) 「海運業」, 연도미상.

77) 南朝鮮造船工業組合 지역은 기준 선가에서 4%가 낮게 결정되었고, 東鮮造船工業組合과 北鮮造船工業組合 지역은 각각 1%와 2% 비싸게 책정되었다(『每日申報』 1942.8.25).

78) 『每日申報』 1942.8.25.

79) 『每日申報』 1943.3.21.

자가 같아졌기 때문에 발주가격과 양도가격의 구분은 의미가 없어졌다고
볼 수 있다.

금융지원은 조선식산은행이 담당하였는데[80], 조선총독부는 1943년부
터 계획조선과 관련한 식산은행의 대출에 대해 2,000만 엔 한도 내에서
발생하는 손실에 대한 책임을 보증했다. 금융지원의 조건은 선주에 대해
서 건조하는 선박을 담보로 선가의 80%까지 융자받을 수 있었고, 대부금
리는 연 3.9%, 상환조건은 2년 거치 15년 연부상환이었다.[81] 일본의 융자
조건과 비교하면 대출이자는 약간 높았던 반면 상환기간은 훨씬 긴 조건
이었다.[82]

계획조선을 수행하는 조선소에 대해서도 통합·정비자금, 설비자금, 운
전자금 명목으로 금융지원이 이루어졌다. 주요 대출 통로는 조선식산은행
이었다.[83] 선주와 마찬가지로 조선소도 조선총독부에 의해 구체적인 대출
조건이 정해져 있었는지는 확인되지 않는다. 단지 식산은행에서 대출을 받
은 조선소의 사례를 통해 부분적으로 추정은 가능하다. 조선총독부가 목선
양산계획을 위해 1943년 자본금 500만 엔으로 신설한 조선조선공업주식회
사(朝鮮造船工業株式會社)는 1945년 3월 말 현재로 총 760만 엔을 식산은
행에서 대출받았고, 자금 용도별로는 시설자금 40만 엔, 운전자금 720만 엔
이었다. 이 중 1944년 대출받은 운전자금 300만 엔의 대출조건이 확인되는
데, 연리 5.11%로 무담보 대출이었다. 동 대출금리는 '이전과 같이 5.11%로
한다'고 언급되고 있는 것으로 봐서 식산은행의 정해진 금리로 보인다.[84]

---

80) 1942년 계획조선에 대해서는 조선식산은행으로부터 사업주관자인 조선우선에 5,596,700
   엔이 융자되었다. 무담보 융자로 대부금리는 연 4.56%였지만, 1942년 말 일부 계획조선이
   준공되면 준공된 선박을 담보로 하여 3.9%로 인하할 계획이었다(『每日申報』1942.10.28).
81) 『殖銀調査月報』제70호, 1944.3, 13쪽.
82) 앞서 언급한 바와 같이 일본의 융자조건은 船價의 80%를 年利 3.7%로 융자했고, 상환조건
   은 1년 거치 8년 연부상환이었다.
83) 『殖銀調査月報』제70호, 13쪽.
84) 東洋拓殖株式會社, 『朝鮮造船工業KK關係』.

강원도 장전(長箭)지역의 통합 조선소 강원조선철공주식회사가 1944년 7월부터 12월까지 3차례에 걸쳐 120만 엔의 단기 차입금을 식산은행으로부터 대출받았을 때도 역시 대출금리는 5.11%였다.[85]

조선소에 대한 대출 전부가 식산은행을 통해 이루어진 것은 아니다. 일반은행과 통제단체인 조선조선공업조합에서도 대출이 실시되었다. 흥남의 서호조선철공주식회사(西湖造船鐵工株式會社)는 조흥은행을 통해 시설자금 대출을 받고 있고,[86] 강원조선은 조선조선공업조합에서 무담보 연리 7.3%로 10만 엔의 단기차입금을 대출받고 있다.[87]

일본 을조선 자금공급의 창구였던 전시금융금고에도 융자신청이 이루어졌다. 신청은 조선총독부의 사전 심사를 거쳐야 했으며, 시설자금 및 운전자금 명목이었고, 식산은행이 융자업무를 대리하였다. 인천의 대인조선철공주식회사(大仁造船鐵工株式會社)와 위에서 언급한 강원조선이 전시금융금고로부터 각 각 232만 엔과 370만 엔의 융자를 신청하였다. 그러나 실제 전시금융금고의 융자는 이루어지지 않았다. 금리 5%, 기간 대인조선 10년, 강원조선 5년의 조건으로 융자승인이 이루어졌지만, 집행되기 전에 해방을 맞았기 때문이었다. 그럼에도 불구하고 위의 목조선소 2곳은 융자 혜택을 받았다. 전시금융금고 융자업무를 대리하는 식산은행이 전대(前貸)라는 형식으로 융자 대상기업에 자금을 미리 공급했기 때문이다. 전대는 전시금융금고로부터 융자를 받는 것을 전제로 동 금고의 양해하에 식산은행이 융자신청자에게 미리 대부하고 후에 전시금융금고 융자금이 들어오면 정산하는 것이었다. 군수·국책산업의 긴급성에 비하여 전시금융금고 융자가 신청에서 실제 자금이 신청자에게 들어오기까지 시간이 걸리

---

85) 『貸付關係書類(會社別)－江原造船株式會社』, 일본국립공문서관 소장 폐쇄기관청산관계 자료.

86) 西湖造船鐵工株式會社, 「第8回營業報告書」, 1944 ; 조선총독부, 『在朝鮮企業現狀槪要調書－造船工業』, 1945.

87) 戰時金融金庫, 『貸付關係書類(會社別)－江原造船株式會社』.

는 것을 감안하여 신속한 자금 수혈이 가능하도록 하는 장치였다. 식산은
행으로부터 전대 형식으로 융자받은 금액은 대인조선이 100만 엔, 강원조
선이 160만 엔이었다.[88]

---

[88] 전시금융금고의 식민지 투자에 대해서는 배석만, 「태평양전쟁기 일본 戰時金融金庫의
식민지 조선에 대한 자금투융자구조와 실태」, 『경영사학』 27-3, 한국경영사학회, 2012
참조.

제6장 갑조선(甲造船)하의 식민지 조선산업

1. 갑조선 편입과 군부 주도의 시설확충

1) 조선중공업주식회사

전시계획조선의 대형 강선건조 부문인 갑조선에 편입된 국내 조선소는 생산력확충계획에 의거하여 1930년대 말 3,000톤급 강선 3척을 동시에 건조할 수 있는 설비 능력을 갖추게 된 조선중공업이 사실상 유일했다. 조선중공업은 1942년 4월 일본 조선산업 통제단체인 조선통제회에 가입함으로써 전시계획조선에 편입되었다.

시설이 급속하게 확장된 데 비해 전시통제경제로 인한 자재난 등으로 선박건조가 부진했던 조선중공업은 전시계획조선에 편입됨으로써 새로운 전기를 맞게 되었다. 선박건조 부진에서 탈피함은 물론 기존 시설확장에서 불충분했던 조기(造機)시설을 비롯한 조선관련 각종 기계공장시설을 확충함으로써 단순한 조립공장 수준에서 한 단계 성장할 수 있었기 때문이다. 조선중공업의 경영진도 '내지 회원(일본의 조선소 – 필자 주)과 같은 대우 및 편의제공으로 금후 실적향상이 기대된다'[1]고 하여 큰 기대감을 나타냈

---

[1] 조선중공업주식회사, 「제10기 영업보고서」.

다. 그리고 이에 따라 종래 6월/12월 영업회기를 4월/10월 회기로 변경하여
계획조선의 회기에 맞추고, 도쿄에 사무실을 개설하여 일본관련 업무를 담
당하도록 하였다.[2]

　전시계획조선 수행을 위한 조선중공업의 시설확장은 일본 해군성 산
하 부서로 갑조선을 담당한 해군함정본부(海軍艦政本部)가 주도하였다.[3]
시설확장의 주요 내역은 매립한 부지에 조선 및 조기 관련 기계실비공장
의 건설과 시설확장에 따라 증가할 노동자를 수용할 기숙사 및 후생부대
시설의 건설이었다. 그 구체적인 내역을 정리한 것이 〈표 6-1〉인데, 전체
필요자금의 절반이상은 기계공장 건설 및 그 내부에 설치할 기계시설의
확충에 집중되었음을 알 수 있다. 조선중공업 설립이후 선박건조시설인
선대(船臺) 및 도크(船渠) 건설이 빠르게 건설된 데 비해 확충이 늦었던
조기 부문의 시설건설을 도모한 것이었다. 확장시설 중에는 해군이 직접
확충명령을 시달한 공사가 포함되었다. 확장공사는 1943년에 시작하여 늦
어도 조선중공업의 1944년 상반기 회기가 끝나는 9월까지 완료할 계획
이었다.

---

[2] 조선중공업주식회사,「제11기 영업보고서」; 1944년 10월 31일 개최된 제15기 주주총회는
　　일본지사 사무실에서 열렸다(조선중공업주식회사,「제16기 영업보고서」).

[3] 鎭海工作部는 정비수준에 불과했지만, 부산의 조선중공업은 D型船의 新造設備를 정비함
　　과 함께 朝鮮海峽地區의 수리공사에 확충의 중점을 두고 '艦'의 응원을 얻어 '商'에서 시행
　　하였다(小野塚一郎,『戰時造船史 - 太平洋戰爭と計劃造船』, 日本海事振興會, 1962, 279쪽).
　　여기서 '艦'과 '商'은 해군함정본부의 艦艇班과 商船班을 의미한다.

〈표 6-1〉 태평양전쟁기 조선중공업주식회사 시설확충 계획 내역

확충시설내역	규모	구입가격(圓)	구입처	완료예정일	비고
1. 토지					
공장용지	18,923坪	450,000			매축한 국유지 불하, 西條八枝, 金丸原一 소유지 매입
후생시설용지	11,897坪	430,231			山中芳太郎,和田周太郎,釜山商船組소유지구입외
整地費		70,158			
합계	30,820坪	950,389			
2. 공장건물신축					
造機製機공장	1棟	204,000	자체건설	1944년 3월	
造船機械공장		20,000	자체건설	1943년 8월	天井走行 起重機 柱 증축 2間
造船공장	1棟	36,000	자체건설	1943년 10월	
자재창고	1棟	4,500	자체건설	1944년 3월	造機製機공장 필요자재 보관용
합계	3棟	264,500			
3. 후생시설비					
공원기숙사	62棟	908,140	자체건설	1944년 3월	수용인원 : 732명
직원기숙사	30棟	348,560	자체건설	1944년 3월	수용인원 : 52명, 役員社宅 등 일부 현존건물 구입
선원숙박소	1棟	80,000	자체건설	1943년 8월	
양성공교실	1棟	52,800	자체건설	1944년 3월	교실수: 10개
醫局	1棟	110,000	자체건설	1944년 3월	
직원집회소 겸 식당	1棟	80,000	자체건설	1944년 9월	
직원합숙소	4棟	60,000	현존건물구입	1943년 8월	수용인원: 408명
건물부대설비		63,500			
합계	100棟	1,703,000			
4. 공장기계설비					
전동기	16대	10,460	日立	1944년 3월	성능은 2마력에서 25마력까지
工作機械	14대	199,700	三菱商事	1944년 6월	
海軍示達工作機械	42대	312,630	三菱商事	1944년 6월	
기타설비		1,921,220	日立, 三菱商事	1944년 6월	구입선은 그 외에도 住友, 大阪프레스, 大洋鑄機 , 자체제작
海軍示達 기타설비		666,420	日立, 三菱商事	1944년 3월	구입선은 그 외에도 平野제작소, 자체제작
공구		40,300	和田상점, 山中상점	1944년 6월	구입선은 그 외에도 服部洋行, 자체제작
해군시달 공구		70,000	和田상점, 田中상점	1944년 9월	구입선은 그 외에도 日立, 岾部상점, 山中상점, 三菱商事 등
치료용기기	1식	80,000	神崎藥店	1944년 6월	
합계		3,300,730			
총합계		6,218,619			

자료 : 「朝鮮重工業會社增資ニ関する件(1943.11.12)」, 『茗荷谷文書』E78에서 작성.

조선중공업의 시설확장이 해방이 될 때 까지 어느 정도 완성되었는지에
관해서는 직접적인 관련 자료가 없어서 명확하지 않다. 그러나 영업보고서
상의 재산목록 추이를 통해 개략적인 확인은 가능하다.

〈표 6-2〉 태평양전쟁기 조선중공업주식회사의 주요 시설

영업기별	주요 시설 내역			
	토지(坪)	주요 조선 관련 시설	건물(棟)	선박(隻)
10기(42년上)	15,865	船渠2, 船臺5, 艤裝岸壁	65	3
11기(*)	15,865	船渠2, 船臺5, 艤裝岸壁	69	3
12기(42년下)	16,869	船渠2, 船臺5, 艤裝岸壁	69	3
13기(43년上)	16,869	船渠2, 船臺5, 艤裝岸壁	73	3
14기(43년下)	41,883	船渠2, 船臺5, 艤裝岸壁	89	3
15기(44년上)	54,834	船渠2, 船臺5, 艤裝岸壁	124	3
16기(44년下)	53,766	船渠2, 船臺5, 艤裝岸壁	123	3

자료 : 조선중공업주식회사, 「해당기 영업보고서」에서 작성.
주) 1. 10기는 12월~5월 회기임.
　　2. 11기는 회기변경의 과도기로 6~9월.
　　3. 12기부터는 4월~9월, 10월~3월 회기임.

〈표 6-2〉에서 보듯이 태평양전쟁기 조선중공업의 시설확장은 이전까지
확충된 선대 및 도크시설에는 변화가 없는 반면, 토지 및 공장건물이 급증
했음을 알 수 있다. 시기적으로도 1943년 하반기부터 1944년 상반기에 걸쳐
급증하고 있는데, 이것은 〈표 6-1〉의 계획 기간과 대체로 일치한다. 특히 조
기 관련 기계공장을 확충한 결과 조선중공업은 단순 조립공장의 수준을 넘
어서서 선박엔진을 비롯한 핵심부품을 자체 생산하기에 이르렀다. 1943년
에는 F형 전시표준선의 주기관인 600마력 디젤기관의 보조기관을 자체 제
작하였고[4], 1944년에는 2,000톤급 전후 D형 전시표준선의 주기관인 1,200마

[4] 1943년 상반기에 건조된 전시표준선 F형 仁王과 九德山의 경우 주기관인 디젤엔진은
각각 일본 浪速船渠株式會社神戸造機部, ㈜阪神鐵工所에서 제작했고, 보조기관은 조선
중공업이 제작했다(日本海事振興會, 「戰時建造船成績調査(第1回報告其ノ一, 1944.2)」, 『戰
時海運資料』 no.28).

력 증기기관(피스톤엔진)의 제작이 가능하게 되어, 동년 4월부터 실시된 제 8선표(線表)에 따라 2기의 제작을 할당받았다.[5] 또 1944년 12월에는 해군함 정본부로부터 전시표준선 E형의 기관생산업체로 지정되어 1945년 2월 말까 지 조선통제회를 통해 배당된 물량을 공급하도록 명령을 받았다.[6]

시설확충에 수반하여 기술인력의 확충도 이루어졌다. 1937년 회사 설립 시 노동자를 포함한 전체 인원이 100명이 되지 않았다. 또 1939년 결정된 시설확충계획 속에서 필요한 기술인력은 상급기술자 11명, 하급기술자 19 명으로 총 30명이 충원될 계획이었다.[7] 그러나 1945년 패전 직전 조선중공 업의 기술자 수는 총 179명으로 그중 상급기술자 39명, 하급기술자 140명에 달했다. 주목되는 점은 상급기술자의 대부분은 일본인이지만(한국인 5명), 하급기술자로는 일본인 60명, 한국인 80명으로 한국인이 많았다.[8] 한국인 에 의한 기술적 대체가 이루어지고 있었다고 볼 수 있다. 그 계기는 조선총 독부가 1939년 9월 시행한 공장사업장기능자양성령(工場事業場技能者養成 令)의 대상공장으로 지정되면서 총독부의 보조금을 받아 회사 내에 기술자 양성소를 운영한 사실과 관련이 있을 것으로 추정된다.[9]

---

5) 小野塚一郎, 앞의 책, 153쪽.

6) 海軍艦政本部, 「E型船(內火)主機補機陸上豫備品製造配布ノ件通知」, 『戰時海運資料』 no.38.

7) 「昭和14年度生產力擴充ニ要スル技術員, 職工及鑛夫ノ所要人員總括表」, 『生產力擴充計 劃資料』 3, 現代史料出版, 1996.

8) 朝鮮總督府, 「朝鮮に於ける日本人企業槪要調書」 no.5, 1945, 5~17쪽 ; 1969년 1월 조선중 공업에서 職長을 지낸 사람들이 친목단체 朝友會를 만들었는데, 당시 회원이 50명이었다 (「부산의 상맥」 18, 『국제신문』 1990.11.17). 이런 사실은 패전당시 조선중공업내의 한국 인 기술자의 숫자가 과장된 것은 아니라는 점을 뒷받침한다.

9) 한국에 있어서 기술자 양성의 중요한 전기로 평가되는 동 법령에 의해 대상공장으로 지정된 회사는 조선중공업을 포함한 5개 공장과 2개 광산이었다. 이후 지정공장은 지속적 으로 늘어났는데, 1941년 13개 공장과 21개 광산, 1943년 18개 공장이었다(安秉直 · 中村 哲, 『近代朝鮮工業化의 硏究-1930~1945年』, 일조각, 1993, 260~261쪽 참조). 조선중공업 의 경우 정식명칭은 조선중공업 기능공양성소로 예과 1년, 본과 3년으로 총 4년의 교육과 정이었다(「부산의 상맥」 18, 『국제신문』 1990.11.17).

2) 주식회사 조선기계제작소

태평양전쟁기 한국에서 조선중공업 이외에 전시계획조선에 편입되어 대
규모 시설확충이 이루어진 또 하나의 회사로는 주식회사 조선기계제작소
(朝鮮機械製作所)가 있다. 조선중공업과 마찬가지로 조선산업경제조사회
를 계기로 설립된 국책적 성격의 회사로, 1937년 6월 자본금 50만 엔으로
인천에 설립되었다. 당시 제국 차원의 핵심 국책이었던 산금정책(産金政
策)과 관련하여 금광 개발에 필요한 광산용 기계제작이 설립 목적이었
다.[10] 기업 설립의 구체적인 방법은 일본 기업의 직접 진출이었다. 진출 기
업은 일본에서 광산용 기계제작을 전문으로 하는 신흥종합기계메이커로
두각을 나타내고 있던 요코야마공업소(橫山工業所)[11]였다. 요코야마공업
소가 진출하게 된 계기는 조선산업경제조사회에 위원으로 참석한 일본 네
즈(根津) 재벌의 창업자 네즈 가이치로(根津嘉一郎)와 1930년대 신흥재벌
모리(森)콘체른의 총수 모리 노부테루(森矗昶)의 추천에 의한 것이었다. 네
즈는 요코야마공업소 사장 요코야마 기미오(橫山公雄)의 야마나시현(山梨
県) 동향 선배로 요코야마의 사업후원자였고, 모리는 모리콘체른 계열사인
쇼와광업(昭和鑛業)에 요코야마공업소가 광산용 기계를 납품하고 있었던
연유로 밀접한 관계를 유지하고 있었다.[12] 창립과 함께 전액 불입된 자본

---

[10] 산금정책은 일제가 이미 1930년대 초 대공황 탈출의 방책으로 '금수출재금지조치'를 단행
   한 이후 하락하는 환율을 안정시키기 위한 수단의 하나로 시행했으나 1930년대 후반기에
   들어서 정책을 보다 강화하였다. 군비확장과 생산력확충에 의한 수입의 급증으로 국제무
   역 결제수단으로서의 금의 확보가 일층 중요시되었기 때문이다. 조선총독부도 제국의
   방침에 따라 1937년 초 산금증산5개년계획(1938년~1942년)을 수립하였다. 조선기계제작
   소는 이러한 산금증산정책의 추진 과정에서 금광개발에 필요한 광산용 기계제작을 전문
   으로 하는 기업으로 설립이 가시화되었던 것이다.

[11] 정식명칭은 株式會社 橫山工業所로 후에 橫山工業株式會社로 사명을 변경했다.

[12] 戰時金融金庫, 「株式會社朝鮮機械製作所ニ關スル別冊調書供御高覽候(1943.11.8)」, 『(株)
   朝鮮機械製作所書類綴(在外貸付金45號)』 1943.10~1950.10, 일본국립공문서관 폐쇄기관
   청산관계자료.

금의 출자구조는 설립배경이 그대로 반영되어 요코야마공업소와 양대 재벌이 출자금의 절반을 담당했다. 네즈 재벌은 원래 요코야마공업소의 자금후원자였으므로 실제로는 요코야마와 모리콘체른의 자본합작으로 볼 수 있고, 당시 언론도 그렇게 보도했다.[13] 경영과 생산기술적인 측면에서 일본 요코야마공업소의 직접 영향력하에 있었다.[14]

1938년에는 자본금을 300만 엔으로 증자하여 시설확충을 통한 종합기계제작소를 지향하는 한편, 제강 → 주조 및 단조 → 제관 → 기계로 이어지는 일관생산공정을 갖추기 위해 제철사업에도 진출하였다.[15] 1940년 4월에는 2차 시설확충을 위해 다시 300만 엔을 증자하여 자본금은 600만 엔이 되었다. 2차 시설확충은 1차로 확충된 시설을 다시 확장하는 한편으로 새로운 부지에 철강소재 생산을 중심으로 하는 대규모 신공장 건설을 내용으로 하였다.

이렇듯 종합기계공장으로 급속한 확장을 하던 조선기계제작소는 태평양전쟁 발발과 함께 조선소로의 전환을 시도하였다. 전시계획조선 갑조선에 편입된 것이 계기였다. 최초에는 기존 종합기계제작소의 특성을 살려 선박엔진 제작을 주력 생산품으로 할 계획으로 변신을 시도했다. 1942년 초 200만 엔의 추가 증자를 실시하고, 이를 계기로 아사노(浅野)와 야스다(安田) 재벌, 오사카상선의 자본참가가 이루어졌다. 이들의 신규 자본 참가는 조선기계제작소가 새롭게 선박엔진 제작을 시도하면서 그 기술적 지원을 아사노재벌 산하 선박엔진 전문업체인 쓰루미조선소(鶴見造船所)와 오사카상선이 담당했던 것이 계기가 되었다.[16]

광산용 기계에서 선박용 기계로 주력 생산품을 전환하는 것이 결정되고,

13) 『동아일보』 1937.6.6.
14) 東洋經濟新報社, 『年刊朝鮮』 1942년판, 32쪽.
15) 조선기계제작소, 「정관 및 제2~4기 영업보고서」.
16) 戰時金融金庫, 「株式會社朝鮮機械製作所ニ関スル別冊調書供御高覧候(1943.11.8)」.

이를 위해 아사노재벌 등의 새로운 자본참여가 실현되면서 경영진도 새롭
게 개편되었다. 〈표 6-3〉은 새롭게 개편된 경영진의 면면을 정리한 것이다.
임원 수를 대폭 확대하여 선박엔진 제작과 관련하여 신규로 자본참가한 아
사노, 야스다, 오사카상선의 대표들이 임원에 가세했고, 특히 기술협력의
중심에 있었던 일본강관 사장 아사노 료조(浅野良三)는 회장에 올랐다. 기
술계통 임원도 대부분 선박관련 기술자로 채워져서 주력 생산품을 선박용
기계로 전환하려는 의도를 확인할 수 있다.

〈표 6-3〉 3차 증자 후 경영진의 현황

이름	직위	경력
浅野良三	회장	아사노재벌 창시자인 浅野総一郎의 차남. 아사노재벌 중핵회사 日本鋼管 사장. 기타 아사노계열기업 중역.
横山公雄	사장	横山공업소 사장
村上隆造	상무이사	조선총독부 관료 출신, 1941년 입사
小池爲一	상무이사	일본강관 이사, 쓰루미조선소 造機과장
向坊勇三郎	상무이사	야스다은행 큐수지점장 출신, 1943년 입사
小野庸二	이사	요코야마공소 출신, 1939년 입사
秋岡辰治	이사	조선기술자, 1939년 입사, 조선기계제작소 공장장
佐野治雄	이사	쓰루미조선소 기술자 출신. 1943년 입사
須山高通	이사	조선기술자, 조선기계제작소 현장담당
福島茂富	이사	根津재벌 계열기업 및 横山공업소 중역
佐藤政次郎	이사	농장경영, 湖南農具 사장, 군산지역자본
牧野元	이사	국제기선 사장
都築伊七	이사	일본강관 이사, 쓰루미조선소장
岡田實	이사	요코야마공업 이사
寺見文夫	이사	요코야마공업 상무 출신, 1943년 입사.
犬童治和	상임감사역	조선식산은행 출신. 1937년 입사.
松下長久	감사역	일본강관 취체역
熱海龜壽郎	감사역	요코야마공업 상무

자료 : 戰時金融金庫,「株式會社朝鮮機械製作所ニ関スル別冊調書供御高覽候(1943.11.8)」,
『(株)朝鮮機械製作所書類綴(在外貸付金45號)』1943.10~1950.10, 일본국립공문서관
폐쇄기관청산관계자료.

선반엔진 제작은 해군이 200마력 40대, 380마력 25대, 총 65대, 340만 엔

규모의 엔진을 주문함으로써 보다 구체화되어 쓰루미조선소 기술자 및 숙
련 직공 수십 명이 조선기계제작소에 파견되었고, 오사카상선도 같은 규모
의 기술자 및 직공을 파견하여 엔진 제작과 관련한 기술이전 및 현장지도
를 하였다.[17] 영업보고서에 의하면 생산은 이미 1942년 하반기부터 본격화
되었던 것으로 보인다.[18]

　　그런데 조선기계제작소는 1943년부터 새로운 국면에 직면하게 된다. 육
군이 수송용 잠수함 건조계획인 이른바 마루유(ⓨ)계획을 시작하고, 잠수
함을 건조한 대상 조선소 중 하나로 조선기계제작소를 지정했기 때문이다.
마루유계획은 남태평양 과달카날(Guadalcanal) 전투에서 패해 제해권을 상
실한 일본군이 그 대책으로 적에게 발견되기 어려운 소형잠수함을 대량 건
조하여 병참수송에 투입하려고 1942년 말부터 본격적으로 추진한 계획이
다. 특히 제해권 상실로 태평양 각 지역과 섬의 주둔 부대에 대한 병참수송
의 곤란을 겪게 된 육군이 주도하였다. 육군이 직접 나선 것은 과달카날
전투를 계기로 해군의 병참수송 능력을 근본적으로 불신하게 되었기 때문
이었다.

　　1942년 12월 육군참모본부는 마루유계획 시행을 최종 결정하고 육군병
기행정본부 산하 제7기술연구소에 설계를 명령했고, 동 연구소는 1차 대전
당시 독일이 제작한 잠수 수송정을 모델로 1943년 1월 기본설계를 완성했
다. 기본사양은 길이 35미터, 배수량 300톤, 잠수가능수심 100미터, 200마력
의 헤셀만(Hesselmann)엔진[19] 2기를 장착하여 수상속력 10~12노트, 잠항속
력 4.4노트였다. 당시 전투용 잠수함이 70미터의 길이에 1,500톤 배수량 정

17) 戰時金融金庫, 위의 자료.
18) 조선기계제작소, 『제12기 영업보고서』, 1942.
19) 스웨덴의 헤셀만이 개발한 연료분사 전기점화식기관이다. 원래 미국제 석유시추용 굴착
　　기 엔진으로 사용되던 것으로 크기가 작아서 공간을 차지하지 않고, 사용 연료에 범용성
　　이 있는 것이 장점이었다. 그러나 조정이 어려워서 엔진트러블이 많았고, 특수한 점화플
　　러그를 사용해야하는 단점도 있었다.

도였으므로 소형이었다. 쌀을 적재할 경우 2만 명 병사의 하루 분 식량인 24톤을 적재할 수 있었다. 전투용이 아닌 수송용이므로 무장은 경미해서 어뢰발사기 등은 없고 대전차포를 달았다. 잠수함에 대전차포라는 어울리지 않는 상황은 건조에 필요한 자재를 1943년 물자동원계획 중 육군이 전차 생산을 위해 확보된 강재 등의 군수물자를 전용했기 때문이었다.[20]

크기와 장착무기로 볼 때 잠수함이라기보다는 잠수정에 가깝고, 실제 정식명칭도 육군잠항수송정이었다. 이 잠수정의 기술적 명칭은 삼식잠항수송정(三式潛航輸送艇)이지만, 당시는 군의 최고기밀에 해당하는 극비계획이었으므로 '수송'의 일본식 발음인 '유소'의 앞 글자를 원 안에 넣은 형태의 표식(⑩)을 사용했고, '마루유'라고 불렀다. 이 마루유 제작을 의뢰받은 곳은 일본 히타치제작소(日立製作所), 안도철공소(安藤鐵工所), 일본제강소의 3사와 조선기계제작소였다. 조선소가 맡아야 할 건조를 기계제작소나 철공소가 담당하게 된 것은 육·해군 간의 알력 속에서 계획 자체를 육군이 해군과 상의 없이 일방적으로 진행시킨 결과였다. 즉 기존 조선소는 해군이 주도하는 전시계획조선에 의해 해군관할이었으므로 맡길 수가 없었던 것이다.[21] 현실적으로도 기존 조선소는 단기간에 잠수함을 대량으로 건조할 처지가 되지 못했다. 전시계획조선에 의해 해군이 할당한 선박건조 목표량의 수행만으로도 벅찬 형편이었기 때문이다.

조선기계제작소에 육군의 잠수정 건조명령이 떨어진 것은 1943년 4월 말이었다. 이로써 조선기계제작소는 해군 주도의 전시계획조선 갑조선에 편제되어 선박엔진을 제작하는 한편으로 육군의 통제하에 잠수정을 건조하는 육해군 동시 관할 핵심 군수시설로 변모하게 되었다. 건조규모는 마루유를 월 10척씩 건조하여 연간 120척을 건조하는 것이었다. 이를 위해 도크

---

20) 마루유계획의 전체적인 내용과 관련해서는 土井全二郎, 『決戰兵器陸軍潛水艦—陸軍潛航輸送艇⑩の記錄—』, 光人社, 2003 및 中島篤巳, 『陸軍潛水艦隊—極秘プロジェクト!深海に挑んだ男たち—』, 新人物往來社, 2006 참조.
21) 井浦祥二郎, 『潛水艦隊』, 學研文庫, 2001, 229~233쪽.

2기와 선대 6기, 부품생산을 위한 기계공장의 건설이 필요했다. 계획된 공사비만도 2,000만 엔이 넘는 규모로 사실상 육군에 의해 기계제작소에서 조선소로의 전환을 명령받은 것이었다. 계획수행을 위한 명령계통은 육군병기행정본부(마루유위원회) → 인천 육군조병창 → 조선기계제작소였다. 마루유 건조를 위해 조선기계제작소가 작성한 설비계획은 〈표 6-4〉와 같다.

〈표 6-4〉 잠수함 건조를 위한 설비계획(단위 : 圓)

내역	규모	비용	구입처	비고
공장용지 매입	41,373평	1,547,933	조선정미, 조선화학비료, 軍 등 총 12곳	비용은 토지매입비 외에 整地費 포함
공장 및 종업원 숙사 건축비	112棟	5,312,067		신축: 104동, 구입: 8동
船渠(도크)	2基(長: 140m, 幅: 16m, 深: 7.5m)	5,400,000		도크는 한쪽 벽에 3척씩, 동시에 6척을 건조할 수 있는 규모
船臺	5基 (長: 120m, 幅: 45m)	100,000		도크 건설 때까지 임시 작업용
방파제 및 繫船池 축조		648,000		
기계기구	원동기, 제조용기계, 기구(전기용접기 등)	3,763,730	도쿄 육군병기행정본부, 오사카 육군조병창, 인천 육군조병창	
잠수함 시운전설비	標柱, 曳船(50톤급) 등	300,000	오사카, 인천의 육군조병창	
부대설비	전기, 수로, 도로 공사 등	1,037,450	오사카 육군조병창	
起業잡비	인건비, 교통비 등	1,255,000		
예비비		635,800		
소계		20,000,000		
운전자금	철강 등 자재구입	4,500,000	군 알선	
총액		24,500,000		

자료 : 株式會社朝鮮機械製作所,「資金調整法ニ依ル事業設備新設許可申請書(1943.8)」,『(株)朝鮮機械製作所書類綴(在外貸付金46號)』1943.11~1947.1, 일본국립공문서관 폐쇄기관청산관계자료.

잠수함 제작을 위한 기본설계는 앞서 언급한 대로 육군병기행정본부가 제작한 설계도가 제공되었다. 조선 경험이 전혀 없었던 실정을 감안하면 생산기술은 선박엔진 생산을 위해 협력관계를 맺은 아사노재벌, 오사카상선의 기술에 더욱 의존하게 되었을 것이다.[22] 핵심시설인 도크 건설은 오쿠라구미(大倉組) 등과 함께 당시 일본 토목건설업계 5인방 중 하나였던 시미즈구미(淸水組)가 담당했다.[23]

조달면을 보면 〈표 6-4〉에서 보듯이 시설건설과 잠수함 건조에 필요한 철강 등 자재 및 각종 기계기구류는 전부 육군을 통해 조달받았다. 대부분의 기자재는 일본에서 구입하여 조달하였는데, 도쿄는 육군병기행정본부의 알선을 받아 조선기계제작소 도쿄출장소가 실무를 담당했고, 오사카는 육군조병창의 알선을 받아 역시 오사카출장소가 실무를 담당했다. 조선 내 조달은 일부 자체제작 외에 인천 조병창이 알선을 담당하였다.[24] 필요한 인력의 조달과정은 자료를 통해 확인되지는 않지만, 기본적으로는 육군이 책임졌을 것이다. 필요한 인원의 규모는 확인할 수 있는데, 1943년 532명, 1944년 785명으로 총 1,317명이었다.[25] 시설확장 공사를 시작했을 당시 종업원은 2,643명으로 사무원 277명, 기술자 89명, 공원 1,881명, 양성공 395명이었다.[26] 증원되는 인력의 수용을 위해 총 99동의 건물을 신축하는데, 일본인과 조선인 숙사를 구분하여 전자 54동, 후자 45동이 건설될

---

22) 그렇다하더라도 잠수함 건조는 일반 선박과는 일정한 차이가 있었다. 조선기계제작소는 이에 대응해서 당시 일본 조선업체중 잠수함 건조에 가장 전문성을 가지고 있었던 가와사키중공업의 퇴직기술자를 특별고문으로 초빙하였다(土井全二郞, 앞의 책, 66쪽).

23) 株式會社朝鮮機械製作所, 「㊞關係土地建物調査書」, 『(株)朝鮮機械製作所書類綴(在外貸付金46號)』 1943.11~1947.1, 일본국립공문서관 폐쇄기관청산관계자료.

24) 株式會社朝鮮機械製作所, 「資金調整法ニ依ル事業設備新設許可申請書(1943.8)」, 『(株)朝鮮機械製作所書類綴(在外貸付金46號)』.

25) 株式會社朝鮮機械製作所, 「總動員業務事業設備令ニ基ク擴張計劃書提出ノ件(1944.6.25)」, 『(株)朝鮮機械製作所書類綴(在外貸付金46號)』.

26) 戰時金融金庫, 「株式會社朝鮮機械製作所ニ関スル別冊調書供御高覽候(1943.11.8)」, 『(株)朝鮮機械製作所書類綴(在外貸付金46號)』.

예정이었다.27)

자금조달 역시 육군 경리국의 알선을 통해 일본 전시금융금고에서 필요한 자금 2,450만 엔 전액을 대출받았다. 대출과정은 육군 경리국 알선 → 임시자금조정법에 의한 조선총독부 승인 → 전시금융금고 대출승인의 프로세스였다. 보통 대출승인 전에 대상기업에 대한 현장실사를 실시하지만 조선기계제작소에 대해서는 제출 서류 심사만으로 결정하였다. 육군이 사업자체의 시급성을 강력하게 주장하는 상황에서 원거리에 있는 식민지 기업의 실사에는 시간이 걸린다는 점이 참작된 결과였다. 대출조건을 보면 융자기한은 10년으로 2년 거치 8년 분할상환, 대출이자는 연리 5%로 기존 공장과 잠수함 건조를 위해 새로 건설될 시설이 담보로 설정되었다. 전시금융금고는 대출과 관련한 부대조건으로 대출금에 대한 별도회계, 자금상환을 위한 배당억제와 자금의 사내유보 극력실시, 결산이익의 처분 및 기타 회사의 중요사항에 대한 보고와 함께 전시금융금고의 사전승인을 받을 것을 요구했다.28) 대출승인이 떨어지자, 조선기계제작소는 대출자금의 사용계획 일정표를 제출했다. 전시금융금고는 이 일정표를 검토하고 기초로 하여 1943년 말부터 대출을 개시하여 수차례로 분할하여 자금을 지급했고, 1944년 9월 200만 엔을 마지막으로 승인된 2,450만 엔의 대출을 완료했다.29) 조선기계제작소는 자금을 수령할 때마다 그때까지 사용된 자금의 내역 및 새로 수령하는 자금의 사용계획을 보고하고 승인을 받아야했다.30)

---

27) 株式會社朝鮮機械製作所,「資金調整法ニ依ル事業設備新設許可申請書(1943.8)」.

28) 戰時金融金庫,「融案第141號 (株)朝鮮機械製作所ニ対スル資金融通ノ件」,『融資部關係綴, 簿書番號2029號, 昭和18年度』, 일본국립공문서관 폐쇄기관청산관계자료.

29) 戰時金融金庫融資部,「株式會社朝鮮機械製作所ニ対シ融資實行ノ件(1944.9)」,『(株)朝鮮機械製作所書類綴(在外貸付金46號)』.

30) 전시금융금고는 별도의 지점을 설치하지 않았기 때문에 상대적으로 소액 대출은 기존 금융기관을 지정하여 업무를 위탁했다. 일본의 경우 도쿄 이외 소재 기업에 대한 융자는 일본흥업은행, 일본권업은행, 北海道拓殖銀行이 대리융자를 했으며, 10만 엔 미만의 융자

생산과잉에 고민하던 조선기계제작소의 처지에서 육군의 강력한 지원 아래 진행하는 잠수함 건조사업은 절호의 기회로 보일 수 있었다. 국책과 군수에 의존하여 축적의 길을 걸어온 조선기계제작소에게 육군의 갑작스런 의뢰도 그렇게 낯선 것은 아니었다고 할 수 있다. 그러나 조선기계제작소의 태도는 의외로 수동적이었다. 그 배경에는 다음과 같은 몇 가지 이유가 있었다.

첫째, 지금까지와는 달리 스스로의 사업적 판단이 전혀 없이 육군에 의해 거의 강제적으로 동원된다는 점이다. 또 단순한 생산품의 다각화가 아닌 공장을 전체적으로 조선소로 개조해야 하는 상황도 조선기계제작소를 당혹스럽게 했다. 둘째, 조선이 전혀 경험이 없는 새로운 분야라는 사실이다. 선박엔진 제작을 위해 아사노재벌 및 오사카상선과 손을 잡았지만, 어디까지나 기계영역에 국한된 것으로 조선은 '건설(building)에 가까운 조립'이 포함되는 전혀 새로운 영역이었다. 더구나 잠수함 건조에는 단기간 양산을 위해 당시로서는 첨단 공법인 전기용접법을 최대한도로 활용하도록 설계되었다. 잠수함 선체를 3등분하여 각 블록(block)은 용접에 의해 조립하고, 이 세 개의 블록을 최종적으로 병접(鋲接, rivet)에 의해 연결하여 완성하는 생산시스템이었다. 일본의 기존 조선소들조차 아직 시험적으로 도입하고 있는 전기용접의 생산시스템을 식민지 기계제작소가 조선소로 전환하면서 성공적으로 구축할 자신이 없었다. 또 조선소로의 전환을 위해서 필요한 조달을 대부분 일본에 의존해야 하는 상황에서 아무리 육군이 지원을 한다고 해도, 전황(戰況)에 따라 나날이 일본으로부터의 공급력이 약화되는 상황에서 생산시스템 구축을 위한 기술인력의

는 대리점 전결, 그 이상은 전시금융금고에 품의하여 융자했다. 식민지의 경우 한국과 타이완은 500만 엔 미만의 대출에 한하여 각각 조선식산은행과 타이완은행이 업무를 대신했다. 조선기계제작소는 2,000만 엔이 넘는 거액의 대출이기 때문에 전시금융금고가 직접 대출업무를 담당했다. 관련해서는 배석만, 「태평양전쟁기 일본 戰時金融金庫의 식민지 조선에 대한 자금투융자구조와 실태」, 『경영사학』 27-3, 한국경영사학회, 2012 참조.

충원이 만만치 않았던 현실도 자신감을 저하시켰다.[31] 셋째, 육군이 생산
의 독촉만큼 신속하게 약속한 지원을 진행시키지 않았던 점도 불만으로
작용했다. 조선소 공사명령은 1943년 4월 말에 내려왔고, 5월에 공사가
시작되어 선대의 경우 9월 말에 이미 5기가 전부 완성되고, 도크 굴착도
50% 정도 진척되어 일부 굴착한 도크벽면을 콘크리트로 공고히 하는 작
업도 시작되었음에도 불구하고 필요 자금의 조달방법조차 확정되지 않고
있었다.[32]

조선기계제작소의 잠수함 건조사업에 임하는 수동적인 자세는 결과적
으로 사업진행을 통해 발생하는 리스크를 최대한 육군에 전가하는 한편으
로 잠수함 건조에 실패했을 경우에도 조선소로서 살아남을 방편을 궁리하
는 방향으로 귀결되었다. 우선 조선기계제작소는 9월 말 마루유계획을 주
관하는 육군병기행정본부에 마루유 건조설비에 대한 국가총동원법 사업
설비령 발동에 의한 손실보장, 필요자금의 구체적 융자알선, 기자재의 조
달방법에 대한 명확한 제시, 기술상 군부가 책임질 분야를 명확히 할 것
등을 촉구하였다.[33] 10월에는 보다 요구 수준을 높여서 잠수함 건조사업
의 진행을 통해 발생하는 모든 손실을 군부가 책임지도록 요구하였다.[34]
그리고 잠수함 건조의 실패 후에도 살아남을 방법으로는 건설하는 도크
및 각 공장을 1,000톤급 강선 건조로 전환할 수 있도록 설계단계부터 이를
염두에 넣고 조선소 건설을 진행했다. 따라서 조선기계제작소의 조선소

---

[31] 당시 조선기계제작소 자재과 담당주임이었던 하마사키 마모루(浜崎守)는 육군의 잠수함
  건조명령으로 社內는 대공황에 빠졌으며, 자신도 육군이 잠수함을 만든다는 사실 자체를
  믿지 못해서 海軍 仁川武官府의 지인에게 사실을 확인했는데, 금시초문이라는 대답을
  받았다고 회고하고 있다(土井全二郎, 앞의 책, 65~66쪽).

[32] 株式會社朝鮮機械製作所, 「㊀製造ニ關スル正式御指示ヲ仰ギ度キ件(1943.9.28)」, 『(株)
  朝鮮機械製作所書類綴(在外貸付金46號)』.

[33] 株式會社朝鮮機械製作所, 위의 자료.

[34] 株式會社朝鮮機械製作所, 「㊀製造ニ關スル計算基礎方針御伺ノ件(1943.10.26)」, 『(株)朝
  鮮機械製作所書類綴(在外貸付金46號)』.

레이아웃(layout)은 잠수함건조의 관점에서 보면 상당히 넓고 여유가 있는 것이었다.[35]

이렇듯 '국책'과 '경영' 사이의 미묘한 긴장감 속에서 시설공사가 진행되었으나 원래 계획대로 1944년 말까지 완료되지 않았음은 물론이거니와 해방될 때까지도 80%가 완성되었을 뿐이었다.[36] 중심시설인 도크의 경우 1기만이 완성되었다. 전쟁말기로 가면서 일본으로부터의 공급력이 극도로 악화되면서 공사의 진척을 둔화시켰을 것이기 때문이다. 그럼에도 불구하고 잠수함은 계획에는 훨씬 못 미치는 것이지만 몇 척이 만들어졌다. 제1호기는 1944년 4월에 진수되었고, 의장(艤裝) 및 테스트를 거쳐 8월 육군에 인계되었다. 잠수함의 운항은 육군 산하에 마루유부대[37]가 신설되어 담당했는데, 잠수함 건조공장에 실제 운항을 담당할 승무원들이 건조 과정부터 미리 파견되어 있었다. 기계조작 및 시험운행 등을 숙지하도록 하는 한편으로 건조를 위한 노동력으로도 활용하기 위함이었다. 따라서 각 공장에는 마루유부대의 파견대가 있었는데, 조선기계제작소에도 인천파견대가 있었고, 월미도의 하마(浜)호텔이 임시 육군숙사로 지정되어 이들을 위해 제공되었다.[38] 조선기계제작소가 해방이 될 때까지 제작하여 인계한 잠수정은 총 4척이었다.[39] 당시 기술자로 잠수함 건조에 참여했던 김재근은 6척이 완공되고 10여 척이 시운전 또는 진수하여 의장작업에 들어간 상태에 있었다고 회고했다.[40]

---

35) 戰時金融金庫, 「株式會社朝鮮機械製作所ニ関スル別册調書供御高覽候(1943.11.8)」.

36) 朝鮮總督府, 「株式會社朝鮮機械製作所」, 『在朝鮮企業現狀槪要調書―金屬及機械工業』, 1945.

37) 정식명칭은 육군잠수수송교육대이다.

38) 土井全二郎, 앞의 책, 79쪽.

39) 土井全二郎, 위의 책, 72쪽.

40) 金在瑾, 『등잔불―牛岩隨想集』, 正宇社, 1985, 322쪽.

3) 기타 갑조선 편입 회사

일제는 조선중공업과 조선기계제작소 이외에도 겸이포지역에 일본제철 겸이포공장의 강재를 이용한 선박건조 중심의 조선소를 건설하려고 했지만 계획에 그치고 말았다.[41] 또 청진과 나진 중 한 곳과 원산에 중규모의 수리전문 조선소를 건설할 계획을 세웠지만 역시 실현되지 않았다.[42]

한편 선박용 강재생산 공장으로 지정되어 갑조선 계획에 편입된 주요 회사가 있었다. 한국의 경우 일본제철 겸이포공장, 미쓰비시제강(三菱製鋼) 평양공장, 조선전기제강주식회사가 갑조선에 편입되었다. 일본제철 겸이포공장은 1917년 미쓰비시제철(三菱製鐵)의 분공장으로 설립되었는데, 제선용(製銑用) 고로(高爐) 2기(150톤급), 제강용 평로(平爐) 2기(50톤급)을 보유한 한국 최초의 선강일관생산시설(銑鋼一貫生産施設)을 갖춘 제철소였다. 설립목적은 인근 황해도 재령(載寧), 은율(殷栗) 등의 광산에서 산출되는 철광석(褐鐵鑛)을 이용하여 연간 10만 톤의 선철(銑鐵)을 생산하는 한편, 그 일부를 제강하여 4만톤 정도의 조선용 강재를 생산하여 일본에 공급하는 것이었다. 그러나 1921년 11월 워싱턴회의에 의해 일본해군의 군축방침이 결정되면서 강재수요가 위축되자 1922년 4월부터 겸이포공장은 강재생산을 중단하고 선철만을 생산하였는데 생산량은 1929년 현재 15만톤 정

---

41) 이 계획은 비록 실무진 차원의 구상이었지만, 전시계획조선하에 필요한 신조선소 건설계획 대상지로 일본의 熊本縣 八代, 愛媛縣 西條, 廣畑과 함께 한국의 겸이포를 대상지로 하였다. 이들의 공통점은 주 자재인 철강의 안정적 공급이 가능한 주요 제철소를 배경으로 한 점이다. 겸이포의 신조선소는 일본제철 겸이포공장의 생산 강재를 모두 三菱重工業 長崎造船所가 소비하기 때문에 三菱重工業이 건설하도록 계획되었다. 건설과 관련한 고려사항으로는 겸이포의 해면이 동절기 결빙될 가능성이 높고, 조수간만의 차가 크다는 점에서 기술적 고려가 필요하다고 평가하고 있다(小野塚一郎, 앞의 책, 338쪽).
42) 총 14개 조선소에 30~42기의 船渠를 건설한다는 계획으로 조선소 건설지역은 일본 11개, 한국 2개, 만주 1개였다. 중급 수리조선소의 규모는 船渠 2~3기(연간 입거수리 30~50만톤), 공장부지 2~3만평, 공원 1,000~1,500명 및 수리에 필요한 造機能力을 겸비한 조선소로 계획되었다(小野塚一郎, 위의 책, 340~341·348쪽).

도였다.[43] 선철생산은 이후 점차 증가하여 1941년 30만 톤을 생산하여 정점에 이르렀다.[44]

겸이포공장이 다시 강재생산을 시작한 것은 1934년 일제가 제철사업합동정책에 따라 일본제철을 설립하고, 겸이포공장이 그 산하의 분공장이 되면서부터였다. 시설확충을 통해 1934년부터 강재생산을 시작하였는데 강판과 형강(形鋼)이 주요 생산품이었다. 생산량은 1934년 2만 톤에서 1943년 11만 톤을 생산하여 최고 생산량을 기록하였다.[45] 생산된 강판과 형강의 품질이 좋았기 때문에 동 공장은 전시계획조선의 강재조달 주요 공장 12개에 포함되었다.[46] 해군함정본부는 강재생산의 독려를 위해 강재감독관을 파견하여 직접 생산을 통제하였다.[47]

미쓰비시제강(三菱製鋼)[48] 평양공장은 1942년 미쓰비시가 평안남도 강

---

[43] 겸이포공장의 설립 후 1920년대 운영실태에 대해서는 堀切善雄,『日本鐵鋼業史研究－鐵鋼生産構造の分析を中心として』, 早稲田大學出版部, 1987, 55~58쪽 참조.

[44] 1941년 선철생산량의 정확한 수치는 297,422톤이다. 겸이포공장의 선철생산은 일본경제권역의 경기가 절정에 달했던 1938년 294,523톤을 생산하여 1차 정점에 도달했고, 이후 하락세를 보이다가 1941년 생산량이 일거에 급증하여 1938년의 최고 생산량을 경신한 것이다. 1942년에는 다시 하락하여 258,040톤을 기록하였다. 겸이포공장의 선철 생산량 추이에 대해서는 商工省金屬局,『製鐵業參考資料－昭和18年8月調査』, 49 · 64~65쪽 참조.

[45] 일본제철 겸이포공장의 강재 생산실적은 다음과 같다.

연도	1934	1935	1936	1937	1938	1939	1940	1941	1942	1943	1944	1945
실적(톤)	21,619	51,832	56,612	66,397	91,489	76,918	75,640	85,770	111,109	100,312	80,957	11,641

자료 :『日本製鐵株式會社史－1934~1950』, 1959, 570쪽.

[46] 造船用 강재를 생산하는 주요 12개 공장은 다음과 같다. 吾嬬製鋼(東京, 年産 31,600톤), 日本鋼管 鶴見공장(鶴見, 年産 338,500톤), 中産製鋼(大阪, 年産 108,000톤), 日本製鐵 大阪공장(大阪, 年産 70,000톤), 大和製鋼(大阪, 年産 97,200톤), 尼崎製鋼(尼崎, 年産 88,800톤), 川崎重工(神戸, 年産 200,600톤), 日本製鐵 廣畑공장(廣畑, 年産 360,000톤), 德山製鈑(德山, 年産 32,000톤), 日本製鐵 八幡공장(八幡, 年産 496,000톤), 東海鋼業(八幡, 年産 43,000톤), 日本製鐵 兼二浦공장(兼二浦, 年産 85,000톤). 모두 일본소재 공장이고 식민지소재 공장으로는 겸이포공장이 유일했다(小野塚一郎, 앞의 책, 213~214쪽).

[47] 小野塚一郎, 위의 책, 211쪽.

[48] 미쓰비시제강은 원래 三菱重工業 長崎造船所 제강공장으로 1942년 8월 三菱重工業에서 분리되어 자본금 3,000만 엔으로 설립된 회사이다. 1941년 2월부터 건설에 착수한 평양공장을 산하 분공장으로 포함하는 한편 1942년 9월에는 평양공장 건설용 설비제작으로

서군(江西郡)에 설립한 제강공장으로 주요 생산품은 단강(鍛鋼), 주강(鑄鋼), 특수강(特殊鋼)이었다.[49] 1943년 8월 해군함정본부 관리공장으로 지정되었고, 관리대상품은 단강이었다.[50] 1943년 일본 기획원이 계획한 1943년도 갑조선생산확충실시계획(甲造船生産擴充實施計劃)에서 대형 단조품(鍛造品)을 생산하기 위한 단련(鍛鍊)공장 신설이 결정되었다. 공장이 완공되면 대형단조품 6,000톤을 생산할 계획이었다. 시설확충을 위해 1943년도에 4,000톤의 시설용 강재가 배당되었고 완성목표일은 1945년 3월이었다.[51] 평양공장의 강재생산은 1943년 12월부터 시작되어 1944년 2,224톤의 강편(鋼片)이 생산되었고, 1945년에는 5월까지 692톤의 강편을 생산하였다.[52]

조선전기제강은 앞장에서 언급했듯이 조선중공업의 필요강재를 조달하기 위한 자회사로 일본고무 아사히제강소(旭製鋼所)와 제휴하여 설립했고, 1941년부터 전기제강법에 의한 강재생산을 시작하여 연간 1,600톤을 생산하였다. 주력 생산품은 주강(鑄鋼)으로 1차적으로 모회사인 조선중공업에 조달하는 한편, 가공하여 선미재(船尾材), 닻(錨) 등의 선박용 부분품을 생산하였다. 태평양전쟁기에는 일본 오사카의 가네코제강소(金子鑄鋼所)와의 자본 및 기술제휴가 성립되었다. 제휴는 가네코제강소가 일본고무의 조선전기제강 주식지분을 인수하는 형태로 이루어졌다. 광산용 마광기(磨鑛機) 부분품이 운송난으로 인해 일본에서의 도입이 어려워지자 조선총독부가 동 기계의 자급을 위해 제휴를 성사시킨 것이었다. 조선전기제강은 가네코제강소와의 제휴를 계기로 기존 주강 및 선박용 부분품 생산 이외에

위해 인천소재 弘中商工株式會社를 매수하여 미쓰비시제강 인천공장을 설립하는 등 일제 말 조선에 적극적으로 진출하였다(『鑛工業關係會社報告書-三菱製鋼株式會社』).
[49] 「第86回帝國議會說明資料(1944.12)」, 20쪽.
[50] 海軍省, 「海軍艦政本部所管造船所及製作所改定の件通告(1943.8.26)」, 『戰時海運資料』 no.36.
[51] 企劃院, 「昭和18年度船舶甲造船生産擴充實施計劃」, 『生産力擴充計劃資料』 8, 現代史料出版, 1996.
[52] 『鑛工業關係會社報告書-三菱製鋼株式會社』.

마광기와 이에 사용되는 경질강(硬質鋼) 생산기술을 획득할 수 있는 계기를 마련하였다.[53] 1944년에 이르면 창립기의 과도기적 상황을 탈피하여 이익배당을 개시할 정도로 운영이 궤도에 올랐다.[54]

2. 갑조선의 실행과정과 실적, 한계

일본 군부가 직접 통제한 식민지 갑조선과 관련하여 한국 내 조선소 중 그 대상이 되어 계획을 실행하고, 조선 실적을 내었던 회사는 사실상 조선중공업이 유일했다. 그 외에 갑조선에 편입된 회사들은 앞서 보았듯이 선박용 강재 생산으로 편입된 제철소와 선박용 엔진 생산으로 편입된 조선기계제작소 정도였기 때문이다. 1943년 조선기계제작소가 육군의 잠수정 생산업체로 지정되어 조선소 전환을 모색했지만 미완성의 상황에서 패전을 맞았고, 이 부문은 해군 주도의 갑조선과는 별개로 이루어진 것이었다. 따라서 태평양전쟁기 한국에서의 갑조선 실행과 관련해서 조선중공업의 조선 활동을 중심으로 그 과정을 좀 더 구체적으로 살펴보겠다.

태평양전쟁기 일본의 갑조선계획에 편입된 조선중공업은 해군함정본부가 연간계획으로 작성하는 조선계획서인 선표(線表)에 의하여 선박을 할당받았다. 할당된 선박에 대하여 일본 산업설비영단과 건조계약을 맺고 조선을 시행하여 건조가 완료되면 역시 국가에 의해 결정된 선주에게 인도하였다. 조선중공업이 할당받은 계획조선량과 실제 선박이 건조된 실적에 대해서 정리한 것이 〈표 6-5〉이다.

53) 『殖銀調査月報』 제71호, 1944.4, 23쪽.
54) 조선중공업주식회사, 「제16기 영업보고서」.

〈표 6-5〉 태평양전쟁기 조선중공업에 건조 할당된 선박 및 실적

		할당					건조		
	船型	隻數	톤수	합계(톤)		船型	隻數	톤수	합계(톤)
1942년	일반형	1	1,100	1,590		F형	1	490	490
	F형	1	490						
1943년	1D형	2	3,840	7,660		일반형	1	1,100	2,570
	2D형	1	2,350			F형	3	1,470	
	F형	3	1,470						
1944년	2D형	4	9,200	9,200		1D형	2	3,840	8,440
						2D형	2	4,600	
1945년						2D형	1	2,200	2,200
합계		12	18,450	18,450			10	13,700	13,700

자료 : 朝鮮總督府交通局, 「極秘第57號, 朝鮮交通關係資料(1944.4)」, 『戰時海運資料』 no.44
　　；「第86回帝國議會說明資料 - 交通局關係(1944.12)」, 『日帝下支配政策資料集』 4, 고
　　려서림, 1993 ; 海運局, 『海運十年略史』, 1955 ; 尹鍾根, 『造船老技師의 메모』, 부산
　　일보출판국, 1985에서 작성.
주) 1. 2D형의 경우 1척당 톤수가 자료에 따라 2,200톤, 2,300톤, 2,350톤으로 약간씩 차이
　　가 있다. 2D형의 톤수 합계가 다른 것은 여기에 기인한 것이다.

전시계획조선이 시작되는 1942년부터 1945년 패전까지 조선중공업에 할
당된 선박은 1,100톤급 일반형 1척, 전시표준선 1D형 2척, 2D형 5척, 그리고
F형 4척으로 합계 12척 18,450톤이었다.[55] 1942년 할당된 1,100톤급 일반형
선박은 속행선(續行船)으로, 1940년 상반기 일본우선(日本郵船)이 발주한
화물선이 자재 부족으로 공사가 지연되다가 착공에 들어간 것이었다.[56]
　할당받은 선박에 대해 실제 건조한 선박은 일반형 1척, 전시표준선 1D형

---

[55] 전시표준선 D형은 2,000톤 전후의 근해용 화물선이었다. 1D형과 2D형의 2종류가 있었는데,
　전자가 1,920톤급, 후자가 2,200톤급이었다. 석탄을 연료로 하는 1,100~1,200마력 증기기관
　(피스톤엔진)이 장착되고, 10노트 전후의 속력을 낼 수 있었다(小野塚一郎, 앞의 책 참조).
[56] 전시계획조선의 시작년도인 1942년의 경우 각 조선소가 계획조선 이전에 수주 받은 선박
　(續行船)의 건조가 주를 이루었다. 조선산업의 특성상 갑작스런 작업전환이 어렵고, 해군
　함정본부도 갑작스런 전환이 가져올 혼란과 조선소의 손실을 감안해서 일정정도의 유예
　기간을 상정하고 있었기 때문이다. 그러나 속행선의 건조가 예상보다 지연되고, 전황이
　악화되면서 결국 해군함정본부는 속행선의 건조를 금지하는 명령을 통해 계획조선 실행
　을 앞당기는 조치를 취했다. 속행선 정리에 대해서는 寺谷武明, 『造船業の復興と發展』,
　日本經濟評論社, 1993, 36~41쪽 참조.

2척, 2D형 3척, F형 4척으로 총 10척 13,700톤이었다. 2D형의 경우 1943년 1척, 1944년 4척, 총 5척을 할당받았으나, 1944년에 2척이 건조되었고 나머지 3척은 1944년 말 현재 건조공사가 30% 정도 진행되고 있었다.[57] 이중 1척은 1945년 건조되어 해방 당시 진수된 상황이었고[58], 나머지 2척은 결국 진수에 이르지 못했다. 자재난과 더불어 1945년 일제가 남방제해권을 상실하고 '본토결전'을 준비함에 따라 가장 먼저 식민지 조선소의 계획조선을 중지시켰기 때문이다. 식민지 조선소에 대해서는 1944년까지 할당된 선박조차도 필요자재가 준비된 선박의 건조까지만 허락되었다. 1945년도 계획조선이 해군함정본부에 의해서 수립되었지만, 식민지 조선소에는 건조선박 할당이 이루어지지 않았다.[59]

선형별(船型別) 건조 상황을 보면 전시표준선 중 가장 소규모인 F형의 경우 할당된 해에 건조·완성되었지만, 2,000톤급 전후의 중형화물선인 D형은 대체로 할당된 해에 건조되지 못하고 이듬해로 공사가 이월되고 있는 것이 확인된다. 특히 1943년의 경우 할당된 F형 3척은 전부 그 해에 건조되었으나, D형선 3척은 모두 1944년으로 완성이 미루어졌다. F형의 평균 건조 일수가 270일, D형은 300일로 큰 차이가 없는 반면 필요강재는 F형이 400톤, D형이 1,200톤으로 D형이 3배 정도 더 필요했다는 점[60]을 상기하면 자재조달의 어려움이 생산을 지연시키는 가장 큰 요인이었음을 알 수 있다.

조선중공업의 연도별 선박건조 추이를 보면 1944년 최대의 건조실적을 올리고 있다. 2,000톤급 전후의 D형 전시표준선만도 4척 8,440톤을 건조하였고, 그 외에 확실한 규모는 알 수 없지만 소형 잡선의 건조실적까지 합하면 최소 10,000톤의 건조실적을 올린 것으로 보인다.

57) 「第86回帝國議會說明資料 - 交通局關係(1944.12)」, 『日帝下支配政策資料集』 4, 1993, 398쪽.
58) 尹鍾根, 『造船老技師의 메모』, 부산일보출판국, 1985, 16~17쪽.
59) 식민지(점령지 포함) 조선소에 대한 신규 전시표준선의 할당을 중지하는 조치는 1944년 11월부터 적용된 改10線表에 의해서였다.
60) 제5장 〈표 5-2〉 전시계획조선 갑조선(甲造船) 1차~4차 전시표준선 선형 일람 참조.

조선중공업이 건조한 전시표준선을 인수한 선주회사는 주로 한국의 근
해 및 연안해운에 종사한 해운회사였는데, 그 현황 및 인수된 선박의 이후
행적을 정리한 것이 〈표 6-6〉이다.

〈표 6-6〉 조선중공업 건조 전시표준선의 인도 현황

전시표준선 종류	선명	톤수(G/T)	進水年月	선주회사	이후행적
F	九德山	490	1943년 2월	西日本汽船	
F	仁王	490	1943년 7월	西日本汽船	
F	日光山	490	1943년 10월	西日本汽船	
F	龍頭山	490	1943년 11월	西日本汽船	
1D	八光	1,948	1944년 1월 10일	朝鮮郵船	1944.11.8. 鹿児島근해에서 雷擊으로 침몰
1D	七洋	1,948	1944년 5월 23일	朝鮮郵船	1945.7.14 北海島에서 空爆으로 침몰
2D	宣城	2,220	1944년 10월	東亞海運	
2D	天光	2,221	1945년 1월 21일	朝鮮郵船	해방 후 대한해운공사 소속선으로 운항
2D	大冶	2,220	1945년		해방 후 漢陽號로 개명, 대한해운공사 소속선으로 운항

자료 :「一般船舶造修狀況 17, 18호(1943.11,12월)」,『柏原兵太郎文書』, 일본국회도서관 헌
    정자료실(마이크로필름 R33) ; 船舶部會 橫浜,「船舶史稿」第19卷, 2000, 76~77, 79쪽
    ; 日本海事振興會,「戰時建造船成績調査(第1回報告其ノ一, 1944.2)」,『戰時海運資料』
    no.28 ; (社)日本舶用機關學會編,『本邦建造船要目表(1868~1945)』, 海文堂, 1976, 212~213
    쪽 ; 5. 尹鍾根,『造船老技師의 메모』, 부산일보출판국, 1985, 16~17쪽 ; 孫兌鉉,『韓
    國海運史』, 亞成出版社, 1982, 391쪽에서 작성.

D형 전시표준선 중 1D형 2척은 일제시기 한국의 최대 해운사였던 조선
우선에 인도되었고, 모두 전쟁 중 침몰하였다. 2D형의 경우 일제가 1930년
대 말에 설립한 대중국항로 독점해운회사 동아해운과 조선우선에 각각 1
척씩 인도되었고, 나머지 1척은 선주회사가 확인되지 않는다. 완공된 2D형
3척 중 동아해운에 인도된 선박을 제외하고는 모두 해방 후 조선우선의 후
신으로 1950년 1월 설립된 국영기업 대한해운공사(大韓海運公社) 소속선이

되었다. 전시표준선 중 가장 소형선인 F형 4척은 모두 서일본기선(西日本汽船)[61]에 인도되었다.

조선중공업이 건조한 선박은 동아해운이 인수한 1척을 제외하면 전부 한국 소재 해운회사가 인수자였다. 중일전쟁기 아직 조선시장이 자유롭게 작동했던 시기에 조선중공업이 수주한 선박 중 대략 절반을 일본 소재 해운회사들이 발주한 것과 비교하면 차이가 있다. 그러나 이 시기의 시장이라는 것이 전체적인 계획 속에서 국가에 의해 인위적으로 창출된 것이고, 〈표 6-6〉의 1D형 2척의 행적에서 보듯이 이들 선박은 인도와 동시에 전쟁에 징발되었기 때문에 시장적 관점에서 특별한 의미를 부여하기는 힘들다.

조선중공업이 전시계획조선을 수행하는 데 필요한 자재는 전쟁 전과 변동 없이 일본 기획원이 1년 단위로 작성하는 생산력확충계획에 의해 각 품목별 할당이 이루어졌다. 다만 전시계획조선 중 강선 건조가 중심인 갑조선용 자재는 앞서 보았듯이 군수와 동등하게 취급되는 Bx로 자재충당의 우선권이 강화되었다. Bx로 조선중공업에 할당된 자재는 주요 자재인 강재를 비롯한 총 26종류였다. 이것은 다시 시설관련 자재(보수용), 선박건조관련 자재(운전용), 예비자재(보충용)로 구분되었다. 선박건조관련 자재는 공사종류에 따라 선박건조용(신조용)과 수리용 자재로 나누어지고 수리용은 다시 일반수리용과 전쟁피해선박 수리용으로 나누어 할당하였다.[62] B는 해군 군수를 의미하고 x는 갑조선을 의미하는 것이었다.

기획원이 할당한 자재를 조선중공업이 어떤 경로로 입수했는지에 대해

---

61) 서일본기선주식회사는 태평양전쟁이 임박한 1941년 8월 조선총독부가 연안해운업 통합의 일환으로 부산에 본거지를 둔 立石汽船과 朝鮮汽船, 그리고 여수의 晃陽汽船을 합병하여 설립한 회사이다. 합병의 형태는 규모가 비슷한 다테이시기선과 朝鮮汽船을 통합하고, 여기에 규모가 작은 晃陽汽船을 흡수한 형태로 이루어졌다. 합병과정의 구체적인 상황에 대해서는 배석만, 「朝鮮汽船株式會社의 경영자료 분석」, 『항도부산』 21, 부산광역시사편찬위원회, 2005 참조.

62) 企劃院, 「昭和17年度生産擴充實施計劃－船舶」, 『生産力擴充計劃資料』 7, 現代史料出版, 1996 참조.

서는 1943년 5월 동 회사가 조선총독부에 800만 엔 증자를 허가받기 위해
제출한 '자본증자 인가신청서'를 통해 확인할 수 있다. 조선중공업은 인가
신청서를 낸 시점인 1943년 5월을 기준으로 지난 1년간의 자재조달 경로를
보고하였는데, 그 현황은 〈표 6-7〉과 같다.

〈표 6-7〉 조선중공업주식회사의 필요자재 조달 경로

자재명	수량	가격 (圓)	비율 (%)	주요 입수처	통제단체명
보통강강재	7,000	2,100,000	36.4	三菱商事	造船統制會
보통銑	700	105,000	1.8	三菱商事	造船統制會
鍛鋼鋼材	300	135,000	2.3	神戸製鋼	造船統制會
鑄鋼	60	72,000	1.2	朝鮮電氣製鋼	造船統制會
특수강	30	30,000	0.5	占浦鋼商店	
銅	25	75,000	1.3	三井物産	朝鮮造船工業組合聯合會
비철금속	30	60,000	1.0	天野商店	朝鮮造船工業組合聯合會
목재	4,440	1,332,000	23.1	慶南造船用 木材共販組合	朝鮮木材株式會社
산소	60,000	30,000	0.5	帝國酸素	慶南鑄物工業組合
카바이트	150	37,500	0.7	東松商社	慶南鑄物工業組合
鎔接棒, 塗料 등 艤装品類, 기타		1,568,000	27.2		慶南鑄物工業組合
석탄(유연탄), 코크스	4,000	160,000	2.8	佐治商會	
전력		62,000	1.1	南鮮合同電氣	
계		5,766,500	100		

자료 : 「朝鮮重工業會社增資ニ関する件(1943.11.12)」, 『茗荷谷文書』 E78에서 작성.
주) 1. 목재와 산소의 단위는 m³, 나머지는 톤임.
   2. 비율은 가격비율임.
   3. 목재는 자료에는 언급되어 있지 않으나 조선목재통제령에 의해 각 지역 목재배급조
      합을 조선목재주식회사 통제하는 구조였으므로 그에 의하여 필자가 기입한 것임.

조선중공업의 필요자재 중 가장 중요한 강재는 일본 조선통제회의 감독
아래, 조선통제회의 위탁업체를 통해 간접 구입하거나 생산업체로부터 직
접 구입하는 경로가 동시에 이용되었다. 철강은 전시경제체제가 구축되면
서 가장 신속하게 엔블록 차원의 일원적 통제가 이루어졌다. 따라서 철강

재의 유통을 담당하는 민간상사(民間商社)나 돈야(問屋)는 태평양전쟁 전
인 1941년부터 이미 민간기업의 기능을 상실하여 통제단체의 명령에 의한
배급만을 담당하는 위탁기관으로 전락하였다.[63]

　조선중공업은 필요한 강재 중 절대비중을 차지하는 보통강강재를 미쓰비시
상사를 통해 구입하였다. 미쓰비시상사가 조선통제회의 위탁업체였기 때문이
었다.[64] 조선중공업은 강재를 규슈지역에서 확보하였고, 당시 규슈지역 강재
공급을 일본제철 야하타공장(日本製鐵 八幡工場)이 맡고 있었다는 점을 감안
하면, 야하타공장의 생산 강재가 미쓰비시상사를 통해 부산의 조선중공업에
공급되는 구조였음을 알 수 있다. 즉 해군함정본부로부터 강재를 할당받고,
이를 토대로 배급쿠폰을 발급받는 과정까지는 조선중공업 도쿄사무소가 처리
하고, 쿠폰으로 강재를 확보하여 조선중공업에 공급하는 작업은 조선통제회
의 감독 아래 미쓰비시상사가 대행하는 구조였다. 선철(銑鐵) 역시 미쓰비시
상사를 통해 구입했으나, 특수강은 점포강상점(占浦鋼商店)을 통해 구입했다.
강재 중 단강(鍛鋼)과 주강(鑄鋼)은 철강생산업체에서 직접 구입하였다. 단강
은 일본 고베제강(神戶製鋼)으로부터, 그리고 주강은 1940년 8월 자회사로 설
립한 조선전기제강를 통해 한국 내에서 자체 조달하였음이 확인된다.

　전체적으로 건조선박의 할당뿐만 아니라 필요한 주요 자재의 공급에 대
해서도 식민지 모국의 직접 통제 아래 일본 현지에서 구입하고 있었음을
알 수 있다. 이것은 조선중공업의 재생산구조가 태평양전쟁기 전시계획조
선을 계기로 한층 식민지 모국의 직접 통제하에 놓이게 되었음을 보여준

---

[63] 1937년 8월 제철사업법의 공포에 의해 철강의 판매가 국가통제하의 共販制로 전환되자,
　　미쓰비시상사는 미쓰이물산(三井物産), 이와이(岩井), 일본강재(日本鋼材)와 함께 지정
　　판매자가 되어 독점판매권을 행사했다. 하지만 1941년 4월 鐵鋼統制會가 설립되어 철강
　　업의 생산에서 판매에 이르는 국가의 일원적 통제가 시작되면서 통제기관의 대행 업무를
　　수행하는 하부기관으로 전락하였다(『三菱商事社史』, 1986, 506~512 · 571쪽 참조).

[64] 미쓰비시상사는 造船統制會 외에도 해군함정본부, 海務院, 철강통제회, 銑鐵協議會, 鑄鐵
　　協議會, 선박용주물회사 등 일본의 철강과 조선관련 주요 수요통제기관의 담당 위탁점이
　　었다(商工省, 「鐵鋼配給機構整備刷新ニ關スル件(1943.6.15)」, 『柏原兵太郎文書』R18, 일
　　본국회도서관 헌정자료실).

다. 강재를 제외한 필요자재는 〈표 6-7〉에서 보듯이 조선총독부가 구축한
해당품목 통제단체를 통해서 구입하고 있음이 확인된다. 강재 이외에 가장
큰 비중을 차지했던 목재를 보면 1942년 6월 조선총독부가 공포한 조선목
재통제령에 의해 설립된 공판조합(共販組合)을 통해 구입하였다.

정리하면 가장 중요한 자재인 강재는 일본의 직접통제 속에서, 나머지는
일본에서 작성한 전체 물동계획에서 조선중공업에 자재배정이 확정되면,
이것을 기초로 하여 조선총독부가 구축한 통제조직을 통해서 조달하고 있
었다는 것이다.

조선중공업은 조선소의 건설과 선박건조를 동시에 수행하였기 때문에
막대한 자금동원이 필요했다. 동 회사는 1차적으로 1940년 400만 엔의 증
자를 통해 필요자금 동원을 시도했지만 그것만으로는 필요자금의 충당이
어려워서 1940년부터는 대규모 차입금의 도입이 불가피한 상황이었고, 차
입금은 이후 선박건조 부진에 비례해서 급증했다. 1942년 하반기 결산에서
는 장기차입금은 증자금 400만 엔을 웃도는 514만 엔에 달했다.[65]

조선중공업은 전시계획조선을 통한 대규모 시설확장 기회에 대응하여 필
요한 자금 620만 엔을 주로 증자를 통해 충당할 계획을 수립하였다. 이것은
1943년 4월 제12기 주주총회에서 자본금을 기존 700만 엔에서 1,500만 엔으
로 800만 엔의 증자를 결정하는 것으로 공식화되었다. 임시자금조정법에 의
거하여 1943년 5월 조선총독부에 제출한 자본증자 인가신청서에서 조선중
공업은 회사설립 후 현재까지 투자된 투자비가 1,040만 엔으로, 이중 600만
엔은 자본금 불입 및 증자, 조선총독부 보조금을 통해서, 나머지는 440만 엔
은 식산은행의 차입금을 통해서 충당했다고 보고했다. 그리고 기존 차입금
440만 엔과 앞으로의 시설투자를 위한 새로운 자금 수요 620만 엔을 합친
총 1,060만 엔에 대해서 1차적으로 800만 엔의 증자를 통해 해결한다는 계획
이었다. 구체적으로는 800만 엔을 증자하여 기존 차입금 440만 엔을 변제하

65) 조선중공업주식회사, 「제12기 영업보고서」; 〈표 6-9〉 참조.

고, 나머지 360만 엔은 시설확충 자금으로 사용할 계획이었다. 계획대로 자
본을 공급하여도 시설확충 자금 260만 엔이 부족한데, 이것은 다시 차입하
여 충당할 계획이었다. 조선중공업의 자금공급계획은 〈표 6-8〉과 같다.

〈표 6-8〉 조선중공업 신규 시설 투자자금의 공급 계획(단위 : 圓)

기존 시설투자비	10,405,947	기존 조달 자금	10,405,947
		창립자본금 2차불입	1,500,000
		1940년 1차 증자	4,000,000
		조선총독부 보조금	500,000
		차입금(식산은행)	4,405,947
		증자	8,000,000
		기존 차입금 변제	4,405,947
신규 시설투자비	6,218,619	조달 자금	6,218,619
		신규 시설투자비	3,594,053
		신규 차입	2,624,566

자료 : 「朝鮮重工業會社增資ニ關スル件(1943.11.12)」에서 작성.

증자는 1940년 700만 엔으로 증자했을 때와 마찬가지로 일정한 기준으로
기존 주주에게 할당하는 방식을 채용하였다. 액면 50엔 신주 16만 주를 발
행하고, 이를 구주 7주에 대해 8주의 비율로 할당하는 방식이었다.[66] 따라
서 동척을 최대주주로 하여 식산은행, 조선우선의 식민지 국책3사와 미쓰
비시중공업이 지배하는 조선중공업의 자본구도에는 변함이 없었다. 실제
증자금 불입은 1943년 하반기와 1944년 상반기에 각각 200만 엔씩 총 400만
엔의 불입이 완료된 상황에서 해방을 맞았다.[67]

그러나 대규모 증자를 통해 신규시설의 확장자금을 조달함과 동시에 기
존 차입금의 규모를 줄여 기업금융을 개선한다는 계획은 뜻대로 진행되지
못했다. 조선중공업의 수지 구조[68]를 보면 그 정황이 확인된다.

66) 內務省, 「內務省東管第85號 指令案(1943.11)」, 『茗荷谷文書』 E78.
67) 조선중공업주식회사, 「제13~16기 영업보고서」 참조.
68) 諸收支表는 기업의 자금운용표로 기업경영사에 있어 기업의 자금흐름을 분석하는 데

⟨표 6-9⟩ 조선중공업의 사업·금융수지 현황(단위 : 千圓)

구분	3기(38下)	4기(39上)	5기(39下)	6기(40上)	7기(40下)	8기(41上)	9기(41下)	10기(42上)	11기(*)	12기(42下)	13기(43上)	14기(43下)	15기(44上)	16기(44下)
수입	452	1,018	89	1,339	162	1,785	192	185	185	316	2,630	2,357	1,029	2,117
사업수지														
순이익	42	43	89	97	114	11	192	185	185	316	317	233	127	88
보조금						500						145	363	
고정자산(감)														
유동자산(감)														
부채(증)	410	975		1,242	48	1,274					2,313	1,891	539	2,029
투자(감)												88		
지출	983	823	1,355	1,053	1,686	1,730	2,778	1,665	2,331	1,311	1,797	3,996	3,646	3,263
고정자산(증)	370	342	640	751	565	897	697	357	374	225	461	1,016	1,514	611
유동자산(증)	580	447	337	219	643	750	1,561	379	1,253	152	1,106	2,714	1,842	2,055
부채(감)			344			83	777	555	730					
투자(증)				395			331	2	1	27	7		3	245
적립금(감)								20	4	71	38	79	66	96
배당·상여	33	34	34	83	83	83	107	130	144	106	185	187	221	256
수지차액	-531	195	-1,266	286	-1,524	55	-2,587	-1,480	-2,146	-995	833	-1,639	-2,617	-1,146
금융수지														
특별예금인출(△예입)			△1	△1	△1	△1	△2	△61	△10	△14	△23	△26	△128	△197
현금·예금인출(△예입)	418	△557	375	△271	△730	△298	565	414	△185	△367	△578	△444	701	57
장기차입금(△변제)	260	334	△594		1,252	248	670	150	2,320	500		110	△750	△100
단기차입금(△변제)	△147	28	△13	△14	3	△3	354	△23	23	△123	△231		795	1,388
株金拂入			1,500		1,000		1,000	1,000		1,000		2,000	2,000	
금융잔고														
특별예금			1	2	3	4	6	67	77	91	114	140	268	465
현금·예금	10	567	192	463	1,194	1,492	927	513	698	1,065	1,643	2,087	1,386	1,329
장기차입금	260	594	0	0	1,252	1,500	2,170	2,320	4,640	5,140	5,140	5,250	4,500	4,400
단기차입금	0	28	14	0	3	0	354	331	354	231	0	0	795	2,183
拂入資本金	1,500	1,500	3,000	3,000	4,000	4,000	5,000	6,000	6,000	7,000	7,000	9,000	11,000	11,000

자료 : 조선중공업주식회사, 「해당기별 영업보고서」에서 작성.
주) 조선중공업 각기 영업보고서의 재무제표를 기초로 계산하여 작성. 사업수지와 금융수지의 수지차액의 오차는 1,000원 미만을 절사한 데서 발생한 것임.

유력한 하나의 방법으로 사용되고 있다. 1983년 아사지마 쇼이찌(麻島昭一)가 처음으로 구사한 이래(『戰間期住友財閥經營史』, 東京大學出版會, 1983), 大塩武, 『日窒コンツェルンの研究』, 日本經濟評論社, 1989, 정안기, 「戰間期 朝鮮紡織의 事業經營과 金融構造- '資金運用表' 작성에 의한 收支構造分析을 중심으로」, 『경제사학』 30, 경제사학회, 2001 등이 같은 방법으로 연구대상 기업의 자금흐름 분석을 시도하였다. 구체적 작성방법에 대해서는 麻島昭一, 위의 책, 12~13쪽 참조.

우선 사업수지를 보면 특징적인 것은 설립 후 태평양전쟁 전까지 매 회기 고정자산 증가가 확인되는데, 이것은 지속적으로 시설확장이 이루어지고 있음을 의미한다. 고정자산은 1939년 하반기부터 급증하여 1941년 상반기에 정점을 찍었다. 이것은 앞서 본 대규모 시설확장공사의 시작과 그중 조기시설(造機施設)을 제외한 선대, 도크, 의장안벽 공사가 완공된 시기와 일치한다. 그리고 1943년 하반기부터 갑조선계획에 편입됨에 따라 신규시설확장 및 전시계획조선에 의한 선박건조가 활발해진 것이 반영되어 다시 고정자산 및 유동자산이 동반상승하였고, 이로 인해 막대한 자금수요가 발생했음을 확인할 수 있다. 선박건조대금의 유입(공사수입미결산, 가수금 등)에 의해 사업수지의 적자, 다시 말해 자금수요를 일정하게 상쇄하고 있지만 역부족으로 대규모 수지적자, 즉 자금공급이 필요한 상황이었다. 여기에 대해 조선중공업이 시도한 800만 엔 증자로 유입된 자금은 1943년 하반기부터 반영되어 1944년 상반기까지 50%인 400만 엔이 불입되었다. 그러나 증자금 불입만으로는 필요자금의 충당이 이루어지지 않아 결국 다시 대규모 차입금 도입이 불가피했다. 차입금을 줄이기 위해 증자를 했음에도 불구하고 차입금의 규모는 오히려 늘었고, 더욱이 이전과 달리 이 시기는 주로 단기차입금에 의존하고 있다는 점에서 자금유동성은 오히려 악화되고 있었다. 결국 시설확장이 진행되고 생산활동이 태평양전쟁 전보다 뚜렷하게 개선되었지만 동시에 막대한 자금수요가 발생했고, 자금수요의 규모는 증자라는 자기자본에 의한 공급한도를 넘어서는 것이었다. 따라서 차입금 경감을 통해 기업금융을 개선하려는 애초의 목적은 이루지 못한 채 오히려 악화되었다는 사실을 확인할 수 있다.

태평양전쟁기 전시계획조선에 참여한 것에 힘입어 그간 부진했던 선박건조가 활발해졌음에도 불구하고 재무구조가 개선되기는커녕 악화되었다는 사실은 선박건조를 통해 이익을 내지 못했음을 의미한다. 조선중공업의 내실을 파악하는 측면에서 그 상황을 좀 더 자세히 살펴볼 필요가 있다.

조선중공업은 일본 전시계획조선에 편입되면서 시설확충이 이루어지고, 배정된 전시표준선의 건조 등이 계획대로 진행된다면, 연간 매출 2,400만 엔, 170만 엔의 순이익—이익률 11.3%[69]—을 올릴 것으로 기대했다. 그리고 이에 힘입어 배당률을 기존 5%에서 6%로 인상하는 것도 가능할 것으로 예측했다.[70] 〈표 6-10〉은 이러한 전망하에 작성된 사업계획서이다.

〈표 6-10〉 조선중공업 사업계획서(1944.10~1945.9)

수입지부			지출지부		
항목	금액(圓)	비고	항목	금액(圓)	비고
선박건조	19,100,000	D형 전표선 10척 군과 조선총독부 선박건조	자재비	12,320,000	
			동력비	400,000	
선박수리	4,000,000	함정, 官船, 상선 수리	설비유지비	960,000	
제기계제작	700,000	선박부분품, 기타 제작	임금	4,380,000	1시간 40錢
투자수입 및 이자수입	80,000		공원후생비	600,000	
잡수입	100,000		역원, 직원급여	765,000	
			영업비	600,000	
			보험료	300,000	
			잡세, 공과금	100,000	
			잡비	120,000	
			지불이자	450,000	
			소계	20,995,000	
			상각금	1,300,000	법정한도
			계	22,295,000	
			이익금	1,685,000	
합계	23,980,000		합계	23,980,000	

자료 : 「朝鮮重工業會社增資ニ関する件(1943.11.12)」에서 작성.

수입의 대부분은 갑조선계획에 의해 산업설비영단으로부터 건조배정을 받을 D형 전시표준선 10척의 건조수입을 기초로 한 것이었다. 여기에 대해 앞서 확인하였듯이 실제 조선중공업에 배정된 전시표준선은 D형이 총 7척

[69] 자본금 1,500만 엔의 전액불입을 전제로 계산한 불입자본 이익률이다.
[70] 「朝鮮重工業會社增資ニ關スル件」, 『茗荷谷文書』 E78.

이었고, 그 외 소형인 F형이 4척 배정되었다. 그중 D형은 패전까지 5척만 건조되었고, F형은 4척 전부 완성되었다. 그러나 D형의 경우 조선중공업이 〈표 6-10〉의 계획서를 작성한 시점에서 1D형 2척은 이미 산업설비영단으로부터 배정받아 건조 중이었으므로 계획서의 10척에는 포함되지 않았다. 따라서 실제 계획 대비 실적은 10척의 계획에 대해 5척을 배정받아 3척을 건조한 셈이 된다. 한편 조선중공업이 계획조선 외에 기대하고 있던 군과 조선총독부의 선박건조 수요는 주로 소형 함정 및 잡선이었고, 영업보고서에 의하면 상당수의 건조실적이 있었던 것으로 추측되지만 군부의 정보통제로 인해 구체적인 기록이 확인되지 않는다.[71] 당시의 심각한 재생산조건의 제약을 감안하면 이 정도로도 놀라운 건조실적이지만 〈표 6-10〉과 같은 조선중공업의 원래 기대에는 미치지 못하였고, 이익률은 〈표 6-11〉과 같이 훨씬 낮았다.

〈표 6-11〉 조선중공업의 매출액 및 이익률 현황(단위 : 圓)

회기(년도)	10기(42上)	11기(*)	12기(42下)	13기(43上)	14기(43下)	15기(44上)	16기(44下)
공사수입	2,029,491	1,466,337	2,258,977	2,618,455	2,933,269	4,126,831	5,750,549
선박건조	931,598	10,230	654,300	1,281,794			
선박수리	794,348	1,425,176	1,576,246	1,279,699			
기타	303,544	30,931	28,431	56,961			
보조금					145,000	363,075	
당기이익	185,844	185,774	316,311	317,660	378,921	490,370	88,294
이익률(%)	6.20	6.20	9.04	9.07	8.42	8.92	1.60
배당률(%)	5	5	5	5	5	5	0

자료 : 조선중공업주식회사, 「해당기 영업보고서」에서 작성.
주) 1. 이익률은 당기이익금/불입자본금을 年率로 표시한 것임.
　　 2. 11기는 회기변경에 의한 것으로 1942년 5월~9월까지임.

---

[71] 1942년 하반기 일거에 42척의 잡선을 수주하였고, 1943년 상반기에 1척의 잡선을 수주하였다는 기록을 끝으로 이후 영업보고서에는 더 이상 구체적인 기록이 없다(조선중공업주식회사, 「제12~16기 영업보고서」 참조).

〈표 6-11〉을 보면 1942년 상반기에 비해 1944년 하반기의 매출액은 2배 이상 늘었다. 전시계획조선에 의해 산업설비영단으로부터 수주 받은 전시 표준선 건조가 영업성적으로 반영된 때문이다. 전시계획조선이 시작된 1943년부터 매출액에서 선박건조가 선박수리를 능가하였다. 1943년 하반 기부터는 영업보고서 상으로 선박건조와 수리의 매출액 구분이 없어져서 확인되지 않지만, 1944년 조선중공업의 선박건조 실적이 정점에 이른 것을 감안하면 매출액 향상을 선박건조가 주도했던 것은 확실하다.[72] 그러나 전 체 공사수입은 1944년 1년간 1,000만 엔 미만으로 원래 기대했던 액수의 절 반에도 못 미치는 수준이었다.[73] 더욱이 이익률은 매출액의 급속한 증가에 도 불구하고 오히려 하락했다. 1942년 하반기부터 1943년 상반기까지 연속 으로 9%대를 기록했던 이익률은 1943년 하반기부터 8%로 떨어졌다. 이것 도 선박건조보조금을 제외하면 1943년 하반기 5.2%, 1944년 하반기 2.3%에 불과하고, 최대의 매출고를 올린 1944년 하반기에는 보조금이 없어지면서 일거에 1%대로 추락했다. 이익배당 역시 6%로 인상되지 못한 채 1944년 하 반기에는 이윤을 내지 못함으로써 배당이 이뤄지지 못했다. 이것은 당시 일 본의 조선회사와는 정반대의 양상으로 예를 들어 미쓰비시중공업은 1944년 하반기 18%의 이익률에 7%의 배당[74], 하리마조선소(播磨造船所)는 55%의 이익률에 8%의 배당[75]을 실현했다.

---

[72] 다른 자료에 의하면 1944년 조선중공업은 총 767만 엔의 매출액을 기록했고, 이중 선박건 조가 450만 엔, 선박수리가 307만 엔, 기타 10만 엔이었다(『朝鮮重工業(株)』, 일본국립공문 서관 소장 폐쇄기관청산관계자료).

[73] 〈표 6-10〉의 계획은 1944년 하반기부터 1945년 상반기에 걸친 계획이고, 〈표 6-11〉은 1944 년 상반기와 하반기의 실적이므로 시기적으로 일치하지 않는다. 그러나 계획대로라면 1944년 하반기에만 1,000만 엔 이상의 공사수입을 달성해야 하지만 1944년 하반기 수입은 575만 엔에 그쳤다.

[74] 三菱社誌刊行會,『三菱社誌-1943,44년』39, 1981, 2346·2360쪽 ; 미쯔비시중공업의 상승 세는 1945년에도 꺾이지 않았다. 1945년 2월 三菱工作機械株式會社를 합병한 것을 계기로 자본금을 10억 엔으로 증자할 것을 결정하였고, 1945년 상반기 이익률은 15%, 7%의 배당 이 실현되었다(三菱重工業株式會社,「제56기 영업보고서」).

산업설비영단이 발주한 전시표준선을 건조하면서 활발한 생산 활동을 전개하였으며, 그 반영으로 원래 목표치에 도달하지는 못했지만 매출액이 급증했음에도 불구하고 영업 성적이 호전되지 못하고 오히려 이익률이 급속히 하락한 원인은 무엇일까? 이익률이 1%대로 떨어진 1944년 하반기 영업성적을 기록한 조선중공업의 제16기 영업보고서에는 그 원인에 대해 '신조선 및 수리, 잡공사의 실적이 전기(前期)보다 증가하였음에도 불구하고 당사(當社)의 지역적 특수성에 기인한 선가(船價) 증액요구가 미해결되었기 때문에 좌기(左記)와 같은 성적(이윤 감소 및 설립 후 최초의 무배당─필자 주)에 그친 것은 심히 유감'이라고 서술하고 있다. 여기서 조선중공업이 당국에 선가 증액을 요구한 근거였던 '지역적 특수성'이란 식민지의 인플레이션 및 운송난이 심화되면서 일본에서의 자재공급이 원활하지 않아서 건조 기간이 길어진 데 따른 추가비용을 의미한다. 이에 대해 해군함정본부는 최초의 '기준 건조 선가'를 결정할 때 한국, 타이완, 만주의 조선소 및 기타 중국 상하이 등 점령지의 조선소에 대해서는 일본 조선소보다 선가를 10% 높게 책정하였다. 그러나 이것만으로는 태평양전쟁 말기로 갈수록 심해지는 인플레이션과 운송난으로 인한 채산성 악화를 감당할 수 없었고 결국 조선중공업은 건조 선가 증액을 요구한 것이었다. 당시 선가 증액 요구의 정황에 대해 해군함정본부 상선반 반장(商船班 班長)이었던 오노즈카 이치로(小野塚一郎)는 다음과 같이 기술하고 있다.

> 선가(船價)에 대해 기준선가의 변경을 희망하는 요구가 있었는데 여기에는 물가고(物價高)의 외지(外地), 점령지 조선소와 초기의 2E형 양산(量産) 공장 외에… 몇 몇 공장이 있었다. (그러나) 이들 모두 양산체제가 확립된 후로는 자연스럽게 문제가 해결되었다. 각 선형(船型) 모두 선가는 물가고의 추세에 연동되어 후기로 갈수록 높아졌지만 그것은 보기(補機) 등의 정도만큼 심하지는 않았다. 이것은 양산체제의 가장 좋은 영향이 나타난 것이라고 생각한다.[76]

75) 『播磨造船所50年史』, 1960, 398쪽.

위의 사실에서 우선 조선중공업의 선가 인상요구가 일제 패전 시까지도 받아들여지지 않았음을 알 수 있다. 그 이유는 오노즈카의 언급대로라면 해군함정본부가 인플레이션에 의한 실질 건조비의 증가요인은 전시표준선의 양산체제 확립을 통해 건조비용을 절감함으로써 '자연스럽게' 상쇄된 것으로 판단했기 때문이다. 그러나 이것은 일본 내 조선소의 상황으로서 일본 이외의 조선소의 현실과는 거리가 멀었다.[77] 식민지의 인플레이션은 태평양전쟁 말기로 가면서 보다 심각해져 식민지 모국과 격차가 점차 커졌고[78], 운송난 역시 갈수록 심해졌다. 더구나 양산체제(量産體制) 확립을 통한 건조비용의 절감 역시 일본 이외의 조선소와는 거리가 있는 이야기였다. 일본 이외의 조선소에 주로 할당되었던 C, D형 전시표준선은 다른 전시표준선형에 비해 건조 기간이 길었다.[79] 더욱이 주 자재인 강재를 일본으로부터 이입했기 때문에 심화되는 운송난에 비례하여 공사기간은 더 길어질 수밖에 없었다. 조선중공업의 경우 평균 300일이 걸리는 1D형 건조를 370일 만에 완성하였다.[80] 결국 식민지 조선소의 계획조선은 양산체제와는 거리가 멀었고, 따라서 인플레이션에 의한 선박건조비용의 상승을 양산체제의 확립을 통한 건조비용 절감으로 상쇄한다는 해군함정본부의 계획이 관철되기 힘들었다. 또 대규모 시설확충이 지속되면서 필요한 자금의

---

76) 小野塚一郎, 앞의 책, 229~230쪽.

77) 실제로 일본에서는 블록건조방식 도입과 용접기술의 보급 등 건조 기간 단축을 통한 대량생산체제 구축을 위해 특별한 방법이 도입되고 있었지만 식민지 조선소에까지 파급되지 않았다. 한국 조선산업에 블록건조방식이 도입된 것은 1960년대였고, 용접기술은 한국전쟁기 보급되었다(韓國船舶硏究所, 『우리나라 造船工業發達史』, 1978, 150~151쪽).

78) 태평양전쟁기 일본 식민지 및 점령지역의 인플레이션은 본국에 비해 월등히 높았고 전쟁 말기로 가면서 그 상황이 보다 심각해졌음을 지적하고 이것이 식민성의 대표적인 사례였음을 밝힌 선구적 연구는 한국에 대해서는 山辺健太郎, 『日本統治下の朝鮮』, 岩波新書, 1971, 식민지 및 점령지 전체에 대해서는 小林英夫, 『日本軍政下のアジアー大東亞共榮圈と軍票』, 岩波新書, 1993가 있다.

79) 식민지 조선소에 C, D형 전시표준선이 주로 할당되었음은 小野塚一郎, 앞의 책, 139~146쪽 참조.

80) 憲兵司令部, 「甲造船及船舶修理ノ狀況(1944.9.5)」, 『戰時海運資料』 no.32.

상당부문을 차입금을 통해 충당하고 있던 것도 채산성 악화를 가중시켰다.

조선중공업은 제16기 영업보고서에서 다음 회기에는 선가 인상문제를 해결하고 선박수리공사도 급증하여 영업실적이 호전될 것으로 전망했지만 그것은 희망사항에 불과하였다. 선가 인상은 이루어지지 못하였고, 1945년부터 늘어난 선박수리공사 역시 기대한 만큼 성과를 내지 못하였기 때문이다.[81]

오노즈카는 당시 일제가 식민지와 만주 및 점령지 조선소의 조선사업을 수행하는 데 최우선적으로 고려한 것은 '전쟁수행을 위한 전략적 관점'이었다고 증언하고 있다.[82] 조선중공업이 전시계획조선을 수행하면서 기업경영의 관점에서 선가 증액을 요구한 것이 수용되기는커녕 일제의 군사작전상의 변화에 의해 일방적으로 계획조선이 중단되면서 이미 할당받은 선박조차 모두 완공할 수 없었던 상황은 오노즈카의 언급이 사실임을 보여준다.

1930년대 후반 민수와 군수의 결합으로 탄생한 조선중공업은 엔블록 전체를 아우르는 전시체제 구축의 파도를 타고 빠르게 성장했고, 태평양전쟁기 그 절정에 이르렀다. 설립 당시에는 자본금 300만 엔에 100명 남짓한 종업원, 그리고 선박 수주에 대한 확신이 없어서 종합중공업회사로 출발하였지만, 패전당시에는 자본금 1,500만 엔(1,100만 엔 불입), 종업원 3,500명[83], 연간 최대 20,000톤의 건조능력을 가진 전문조선소로 성장했다. 1944년에는 2,000톤급 4척, 총 8,000여 톤을 건조했는데, 이 기록은 1960년대 초까지 한국의 연간 전체 건조량 보다 많은 것이었다.

설립 후 패전까지의 기간이 불과 8년 정도였으므로 조선중공업의 이와 같은 성장은 분명 두드러진 것이었다고 할 수 있다. 그러나 급속한 성장은 외형에 국한된 것이었고 내실 있는 자본축적과는 거리가 멀었다. 후발 조

---

81) 일제 패전직전인 1945년의 선박수리 강화계획에 대해서는 9장 1절 참조.
82) 小野塚一郎, 앞의 책, 277쪽.
83) 『대한조선공사30년사』, 323쪽.

선소로서 당연히 예상되는 저생산성과 한국의 산업적 토대의 미약함으로
인해서 재생산구조를 크게 일본에 의존해야 하는 식민지 조선소의 상대적
불리함은 채산성을 악화시켰다. 그리고 전황이 불리해지고 이에 비례하여
조달면을 중심으로 생산 환경이 나빠지면서 채산성 악화는 보다 가속화되
었다. 〈표 6-11〉에서 보듯이 생산이 최고조에 이르렀던 1944년 하반기에 이
윤율이 1%대로 급락하고 이로 인해 설립 후 최초로 배당을 할 수 없었던
모순적 상황은 이를 잘 뒷받침한다. 이런 상황에서도 극단적 경영위기에
직면하지 않은 것은 국가적 특혜금융에 지지된 덕분이었다. 이것은 바꿔
말하면 국가차원의 지원이 없어질 경우 바로 경영위기에 봉착할 수 있는
허약한 내실을 가지고 있었음을 의미하는 것이기도 했다.

제7장

을조선(乙造船)하의 식민지 조선산업

제7장 을조선(乙造船)하의 식민지 조선산업

1. 조선총독부의 을조선 시행과 조선소 통합정비

1) 전시표준선형 선정

전시계획조선에서 주로 500톤 미만의 소형 목조 화물선을 양산하는 을조선의 시행은 500톤 이상의 강선을 건조하는 갑조선과 달리 식민지권력이 주도하였다. 조선총독부는 1942년 7월 체신국이 건조할 전시표준선형을 결정하고, 8월에는 조선소에 대해 건조할당을 함으로써 본격적으로 시동을 걸었다. 계획조선의 발주가 시작되면서 기존 건조 중인 선박은 준공을 서두르고, 아직 계약 단계에서 착공에 들어가지 않은 선박은 계약을 파기하는 것으로 하였다. 사실상 전시표준선 외에는 조선이 금지되는 것을 의미했지만, 긴급성을 기준으로 예외를 두었다.[1] 계획조선 대상선박은 목조 화물선을 중심으로 부선(艀船), 예인선(曳船), 유조선이었다. 어선은 계획조선 대상에서 배제되었고, 예인선과 유조선의 경우 계획은 되었지만 실행되지 않았다.[2] 전시표준선은 일본 체신성 해무원이 선정한 전시표준선 설계

---

[1] 『每日申報』 1942.7.19, 8.30.

[2] 유조선과 예인선의 건조는 1943년 각 2척씩 계획되었지만, 예산이 성립되지 않아서 건조되지 못했고, 1945년 다시 계획하였으나 실현되었는지는 확인되지 않는다(「朝鮮總督府交通局, 極秘第57號, 朝鮮交通關係資料(1944.4)」, 『戰時海運資料』 no.44 ; 「第86回帝國議會

를 도입했지만, 〈표 7-1〉에서 보듯이 조선총독부 체신국이 자체 개발한 선
형도 있었다. 150톤급 기범선 화물선 조선형(朝鮮型)과 120톤급 순범선 화
물선이 조선총독부가 독자적으로 만든 선형이었다.

〈표 7-1〉 조선총독부가 선정한 전시표준선형

船種	구분	船型	총톤수(G/T)	기관(馬力)	비고	선형선정기관	선형 도입시기
화물선		170톤형	170	75			1945년
	朝鮮型	150톤형	150	75	燒玉機關	조선총독부 체신국	1943년
	海務院型	150톤형	150	115	燒玉機關	체신성 해무원	1943년
	純帆船	120톤형	120				1943년
		100톤형	100				1942년
艀船		130톤형	130				1945년
		100톤형	100				1943년
		80톤형	80				1943년
예선		150톤형	150	500	蒸氣機關		1945년
		80톤형	80		蒸氣機關		1943년
유조선		300톤형	300				1943년
		150톤형	150	115	燒玉機關		1945년

자료 : 朝鮮總督府交通局, 「極秘第57號, 朝鮮交通關係資料(1944.4)」, 『戰時海運資料』 no.44,
68~71쪽 ; 「第86回帝國議會說明資料(1944.12)-交通局關係」, 『日帝下支配政策資料集
』 4, 고려서림, 1993, 397~399쪽 ; 『殖銀調査月報』 제69호, 1944.2, 16~19쪽에서 작성.

조선총독부가 일본 체신성이 선정한 전시표준선 선형의 도입에 전적으
로 의존하지 않고, 기존에 한국에서 사용하는 선박을 정리하여 전시표준선
을 개발한 것은 건조하기에 익숙하고, 조선의 연안지형에 적절하다는 점에
서 착안된 것이다. 이것은 1942년 7월 16일부터 17일까지 이틀간 개최된 기
술위원회에서 결정되었다.3) 또 현실적인 문제로 기계공업의 미발달로 선

說明資料(1944.12)」, 『日帝下支配政策資料集』 4. 高麗書林, 1993, 398~399쪽). 『海運十年
略史』(海運局, 1955)에는 유조선이 4척 건조된 것으로 나오는데 이것이 사실이라면 1945
년 계획된 유조선의 일부가 해방될 때까지 건조된 것으로 판단할 수 있다. 그러나 1945년
의 경우 건조자재가 확보된 선박을 제외하고는 선박수리에 집중하는 상황이었음을 생각
할 때 신뢰하기 힘들다.

박엔진의 공급이 힘들다는 점도 작용했다. 1930년대 이후 동력선이 보급되면서 선박엔진의 제작기술도 발전했지만 대부분 소형엔진으로, 100마력 이상의 엔진제작은 여전히 힘든 실정이었다.[4] 조선형 화물선이 해무원형 보다 작은 75마력 엔진을 창작하게끔 설계된 것이나 일본에서는 선정되지 않은 무동력선이 전시표준선으로 선정된 것은 이러한 사실을 반영한다.

2) 자재공급의 구조

을조선을 조선총독부가 주도했지만, 여기에 필요한 자재의 공급은 당연히 전시경제체제에 입각해서 일제 중앙정부 관할하에 있었다. 목선의 건조에 필요한 자재는 크게 선체건조에 필요한 목재, 엔진과 정류(釘類) 등의 제작에 필요한 철강으로 나눌 수 있다. 물론 목재가 가장 큰 비중을 차지하는데, 선박건조에 필요한 목재는 소나무(松) 65%, 삼나무(杉) 30%, 기타 5%로 구성되었다.[5] 을조선의 필요자재는 1943년 계획부터 생산력확충 대상품목(C2)에 포함되면서 일본 군수성(軍需省)이 작성하는 엔블록 전체 물자동원계획에서 품목별로 할당되었다.[6] 1944년에는 〈표 7-2〉와 같이 총 22개 품목에 대해 할당계획이 결정되었다. 남방 점령지를 제외하면 식민지 중에는 한국에 가장 많은 자재가 할당되어, 식민지에서 한국의 을조선이 가장 큰 규모로 이루어지고 있음을 확인할 수 있다.

---

3) 『每日申報』 1942.7.19.

4) 을조선계획이 본격화되자 대형엔진 제작의 필요성이 제기되었지만, 1943년 말까지도 대부분 25~95마력의 소형엔진 제작이 대부분이었다(『殖銀調査月報』 제67호, 1943.12, 20쪽).

5) 『殖銀調査月報』 제69호, 1944.2, 20쪽 ; 기타 이용 목재는 欅, 栯 등으로 주로 堅材로 사용하였다.

6) 목조선용 자재는 1942년까지 물자동원계획에서 C5(일반민수)에 포함되어 있었지만, 1943년부터 C2(생산력 확충용 자재)로 우선순위가 상승하였고, C2내에서도 을조선 자재라는 명칭으로 독립적인 물자동원의 지위를 가졌다(「生産擴充計劃品目改定ニ關スル件(1943.5.3)」, 『生産力擴充計劃資料』 8, 現代史料出版 1996, 7쪽).

〈표 7-2〉 1944년 일본과 식민지 및 점령지의 지역별 을조선 자재 할당안

품종	단위	내지	조선	대만	南洋	만주	지나	南方A	南方B	南方乙	계
普通鋼鋼材	톤	82,000	5,500	1,800	100	1,500	1,000	7,000	3,000	100	102,000
普通鍛鋼	톤	4,100	270	98	5	70	50	350	160	5	5,100
普通鑄鋼	톤	3,460	240	76	4	60	40	290	126	4	4,300
普通銑	톤	41,000	2,500	800	50	200	400	7,000	2,000	50	54,000
特殊鋼鋼材	톤	655	40	15	1		8	55	25	1	800
電氣銅	톤	900	35	18	1	16	10	70	30	1	1,100
屑銅	톤	362	25	8	0	7	5	31	12	0	450
鉛	톤	350	21	7	0.5	6	4	20	8	0.5	417
亞鉛	톤	480	33	11	1	10	6	40	18	1	600
錫	톤	300	19	7	0.5	5	4	24	10	0.5	370
水銀	瓩	1,300	91	30	2	0	15	110	50	2	1,600
알루미늄	톤	170	10	3	1	0	1	10	4	1	200
보통석면	톤	828	0.5	0.2	0.01	0	0.1	0.6	0.3	0.01	10
고급석면	톤	6.4	0.5	0.2	0.01	0	0.1	0.5	0.28	0.01	8
牛皮	톤	41.1	2.7	0.8	0	0	0.5	3.4	1.5	0	50
생고무	톤	60	5.6	2	0	14	1	7	3	0	100
船舶用材	千石	4,100	216(256)	87(48)	6(5)						4,409
一般用材	千石	504	14.6(13)	3(4.6)							521.6
電柱	千石	1.96									1.96
枕木	千石	1.2									1.2
베니야판	1,000㎥	1,655									1,655
시멘트	톤	41,000	3,000	1,000							45,000

자료 : 動員部一課,「19年度乙造船資材配當案(1944.4.26)」,『戰時海運資料』 no.36에서 작성.
주 : ( )는 처음 계획안 임.

필요자재는 군수성이 작성한 물동계획 속에서 할당되면, 이를 토대로 조선총독부가 자재를 공급했다. 일본의 사정 및 운송난으로 필요한 자재는 최대한 한국 내에서 조달하려고 했지만, 일본에 공급받을 수밖에 없는 품목, 즉 목재의 일부 및 철강, 엔진을 포함한 기계류 등은 조선총독부가 군수성과 협의하여 공급을 받았다.

주 자재인 목재를 통해 공급구조를 구체적으로 살펴보자. 선박건조용 목재는 양질의 목재가 필요하기 때문에 계획조선이 본격화되는 1943년 이전에는 대부분 일본에서 충당했다.[7] 그러나 일본에서도 계획조선이 실시되

면서 선박용 목재수요가 급증하고, 더욱이 운송력 부족이 가중되면서 한국에 선박용 목재를 공급할 여력이 없어졌다. 결국 삼나무를 제외한 대부분의 목재를 한국에서 자체 충당할 수밖에 없었고, 이것은 1943년 선재공출촉진요강(船材供出促進要綱)으로 공식화되었다.[8] 이를 계기로 선박용 목재공출운동이 전국적으로 전개되었다. 공출 대상은 관유림, 민유림은 물론 사원 경내의 노목, 집안 조경수, 가로수에 이르기까지 무차별적인 것이었다.[9] 1943년 4월 30일 조선총독부에서 열린 목재증산회의가 끝난 후 당시 조선총독 고이소 구니아키(小磯國昭)는 경복궁 내 300년 수령의 노송을 직접 도끼로 벌채하는 퍼포먼스를 연출했고, 이것을 신호로 전국적인 목재공출운동이 시작되었다.[10] 목재공출국민운동에는 애국반, 경방단, 부인회, 학도, 생도 등 동원 가능한 모든 노동력이 동원되었다. 1944년 6월에는 매일신보에 조선왕실이 경기도 수원의 화산산림(華山山林)을 비롯하여 4곳의 왕실림에서 상당한 양의 적송(赤松)을 하사하였다는 기사가 선재(船材)공출운동을 독려하는 내용과 함께 실렸다.[11]

목재공급은 1942년 6월 조선목재통제령에 의해 만들어진 통제구조에 의거하여 공급되었다. 통제는 크게 생산방면의 통제와 배급 방면의 통제로 나눌 수 있다.[12] 전자는 원목생산출자조합과 원목으로 1차 생산품을 만드는 제재(製材)생산출자조합으로 관련 업자를 각 도별로 조직하였다.[13] 생

7) 『朝鮮』 1943.5, 58쪽 ; 1943.10, 11쪽.
8) 杉은 주로 선박 外板用材로 사용되는데, 외판의 경우 곡선을 만들어야 하기에 일본산 杉에 의존할 수밖에 없었다(『朝鮮』 1943.5, 58쪽).
9) 『朝鮮』 1943.4, 77쪽.
10) 樋口雄一, 『戰時下朝鮮の農民生活誌 1939~1945』, 社會評論社, 92~93쪽.
11) 『每日申報』 1944.6.21 ; 일본 역시 동일한 공출운동이 있었음은 앞에서 확인하였다.
12) 목재통제구조의 구체적 내용은 「第86回帝國議會說明資料(1944.12)」, 233~235쪽 참조.
13) 원목생산출자조합은 국유림의 경우 北鮮, 中鮮, 西鮮지구별로 1개씩, 민유림은 각 도별로 1개씩 조직하였고, 제재생산출자조합은 각 도별로 1개씩 조직하였으나, 제재업자들이 집중되어 있는 함경북도에는 3개, 함경남도에는 2개를 조직하였다.

산된 원목 및 제재품의 배급은 각 도별로 조직된 지역별 목재배급조합과
중앙통제기관인 조선목재주식회사[14]가 담당하였다. 이후 통제 강화를 위
한 기구간소화를 위해 1943년 7월과 1944년 2월 통제조직 개편을 단행하여
제재생산출자조합과 목재배급출자조합을 해산하고, 원목생산출자조합은
원목생산조합으로 개편하는 한편 조선목재의 기구를 확충하여 각 도에 지
점을 설치하여 해산된 각 지역 출자조합의 업무를 총괄하도록 함으로써,
원목생산을 제외한 모든 부문에 대해 조선목재의 일원적 통제가 이루어졌
다. 그 외 수이입 목재 관련사무도 조선목재가 담당하였다.[15]

이러한 목재통제에 따라 선박용재의 수급은 각 조선소가 1년 단위로 필
요한 목재수요량을 작성하여 조선산업 통제단체인 조선조선공업조합을 통
해 조선목재에 제출, 조선목재가 감독기관인 총독부 광공국의 승인을 얻어
통보하면, 신청절차의 역순으로 내려가서 각 조선소에 통보되고, 각 조선
소가 배급을 받는 구조였다.

수이입재는 역시 1년 단위로 총독부 광공국이 조선 내 필요량을 조사하
여 계획을 수립하여 일본 식민지 담당기관인 내무성(1943년 행정일원화 이
전에는 척식성)에 제출하면, 내무성이 일본의 목재관련 실무기관인 농림성
(산림국)에 제출하였다. 농림성은 일본 목재 수요 및 식민지 수요를 합쳐
전체 물동계획을 수립하여 물동 담당기관인 군수성(1943년 행정일원화 이
전에는 기획원)에 제출하고, 군수성이 목재 물동량을 결정하면, 농림성은
결정된 목재물량을 일본 각 지역별로 할당하여 해당 현지사(縣知事)에게
공출을 지시하는 한편, 같은 경로로 결정량을 조선총독부에 통보하는 구조
였다. 일본 해당지역에서 공출된 목재를 수합하여 한국으로 보내는 실무는

---

14) 조선의 목재 수급조정기관으로서 1942년 2월 설립되었고, 조선목재통제령이 제정공포되
    면서 동 법령에 의해 목재배급의 중앙통제기관으로 지정되어 재출발하였다(『昭和18年版
    朝鮮産業年報-朝鮮産業の決戰再編成』, 東洋經濟新報社, 1943, 133쪽).
15) 「東拓ノ朝鮮木材株式會社株式引受ノ件(1942.1.24)」, 茗荷谷文書 E77.

일본의 목재통제중앙기관인 일본목재주식회사가 담당하였다.[16) 선박용 목
재공급이 실제 어느 정도 이루어졌는지를 살펴보면 〈표 7-3〉과 같다.

〈표 7-3〉 1943년도 선박건조용 목재 공급 상황(단위 : 石)

1942년 이월	조선내 생산	수입 (만주)	이입 (일본)	합계	소비량		수출	이출	1944년 이월
					군수	기타			
12,700	351,800	0	87,500	452,000	4,100	309,100	0	0	138,800

자료 : 朝鮮總督府鑛工局,「昭和18年度木材需給狀況調査ニ関する件(1944.8.7)」,『茗荷谷
文書』 E235에서 작성.

1943년은 이월량을 제외하면 총 439,300석이 공급되었고, 이중 조선산 목
재가 80%, 일본산 이입재가 20%였다. 목재 중 일본산 목재의 필요량이 30%
정도였음을 고려하면 일본으로부터의 목재공급이 원활하지 않음을 알 수
있다. 1943년 조선 내 선박건조용 목재 생산지역은 장대재(長大材)의 경우
경상북도 임업개발회사 대부 국유림, 강릉 및 성진영림서 소관 국유림이었
고, 곡재(曲材)는 각 도에서 공출되었다.[17) 앞서 언급한 사원 경내의 노목,
집안 조경수, 가로수 등의 무차별적인 공출이 시행된 것은 주로 각 도에
할당된 곡재의 공출 때문이었다. 한편 일본산 이입재는 전부 규슈지역에서
공급되었는데, 미야자키(宮崎) 59,600석, 가고시마(鹿兒島) 15,200석, 나가
사키(長崎) 12,700석 순이었다.[18) 나가사키의 이입재 중 쓰시마(對馬島)에
서 벌목된 목재는 목재뗏목형태로 만들어져 예인선에 의해 현해탄을 건너
는 방식(海洋筏)으로 부산에 운반되었다.[19)

16) 수이입 목재의 공급구조에 대해서는「昭和19年本邦農産物關係雜件, 農作物作柄狀況－外
地關係」, 茗荷谷文書 E235 참조.
17)『朝鮮』1943.5, 28쪽.
18)「朝鮮總督府 鑛工局, 昭和18年度木材需給狀況調査ニ關スル件(1944.8.7)」, 茗荷谷文書 E235.
19) 1943년 7월 3,500石의 목재뗏목(海洋筏)이 對馬島에서 6시간이 걸려 부산항에 입항하였다.
뗏목수송은 운송력 부족을 만회하기 위한 고육지책으로 시행한 것으로 한일 간에는 이때
가 최초의 운송이었다(『朝鮮』1943.8, 29~34쪽).

〈표 7-4〉 1944년도 선박건조용 목재 공급 상황(단위 : 石)

생산목표	1944년 공급계획			1944년 상반기		
	조선내 생산	이입(일본)	합계	계획	실적	실적률
664,245	366,000	30,000	396,000	198,000	202,103	102%

자료 : 「第86回帝國議會說明資料(1944.12)」, 238~242쪽에서 작성.

1944년에는 계획조선의 확대로 인해 필요한 목재량도 크게 증가하였고, 이로 인해 목재 생산목표도 〈표 7-4〉와 같이 1943년의 2배에 달하는 664,245 석이었다. 그러나 과벌(過伐), 임도(林道)건설문제, 운송난 등으로 현실적 가능 목표는 전년 대비 약간 증가한 366,000석이었다. 반면 일본으로부터 의 이입목재가 3만 석으로 대폭 감소함으로 인해 전체 공급량은 전년 대비 감소하였다. 이입목재의 감소는 일본 을조선계획의 확대에 따른 필요목재 의 증대, 운송난 등에 따른 것이었다.[20]

결국 1943년 대비 2배로 확장된 1944년 을조선계획은 현실적으로 불가능 한 것이었다. 유일한 방법은 과벌 및 공출의 강도를 높이는 것, 그리고 일 본산 목재 부족에 대해서는 조선산 대용재(代用材)를 찾는 것이었다. 특히 문제가 되었던 일본산 삼나무의 경우 조선총독부 임산과는 낙엽송으로 대 체하기로 결정하고, 1944년 4월분의 목조선용재, 특히 계획조선의 주력 선 형인 150톤급 선박에 필요한 삼나무 용재를 낙엽송으로 대체하기 위한 기 술적 검토를 실시하였다.[21]

조선총독부의 목재 66만 석 달성을 위한 강한 의지천명에도 불구하고 〈표 7-4〉의 1944년 상반기 실적을 보면 현실적 목표인 36만 석의 상반기 목

---

[20] 일본에서 이입되는 船材는 1944년 7월 30,000석이 추가로 할당되어 총 60,000석으로 증가 하였다. 船材의 추가할당은 한국에 할당된 杭丸太 30,000석을 船材로 변경한 것이었다. 60,000석의 공급지는 전년도와 마찬가지로 전부 九州지역에서 공급되었는데, 宮崎(45,000 석), 長崎(8,000석), 大分(7,000석) 순이었다(「朝鮮總督府 鑛工局, 昭和18年度木材需給狀 況調査ニ關スル件(1944.8.7)」 및 「朝鮮向移出木材ノ供出割當變更ニ關スル件(1944.7.28, 12.12)」, 茗荷谷文書 E235.

[21] 『朝鮮』 1944.3, 95쪽.

표 198,000석을 약간 상회하는 실적을 달성하는 데 그쳤다. 침목(枕木), 항목(杭木) 등 한국 내 전체 목재 생산량이 계획대비 65% 수준이었다는 것과 비교할 때 이것조차도 이례적인 호성적이었다. 과벌과 이입목재의 한국산으로 대체, 공출강도 강화 등 있는 수단을 다 동원해도 66만 석은 물론 36만 석의 현실적 목표 달성도 힘겨웠음을 의미한다.[22]

3) 조선소 통합정비

조선총독부는 을조선의 신속하고 효과적인 실시를 위해 조선소의 정비를 광범위하게 진행하였는데, 크게 두 가지 방향이었다. 기존 소형조선소의 전국적인 통합정비와 통합 정비된 조선소의 일원적 통제를 위한 통제단체의 강화가 첫 번째 방향이었다. 두 번째 방향은 시간이 걸리는 소형조선소의 통합정비에 대응하여 계획조선만을 전문으로 하는 조선소를 신설하는 것이었다.

우선 조선산업에 대한 국가통제의 강화는 이미 태평양전쟁 발발 전에 전국을 5개 지역으로 정리한 지역별 조선공업조합(造船工業組合)이 설립되었고, 1942년 2월에는 그 중앙통제기관으로 앞서 언급한 조선조선공업조합연합회(朝鮮造船工業組合聯合會)가 설립되어 일본의 조선통제회(造船統制會)와 같은 역할을 수행하였다.[23] 1943년부터 을조선 강화방침이 적용되면서 조선산업에 대한 국가통제가 한층 강화되었다. 11월 기존의 각 지구별 조선공업조합과 중앙조직으로의 조선공업조합연합회 체제를 해소하여 전

---

22) 「第86回帝國議會說明資料(1944.12)」, 238~242쪽.

23) 1939년 4월 朝鮮工業組合令에 의해 부산에 南朝鮮造船工業組合이 설립된 것을 시작으로 1941년 8월에는 北鮮造船工業組合, 9월 中鮮造船工業組合, 10월 東鮮造船工業組合, 11월 西鮮造船工業組合이 설립되어 태평양전쟁 이전에 전국 5개 地域造船工業組合으로 편성되었다, 이를 토대로 1942년 중앙통제단체로 朝鮮造船工業組合聯合會가 설립되었다. 朝鮮造船工業組合聯合會에는 각 지역造船工業組合과 한국 내 유일한 대형강선 건조 조선소인 조선중공업주식회사가 가입하였다(『殖銀調査月報』 제69호, 15쪽).

국 단일의 조선조선공업조합을 설립하였다.[24] 1944년 5월에는 그동안 적용이 지연되었던 공장사업장 관리령[25]이 을조선에 적용되면서 이를 토대로 조선관계 공장관리규정이 마련되었다. 이를 통해 조선총독부가 을조선 대상 주요 조선소에 조선감리관(造船監理官)을 직접 파견하여 통제할 수 있게 되었다. 통제단체를 경유하지 않고 개별 조선소를 직접 통제하는 틀이 구축되었던 것이다.[26]

조선산업에 대한 조선총독부의 직접통제 강화를 위한 조직구축과 더불어 전국 조선소의 통합정비도 체신국의 '소형선정비요강'에 의거하여 1942년 봄부터 실시되었다. 한국 주요 항구의 법인 및 개인 조선소를 통합하여 하나의 항구에 하나의 회사를 두는 '1항1사주의' 통합을 원칙으로 진행되었다.[27] 조선소 통합은 1943년 1월 성진항(城津港)에 자본금 50만 엔[28]의 성진조선철공소(城津造船鐵工所)를 설립하는 것으로 본격화되었다.[29] 이후 1944년 말까지는 전국 주요 항구에 주식회사 내지 유한회사 형태의 통합조선회사가 설립되었다. 그 현황은 〈표 7-5〉와 같다.

---

[24] 朝鮮造船工業組合은 1口 500엔, 총 1,000口 50만 엔의 출자를 통해 설립하였고, 부산, 목포, 원산, 인천, 진남포, 신의주, 포항, 長箭, 청진 등 10곳에 조합지부를, 성진, 통영, 여수에 출장소를 설치하였다. 조선총독부는 동 조합의 役員 선임에 체신국장이 사전에 면접을 실시하는 등 국가통제력을 강화하는 한편, 계획조선 할당 및 식산은행을 통한 금융지원에 대한 전권을 부여해서 산하 조합원인 조선소들에 대해 보다 강력한 통제력을 갖도록 조직하였다(위의 자료, 15~16쪽).

[25] 1938년 5월 일본이 중요 사업장을 직접 통제할 목적으로 시행한 법령으로 한국의 경우 그 대상 사업장의 수가 적다는 이유로 시행이 지연되어 오다가 1944년 5월 적용되었다. 그러나 적용된 대상은 을조선 뿐이었다. 1944년 10월 군수회사법이 조선에 적용되면서 사실상 폐지되었다(김인호, 『식민지 조선경제의 종말』, 신서원, 2000, 150쪽).

[26] 大藏省管理局, 『日本人の海外活動に關する歷史的調査』 9冊(朝鮮編 第8分冊), 1947, 65쪽.

[27] 大藏省管理局, 위의 자료.

[28] 日本海事振興會 발행 잡지(『海運』 1권 1호(창간호), 1943.5)에는 자본금 500만 엔으로 나오지만, 다른 자료에는 北鮮造船株式會社가 자본금 50만 엔으로 설립된 것으로 나온다(「朝鮮總督府交通局, 極秘第57號, 朝鮮交通關係資料(1944.4)」, 72쪽). 회사명은 『殖銀調査月報』와 『海運』이 일치하므로 그대로 두는 대신 자본금은 정황을 고려하여 50만 엔이 타당한 것으로 판단, 수정하였다.

[29] 日本海事振興會, 위의 자료, 18쪽.

〈표 7-5〉 조선소 통합정비 상황의 추이

지역	통합시기	조선소명	자본금(圓)	통합 내용
성진	1943.01	성진조선철공소	500,000	지역 소조선소 통합
신의주	1943.05	평북조선주식회사	500,000	堤田, 河原, 高見, 川田, 丸龜 등의 조선소와 지역 철공업자의 통합
목포	1943.08	목포조선철공주식회사	1,200,000	太田, 大野, 河合 등 조선소를 4개 공장으로 합병
통영	1943.10	통영조선유한회사	615,000	東湖洞지역 萩原, 橋本 등 소조선소 10여 개 통합
웅기	1944.01	웅기조선철공주식회사	500,000	
포항	1944.05	포항조선철공유한회사	700,000	村上, 熊谷, 濱田, 有富 등 지역내 소조선소 통합
여수	1944.10	여수조선공업주식회사	750,000	宮崎, 濱谷 등 조선소 통합
여수	1944.10	전남조선공업주식회사	198,000	여수항 내 坪井梅吉, 宮崎强七의 2개 조선소와 東洋鐵工所 통합
부산	1944.11	日出조선주식회사	1,200,000	영도 서쪽 城崎, 古河, 田村, 上田, 西中, 百合政의 6개 조선소 통합
부산	1944.12	조선선박공업주식회사 제1공장	2,500,000	蓬萊洞의 宇都宮, 富森, 栗本의 3개 조선소 통합
부산	1944.12	조선선박공업주식회사 제2공장		蓬萊洞의 段上, 林, 池本, 竹內, 田尻, 百合野의 6개 조선소 통합
부산		東亞조선주식회사		영도 서쪽 中村, 松藤, 三枝의 3개 조선소 통합
청진	1943	주식회사조선조선철공소	2,500,000	함북조선철공주식회사 등을 흡수합병
인천	1943.09	大仁조선철공소	180,000	
인천	1943	인천조선소		
진남포	1943	조선상공주식회사진남포철공소	3,000,000	조선상공 중심으로 지역조선소 통합
군산	1944.09	鐘淵조선조선주식회사	3,000,000	일본 종연방적 출자를 통해 법인 2개, 개인 경영조선소 4개 통합
장전	1944.03	강원조선철공주식회사	1,500,000	長箭의 鶴賀조선, 장전어업조합조선철공부, 원산의 三和철공소 통합
마산		마산조선유한회사		昌浦洞(당시는 濱町) 菊田, 橋本, 久保田의 3개 조선소 통합

자료 : 戰時金融金庫, 『貸付關係書類(會社別)-江原造船株式會社』, 폐쇄기관청산관계자료 ; 戰時金融金庫, 『貸付關係書類(會社別)-大仁造船株式會社』 폐쇄기관청산관계자료 ; 『鐘淵朝鮮造船KK』, 폐쇄기관청산관계자료 ; 『殖銀調査月報』 제70호,1944.3,10쪽 ; 朝鮮總督府交通局, 「極秘第57號, 朝鮮交通關係資料(1944.4)」, 『戰時海運資料』 no.44, 72쪽 ; 日本海事振興會, 『海運』 1-1, 1943.5, 內外海事資料編, 18쪽 ; 總督府東京事務所, 「造船關係書類」, 연도미상 ; 朝鮮總督府, 「朝鮮に於ける日本人企業槪要調書」 no.5, 1945 ; 朝鮮總督府, 「在朝鮮企業現狀槪要調書-造船工業」, 1945 ; 金在瑾, 『日政時代의 造船業』, 大韓民國學術院, 1987, 72~75쪽 ; 鄭安基 「戰前戰時鐘紡コンチェルンの硏究」, 京都大學博士論文, 2000, 163쪽에서 작성.

〈표 7-5〉를 보면 조선총독부의 '1항1사주의'가 완벽하게 이행되지는 않았지만, 1943년부터 1944년까지 전국적으로 조선소의 통합정비가 추진되고 있음을 알 수 있다. 통합시기를 보면 주로 1944년에 많이 이루어지고 있는데, 이것은 지역별 조선소 통합정비가 그렇게 용이한 일이 아니었으며 상당한 시간이 걸렸음을 의미한다. 조선산업이 상대적으로 발달한 부산의 경우 통합속도가 가장 느렸는데, 이것은 조선소 간의 복잡한 이해관계와 통합에 반대하는 조선소들의 반발 때문이었다.[30]

통합의 형태는 주로 소조선소들이 통합하면서 기존 설비를 현물출자하고 거기에 국가의 금융지원 또는 민간재력가의 출자를 얻어 시설을 확장하는 형식이었는데, 구체적으로는 몇 가지 유형이 존재했다. 첫째로 해당지역에 유력 조선소가 있을 경우에는 유력 조선소를 중심으로 한 흡수합병이 이루어졌다. 진남포와 청진의 경우가 대표적인데, 진남포의 경우 1943년 조선상공주식회사(朝鮮商工株式會社) 진남포철공소를 중심으로 통합이 이루어졌다. 진남포철공소는 1904년부터 진남포를 거점으로 일본군의 병참수송을 통해 자본을 축적하여 한국 연안운송업계의 유력자로 등장한 나카무라 세이시치로(中村精七郞)가 1909년 자신의 운송회사인 나카무라 구미(中村組)의 소유선박을 수리하기 위해 설립한 조선소였다. 나카무라는 1919년 자신의 한국에서의 사업 일절을 조선상공주식회사로 재조직하면서 진남포철공소도 동 회사에 편입시켰다.[31] 청진지역 소조선소를 통합한 주식회사 조선조선철공소(朝鮮造船鐵工所)는 1941년 3월 원산에 동력어선 건조를 목적으로 설립된 회사였으나, 1942년 5월 제2공장 건설을 위해 청진에 진출하여 청진조선철공소를 매수하였다. 이것이 계기가 되어 청진지역의 조선소 통합의 중심조선소가 되었다.[32]

[30] 한말에 설립되어 일본인 조선소로는 가장 긴 역사를 자랑하는 부산의 田中造船鐵工所와 中村造船鐵工所는 통합을 피하기 위해 갖은 노력을 하였고, 결국은 통합대상에서 제외되었다. 김재근, 「日政時代의 造船業」, 大韓民國學術院, 1987, 74쪽.

[31] 阿部薫 編, 『朝鮮功勞者銘鑑』, 民衆時論社, 1935, 641~642쪽.

둘째로 해운회사, 운송회사, 어업조합 등 선박이 필요한 회사 내지 관계
단체가 주도적으로 출자함으로써 해당지역 조선소를 통합하여 새로운 조
선소를 설립하는 경우이다. 신의주지역 통합조선소로 설립된 평북조선주
식회사 및 여수의 전남조선공업주식회사의 경우가 그 예인데, 평북조선은
조선압록강항운주식회사 및 평안북도어업조합연합회가 40%의 자본을 출
자하고, 통합대상 조선소 및 철공업자가 현물 출자하는 형태로 설립되었
다.33) 전남조선은 후지이상사주식회사(藤井商事株式會社)가 출자하여 지
역조선소 2개 및 1개 철공소를 매수, 설립하였다. 매수된 동양철공소는 한
국인 김신명(金信明, 창씨명 金澤信明) 소유의 개인회사였다.34)

셋째로 조선산업과 전혀 관계가 없던 민간자본이 자본을 투자하여 지역
조선소를 통합한 경우이다. 강원조선이 여기에 해당한다. 강원조선은 조선
업 정비통합방침에 의해 1943년 3월 강원도 장전(長箭)의 2개 조선소와 원산
의 1개 조선소를 통합하여 설립되었다. 장전의 2개 조선소를 1, 2공장으로
하고, 원산의 조선소는 설비를 1, 2공장으로 이설하는 방식의 통합이었다. 신
설된 강원조선의 자본금 150만 엔 중 통합대상 조선소들의 시설출자분 25만
엔을 제외한 나머지 125만 엔은 한국인 자본가 백낙승(白樂承, 창씨명 白川
樂承)이 출자하였다. 백낙승은 사장이 되어 경영권을 장악하였다. 해방 후
태창재벌로 이승만정권기 10대 재벌의 반열에 올랐던 백낙승은 일제시기 이
미 태창방직 등 섬유공업에서 자본축적에 성공, 이를 발판으로 태평양전쟁
기에는 중공업에 투자를 시작하여 1943년 제철업(일본무연탄제철주식회사
사장), 그리고 1944년에 조선산업에 대규모 투자를 한 것이었다. 백낙승은

---

32) 總督府東京事務所, 「造船關係書類」, 연도미상.

33) 평북조선 자본금 50만 엔에 대한 주식 10,000주(액면 50엔)는 조선압록강항운(2,800주),
   평안북도어업조합연합회(900주), 합동된 소조선소 및 철공업자 13명의 현물출자분(5,700
   주), 평북수산물배급주식회사(200주), 압록강목재주식회사(200주), (주)素盤洋行(200주)
   이 각각 인수하였다(總督府東京事務所, 위의 자료).

34) 朝鮮總督府, 『在朝鮮企業現狀概要調書-造船工業』, 1945.

조선식산은행으로부터 추가로 50만 엔을 융자받아서 총 200만 엔의 자본으로 설비확장 및 목선 양산계획에 의해 할당된 선박건조를 시작하였다.[35]

넷째로 지역 통합의 주체로 결정된 조선소가 조선산업과 전혀 관계없던 민간자본에 인수되는 경우로 인천의 대인조선(大仁造船)이 여기에 해당한다. 대인조선은 원래 1940년 3월 인천지역 상공인들의 공동출자로 자본금 18만 엔으로 설립된 조선소로 사장은 당시 인천상공회의소 회두였던 후카미 도라이치(深見寅市)였다. 1943년 목선 양산계획이 본격화되면서 대인조선은 인천지역 통합조선소의 중심조선소이자 계획조선 수행 조선소로 지정되었다. 그러나 당시 사장이었던 후카미는 원래 양조업자로 조선에 경험이 없었으므로 사업확장에 의욕을 보이지 않고, 결국 조선소를 매각하였다. 대인조선을 매수하여 시설확장과 계획조선 참여에 적극적으로 나선 인물은 한국인 자본가 이종회(李鍾會, 창씨명 豊村裕)였다. 그는 목재업계의 인물로 1930년대 일본 신흥재벌로 성장한 노구치 시타가우(野口遵)가 한국에서 수력전기사업을 할 때 토목용 목재공급에 수완을 발휘한 결과 노구치의 총애를 받아 자본가로 성장하였다. 대인조선 인수 당시 그는 이미 자본금 150만 엔의 동아합동목재주식회사를 주력기업으로 하여 동아광업, 충남기계제작소를 경영하고 있었다. 그는 대인조선 인수 후 증자보다는 주로 차입금을 통한 기업정비와 확장을 실시하여 1944년 8월 현재 종업원 335명(직원 47명, 공원 288명)의 인천항을 대표하는 조선소로 키웠다.[36]

다섯째로 조선에 진출한 일본 독점자본이 지역조선소를 통합하는 형태도 있었다. 군산의 경우로 일본 섬유독점자본 가네가후치공업(鐘淵工業)[37]

35) 『貸付關係書類(會社別)-江原造船株式會社』, 일본국립공문서관 소장 폐쇄기관청산관계자료.
36) 『貸付關係書類(會社別)-大仁造船株式會社』, 일본국립공문서관 소장 폐쇄기관청산관계자료 ; 강원조선과 대인조선에 대해서는 8장에서 한국인 자본의 조선소 경영이라는 측면에서 보다 구체적으로 다룰 것이다.
37) 鐘淵工業은 1944년 모체인 鐘淵紡績과 중화학공업 부문인 鐘淵實業을 통합하여 설립된 회사이다(鄭安基, 「戰前戰時鐘紡コンツェルンの硏究」, 京都大學 博士學位論文, 2000.3, 103쪽).

이 지역 최대 조선소인 군산조선철공소 및 지역내 중소 조선소와 선박엔진
을 생산하던 일본디젤 군산공장을 통합 인수하여 가네가후치조선조선주식
회사(鐘淵朝鮮造船株式會社)를 설립하였다. 설립 자본금 300만 엔 중 297
만 엔(전체 60,000주 중 59,400주)을 가네가후치공업이 출자하였다.[38]

물론 이러한 통합에 휩쓸리지 않고 기존 체제를 유지하면서 자체적인 설
비확장을 통해 목선 양산계획에 참여한 조선소도 있었다. 이들은 스스로의
힘으로 자금을 동원할 수 있는 조선소로서 일찍부터 일본독점자본을 그 배
경으로 갖고 있었다. 주식회사 하야시가네상점이 1929년 설립한 울산의 방
어진철공조선은 1944년 기존 40만 엔의 자본금을 150만 엔으로 4배 가까이
증자하고 전액 불입하였다.[39] 1937년 일본질소비료주식회사의 자본투자로
흥남에 설립된 서호조선은 1944년 11월 기존 25만 엔의 자본금을 2배인 50
만 엔으로 증자하였다. 물론 목선 양산계획에 대응한 설비확충 및 자재확
보 등에 필요한 운전자금으로 충당하기 위한 것이었다.[40]

2. 을조선 전문 조선소의 건설 — 조선조선공업주식회사(朝鮮造船工業株式會社)

1) 신속한 계획 추진

기존 조선소의 통합과 병행하여 을조선을 전문으로 수행하는 대형 목

---

38) 『鐘淵朝鮮造船KK』, 일본 국립공문서관 소장 폐쇄기관청산관계자료.

39) 朝鮮總督府, 「朝鮮ニ於ける日本人企業槪要調書」 no.5, 1945.

40) 서호조선은 1944년 계획에서 100톤급 艀船 4척의 건조명령을 받았다. 이에 대해 船臺
증설 및 제재설비 등 시설확충에 필요한 자금 10여만 엔과 造船용 자재비 등 운전자금이
필요했다. 서호조선은 일단 필요자금의 일부를 모회사인 일본질소비료 흥남공장과 주거
래은행인 조흥은행으로부터의 차입금으로 충당하였고, 1944년 11월 증자를 실시하여 필
요자금 전액을 충당하려고 하였다(西湖造船鐵工株式會社, 「第8回 營業報告書」, 조선총
독부, 『在朝鮮企業現狀槪要調書 — 造船工業』 참조).

조선소를 새롭게 건설하는 계획은 시간이 지나면서 보다 강력한 추진력
을 가지게 되었다. 그 이유는 우선 전시계획조선의 중심은 여전히 갑조선
에 있었으나, 전황이 불리해지면서 선박 소모가 극심해진 반면, 강재 부
족으로 강선 건조에 한계가 예상되면서 그 대책으로 목선 건조의 중요성
이 새삼 부각되었기 때문이다. 즉 선박 소모를 갑조선에 의한 선박 양산
으로 메우지 못하는 상황은 기존 취항 중인 대형선들의 전쟁 징발이 가속
화되는 것을 의미하며, 이에 따라 엔블록의 해상 운송력 약화를 방지하기
위해서 을조선으로 양산된 목선을 대체 투입한다는 구상이 전면화 된 것
이었다.

대량의 목선 건조방침인 을조선은 한마디로 100톤급 목선 10척을 만들
어 1,000톤급 강선이 징발된 자리를 메운다는 발상으로[41], 전황이 불리해
지는 1943년부터 제국 전체의 방침으로 보다 강조되었다. 조선총독부 역
시 이 방침을 따라야했음은 물론, 현실적으로도 연안 및 일본과의 근해 운
송력 유지를 위해서 목선의 대량건조가 필요한 상황에 직면해 있었다. 조
선총독부가 1943년도 을조선의 규모를 전년도보다 4배나 늘어난 269척
23,500톤으로 확정한 것도 이러한 배경이 하나의 이유였다. 조선총독부는
1943년 3월 선재공출촉진요강을 결정하고[42], 6월에는 총독부 산하에 계획
조선촉진위원회를 설치하는 등 을조선 독려를 위한 제도적 장치도 강화하
였다.[43]

한편 전황이 나빠짐에 따라 목선의 대량건조가 더욱 급박해졌지만, 조선

---

41) 이 발상은 그럴듯해 보이지만 운송능률이라는 경제성에서 근본적인 문제가 있었다. 즉
   한번 항해에 실어 나르는 물량의 경제성이 대형 강선이 높다는 점, 날씨 변화에 민감할
   수밖에 없는 소형 목선의 경우 운송회수가 현실적으로 현저히 떨어진다는 점 때문이다.
   소형 목선의 비경제성에 대해서는 당시 해운업자들에 의해 지적되고 있었지만, 이미 철강
   공급력이 한계에 이른 제국과 식민지에 있어 달리 선택권이 있을 수 없었다. 東洋經濟新
   報社, 『年刊朝鮮－朝鮮産業の共榮圈參加體制』, 1942, 194~195쪽.
42) 『朝鮮』 1943.4, 76-77쪽.
43) 『每日申報』 1943.6.5.

총독부가 추진했던 기존 조선소의 통합정비가 빠르게 진척되지 않았던 것
도 계획조선용 전문 조선소의 신설에 힘을 실었다. 가장 조선소가 밀집해
있던 부산의 경우 1943년에도 전혀 통합정비의 결실이 없었다. 그 이유는
통합·정비에 대한 보상지원 등 조선총독부의 각종 유인시책이 약했으며
기존 조선소가 통합정비에 대해 생각보다 강력하게 반발했던 것이 주요한
원인이었다.

을조선용 전문 조선소 건설의 최초 시도는 당시 한국 전체 목선 건조 능
력에 필적하는 조선소 2개를 1943년 내에 부산에 건설하여 1943년도 을조
선 물량을 할당받아 선박건조를 실시한다는 방침이었다.[44] 그러나 이 계획
은 대폭 축소되어 연간 건조능력 1,000톤의 부산조선공업주식회사(釜山造
船工業株式會社)가 1943년 4월 설립되는 것으로 마무리되었다.[45] 원래 의
도를 감안하면 사실상 실패한 것으로 이렇게 된 명확한 이유는 확인되지
않는다.

을조선 전용 대형 목조선소 건설이 재차 현실화된 것은 1943년 12월 원
산에 건설된 조선조선공업주식회사(朝鮮造船工業株式會社)였다. 조선총독
부는 조선조선공업을 설립하기 위해 총력을 기울였는데, 우선 조선소의 위
치, 규모, 건설에 필요한 각종 조달계획을 직접 세웠다. 전시계획조선을 담
당했던 체신국의 국장 시로이시 고지로(白石光治郎)가 조선소 건설의 후보
지들을 모두 답사했고 관계 회의를 주관하였다.[46] 또 조선소 부지의 확보
를 위해 군용지를 조선군(朝鮮軍)으로부터 불하받고, 도지사를 움직여 사
유지를 확보한 것도 조선총독부가 직접 나섰기에 가능했다.[47]

조선총독부가 조선소 건설을 얼마나 서둘렀는가는 설립과정에서 잘 드

---

[44] 日本海事振興會, 앞의 책, 18쪽.

[45] 朝鮮總督府, 『在朝鮮企業現狀槪要調書 – 造船工業』.

[46] 東拓 朝鮮支社, 「会社設立ノ経過報告書」, 『朝鮮造船工業KK關係』.

[47] 사유지는 芦田회사 소유지와 제사업계의 거물기업인 今井五介 소유지였다. 東拓 朝鮮支
社, 위의 자료.

러난다. 첫째가 자본금의 감액이다. 조선총독부의 애초 계획대로 조선소를 건설할 경우 1,000만 엔 이상의 자본이 필요했는데 이는 일본 대장성의 인가가 필요했다. 조선총독부는 대장성 인가를 기다리기에는 시급한 목조선 건조요청에 대응할 수 없다는 이유로 총독부 권한으로 설립인가가 가능한 500만 엔으로 공장을 설립하기로 결정하였다.[48]

둘째는 예상부지의 갑작스런 변경이다. 애초에 조선총독부는 조선소 부지로 울산과 원산의 두 곳을 상정했다. 시로이시 체신국장이 직접 토목기사들을 이끌고 조사한 결과 입지조건이 좋은 울산을 제1후보지로 선정했고[49], 조선소 설립을 적극 지원했던 군부 역시 기밀유지의 관점에서 번화한 원산보다는 울산을 지지하였다.[50] 울산의 대상부지는 동양척식주식회사와 '조선의 매축왕'으로 불리던 이케다 다다스케(池田佐忠)[51]가 공동으로 매립하고 있던 곳으로, 이 매립지 중 150,000평을 조선소 부지로 사용하기로 했다.[52] 울산은 당시 조선공업의 중심지인 부산과 근거리로 자재와 기술 지원을 받을 수 있다는 이점도 있었다.[53]

그러나 최종적으로 결정된 부지는 원산이었다. 울산만큼 큰 부지의 확보가 어려웠던 원산을 조선총독부가 선택한 가장 큰 이유는 울산의 매축공사가 완공되기까지 시간이 걸린다는 점 때문이었다. 이 결정은 울산 매축지의 사용을 전제로 출자를 결정한 동척을 당혹스럽게 했다. 이에 대해 조선총독부는 원산에는 소규모 조선소밖에 건설할 수 없으므로 울산 매축지가

48) 東拓 朝鮮支社,「朝鮮造船工業株式會社ニ關スル件(1943.11.16)」,『茗荷谷文書』E78.
49) 東拓 朝鮮支社,「電報, 山澤理事宛(1943.8.23)」,『朝鮮造船工業KK關係』.
50) 東拓 朝鮮支社,「朝鮮造船工業株式會社株式取得ニ係ル件(1943.9.30)」,『朝鮮造船工業KK關係』.
51) 池田佐忠와 부산항 매축사업에 대해서는 배석만·부산대학교 한국민족문화연구소 편,『일제시기 부산항 매축과 池田佐忠』, 도서출판 선인, 2012 참조.
52) 東拓 本社,「蔚山事業ニ関スル件(1943.8.25)」,『朝鮮造船工業KK關係』.
53) 조선총독부는 그 방법으로 조선중공업의 투자 및 선박용 철강을 생산하는 부산 가야동의 조선전기제강의 조선조선공업으로의 흡수합병을 구상하였다. 東拓 朝鮮支社,「電報, 山澤理事宛(1943.8.23)」.

완성되는 대로 대규모의 제2조선소를 건설하겠다고 설득하여 동척의 출자를 유지시켰다.[54]

셋째는 선체만 건조하는 기형적 조선소의 탄생이다. 당초 계획은 선체건조는 물론 엔진을 비롯한 필요한 기계·부품까지를 일관 생산하는 조선소를 건설하고자 했으나, 엔진을 제작하는 기계공장은 보류되었다. 토목공사 위주인 선대·안벽 등의 조선시설에 비해 강재, 설비 및 상대적으로 높은 기술 인력의 확보가 필요한 기계공장을 단기간에 건설하는 것은 불가능했기 때문이었다. 엔진은 인근의 조선조선철공소[55] 등 엔진제작 업체로부터 완성품을 구입하여 사용하기로 결정되었다.[56]

조선총독부의 원래 계획은 울산의 넓은 매축지에 당시 한국 전체의 건조 능력에 버금가는 연간 30,000톤의 조선능력을 갖춘 조선소를 건설한다는 것이었다. 단 전시계획조선의 시급성을 반영하여 1차적으로 1,000만 엔을 투자하여 전시표준선인 목조 화물선 150톤형 100척(15,000톤)의 건조 및 이에 필요한 기관 15,000마력을 제작할 수 있는 조선소 건설을 추진하였다.[57] 그러나 계획은 대폭 축소되어서 500만 엔의 자금으로 원산의 2만평 부지에 연간 150톤형 65척(9,750톤)의 선체만을 건조하는 조선소를 1944년 3월까지 우선 건설하도록 했다.[58]

조선총독부는 원산의 조선소가 전시계획조선의 시급성에 따라 임시로 건설된 조선소이며, 울산 매축지가 완성되면 선체와 엔진을 일관 생산하는

---

54) 東拓 朝鮮支社,「朝鮮造船工業株式會社株式取得ニ係ル件(1943.9.30)」.

55) 1930년대 이후 어업의 확장에 비례하여 증가하는 필요어선의 건조 및 수리를 목적으로 동해안 어업 및 수산업자들의 출자에 의해 1941년 3월 원산에 설립된 조선소이다. 관련해서는 4장 1절 참조.

56) 東拓 本社,「朝鮮造船工業株式會社株式引受ニ關スル件(1943.10.27)」,『茗荷谷文書』E78 ; 그러나 엔진을 타 회사에 의존하는 것이 가능하지 않을 경우에 대한 대책이 불분명 하다는 등, 조선총독부의 설립계획에 대한 우려가 동척 내부에서도 제기되고 있었다. 東拓 朝鮮支社,「朝鮮造船工業株式會社株式引受ニ關スル件(1943.11.16)」.

57) 東拓 本社,「朝鮮造船工業株式會社株式引受ニ關スル件(1943.10.27)」.

58) 東拓 本社, 위의 자료.

제2조선소를 건설한다고 표명하였다.[59] 조선총독부의 궁극적 구상은 전시
계획조선의 목표 전량을 건조 가능한 대형조선소를 건설하는 것이었는데,
그 조선소가 조선조선공업이었다. 실제로 1945년도 전시계획조선 건조 전
량이 조선조선공업에 할당되었다.[60]

조선총독부가 '急設'이라고 표현할 정도로 서두른 조선조선공업의 설립
이었기에 조선소 건설은 빠르게 진행되었다. 설립 준비가 구체화된 1943
년 7월 이후 불과 4개월 만인 11월 제1차 자본금 불입(250만 엔) 완료와
함께 창립총회가 개최되었고, 동시에 원산에 조선소 건설이 시작되었다.
또 1944년 3월 제2차 불입금 납입으로 자본금 500만 엔 전액이 불입되었
다.[61] 출자 상황을 보면 〈표 7-6〉과 같다.

〈표 7-6〉 조선조선공업의 출자 상황(단위 : 圓)

	출자 계획	설립 시 출자 상황	1945년 3월 현재 출자 상황
朝鮮郵船株式會社	2,000,000	2,250,000	2,250,000
동양척식주식회사	1,000,000	1,000,000	1,000,000
조선식산은행	500,000	500,000	500,000
조선목재주식회사	500,000	250,000	250,000
조선해륙운수주식회사	500,000	500,000	500,000
高橋省三	250,000	250,000	250,000
원산 지역유지 공동출자	250,000	250,000	250,000
합계	5,000,000	5,000,000	5,000,000

자료 : 「造船會社 新設計劃打合會(1943.9.27)」, 『朝鮮造船工業KK關係』; 朝鮮造船工業株
式會社, 「株主名簿」, 『朝鮮造船工業KK關係』에서 작성.
주) 1. 조선식산은행 출자는 초기에는 이사 山口重政 명의로 되어 있었음.
   2. 원산 지역유지 출자는 총 14명이 공동출자.

총 500만 엔의 자본금 중 조선우선, 동척, 식산은행, 조선목재, 조선해륙

---

59) 東拓 朝鮮支社,「朝鮮造船工業株式會社ニ關スル件(1943.11.16)」.
60) 東拓 朝鮮支社,「朝鮮造船工業會社第三回定時株主總會終了ニ關スル件(1945.6.12.)」, 『朝
鮮造船工業KK關係』.
61) 朝鮮造船工業株式會社, 「第壹回營業報告書」, 『朝鮮造船工業KK關係』.

운수의 5개사가 그 대부분을 출자하였다. 조선우선은 자본금의 40%를 출자하여 최대주주였는데, 그 배경에는 동회사가 조선총독부에 의해 전시계획조선에 깊숙이 관여하고 있었기 때문이다. 조선우선은 1942년도 전시계획조선의 건조량 65척 전부의 발주자였다. 또 제국의 방침이 주요 해운회사가 계획조선의 전문 조선소를 적극적으로 건설하도록 했기 때문에 조선우선의 대규모 출자에 영향을 미쳤을 것이다.

다음으로 동척의 경우를 보면 출자의 직접적인 계기는 동척이 매립사업을 벌이고 있던 울산 매축지가 조선소 예정부지로 고려되면서였다. 조선총독부는 울산 매축지를 부지로 검토하면서 동척과 접촉하였고 그 과정에서 출자를 적극적으로 권유하였다.[62] 동척 역시 전시체제기로 접어들면서 본래의 이민사업과 토지경영에 부가하여 각종 시국산업, 국책사업, 군수산업 관련 기업에 적극적으로 출자를 시행하고 있었다. 동척은 조선총독부가 주도한 기업설립과 육성에 있어서 식산은행과 함께 2대 자금지원 창구의 역할을 하였다. 조선산업에 국한하더라도 동척은 한국 유일의 강선조선소인 조선중공업의 최대주주였다. 현실적으로도 동척은 매립사업 경험이 많았기 때문에 조선소 건설과 관련한 기자재 및 기술인력 등의 지원이 가능했다.[63] 하루라도 빨리 조선소를 건설해야 하는 조선총독부는 동척의 자본참가에 적극적일 수밖에 없었다.

전체적으로 보면 주요 출자자는 조선총독부의 영향력 아래에 있는 국책회사, 통제회사들이고 계획조선과 직접 관련된 회사들이다. 즉 자재조달(조선목재), 계획조선으로 건조된 선박의 운항(조선우선, 조선해륙운수), 조선총독부 명령융자의 주요 창구(동척, 식산은행)의 결합이었으며 원료, 시장, 자금의 통제담당 주체들의 직접 투자를 통해 조선소 건설과

---

[62] 東拓 本社,「蔚山事業ニ関スル件(1943.8.25)」.
[63] 실제 동척은 조선소 건설에 기술 인력을 지원하였고 목재, 시멘트, 洋釘 등의 건축용 자재를 대여하여 조선총독부의 조선소 건설에 협력할 방침을 세웠다(東拓 朝鮮支社,「会社設立ノ経過報告書」).

전시계획조선 실시 목표를 신속히 완수하겠다는 조선총독부의 의지가 드
러나는 출자구조였다. 이 출자구조는 〈표 7-6〉에서 보듯이 패전까지 유지
되었다.

　개인출자로는 조선총독부가 일본고주파중공업주식회사에서 스카웃해서
경영권을 맡긴 다카하시 쇼조(高橋省三)와 원산 유지들의 공동 출자가 이
루어졌다. 다카하시는 출자 비율이 5%에 불과하여 전문경영인으로 영업되
었음을 확인할 수 있다. 원산 유지들의 출자는 조선소의 부지가 원산으로
결정된 때문이었지만, 다카하시에 대해서는 별도의 언급이 필요하다. 다카
하시는 정관계와 군부에 두터운 인맥을 가진 전형적인 정상(政商)으로 특
히 1930년대 말 일본고주파중공업의 고주파 제철사업에 수완을 발휘하여
세간의 주목을 받았다.[64] 고주파 제철은 소형 전기로를 이용하여 강재를
생산하는 방식이다. 이 제철방식은 당초 기술적인 문제로 그 성공을 장담
할 수 없었음은 물론이고 기술적인 문제가 해결된다고 하더라도 막대한 전
기를 사용해야 했기에 경제성이 없다는 지적을 받았다.[65] 그러나 다카하시
는 막강한 인맥, 특히 군부의 지원을 배경으로 사업을 저돌적으로 밀어붙
여 일본고주파중공업의 함경도 성진공장을 건설하였다. 조선총독부는 다
카하시의 정관계 및 군부의 인맥과 함께 경영자로서의 추진능력이 급속한
건설이 요구되는 조선조선공업 설립에 필요하다고 판단했던 것으로 보인
다. 조선조선공업의 경영진 현황은 〈표 7-7〉와 같다.

---

64) 嶋本勸, 「高橋省三小林采男」, 『朝鮮及滿洲』, 1938.4, 朝鮮及滿洲社.

65) 일본 신흥재벌로 1930년대 질소비료사업, 수력전기사업을 통해 한국에 진출하여 중화학
　 공업 이식을 선도했던 野口遵가 高橋省三의 고주파제철 사업에 대해 '그렇게 전력을 잡아
　 먹는 비경제적 사업이 무엇이 되겠느냐고 비난한 것에 대해 高橋省三는 '질소비료사업도
　 처음부터 그 사업성을 확신한 사람은 없었다'고 일축하는 한편으로 '국책이라면 채산성을
　 무시하고 단행한다는 신념으로 일관하고 있다'고 언급하여 전형적인 政商으로서의 면모
　 를 과시하였다(嶋本勸, 위의 글 참조).

〈표 7-7〉 조선조선공업의 경영진

직위	성명	이력
사장	高橋省三	일본고주파중공업주식회사 전무이사
상무이사	年見秀親	조선목재주식회사 이사
상무이사	今井金之助	조선우선주식회사 회계과장
이사	廣瀨博	조선우선주식회사 전무이사
이사	荻原三郎	조선해륙운수주식회사 부사장
이사	藤岡喜一郎	원산상공회의소 회두
이사	張元稷相	조선인 자본가, 조선총독부 중추원 참의
감사	山澤和三郎	동양척식주식회사 이사
감사	山口重政	조선식산은행 이사

자료 : 朝鮮造船工業株式會社,「第一~三回 營業報告書」,『朝鮮造船工業KK關係』;「朝鮮造船工業株式會社設立認可申請書」,『朝鮮造船工業KK關係』; 帝國秘密探偵社,『大衆人事錄』第14版, 1943에서 작성.
주) 이력은 한국역사정보통합시스템(www. Koreanhistory.or.kr)에서 보완.

　　사장에 임명된 다카하시 외에는 자본금의 80%를 출자한 조선우선, 동척 등이 대주주로서 소속 임원들을 조선조선공업의 이사 및 감사진에 포진시켰다. 또 원산 유지들의 출자를 대표해서 원산상공회의소 회두 후지오카 기이치로(藤岡喜一郎)가 이사진에 포함되었다. 주목되는 것은 한국인 자본가 장직상(창씨명 張元稷相)이 이사의 한자리를 맡았다는 점이다. 그의 경영진 참가는 계획에 없었던 것이었음은 물론이거니와 개인적인 출자도 없었다. 또 그의 연고는 대구지역으로 원산과 큰 연관성이 있었던 것으로도 보이지 않는다. 따라서 장직상이 경영진에 포함된 배경은 앞서 본 조선중공업과 마찬가지로 내선일체의 상징성과 같은 정치적 면에서의 구색 갖추기에 있었던 것으로 추측된다. 전시체제기 조선총독부가 주도한 국책회사 설립에 한국인이 경영진으로 참여하는 것은 종종 보이는 패턴이었다.[66] 주지하듯이 그는 조선총독부 중추원 참의로 당시 일제에 협조하는 대표적 한국인 자본가 중 한명이었다. 전문경영인을 사장으로 하여 출자회사, 지역

---

[66] 앞서 보았듯이 조선중공업의 경우도 초대 경영진에 박영철(朴榮喆) 조선상업은행장이 이사로 선임되었다.

대표, 한국인대표로 조합된 경영진은 패전 시까지 그대로 유지되었다.

조선소 건설과 함께 선박건조도 동시에 시작하여 계획조선으로 할당받은 총 16척의 건조가 착공되었고, 1944년 3월 말 현재 4척의 용골(keel) 축조가 완료되었다.[67] 굳이 규모를 따지지 않는다면 1970년 초 조선소 건설과 선박건조를 동시에 실시한 현대중공업의 유명한 일화와 같은 양상이었다고 할 수 있다.

조선총독부는 조선조선공업 건설과 이를 통한 전시계획조선 수행을 관리통제하기 위해 제도적인 장치도 마련했다. 조선조선공업이 시설건설과 선박건조를 동시에 시작한 1944년 봄, 그간 한국에는 적용하지 않았던 공장사업장관리령을 3월부터 시행하고 을조선을 유일한 지정대상으로 삼았다. 이를 토대로 5월에는 조선조선공업을 동 관리령의 적용을 받아 조선총독부의 직접적인 통제와 관리를 받는 공장으로 지정했다.[68]

2) 필요 인력 동원 및 기자재 조달

그러면 조선총독부가 조선조선공업의 건설과정을 주도하면서 필요 인력과 기자재 조달을 어떻게 계획했으며, 또 실제 조달과정과 그 결과는 어떠했는지 구체적으로 살펴보자.

조선산업은 중공업의 특성상 인력(기술, 노동), 기자재 등의 각 부문에서 대규모 조달을 필요로 한다. 조선조선공업은 조선소 건설과 선박건조를 동시에 진행하였으므로 보다 대규모의 조달이 필요했다. 반면 전황에 의해 조달 환경은 갈수록 어려워지는 상황이었다. 조선총독부가 이런 상황을 모를 리 없었다. 조달난을 극복하고 조선조선공업 건설을 위해 조선총독부가

---

67) 東拓 朝鮮支社,「朝鮮造船工業株式會社取締役會開催ノ件(1944.2.17.)」,『朝鮮造船工業KK 關係』.
68) 조선조선공업주식회사,「제2회 영업보고서」.

세운 조달계획과 실제 결과를 검토해 보자.

우선 기술과 노동력 조달 상황을 살펴보면, 애초 계획된 1000만 엔의 자본금을 절반인 500만 엔으로 감축한 것에서 보듯이 조선총독부는 가급적 일본에 의존하지 않고 자력으로 신속하게 조선소를 건설한다는 의지를 내세웠지만 현실은 전혀 달랐다. 자력의 조선소 건설은 최대한 한국 내에서 필요한 조달을 해결하는 것을 의미했지만, 처음부터 난관에 봉착했다. 기존에 필요 선박을 대부분 일본에 의존하고 있어서 한국에는 조선산업의 산업적 기반이 거의 없었기 때문이다. 특히 기술 내지 기능 인력의 충원은 계획단계부터 일본에 대한 의존을 전제해야 했다. 당장 건조대상 선박인 150톤급 목조 화물선의 설계 도면부터 일본에서 가져다 써야 하는 상황이었다.[69] 조선총독부가 다카하시에게 경영권을 맡긴 배경에는 일본 조달에 대한 역할을 기대하고 있었기 때문임이 확실하다. 그는 성진에 일본고주파중공업의 대규모 제철공장을 건설하면서 막강한 정관계와 군부 인맥을 바탕으로 일본에서 기술·기능 인력을 데려온 경험이 있었을 것이며, 이를 계기로 고유의 기술자 공급네트워크를 확보하고 있었을 가능성이 컸다. 다카하시가 조선소의 전체적인 레이아웃(layout) 작성을 주도하고, 조선소 건설현장과 기술적 부문을 전담하였다는 기록은 이런 사실을 뒷받침한다.[70] 조선소 건설상 필요한 인력은 토목·건축공, 선박건조를 위한 조선공──목선의 경우 조선공은 주로 선대공(船大工)이다──이었다.[71]

---

69) 전시계획조선의 주력 건조선형인 150톤급 목조 화물선은 일본 체신성 해무청이 설계한 전시표준선 설계도면을 사용했다. 설계도면은 원칙적으로 조선소 단위에서 변경이 허락되지 않았고 만약 변경사항이 생길 경우 일본 해무청의 승인이 필요했다(「戰時標準船150噸型設計圖」, 『朝鮮造船工業KK關係』) ; 〈표 7-1〉에서 보듯이 조선총독부가 자체 설계한 150톤급 화물선도 건조했으나 주력은 해무원 설계 화물선이었다.

70) 東拓 朝鮮支社, 「朝鮮造船工業株式會社株式取得ニ係ル件(1943.9.30)」 ; 회사 설립의 사무적 부문은 최대출자인 조선우선이 담당했다.

71) 엔진 생산과 관련해서는 기계공 조달이 필요했지만 조선조선공업의 경우 앞서 언급했듯이 원산의 조선소 건설에서는 선체건조만을 계획했기 때문에 당장의 조달대상에서는 제외되었을 것이다.

일본에서 얼마만큼의 기술·기능 인력이 조달되었는지 구체적으로는 알수 없지만, 대규모의 조달시도가 있었던 것은 분명하다. 일본에서 도항하는 대공의 경비 10,200엔을 도케상점(道家商店)이라는 중개회사에 선불로 지급한 것이 확인되기 때문이다.72)

다음의 〈표 7-8〉는 설립 당시에 확보된 기술·기능 인력의 실태이다. 〈표 7-8〉에는 조선소 건설에 필요한 인력은 나오지 않고, 조선소 가동과 선박건조에 필요한 인력만을 나타내고 있지만, 그것도 목표치의 40%로 저조한 상황이었다. 특히 핵심적인 조선공장의 인력, 즉 조선공의 조달은 20%에 불과했다. 다카하시가 조선총독부가 기대한 만큼의 수완을 발휘했다고 하더라도 주지하듯이 일본 역시 젊은 장정의 징병으로 자체 인력조달 조차 어려운 상황이었다. 따라서 한국으로 유출할 인력에는 한계가 있을 수밖에 없었다. 부족한 기술 인력은 사내에 양성소를 두어 육성할 계획이었으나73), 이것은 시간이 걸린다는 점에서 적절한 대책이 될 수는 없었다. 결국 조선소 설립 초기의 기술·기능인력 부족은 불가피했다고 하겠다.

〈표 7-8〉 조선소의 각 공장별 기술·기능인력 확보 현황(단위 : 名)

공장 별	소요인원(명)	확보인원(명)	확보비율(%)	비고
조선공장	250	50	20.0	
제재목공장	40	30	75.0	
艤装場	35	15	43.0	
수리공장	30	15	50.0	
製罐공장	75	60	80.0	製罐, 鍛延, 製釘
제강·鑄造공장	20	10	50.0	
제철공장	20	10	50.0	
기타	80	30	37.5	電氣, 기타
합계	550	220	40.0	

자료 : 東拓 朝鮮支社, 「會社設立ノ經過報告書」, 『朝鮮造船工業KK關係』.

72) 朝鮮造船工業株式會社, 「道家商店假拂明細(1943年11月25日現在)」, 『朝鮮造船工業KK關係』.
73) 東拓 朝鮮支社, 「会社設立ノ経過報告書」.

한편 조선산업은 종합기계공업이면서도 노동집약적 조립산업이므로 일반 노동력도 대거 필요했다. 확인되지는 않지만 한국인이 노동력으로 동원되었을 것이다. 1945년 6월 동척의 보고서는 조선조선공업이 '당시 일반적인 징용이나 근봉대(勤奉隊) 등의 인력을 사용하지 않는 대신에 교도소 수감자를 동원하고 있다'고 쓰고 있다.[74] 죄수의 노동력 동원은 조선조선공업 건설을 위한 동원의 강도를 상징적으로 보여줌과 동시에 일반 노동력 조달에 상당한 어려움이 있었음을 나타낸다. 또 동척 보고서의 지적은 당시 주요 공장에서 징용자나 근로봉사대의 동원이 일반적이었다는 점도 보여준다. 1945년 5월 말 현재 조선조선공업의 기술·기능 인력을 포함한 종업원 총 수는 1,191명이었다.[75]

다음으로 조선소 건설과 선박건조에 필요한 기자재의 조달계획과 상황을 살펴보자. 조달계획에는 갈수록 어려워지는 조달 상황을 극복하고 신속하게 조선소 건설을 완수하기 위한 조선총독부가 의도가 잘 드러나고 있다. 우선 신속한 건설공사 진행을 위해 목재, 시멘트, 양정(洋釘) 등의 토목·건설관계 자재는 동척에서 일단 차입해서 공사에 착수하기로 하였다.[76] 또 각 공장에 필요한 기계 및 장치설비는 가급적 한국 내에서 중고 유휴설비를 입수하도록 하였다.[77] 중고설비의 조달은 1943년 이후 본격화된 기업정비, 설비 회수, 금속 회수 등에 의해 발생한 유휴설비를 군수공장에 전용한다는 제국의 방침을 토대로 한 것이었다. 일본에서 조달이 필요한 각종 설비와 기자재는 그 구입과 운송 업무를 앞서 언급한 도케상점에 위탁하였다.[78] 한편 주요 원자재의 경우 목재는 자본을 출자한 목재통제회사 조선목재주식

---

74) 東拓 朝鮮支社, 「朝鮮造船工業會社第三回定時株主總會終了ニ関スル件(1945.6.12)」, 『朝鮮造船工業KK關係』.
75) 東拓 朝鮮支社, 위의 자료.
76) 東拓 朝鮮支社, 「会社設立ノ経過報告書」.
77) 東拓 朝鮮支社, 위의 자료.
78) 東拓 朝鮮支社, 위의 자료.

회사로부터 공급받을 계획이었다. 강재는 인근 이원철산주식회사(利原鐵山株式會社) 소유의 제철소에서 공급받고, 주조하여 만드는 철재부품의 경우 자체시설을 건설하여 이원철산에서 선철을 공급받아 직접 제작하기로 했다.[79] 조달 방식은 필요물자의 생산처나 관련 통제단체와 직접 거래하는 것이 아니라 조선공업 통제회사인 조선조선공업조합을 통해 조달받는 것이었다. 군부가 발주한 선박에 소요되는 자재의 조달은 군부와 직접 거래하였다.[80] 주목되는 것은 조선조선공업이 조선조선공업조합을 거쳐서 기자재를 공급받는 것이 기자재 조달을 지연시킨다고 하여 개선을 요구하였다는 점이다. 조선조선공업은 조선조선공업조합을 거치지 않고 생산자나 생산자 통제 단체와 직접 거래하기를 강력히 희망하고 있었다.[81] 이것은 일제가 전쟁수행을 위한 물자의 효율적이고 신속한 배분을 목적으로 구축한 통제경제구조가 실제 그 시행과정에서 물자의 흐름을 경색시키고 있었음을 보여준다.

1943년 11월 25일 열린 창립총회에서 조선소의 필요한 기계 및 장치설비의 80%를 수배했다고 보고되었지만, 입수를 완료한 설비는 6척(feet) 선반 4대, 잭(jack) 70대, 체인블럭(chain block)뿐이었고 대부분은 선수금이나 계약금을 준 상황에 불과했다. 중요한 설비인 전기로(電氣爐), 크레인 등은 수배조차 하지 못하고 있었다. 설립 당시 조선조선공업의 설비자재 및 조선을 위한 운전자재 조달 상황을 정리하면 〈표 7-9〉과 같다.

---

79) 利原鐵山은 1915년 開鑛한 철광산 회사로 함경남도 이원군의 4개 광구에서 赤鐵鑛을 채굴하였다. 이 당시 이원철산은 일본고주파중공업의 자회사가 되어 성진공장의 주요 원료공급처였다(『朝鮮新聞』 1940.11.27, 11.28, 11.29). 利原鐵山은 1943년 조선총독부가 무연탄을 이용한 소형용광로제철사업을 추진하면서 사업자 중 하나로 선정되어 일본 전시금융금고의 자금지원을 토대로 제철소 건설에 착수하였다(『在外會社 利原鐵山(株)書類綴』, 일본국립공문서관 소장 폐쇄기관청산관계자료). 조선조선공업이 利原鐵山에서 조선소 건설에 필요한 강재와 선철을 조달하도록 계획된 것은 거리상의 이점과 함께 일본고주파중공업 성진공장 건설을 주도한 高橋省三의 존재가 중요한 역할을 했을 것이다.

80) 東拓 朝鮮支社, 「朝鮮造船工業會社第三回定時株主總會終了ニ関スル件(1945.6.12)」.

81) 東拓 朝鮮支社, 「朝鮮造船工業柱式會社第二回定時株主總會ニ関スル件(1944.11.30)」, 『朝鮮造船工業KK關係』.

〈표 7-9〉 조선조선공업의 주요 설비 · 운전 기자재 조달 상황(단위 : 圓)

조달 상황	품명	예산	지불액	비고
입수완료	선반	12,000	13,200	6feet 4대
	잭(jack)	12,400	10,500	70대, 道家商店 위탁 품목
	체인블럭(chain block)	4,400	7,000	道家商店 위탁 품목
	소계	28,800	30,700	
계약금 지불	製釘機	110,000	35,000	
	스팀 해머(steam hammer)	10,000	8,500	
	平削盤 외	-	30,000	
	모형 보링(boring)	52,000	32,000	道家商店 위탁 품목
	호핑 머신(hopping machine)	30,000	30,000	道家商店 위탁 품목
	컴프레서(compressor)	-	8,300	
	소계	-	143,800	
미수배 설비	電氣爐	120,000	-	
	크레인	20,000	-	
	롤(roll)설비 一式	170,000	-	
	소계	310,000	-	
부속설비자재 수배 상황	레일(rail)	-	23,580	4마일(mile)
	운반용구	-	19,280	
	소계	-	42,860	
중요운전자재 수배 상황	와이어 로프(wire rope)	-	2,300	
	마키하다(목조선의 방수재)	-	6,500	450貫, 절반은 道家商店 위탁
	舟釘	-	17,000	4,000貫, 道家商店 위탁 품목
	볼트류	-	12,438	70%는 道家商店 위탁
	스패너(spanner)	-	4,000	道家商店 위탁 품목
	금속류	-	13,500	300貫
	소계	-	55,738	

자료 : 東拓 朝鮮支社, 「會社設立ノ經過報告書」, 『朝鮮造船工業KK關係』.

회사가 설립되고 공사가 본격화되었음에도 각종 기자재 조달은 원활히 이루어지지 않았다. 원래 계획대로라면 원산의 조선소는 1944년 3월까지 완공해야 했지만, 상황은 전혀 그렇지 못했다. 1944년 3월 말 조선조선공업 의 제1기 영업기의 결산보고에서는 '각종 기계구입의 경우 구입계약을 맺 고 계약금을 지불했음에도 불구하고 운반이 곤란한 것이 많다'[82]고 하여 그나마 수배된 기자재도 운송난으로 조선소에 도착하는 데 시간이 걸리고

82) 東拓 朝鮮支社, 「朝鮮造船工業第一期決算ニ関スル件(1944.5.25)」, 『朝鮮造船工業KK關係』.

있음을 나타내고 있다.

조선총독부가 조선조선공업 건설을 위해 필요한 기자재의 조달난에 대한 대책으로 세운 것은 한국 내 조달, 중고 유휴설비 이용, 다카하시의 고용을 통한 인맥이용 등으로 정리할 수 있다. 그러나 이 대책들은 힘을 발휘하지 못했다. 산업적 기반이 없는 상황에서 중고품 이용 등으로 일본에서의 공급력 약화를 메우기에는 애초부터 무리가 있었던 것이다. 그 결과 조선총독부가 설립과정에서 보여준 시급을 다투던 태도를 무색하게 할 정도로 조선소 건설공사는 매우 느리게 진행되었다.

3. 을조선 시행실적

1942년 시작된 한국의 목선 양산계획은 1944년까지 총 450척 36,800톤이 건조되었다. 연도별 계획과 실적을 비교하여 정리한 것이 〈표 7-10〉이다.

〈표 7-10〉 목선 양산계획의 계획량과 실적 비교

계획 년도	船種	船型	계획 척수	계획 톤수	실적 척수	실적 톤수	계획 달성률	비고
1942	화물선	100톤형	65	6,500	65	6,500	100.0%	5척은 1943년 6월까지 완성
	漁雜船(비계획선)			2,050		2,039		
1943	화물선	朝鮮型 150톤	33	4,950	33	4,950		
		海務院型 150톤	50	7,500	50	7,500		
		純帆船 120톤형	22	2,640	22	2,640		
	艀船	100톤형	125	6,250	125	6,250		
		80톤형	35	1,400	35	1,400		
	유조선	300톤형	2	600	0	0		예산이 성립되지 않음
	曳船	80톤형	2	160	0	0		
	합계		269	23,500	265	22,740	96.8%	전체의 50%는 1944년 완성
	漁雜船(비계획선)			6,500		10,590		

1944	화물선	朝鮮型 150톤	47	7,050	5	750		
		海務院型 150톤	103	15,450	6	900		
		純帆船 120톤형	50	6,000	9	1,080		
	艀船	100톤형	350	17,500	83	4,150		
		80톤형			17	680		
	曳船	80톤형	5	400	0	0		
	합계		555	46400	120	7,560	16.3%	
	漁雜船(비계획선)			6,900		930		
1945	화물선	170톤형	100	17,000				
		純帆船 130톤형	50	6,500				
	유조선	150톤형	15	2,250				
	艀船	100톤형	350	17,500				
	曳船	150톤형	10	1,500				
	합계		525	44750				
	漁雜船(비계획선)			5,000				
총계	계획조선		1,414	121,150	450	36,800		
	漁雜船			20,450		13,559		

자료 : 朝鮮總督府交通局, 「極秘第57號, 朝鮮交通關係資料(1944.4)」, 68~71쪽 ; 「第86回帝國議會說明資料(1944.12) - 交通局關係」, 397~399쪽 ; 海運局, 『海運十年略史』, 1955 에서 작성.

주) 1. 船種의 경우 자료에는 機帆船, 純帆船 등으로 분류되어 있으나 혼동을 피하기 위해 필자가 고친 것임.
  2. 1943년의 비계획선의 경우 『海運十年略史』에는 239척 2,084척이 완성되었다고 기록되어 있음.

계획조선의 중점 건조선박은 150톤형 화물선이었고, 100톤형[83] 부선이 그 뒤를 이었다. 부선은 1944년 건조계획량이 크게 증가하였는데, 대륙연계물자 수송으로 인해 항만하역능력 강화가 정책적으로 추진되었기 때문이다. 건조계획량은 매년 크게 증가하여 1942년 6,500톤에서 1943년 23,500톤, 1944년에는 46,400톤으로 정점을 이루었다. 건조실적은 1943년 계획까지는 공사 지연은 있었지만 거의 100% 목표를 달성했고, 1944년 계획은 극히 부진한 실적을 보였다.

1943년 계획량이 전년 대비 4배 가까이 증가했음에도 불구하고 실적을 달성할 수 있었던 반면, 1944년은 1943년에 대비하여 계획량은 2배로 늘렸

[83] 艀船의 경우 총톤(G/T)이 아니고, 적재 중량톤(D/W)을 의미하는 것으로 보인다(「朝鮮總督府交通局, 極秘第57號, 朝鮮交通關係資料(1944.4)」, 69쪽).

으나 실적은 1943년 실적의 절반에도 미치지 못한 데에는 몇 가지 원인이
있었다. 우선 1943년 계획의 지연이다. 필사적인 목재공출운동에도 불구하
고 자재 확보가 지연되어 화물선의 대부분이 하반기에 착공되었다. 그 결
과 부선은 대체로 계획대로 완성되었으나 화물선은 절반이상이 1943년 말
까지 완성되지 못했다. 목조선 건조공정에 있어서 외판(外板)의 시공은 혹
한기에는 작업이 어려웠던 점도 원인이었다.[84] 조선총독부는 결국 1943년
계획분의 화물선 건조를 동절기에 일시 중지하고, 1944년 4월부터 공사를
재개하여 6월까지 나머지 건조공사를 완료하도록 방침을 정하였다. 대신 이
기간 동안은 1944년 계획조선의 일부(화물선 24척, 부선 43척) 공사를 시작
하였다.[85] 그러나 1943년 계획분의 화물선 건조는 1944년 6월을 넘겨서 그
해 연말까지도 일부는 자재난으로 완성되지 않았다. 1943년 을조선 계획분
의 공사 지연은 도미노현상을 일으켜서 1944년 계획의 지연은 불가피했다.

⟨표 7-11⟩ 1944년 초 현재 1943년 을조선계획 공사진행 현황

계획 년도	船種	船型	계획(隻)	1944년 초	1944년 말	비고
1943	화물선	朝鮮型 150톤	33	12	72	공사중의 11척은 1944년 연내 완성계획
		海務院型 150톤	50	13		
		純帆船 120톤형	22	13	22	계획완료
	艀船	100톤형	125	124	160	계획완료
		80톤형	35	37		

자료 : 朝鮮總督府交通局,「極秘第57號, 朝鮮交通關係資料(1944.4)」, 69쪽 ;「第86回帝國議
會說明資料(1944.12)」, 397쪽에서 작성.
주) 進水를 기준으로 한 수치임.

1944년 계획 중 예산집행이 확정된 건조량은 전년도보다 2배로 확대된
555척 46,400톤이었다. 그러나 1944년 물자동원계획에서 자재확보가 충분히

84)「朝鮮總督府交通局, 極秘第57號, 朝鮮交通關係資料(1944.4)」, 69쪽.
85) 위의 자료, 69쪽.

이루어지지 않아서 390척으로 계획이 축소되었다. 조선총독부는 물동계획에 반영된 390척의 건조계획량에 대해 1차로 288척의 건조명령을 내렸다. 그러나 앞서 언급한 1943년 계획분이 공사 지연으로 대량으로 이월되었고, 자재난이 갈수록 심화되는 상황이었으므로, 결국 1차 건조명령이 대체로 1944년 건조계획이 되어버렸다. 이마저도 1944년 말 현재로 진수된 선박은 30% 정도인 101척에 불과했고 나머지 70%는 1945년으로 이월될 수밖에 없었다. 이월된 선박이 1945년 해방될 때까지 얼마나 건조되었는가는 확인할 수 없지만 〈표 7-10〉을 참조하면 동력 화물선은 거의 완성되지 않았고, 순범선은 계획량 9척의 전부가, 부선은 그 일부가 준공되었음을 알 수 있다.[86]

〈표 7-12〉 1944년도 계획의 실시 상황

계획년도	船種	船型	계획(隻)	물동사정(내정)	1차 건조명령	건조계획수정(1944년 말)	실적(1944년 말)		
							진수	공사중	미착공
1944	화물선	朝鮮型 150톤	47	80	23	72	19	50	3
		海務院型 150톤	103		45				
		純帆船 120톤형	50		9	9	1	5	3
	艀船	100톤형	350	310	155	222	81	55	86
		80톤형			56				
	曳船	80톤형	5						
합계			555	390	288	303	101	110	92

자료 : 朝鮮總督府交通局,「極秘第57號, 朝鮮交通關係資料(1944.4)」, 70쪽 ;「第86回帝國議會說明資料(1944.12)」, 398쪽에서 작성.

1944년 실적이 저조했던 또 하나의 이유는 군의 요구에 의한 대규모 특수선 건조이다. 1944년 계획조선에서 군은 을조선과 별도로 특수선 300척 및 예선(曳船) 10척 총 310척의 선박건조 및 115마력 야키다마엔진 30대, 15마력 야키다마엔진 500대 제작을 명령했다.[87] 군수가 최우선되는 상황이

86) 한국선박연구소,『우리나라 造船工業發達史』, 1978, 37쪽에는 1945년 156척 7,800톤의 선박이 건조된 것으로 기록되어 있는데, 이것이 1945년의 해방이 될 때까지의 건조실적일 가능성이 있다.

없기에 이것은 1944년 을조선계획의 지연에 중요한 영향을 미쳤을 것이다.

1945년 계획은 자료 부족으로 구체적인 실적을 알 수 없다. 1945년에 들어서면 자재공급이 바닥을 드러내었고, 정책적으로도 선박 증산보다는 보유한 선박의 최대한 활용을 목적으로 계획수리에 중점을 두었기 때문에 계획자체로 끝났을 가능성이 높다.

전체적으로 보아 조선총독부가 추진한 목선 양산계획은 1942~1943년 계획이 1944년까지 달성되었고, 1944년 계획의 일부가 해방 때까지 완성된 흐름이었다. 실적이 계획을 따라가지 못한 것은 여러 가지 원인이 있겠지만 선재(船材)공출운동, 수형인 동원 등 필사적인 자재 및 노동력 조달 노력에도 불구하고 전쟁말기로 갈수록 조달이 어려워진 데 따른 건조공사 지연이 근본 원인이었다.

목표한 계획에는 크게 못 미쳤지만, 목선 양산계획을 통해 식민지 조선산업은 상당한 성장을 이룩한 것으로 평가할 수 있다. 계획이 시작된 1942년 하반기부터 1945년 상반기까지 3년간 비계획 부문을 포함하여 총 50,000톤의 선박이 건조되었고, 조선중공업의 강선건조실적[88]을 합하면 연간 20,000톤 이상의 건조실적을 달성했기 때문이다.[89] 연간 20,000톤의 실적을 올릴 수 있었던 배경에는 무리한 목재공출 및 노동력수탈이 있었지만, 시설확충과 기술력 확충에 힘입은 바도 컸다. 시설확충은 조선총독부에 의해 지역 주요 항구를 중심으로 한 기업정비통합과 대규모 조선소의 신설이라는 두 가지 방향으로 실시되었고, 이를 통해 한국의 목조선공업은 연간 최대 50,000톤 이상의 건조 능력을 가지게 되었다. 이에 따라 공원수도 〈표 7-13〉과 같이 1944년 4월 현재 7,261명으로 1940년의 3,339명[90]과 비교하여 2배 이상 증가하였다.

---

87) 「朝鮮總督府交通局, 極秘第57號, 朝鮮交通關係資料(1944.4)」 71쪽.

88) 조선중공업의 같은 기간 건조실적은 13,700톤이었다. 6장 〈표 6-5〉 참조.

89) 해방 후 국내 조선산업의 연간 건조실적이 20,000톤을 넘은 것은 1968년부터이다(한국선박연구소, 앞의 책, 39 · 87쪽 참조).

90) 1940년 공원수는 『조선총독부통계연보』 참조.

〈표 7-13〉 조선 내 목조선 공장 공원수 및 설비능력(1944년 4월 1일 현재)

조선소명	설립형태	소재지	자본금	공원수	설비능력 新造 船體(톤)	설비능력 新造 엔진(馬力)	설비능력 수리 船體	설비능력 수리 엔진
방어진철공조선주식회사	기존	방어진	400,000	332	1,400	600	7,000	5,000
부산조선공업주식회사	신설	부산	1,000,000	197	1,900		20,000	
㈜ 포항조선철공소	통합	포항	800,000	300	1,400	1,000	10,000	5,000
목포조선공업주식회사	통합	목포	750,000	344	1,700	900	8,200	4,000
鐘淵조선조선주식회사	통합	군산	4,000,000	820	4,000	4,500	9,000	10,000
北鮮조선주식회사	통합	성진	500,000	84	250	700	1,500	1,000
㈜ 조선조선철공소 청진공장	통합	청진	2,650,000	299	1,100	1,750	20,000	5,000
원산공장	기존	원산		305	1,500	3,000	15,000	6,000
조선조선공업주식회사	신설	원산	5,000,000	550	8,000		20,000	7,000
강원조선철공주식회사	통합	장전	1,500,000	206	1,100	500	6,000	2,500
조선상공주식회사진남포철공소	통합	진남포	3,000,000	285	1,100	2,000	10,000	6,000
평북조선주식회사	통합	신의주	500,000	199	900	500	5,000	1,000
소계(A)				3,921	24,350	15,450	131,700	52,500
기타 99공장				3,340	30,050	22,550	100,000	30,000
총계(B)				7,261	54,400	38,000	231,700	82,500
주요 조선소의설비능력비중(A/B)				54	45	41	57	64

자료 : 朝鮮總督府交通局, 「極秘第57號, 朝鮮交通關係資料(1944.4)」, 72쪽.
주) 1. 선체신조 합계의 경우 원자료에는 55,100톤으로 기재되어 있어 실제 합계와 차이가 있음.
   2. 신조능력은 航洋船을 연간 신조할 수 있는 능력.
   3. 수리능력은 대수리를 기준으로 한 航洋船의 연간 능력.

조선총독부 교통국이 조사한 1944년 4월 현재 조선 전체의 목조선 건조 능력은 총 111개 조선소 54,400톤이었고, 이 중 〈표 7-13〉의 주요 12개 조선소가 차지하는 비중은 45%였다. 12개 조선소는 그 외에도 엔진제작 41%, 선체수리 57%, 엔진수리 64%의 비율을 점했고, 전체 노동자의 54%가 여기에 집중되어 있었다. 이들 중 1929년 설립된 방어진철공조선과 1941년 설립된 조선조선철공소 원산공장의 2개를 제외하면 모두 태평양전쟁기에 통합정비된 조선소이거나 신설 조선소들이다. 교통국이 조사한 시점인 1944년 4월 이후에도 부산 등에서 통합 조선소들이 설립되기 때문에 통합정비된 조선소 및 신설조선소의 설비능력 집중도는 이후에 더욱 높아졌다고 볼 수 있다.

다음으로 기술 확충도 일정하게 이루어졌다. 이것은 같은 시기 일본과의 선박건조 일수 비교를 통해서 확인된다.

〈표 7-14〉 일본과 식민지의 목조선(150톤급 화물선) 건조 일수 비교

	조선소명	기공→진수	진수→완공	총 건조 기간	비고
일본	横浜造船所	70	30	100	
	青森県造船会社	312	84	396	
	興亜造船鉄工所	280	23	303	
	三井木船岩手造船所	38	15	53	
	宮島県造船所	213	30	243	최장 240, 35일
	帝国造船会社	90	15	105	기관, 의장품 입수가 순조로운 경우
	申桐造船所	180	120	300	
	淡路造船会社	100	25	125	최장 120, 25일
	牛窓造船所	36	30	66	
	岡造船所	30	15	45	
	松江造船所	70	20	90	
	水野造船宮島工場	70	30	100	
	小豆島造船所	30	120	150	최장 100, 120일
	三井木船坂出造船所	30	120	150	최장 100, 120일
	太陽造船所	30	120	150	최장 130, 120일
	香川造船所	45	70	115	최장 200, 90일
	門司地区造船所	170	30	200	1944년 이후 기관, 의장용 금속류 입수난
	下関地区造船所	174	78	252	1945년 이후 기관, 의장용 금속류 입수난
	福岡地区造船所	303	165	468	노무, 자재 부족으로 타 지역보다 건조 지연
	佐世保地区造船所	100	85	185	4개 조선소의 평균
	평균	119	61	180	
타이완	高雄造船会社	177	108	285	최장 261, 140일
조선	목포조선철공회사	90	30	120	
	조선조선청진공장	150	30	180	
	동해조선철공소	150	20	170	100톤급 화물선의 건조 일수임
	평균	130	27	157	

자료 : 憲兵司令部, 「乙造船及船舶修理ノ狀況(1944.10.1)」, 『戰時海運資料』 no.32.

목선 양산계획의 주력 건조 대상선박인 150톤급 동력 화물선을 기준으로 선박이 완성될 때까지 소요되는 평균 기간은 〈표 7-14〉에서 보듯이 일본 180일, 타이완 285일, 한국 157일이었다. 수치만으로는 같은 식민지인 타이완보다는 상당히 빠르고, 일본보다도 빠른 수준이다. 건조 일수는 〈표 7-14〉에서 보듯이 기술수준 외에도 소요자재의 입수난도 영향을 미쳤으므로 완전한 기술수준의 반영이라고 보기는 힘들지만, 자재난은 일본과 식민지 전체의 공통된 문제였으므로 최소한 150톤급 화물선 건조에 있어서는 한국이 일본에 비해 크게 뒤지지 않았다고 평가할 수 있다.

그러나 이러한 성장의 뒷면에는 여러 가지 한계도 나타났다. 첫째, 선박 건조와 관련해서 보면 선체건조에서는 비슷한 수준이었을지 몰라도 엔진제작과 같은 정밀기계공업에 있어서는 차이가 있었다. 일제시기 전체적으로 기계공업이 뒤떨어져 있던 것은 주지의 사실로 전시라는 제약 속에서 일거에 성장시키는 데는 한계가 있었다. 한국에는 디젤엔진이 보급되지 않았고, 야키다마 엔진 제작에서조차도 150톤급 화물선에 장착하는 115마력 엔진이 최대였다.[91] 그나마도 공급이 수요를 따라가지 못함으로써 150톤급 화물선 건조가 계획대로 진척되지 못하는 주요 원인이 되었다.[92] 조선총독부가 일본에는 없는 순범선을 전시표준선으로 선정하여 건조한 것도 한국 기계공업의 현실을 반영한 것이었다. 또 엔진관련 부품 중 주유기(注油機), 분구부(噴口部)는 제작기술이 없어서 일본에서 완성품을 공급받았다.[93]

둘째, 목선 양산계획을 위해 정비·통합되거나 신설된 조선소들이 대부분 부실경영을 벗어나지 못한 점을 지적할 수 있다. 다음의 〈표 7-15〉는 주

[91] 을조선 동력 화물선에 장착되는 엔진은 대부분 朝鮮에서 제작되었다(『朝鮮』 1943.5, 58쪽).
[92] 조선조선공업의 실정은 이러한 사실을 잘 보여준다. 동 회사는 1944년까지 150톤급 화물선 17척(해무원형 16척, 朝鮮型 1척)을 진수했음에도 불구하고 완성 인도한 것은 2척에 불과했다. 그 이유는 엔진이 확보되지 않았기 때문이었다. 1945년 전반기에도 3척의 엔진만이 확보되었는데, 2대의 엔진은 자체 제작품이고, 1대는 鐘淵紡績의 중고품을 장착할 예정이었다. 구체적인 내용은 후술하겠다.
[93] 『殖銀調査月報』 제70호 1944.3, 1~2쪽.

요 조선소의 1944년 영업 성적이다.

〈표 7-15〉 1944년도 주요 조선소 영업성적(단위 : 圓)

	포항조선철공	평북조선	조선조선공업	鐘淵조선조선	목포조선철공	여수조선공업
불입자본금	700,000	500,000	5,000,000	3,000,000	1,200,000	750,000
이익금	32,000	0	-500,000	20,000	0	0
이익률	4.60%			0.70%		
	부산조선공업	통영조선	日出조선	조선선박공업	北鮮조선	雄羅조선철공
불입자본금	600,000	615,000	1,200,000	2,500,000	1,500,000	500,000
이익금	0	70,000	-200,000	200,000	50,000	-100,000
이익률		11.40%		8%	3.30%	

자료 : 「朝鮮に於ける日本人企業槪要調書」 no.5에서 작성.
주) 이익률은 불입자본 이익률임.

　　전체 12개 조선소 중 7개 조선소가 이익을 내지 못하거나 오히려 손실이 발생하였다. 이익을 낸 조선소도 대체로 낮은 이익률을 보였다. 조선산업 자체가 중공업이기 때문에 설립초기 설비투자 및 운전자금으로 막대한 자금이 고정화되기 쉬운 점을 감안하면, 태평양전쟁기 급속하게 통합정비된 조선소나 신설 조선소의 초기 적자는 불가피한 것이었다고도 할 수 있다. 더욱이 전쟁이 급박하게 돌아가면서 선박 양산이 한층 강조되었기에 대개의 조선소는 앞의 조선조선공업처럼 시설확장과 선박건조를 동시에 추진해야 하는 상황에 내몰렸다. 그 결과로 대규모 자금수요가 발생했고, 그 자금의 대부분은 조선식산은행 등의 차입금으로 공급되었다. 조선소들은 초기 시설투자는 출자 내지 증자와 일부 부족한 금액은 차입금을 통해 충당하고, 전시계획조선의 선박건조에 드는 자재비, 인건비 등은 선불되는 선박건조대금으로 충당한다는 복안을 가지고 있었다. 그러나 심화되는 자재난으로 선박건조가 예상보다 지연되는 한편으로 약속된 선박건조대금의 지불 역시 지연되면서 자금난→차입금 의존→부채증가→경영악화 라는 경영부실의 사이클이 나타났다. 1944년 8월 현재로 자본금 18만 엔인 대인조선의 부채는 213만 엔, 1945년 4월 현재 자본금 150만 엔인 강원조선의 부채는 256만 엔, 1945년 3월 현재로 자본금 500만 엔의 조선조선공업의 부채는 무려 1,269만 엔이었다.[94] 기업경영의 차원에서 보면 내실이라고 하는 질적 성장을 담보하지 못한 외형의 확대가 이루어진 것으로 판단할 수 있다. 조선총독부가 을조선 전문조선소로 심혈을 기울여 건설한 조선조선공업의 경영 실태를 통해 이와 같은 상황을 좀 더 구체적으로 확인해 보자.

다음 〈표 7-16〉는 조선조선공업의 경영성적을 살펴보기 위해 각 기별 영업보고서의 대차대조표를 정리한 것이다.

〈표 7-16〉 조선조선공업의 대차대조표(단위 : 圓)

		1기(43.12~44.3)	2기(44.4~44.9)	3기(44.10~45.3)
차변	고정자산	1,223,116	3,703,940	5,039,939
	토지	456,758	476,743	599,692
	건물	84,388	529,328	987,187
	기계장치	43,333	782,092	1,022,548
	선박		130,904	122,540
	차량운반구	25,096	51,046	47,130
	공구기구	20,096	162,596	268,502
	什器	54,922	90,924	113,089
	建設假勘定	377,136	1,327,272	1,743,402
	설립비	22,586	20,166	17,746
	개발비	138,797	132,864	117,099
	유동자산	4,695,736	6,664,519	11,462,955
	저장품	719,099	1,846,709	3,423,770
	仕掛品	442,079	2,682,964	4,688,739
	반제품			276,824
	유가증권	1,148	4,770	4,569
	賣掛債權		40,902	169,375
	가불금	1,183,595	1,903,970	2,827,230
	예금	2,347,353	163,177	41,219
	현금	2,460	18,043	22,180
	사원저축조합 引當預金		3,981	9,047

94) 『朝鮮造船工業KK關係』;『貸付關係書類(會社別)－江原造船株式會社』;『貸付關係書類(會社別)－大仁造船株式會社』.

	이월손실금		2,151	33,758
	이월손실금		2,151	33,758
	당기손실금	2,151	31,606	1,149,656
	당기손실금	2,151	31,606	1,149,656
	합계	5,921,004	10,402,218	17,686,310
	자본금	5,000,000	5,000,000	5,000,000
	자본금	5,000,000	5,000,000	5,000,000
	부채	921,004	5,402,218	12,686,310
대변	차입금		3,050,000	6,425,000
	買掛債務		1,212,783	3,292,254
	미불금	734,017	80,849	265,373
	전수금	171,000	974,100	2,570,900
	가수금	15,986	80,504	123,735
	사원저축조합		3,981	9,047
	합계	5,921,004	10,402,218	17,686,310

자료 : 朝鮮造船工業株式會社, 「第一~三回 營業報告書」, 『朝鮮造船工業KK關係』.

우선 고정자산을 볼 때 자본금 500만 엔은 당초 계획대로 설비투자에 사용되었음이 확인된다. 그럼에도 불구하고 고정자산 항목에 건설가계정이 있다는 것은 조선소 건설이 여전히 미완성인 상태였음을 의미한다. 계획대로라면 1944년 3월에 완료되었어야 하는 공사가 계획된 자금 500만 엔을 다 투입하고서도 1945년 3월 현재 완성되지 않았다. 조선소가 완공되지 않은 상황에서 설비자금이 예상액을 초과한 것은 추가적인 설비투자, 공사지연에 따른 추가경비 발생, 원래 계획보다 높아진 설비장치 및 기계의 조달단가 등이 주요 요인이었다. 추가 설비투자의 경우 대규모 시설확장을 결정한 흔적은 없지만, 엔진제작을 위한 기계공장의 추가건설이 제2기 영업기인 1944년 4월 이후 시작되었다. 앞서 언급했듯이 원래 계획은 원산 제1조선소의 경우 타 회사에서 완성품 엔진을 구입하여 조달하고, 1944년 9월까지 울산에 제2조선소를 건설하여 엔진을 자급한다는 계획이었다. 그러나 제2조선소 건설이 사실상 불가능해지고 타사로부터의 엔진 조달도 여의치 않자, 원산조선소 내에 엔진제작을 위한 기계공장을 추가로 건설하기로 방침을 세웠던 것이 1944년 11월 제2기 정기주주총회에서 115마력 엔진 1대와 75마력 엔진 3대를 제작하고 있다고 보고된 것은 이를 뒷받침한다.[95] 1945년 5월 말 제3기 정기 주총 사업보고에서는 75마력 야키다마엔진을 자체 제작했고, 115마력은 시작품(試作品)을 출시했다고 보고하고 있다.[96]

공사 지연은 각 기별 영업보고서가 지속적으로 지적하는 기자재의 조달난, 그리고 구입 기자재도 운송난으로 도착이 지연되고 있는 것이 원인이었다. 그리고 조달단가의 상승은 전시인플레의 영향에 의한 것이다. 〈표 7-9〉의 설립 당시 입수 완료한 설비의 조달가격을 보더라도 예상가보다 실제 구입가격이 높다는 것을 확인할 수 있다. 통제경제 속에서 철저하게 가격이 통제되었을 것으로 생각되는 초중점 육성공업조차도 실제로는 전시인플레에서 자유롭지 못했던 것이다.

다음으로 유동자산을 보면 총액이 급격히 늘어나고 있는데, 그 원인은 〈표 7-16〉에서 보면 저장품, 생산품(仕掛品), 가불금(假拂金)의 증가 때문임을 알 수 있다. 저장품은 조선에 필요한 목재, 철강재, 의장품 등의 자재이며, 생산품(仕掛品)은 건조중인 선박이나 선박부분품이다. 가불금은 초기에는 설비장치 및 기계대금의 계약금 내지 선급금(前渡金)이 대부분이었지만, 3기 영업기에는 목재 확보를 위한 선급금이 가장 큰 비중을 차지했다.[97] 결국 운전자금의 증가는 전시계획조선에 의해 할당받은 조선이 본격적으로 시작되었음을 의미한다.

문제는 조선이 활발해짐에도 불구하고 차입금과 외상(買掛債務)이 급속하게 늘고 대규모 손실금이 발생하고 있다는 점이다. 더욱이 조선조선공업은 조선소 건설과 조선을 동시에 시작했기 때문에 자재구입 등의 운전자금 수요가 추가로 필요하여 보다 많은 초기자금이 투입되어야 했다. 따라서

95) 東拓 朝鮮支社, 「朝鮮造船工業株式會社第二回定時株主總會二関スル件(1944.11.30)」.

96) 東拓 朝鮮支社, 「朝鮮造船工業會社第三回定時株主總會終了二関スル件(1945.6.12)」.

97) 東拓 朝鮮支社, 「朝鮮造船工業第一期決算二関スル件(1944.5.25)」 및 「朝鮮造船工業會社 第三回定時株主總會終了二関スル件(1945.6.12)」참조.

설립 초기의 차입금 경영은 불가피했을 수 있다. 그러나 조선이 활발해지
는 것에 비례하여 건조대금이 들어오면 차입금 경영이 완화되고 영업수지
가 흑자로 돌아서는 것이 일반적이다. 즉 조선 수요가 없어서 초기 시설투
자의 막대한 자금이 고정화되어 고전하는 경우는 있어도, 조선이 점차 활
발해짐에도 불구하고 차입금 경영이 심화되고 거액의 손실을 내는 것은 이
례적인 상황이다. 이 경우는 추가적으로 대규모 설비투자가 진행되거나,
혹은 선박건조 대금이 제때에 들어오지 않아서 차입금과 외상으로 조선을
하고 있다는 뜻이다. 조선조선공업의 경우 차입금의 대부분이 운전자금으
로 충당된 것으로 보아 전형적인 후자의 사례였다.[98]

  건조대금은 계약조건에 따라서 차이는 있지만, 건조 기간이 긴 관계로
계약금, 중도금 등의 형태로 건조대금을 분할 지불하는 것이 일반적이다.
전시계획조선의 경우 국가의 주도하에 급격한 증산이 요구되었으므로 계
약조건은 훨씬 좋았다. 즉 건조대금은 계약, 기공, 진수, 준공이라는 생산
공정의 진행에 따라 4회 분할로 지불되었다. 계약과 기공단계에서 이미 건
조대금의 25%가 지불되고, 선체 건조가 완성되어 진수하면 37.5%가 지불되
는 유리한 조건이었다.[99] 조선조선공업이 조선소 건설과 조선을 동시에 시
작하면서도 조선에 필요한 운전자금의 별도 조달계획을 세우지 않았던 것
도 조선총독부가 할당한 선박건조대금으로 운전자금을 충당할 수 있다고
판단했기 때문이다.[100]

  조선조선공업은 회사설립과 함께 16척의 150톤급 목선을 할당받아 건조
에 착수했다. 그러나 선박건조대금은 예정대로 들어오지 않았다. 조선조선

98) 제3기 결산의 차입금 6,425,000엔 중 설비자금은 375,000엔에 불과하고 나머지 6,050,000
   엔은 전부 운전자금이었다(東拓 朝鮮支社,「朝鮮造船工業會社第三回定時株主總會終了
   ニ関スル件(1945.6.12)」).
99) 朝鮮造船工業株式會社,「運轉資金借入ニ関スル件(1944.2.16)」,『朝鮮造船工業KK關係』.
100) 물론 이런 방침에 대해 출자자인 동척이 계획대로 되지 않을 경우 대응책이 없다면서
   설립 당시부터 우려를 제기하였다(東拓 朝鮮支社,「朝鮮造船工業株式會社ニ關スル件
   (1943.11.16.)」).

공업이 예상한 선가(船價)인 척당 20만 원에 의한다면[101] 16척을 기공하였으므로 최소한 선가의 25%인 5만 엔의 16척분 80만 엔이 수금되었어야 했다. 그러나 〈표 7-16〉의 대차대조표를 보면 건조대금 수금을 나타낸 전수금 항목에 제1기 영업기가 끝난 1944년 3월 말 현재 들어온 대금은 17만 엔에 불과했다.[102] 반면 조선에 투자된 자금을 나타내는 주요 항목인 저장품과 생산품(仕掛品)의 같은 시기 합계는 이미 110만 엔을 넘고 있었다. 건조대금을 선불로 받아 기자재 구입 등의 운전자금에 사용하겠다는 애초 계획과 달리 현실은 자력으로 운전자금을 조달해야만 하는 상황에 직면했던 것이다.

예상치 못한 국면 속에서 건조자금 확보를 위해 1944년 2월 긴급 이사회가 개최되어 미불입 자본금 250만 엔의 불입을 시행하기로 의결하였다.[103] 일반적으로 자본금 불입은 주주총회에서 결정되는데, 제1회 정기 주총이 얼마 남지 않은 상황에서 이사회 결정으로 자본금 불입을 결정한 것은 운전자금 문제가 얼마나 긴급했는지를 보여준다. 〈표 7-16〉의 제1기 영업기의 예금 항목은 이사회 결정대로 추가자본금 불입이 3월까지 실현되었음을 보여준다.[104] 그러나 이것은 임시방편에 불과했다. 자본금 500만 엔은 전액 시설투자비로 사용될 계획이었으므로, 자본금을 건조자금으로 전용할 경우 조선소 건설에 차질을 빚을 것이 명확했기 때문이다. 결국 이사회는 자본금 불입과 함께 식산은행에 380만 엔 한도의 융자신청도 함께 결의하였다. 차입금 380만 엔의 근거는 제1기 영업기의 필요운전자금 274만 엔

---

101) 朝鮮造船工業株式會社,「運轉資金借入ニ関スル件(1944.2.16)」.

102) 3척의 건조대금의 일부로 1척당 57,000엔이었다(東拓 朝鮮支社,「朝鮮造船工業第一期決算ニ関スル件(1944.5.25)」). 왜 기공한 16척 전체가 아닌 3척 뿐인지, 또 57,000엔이라는 애매한 액수가 어떻게 산정된 것인지는 알 수 없다.

103) 東拓 朝鮮支社,「朝鮮造船工業株式會社取締役會開催ノ件(1944.2.17)」.

104) 이사회가 결정한 제2차 자본금 불입이 조선총독부의 승인을 거치고 각 출자자들이 불입을 완료된 것은 3월 말이었다. 100만 엔을 출자한 동척의 경우 2차 불입금 50만 엔을 식산은행의 조선조선공업 구좌에 송금 완료한 것이 3월 27일이었다(「東拓 朝鮮支社에서 東京 本社에 보낸 電報綴(1944.3)」,『朝鮮造船工業KK關係』).

과 1944년 9월까지의 제2기 영업기의 예상 운전자금 665만 엔을 합한 총 939만 엔 중 제2기까지의 건조대금 수입예정액 555만 엔을 뺀 나머지 금액이었다. 차입금은 무담보 연리 5.11%의 조건으로 식산은행에서 융자받고, 이후 건조대금 수입을 통해 상환할 계획이었다. 필요운전자금과 건조대금 수입의 세부내역은 〈표 7-17〉과 같다.

운전자금 조달을 차입금에 의존하는 구조는 선박건조대금 문제가 장기화될 경우 조선조선공업에 할당되는 전시계획조선량이 매년 늘어날 것으로 예상되는 상황에서 그 정도가 심화될 개연성이 컸다. 〈표 7-16〉은 이 우려가 그대로 실현되고 있음을 보여준다. 1945년 3월 제3기 결산을 보면 부채가 자본금의 2배를 훨씬 넘는 1,200만 엔에 달했고, 그중 차입금만 650만 엔으로 외상채무까지 합하면 1,000만 엔을 차지하였다. 차입금을 조달한 곳은 기존과 동일하게 식산은행이었다.[105]

〈표 7-17〉 조선조선공업의 운전자금 및 건조대금 수입 명세(1943.12~1944.9, 단위 : 圓)

	품목	1기(43.12~44.3)			2기(44.4~44.9)		
		단가	규모	금액	단가	규모	금액
필요운전자금	造船材料	50	17,000石(10隻 분)	850,000	50	5,100石(前期 6隻 분)	255,000
		50	5,100石(6隻 분)	255,000	50	44,300石(26隻 분)	2,210,000
					50	8,160石(6隻 분)	408,000
	釘	1,000	72톤(10隻 분)	72,000	1,000	21.6톤(前期 6隻 분)	21,600
		1,000	21.6톤(6隻 분)	21,600	1,000	187.2톤(26隻 분)	187,200
					1,000	34.56톤(6隻 분)	34,560
	諸材料	2,500	10隻 분	25,000	1,250	前期 6隻 분	7,500
		1,250	6隻 분	7,500	2,500	26隻 분	65,000
					2,000	6隻분	12,000
	도장비	1,000	10隻 분	10,000	500	前期 6隻 분	3,000
		500	6隻 분	3,000	1,000	26隻 분	26,000
					800	6隻분	4,800
	工賃	10	1,500명(10隻 분)	150,000	10	750명(前期 6隻 분)	45,000
		10	750명(6隻 분)	45,000	10	1,500명(26隻 분)	390,000
					10	1,200명(6隻분)	72,000

---

105) 東拓 朝鮮支社,「朝鮮造船工業會社第三回定時株主總會終了ニ關スル件(1945.6.12)」.

	塡隙材料	800	10隻 분	8,000	400	前期 6隻 분	2,400
		400	6隻 분	2,400	800	26隻 분	20,800
					640	6隻 분	3,840
	의장비	20,000	10隻 분	200,000	10,000	前期 6隻 분	60,000
		10,000	6隻 분	60,000	20,000	26隻 분	520,000
					16,000	6隻 분	96,000
	機關구입	32,000	10隻 분	320,000	32,000	前期 6隻 분	192,000
					32,000	26隻 분	832,000
	인건비	1,200	70명(본사 20, 공장 50)	84,000	1,800	80명(본사 25, 공장 55)	144,000
	공장간접비		운반, 창고, 보험료 등	152,000		운반, 창고, 보험료 등	300,000
	사무소비		임차료, 여비, 통신비 등	72,000		임차료, 여비, 통신비 등	108,000
	지불이자					300만 원, 연리 5.11%	76,650
	철광석	35	1,000톤	35,000	35	2,200톤	77,000
	석탄	50	100톤	5,000	50	220톤	11,000
		30	200톤	6,000	30	440톤	13,200
	코크스	100	100	10,000	100	220톤	22,000
	螢石, 기타			3,000			6,000
	철공부工賃	200	150명	30,000	200	350명	70,000
	기구, 공구			215,000			250,000
	예비금			48,500			53,450
	배급소자금			50,000			50,000
	합계			2,740,000			6,650,000
	1기와 2기 필요자금 총액						9,390,000
건조대금수입	기공	50,000	12隻	600,000	50,000	12隻	600,000
	진수	75,000	4隻	300,000	75,000	18隻	1,350,000
	준공	200,000	0隻	0	150,000	12隻(前期 이월분)	1,800,000
					125,000	4隻(前期 이월분)	500,000
					200,000	2隻	400,000
	합계		16隻	900,000		48隻(前期 이월분 16척 포함)	4,650,000
	1기와 2기 예상수입 총액						5,550,000

자료 : 朝鮮造船工業株式會社, 「運轉資金調書(1944.2)」, 『朝鮮造船工業KK關係』.

그러면 왜 전시계획조선의 건조대금 수금에 차질이 있었는가. 조선조선

공업의 각 영업기별 사업보고에는 가장 주요한 이유로 전시계획조선의 선
가 결정이 지연되고 있기 때문이라고 언급하였다. 지연의 원인으로는 '교
통국 해사과, 조선공업조합, 군부 등의 관계가 복잡하여'[106]라고 지적하고
있다. 즉 선가 결정지연이 조선총독부, 통제회사, 군부 등 전시계획조선 관
계기관 간의 의견차에서 비롯된 것으로 정책추진에 문제가 있음을 시사하
고 있다. 비록 공식 선가의 결정이 그렇게 용이한 일이 아니었다고 하더라
도,[107] 조선총독부가 전시계획조선 추진의 기본 요소인 공식 선가 결정을
장기간하지 못한 것은 조선소 건설의 시급함을 명분으로 원산조선소 건설
계획을 밀어붙이던 모습과 비교할 때 이해하기 힘들다.

조선총독부의 정책추진의 미숙함은 선박의 엔진 조달과정에서도 여실히
드러난다. 엔진 조달문제는 조선소 건설계획의 수립 때부터 전시계획조선

---

106) 東拓 朝鮮支社, 위의 자료.
107) 전시계획조선의 船價를 놓고 조선총독부, 군부, 통제회사의 관계가 복잡했던 이유를
명확히 하기는 쉽지 않지만 船價 결정이 단기간에 쉽게 결정될 수 있는 문제가 아니었던
것만은 틀림없다. 우선 船價를 이중으로 결정해야 했다. 조선소 측 생산가격인 건조가격
(건조원가에 조선소 이윤을 합한 가격), 선주(해운회사)의 구입가격인 양도가격이다. 급
격한 선박증산을 통한 해상 운송력 확보를 목표로 하는 조선총독부의 입장에서 선박건조
와 운영의 주체가 민간인 이상, 양측 모두 일정 수익이 보장되는 가격을 결정해야 했다.
또 전시계획조선은 간단하게 말하면 건조된 선박을 국가가 건조가격에 매수하여 양도자
에게 양도가격에 파는 것이므로, 건조가격이 높고 양도가격이 낮은 것에서 발생하는 손해
는 국책기업에 대한 손실보상제도에 의해 조선총독부의 재정 부담이 된다. 따라서 조선총
독부의 입장에서는 이중의 가격을 결정하면서 조선소와 선주의 일정한 이익 보증은 물론
이고 조선총독부 역시 가급적 손해를 보지 않는 船價를 찾아야 하는 쉽지 않은 상황이었
다. 설상가상으로 급속한 전시인플레는 가격결정을 보다 어렵게 했을 것이다. 선박은
다양한 부품과 의장품이 필요한 특성상 가격이 통제되지 않는 품목이 있었고, 따라서
전시인플레에 노출될 가능성이 컸다. 또 조선소의 위치에 따라 기자재 운송료에 차등이
있을 수 있고, 일본에서 구입할 경우 운송료와 함께 해당 물품의 일본 통제가격도 반영해
야 했다. 일본의 경우도 현실 상황을 인정하여 전시계획조선 船價의 지역별 차이를 두었
는데, 1톤당 최저 660원, 최고 825원이었다(九鬼英利,『木造船』, 佃書房, 1943, 98~100쪽
참조). 전시계획조선의 대표적인 船型인 150톤 목조 화물선을 예로 든다면 船價는 최저
99,000엔, 최고 123,750엔으로 무려 24,750엔의 차이가 인정되었던 것이다. 이런 상황에서
위와 같이 각 관련기관이 자신의 입장을 관철시키려고 했다면 船價 결정이 용이했을
리가 없다고 하겠다.

의 성패를 좌우할 것으로 인식되었다. 때문에 울산의 제2조선소 건설까지
는 조선 내 타사에서 완성엔진을 구입한다는 조선총독부의 당초 계획에 대
해 동척이 조달에 차질이 생길 경우 대응책이 없다고 우려를 표명하기도
했다. 그러나 조선총독부는 조선소 설립의 시급성을 앞세워 원산조선소를
선체만 건조하는 조선소로 건설하는 계획을 밀고 나갔다.

  동척의 우려는 그대로 적중했다. 1943년 12월 조선소 설립과 함께 16척
을 할당받아 시작한 조선은 제3기 영업결산이 이루어진 1945년 3월 말까지
단 2척만을 완성했다.[108] 〈표 7-17〉에서 보듯이 제2기 결산기인 1944년 9월
말까지 18척을 완공하고, 18척을 진수시킨다는 원래 계획과 비교하면 공정
지연의 심각성을 알 수 있다. 가장 큰 이유는 예상대로 엔진 조달에 실패했
기 때문이었다. 여러 가지 어려움 속에서도 제3기 결산기까지 23척을 진수
하였으나 엔진이 조달되지 않아 2척만을 완성할 수 있었다.

  설립 당시부터 지적된 문제임에도 불구하고 조선총독부는 엔진조달과 관
련하여 별다른 대책을 내놓지 못했다. 다급해진 것은 조선조선공업이었다.
공식 선가 미결정으로 건조대금 수금이 지연되는 상황에서 건조공정까지
지연되면 대금수금이 더욱 지연될 것이고, 운전자금난이 보다 심화될 것이
기 때문이었다. 조선조선공업은 자구책으로 이미 진수한 선박에 장착할 엔
진 20대를 일본에서 구입할 수 있는지 긴급 타진하는 한편으로 군부에도 엔
진 공급을 요청하였다.[109] 그러나 제3기 결산에서 엔진조달이 가능다고 보
고된 것은 3척에 불과했다. 그나마도 1기는 자체 제작한 시작품(試作品)이
고, 다른 1기는 가네가후치방적(鐘淵紡績)에서 입수한 중고엔진이었다.[110]
  막대한 운전자금을 차입금에 의존하는 동시에 선박건조는 지지부진했던
조선조선공업의 수익구조는 설립 후 3기에 걸친 영업기 전부를 손실로 채

---

108) 東拓 朝鮮支社,「朝鮮造船工業會社第三回定時株主總會終了ニ関スル件(1945.6.12)」.
109) 東拓 朝鮮支社,「朝鮮造船工業株式會社第二回定時株主總會ニ関スル件(1944.11.30)」.
110) 東拓 朝鮮支社,「朝鮮造船工業會社第三回定時株主總會終了ニ関スル件(1945.6.12)」.

우고 있다. 특히 제3기 결산은 〈표 7-18〉에서 보듯이 115만 엔이라는 거액의 적자를 내고 있다.

〈표 7-18〉 조선조선공업의 수익구조(단위 : 圓)

		1기(43.12~44.3)	2기(44.4~44.9)	3기(44.10~45.3)
수입	매상수입			439,916
	잡수입	7,680	6,099	312
	당기손실금	2,151	31,607	1,149,656
	합계	9,831	37,706	1,589,884
지출	제품원가			670,764
	지불이자			130,262
	잡지출	9,831	37,706	
	잡손실			788,858
	합계	9,831	37,706	1,589,884

자료 : 朝鮮造船工業株式會社,「第一~三回 營業報告書」에서 작성.

〈표 7-18〉을 보면 우선 제1기와 제2기 결산기까지 매상수입이 전혀 없다. 이것은 제2기 결산기인 1944년 9월까지 단 1척의 선박도 완성·인도되지 않았음을 의미한다. 제3기 결산기에는 대규모 손실금을 내고 있는데 손실금의 절반은 잡손실이었다. 78만 엔이라는 거액의 잡손실이 발생한 이유는 1945년 2월 조선소 화재로 건조 중이던 목선 5척이 소실된 것을 반영했기 때문이었다.[111] 지불이자도 상당히 큰 액수인데, 이것은 운전자금의 차입금 의존이 제3기 결산부터 본격적으로 수익구조에 부담이 되고 있음을 보여준다.

그러나 무엇보다 주목되는 것은 판매 손실이 23만 엔에 이른다는 사실이다. 제3기에 처음으로 44만 엔 정도의 매상수입을 올렸다. 제3기 영업기가 시작된 1944년 10월, 완성한 150톤급 화물선 2척을 당시 동력화물선 운항을 전담한 조선선박운항통제주식회사(朝鮮船舶運航統制株式會社)에 인도하고 받은 선박대금이었다.[112] 즉 1척당 약 22만 엔에 인도한 것을 알 수 있는데 전시

---

111) 東拓 朝鮮支社, 위의 자료.
112) 東拓 朝鮮支社,「朝鮮造船工業株式會社第二回定時株主總會ニ関スル件(1944.11.30.)」;

계획조선의 공식 선가가 여전히 미결정이었기 때문에 가선가(假船價)라는 이름의 임시 선가로 인도한 것이었다.[113] 문제는 판매 손실 23만 엔에서 보듯이 이 임시 선가가 1944년 10월 시점의 실제 건조가격을 반영하고 있지 못했다는 사실이다. 〈표 7-18〉의 매출원가를 볼 때 1척당 건조 원가는 약 33만 5천 엔이었다. 조선소의 입장에서는 손해를 보고 선박을 건조한 셈이었던 것이다.

〈표 7-17〉에서 확인했듯이 1944년 2월의 시점에서 조선조선공업은 선박 1척당 인도 가격을 20만 엔으로 산정하고 있었다. 1944년 10월의 인도가격은 22만 엔으로 2만 엔이 많았으나 건조원가는 〈표 7-18〉의 제품원가에서 보듯이 이미 33만 엔을 넘고 있었다. 2월 당시 조선조선공업이 자체 산출한 150톤급 목조 화물선의 건조원가는 약 16만 엔이었다.[114] 8개월의 기간 동안 신생 조선소의 시행착오와 조달난 및 전시 인플레의 압력이 가중된 결과, 원가는 2배 이상 높아졌음이 확인된다. 문제는 임시선가에서 보듯이 조선총독부의 전시계획조선 정책이 급속히 악화되는 경제상황에 전혀 대처하고 있지 못했다는 점이다.

1945년 6월 조선조선공업은 조선총독부에 조속한 공식 선가 결정과 거기에 현실적인 건조원가를 반영해 줄 것을 진정하고 있지만, 패전을 몇 달 남

자료에는 船舶運航統制會라고 나오는데, 1943년 2월 동력화물선의 일원적 운항을 위해 설립된 통제단체 朝鮮船舶運航統制會를 가리킨다. 이것은 1944년 5월 주식회사 체제로 개조되어 朝鮮船舶運航統制株式會社가 되었다. 따라서 조선조선공업이 2척의 화물선을 인도한 1944년 10월 시점에서는 당연히 조선선박운항통제주식회사가 정확한 명칭이다.

[113] 1944년 10월부터 1945년 3월까지의 경영 상황을 보고한 제3기 영업보고서의 사업개황보고에서 '건조비가 多額이 되어 引渡假船價를 초과하고 있다'고 하여 처음으로 假船價라는 단어가 보인다(朝鮮造船工業株式會社, 「第三回 營業報告書」).

[114] 구체적 산출내역을 보면 목재 85,000엔(1,700石), 釘 7,200엔(7.2톤), 諸材料 2,500엔, 도장비 1,000엔, 노임 15,000엔(150명), 塡隙材料 800엔, 의장비 20,000엔, 엔진 32,000엔으로 총 163,500엔이었다(朝鮮造船工業株式會社, 「運轉資金調書(1944.2)」, 『朝鮮造船工業KK關係』). 일본의 경우 동일 船型 공식 船價가 최저 99,000엔, 최고 123,750엔이었던 것과 비교하면 식민지 신설조선소의 저생산성이 명확하게 드러난다. 물론 일본의 船價가 1942년 결정된 것이고, 조선조선공업의 원가산출이 1944년 2월이라는 점이 감안되면 그 격차가 일정 수준 좁혀질 가능성은 있다.

겨두지 않은 상황에서 이루어졌는지는 미지수이다.[115] 계획당시 연간 65척의 선박을 건조하여 1,300만 엔의 수입과 100만 엔의 순익을 올리며 이를 바탕으로 연 6%의 주주배당을 한다고 조선총독부가 출자자를 설득했던 것에 비하면 1945년 3월의 조선조선공업의 상황은 너무나도 거리가 있었다.[116]

이상 조선조선공업의 경영 실태를 통해 전시계획조선에 동원된 조선소들의 경영난의 원인을 확인해 보았다. 이제 마지막으로 해방 후 조선산업을 시야에 넣고 볼 때, 일제시기 성장이 가지는 별도의 한계를 지적해 보자. 즉 식민지 조선산업에서의 한국인이 차지하는 위치이다. 목조선의 기술자에 있어서 한국인이 차지하는 비중을 보면 〈표 7-19〉와 같다.

〈표 7-19〉 해방당시 주요 목조선소 기술자 수 및 민족별 구성현황(단위 : 명)

조선소명	고급기술자				하급기술자			
	일본인		한국인		일본인		한국인	
	직원 총수	직원 중 기술자 수	직원 총수	직원 중 기술자 수	종업원 총수	종업원 중 기술자 수	종업원 총수	종업원 중 기술자 수
평북조선주식회사					42	34	143	12
포항조선철공유한회사	14	9	9	3	32	28	230	13
조선조선공업주식회사	120	35	10	5	170	150	530	10
종연조선조선주식회사	18	12	5	3	52	42	698	13
목포조선철공주식회사	23	18	10	7	65	42	295	13
여수조선공업주식회사	18	14	8	6	38	32	98	8
부산조선공업주식회사	13	7	2	1	32	24	105	8
통영조선유한회사					42	28	53	4
부산공작선주식회사	4	2	0	0	5	5	17	4
일출조선주식회사	32	22	10	3	60	60	220	10
조선선박공업주식회사	56	33	12	4	42	30	200	13
방어진철공조선주식회사	10	8	4	4	31	28	250	5
북선조선주식회사	23	18	11	3	42	37	64	12
웅기조선철공주식회사	12	7	6	3	42	22	122	8
합계	343	185	87	42	695	562	3,025	133

자료 : 「朝鮮に於ける日本人企業槪要調書」 no.5에서 작성.

[115] 東拓 朝鮮支社, 「朝鮮造船工業會社第三回定時株主總會終了ニ関スル件(1945.6.12)」.
[116] 「指令案(1943.11.22)」, 『朝鮮造船工業KK關係』.

앞서 언급했듯이 한국 유일의 강선조선소인 조선중공업은 전시계획조선을 거치면서 하급기술자에 있어서는 한국인이 일본인을 앞서는 상황을 보였다. 급속하게 대규모 조선계획이 수립되고, 이에 대응하기 위한 조선소의 통합정비와 신설, 규모 확장이 이루어지면서 필연적으로 대규모 인력동원이 요청되는 상황이었고, 기존 일본인만으로는 그 수요를 만족시킬 수 없었기 때문이다. 그러나 목조선은 해방될 때까지 한국인에 의한 기술자 대체가 앞서 살펴본 갑조선의 조선중공업만큼도 이루어지지 않았다. 〈표 7-19〉에 나타난 조선소 중 한국인 하급기술자의 비중이 높은 조선소는 하나도 없다. 기술자 중 한국인 고급기술자의 비중은 18.5%, 하급기술자의 경우도 19%에 불과했다.

목선 조선소는 크게 목재를 선재(船材)로 가공하는 제재부(제재공장), 엔진 및 기기(機器), 부품을 제조하는 철공부(철공기계공장), 그리고 선체를 건조하는 선체부(船架臺)의 3부분으로 나눌 수 있고, 각 부문별로 기술자 및 숙련공 그리고 잡역부가 필요하다. 가장 높은 수준의 기술을 요구하는 것은 철공부, 가장 많은 인원을 필요로 하는 것은 선체부였다. 한국의 경우 기존에 조선산업은 주로 어선용인 원시적 범선을 제외하면 대부분 일본에 의존했기 때문에 갑작스런 대규모 조선계획에 대응할 만한 자체 여력을 갖고 있지 못했다.[117] 결국 대책으로 일본으로부터의 기술자 및 숙련공의 초빙과 함께 조선소 내에 양성소를 설치하여 숙련공을 양성하는 방법이 병행되었다.

목선 양산계획에 대응하여 시설을 확장하면서 필요한 기술자 및 숙련공

---

[117] 1937년 중일전쟁 이후 조선총독부의 기능공 양성정책이 추진되었다. 조선산업은 대형 강선을 건조하는 조선중공업주식회사가 조선총독부의 지원 아래 1939년부터 회사 내에 양성소를 운영하였다. 그러나 목조선의 경우는 태평양전쟁이 발발하고 계획조선이 실시되기 이전까지 기능공 양성이 정책적으로 시도되지 않았다. 그 이유는 목조선공업이 태평양전쟁기까지 군수공업에서 배제되어 있었기 때문으로 보인다. 전시기 이후 한국의 기능공 양성현황과 관련해서는 곽건홍, 「일제의 중화학공업 '숙련'노동자 양성정책의 성격(1937~1945)」, 『史叢』 47, 고려대학교 사학회, 1998 참조.

을 일본으로부터의 초빙한 사례로는 대인조선에서 확인할 수 있다. 1943년 9월 대인조선을 인수한 이종회는 목선 양산계획에 의해 할당받은 선박을 건조하기 위해 일본으로부터 기술자를 초빙하는 한편, 치바현(千葉縣)에서 숙련공 20명을 불러왔다. 또 이와는 별도로 치바현에서 양성공으로서 추가로 50명을 수입했다.[118]

대인조선이 양성공까지 일본에서 충원한 것은 이례적인 현상이다. 1943년경의 일반적인 현실은 일본인 기술자 및 숙련공의 전쟁동원, 일본 계획조선에 종사하기 위한 귀환이 늘어남으로 인해 그 부족분을 한국인으로 대체할 수밖에 없는 상황에 직면해 있었다.[119] 따라서 선박 양산계획의 수행을 위해서도 정책적 지원에 의한 기능공 양성이 절실한 상황이었다. 그 결과 목조선공업에서도 1943년부터 조선총독부의 정책적 지원에 입각한 기능공 양성계획이 시작되었다. 대인조선의 경우 조선공업협회의 알선으로 20명을 철공부 양성공으로 받아들였고, 이들을 위해 사내 식당을 2층으로 확장, 기숙사를 건설하여 18명을 수용하고 있다.[120]

목조선공업의 기능공 양성계획 전모가 확인되는 것은 1944년인데, 조선총독부의 재정적 지원을 바탕으로 선체를 담당하는 조선공(造船工)은 조선조선공업조합이 양성공을 알선, 각 조선소에 할당했고, 철공을 담당하는 조기공(造機工)은 조선공업협회를 통해 이루어졌다.[121] 1944년 주요 조선소가 위탁받은 양성공의 현황은 대인조선 23명, 조선상공진남포철공소 19명, 조선조선철공소 원산공장 36명, 조선조선공업 23명이었다.[122] 교육과

118) 『貸付關係書類(會社別)－大仁造船株式會社』.
119) 1943년 초 朝鮮造船工業組合聯合會 상무이사 松崎嘉雄은 일본인 기술자의 귀국으로 인해 기존 8대2이던 일본인과 한국인 造船工 비율이 5대5, 심한 곳은 2대8로 역전된 곳도 있다고 언급하고, 한국인 기술자의 양성이 필요함을 역설하였다(『朝鮮』 1943.5, 58쪽).
120) 『貸付關係書類(會社別)－大仁造船株式會社』.
121) 조선총독부는 1944년 목조선을 포함한 전국의 기능공 양성 보조금으로 750명분 50,000엔을 지원하였다(朝鮮總督府, 「朝鮮ニ於ける日本人企業槪要調書」 no.5).
122) 『殖銀調査月報』 제72호, 1944.5, 24쪽.

정은 6개월간의 교육을 이수한 후 숙련공 밑에서 2년간 도제(徒弟)로서 경력을 쌓으면 정식 기능공(직공)으로 채용되는 형식이었다.[123]

기술자 및 기능공을 제외하고 단순한 육체 노동력을 제공하는 잡역부도 선박건조에 있어서 큰 비중을 차지한다. 대인조선의 경우 1944년 현재 280명의 노동자 중 60명이 잡역부이고, 강원조선의 경우 1945년 현재로 503명 중 61명이 잡역부였다.[124] 각각 21%, 12%의 비중이지만, 이들은 임시직이나 일용직(日雇)의 형식으로 작업량에 비례하여 탄력적으로 운영되는 영역이었기 때문에 조선이 활발해지면 그 비중은 급격하게 늘어났다.

잡역부의 충원은 그 정확한 조달 구조는 파악할 수 없지만, 일용직 등 일반 모집 외에 전시 노동력 동원이 이루어졌음은 확실하다. 특히 한국에서 노동력 부족이 심각해지는 1944년 이후에는 징용, 근로봉사대 등 전형적인 전시동원이 조선소에서도 이루어졌다. 이와 같은 사실은 1945년 6월 12일부로 동척의 조선지부장(朝鮮支部長)이 본사 업무제2과장에게 조선조선공업의 제3회 정기주주총회의 결과를 보고하는 자료에서 확인할 수 있다. 그는 조선조선공업의 노무관계를 보고하는 부문에서 '조선조선공업은 총 1,191명의 노동자를 고용하고 있는데, 그중 징용공이나 근로봉사대 등을 사용하고 있지 않는 것은 주목되는 현상'이라고 서술하고 있다.[125] 이러한 언급은 여타의 조선소에서는 일반적으로 징용공이나 근로봉사대가 동원되고 있음을 반증하는 것이다.

또 한 가지 주목되는 것은 수형자의 노동력 동원이다. 일본의 경우 조선소의 부족한 노동력을 보충하기 위해서 1943년부터 수형자의 노동력 동원이 시작되었고, 1944년 9월 현재로 10,600명이 동원되어 전체 조선소 노동력의 4%를 차지했다.[126] 한국에서도 조선소에 수형자가 노동력으로 동원

123) 『貸付關係書類(會社別)－江原造船株式會社』.

124) 『貸付關係書類(會社別)－大仁造船株式會社』; 『貸付關係書類(會社別)-江原造船株式會社』.

125) 『朝鮮造船工業KK關係』.

된 것이 확인되는데, 조선조선공업의 경우 1945년 현재 54명의 수형자가 동원되었음을 확인할 수 있다.[127] 당시의 조선소 시설확장과 이를 통한 목선 양산의 과정은 수형자까지를 포함한 광범위한 전시동원을 통한 노동력 수탈을 함축하고 있었다.

결국 이러한 일제시기 조선산업의 한계점들은 해방 후 일본인이 철수한 조선소를 신속하게 재가동시키는 데 결정적인 제약이었으며, 해방 후 1950년대 한국 조선산업이 긴 불황에서 헤어나지 못했던 하나의 원인이기도 했다.

---

126) 小野塚一郎, 앞의 책, 186~188쪽.
127) 『朝鮮造船工業KK關係』.

제8장

한국인 자본의 활동

제8장 한국인 자본의 활동

1. 한국인 경영 조선소

전형적인 중공업으로 대규모 투자가 필요한 조선산업에서 일제시기 한국인 자본의 기업 활동이 없었을 것처럼 보이지만 실제 그렇지는 않았다. 1장에서 언급한 '배 짓기', '배 모으기'의 전통적 조선업을 제외하더라도 일본인 경영 조선소를 모방한 근대 기업형태의 조선소가 확인되기 때문이다. 조선산업에서 한국인 자본이 확인되는 것은 『조선공장명부』이다. 『조선공장명부』는 조선총독부 식산국이 조선공업협회에 의뢰하는 형식으로 매년 조사하여 작성한 한국 내 공장현황조사서로 1932년판부터 1943년판까지의 자료가 남아 있고, 조사시점 기준으로는 1930년부터 1941년까지의 자료이다. 〈표 8-1〉은 이 자료 전체를 검토하여 최소 한 번 이상 등장하는 한국인 경영 조선소를 정리한 것인데, 몇몇 한국인 경영 조선소가 확인된다.

〈표 8-1〉 한국인 조선소의 현황

조선소명	설립일	소재지	대표자	업종	해당 조선소가 기재되어 있는 『조선공장명부』
元山철공소	1932.3	원산	金利洙(金本利洙)	선박제조	1941, 42년판
金剛철공소	1932.4	원산	金圭弘	각종 기계, 선박수리	1936, 37년판
金再完조선소	1934.4	통영	金再完	造船 및 수리	1937, 38년판
大東철공소	?	원산	李錫夏	선체수리	1943년판
大平조선(주)	?	인천	大平福壽	造船	1942, 43년판

주) 大平조선(주)의 大平福壽가 한국인이라는 것은 金在瑾,,「日政時代의 造船業」, 大韓民
   國學術院, 1987에 의함..

〈표 8-1〉을 보면 모두 5곳의 한국인 조선소가 확인되는데, 전부 조선산
업의 확장이 본격화된 1930년대 이후에 설립된 것이다. 1940년부터 창씨
개명이 실시되었기 때문에 한국인이 경영한 조선소임에도 불구하고 확인
할 수 없는 사례도 있을 것으로 추측되기에 실제 한국인이 경영하는 조선
소 수는 좀 더 많을 가능성이 있다.[1] 그러나 〈표 8-1〉에서 보듯이 한국인
조선소는 『조선공장명부』에 한두 번 나오고 마는 것을 볼 때 극히 영세한
수준이었다고 판단된다. 즉 영세성으로 인해 짧은 기간에 명멸했을 가능
성도 있고, 다른 한편으로는 『조선공장명부』의 기재 기준인 '직공 5인 이
상 또는 그에 준하는 설비보유'를 만족시키지 못해서 한두 번 기재되었다
가 탈락된 조선소였을 가능성도 있다. 어느 쪽이든 극도의 영세성을 의미
하는 것으로, 일제시기 조선산업에서 한국인 경영 조선소 내지 한국인 자
본이 가지는 비중은 최소한 1941년 시점까지는 거의 없었다고 해도 무방
할 것이다.

[1] 창씨개명이 실시되기 이전인 1939년 현재 조선소 수는 59개소이고, 창씨개명 이후인
   1941년까지 조선소 수는 97개로 2배 가까이 급증하였다. 때문에 이 2년 동안 설립되거나
   새롭게 『조선공장명부』의 기준에 합치되어 동 명부에 개재된 조선소 중 창씨개명한 한국
   인이 경영하는 조선소가 있었을 가능성이 있다. 예를 들어 1941년 현재의 상황을 나타내
   는 『조선공장명부』 1943년판에는 金光造船所의 金光鐵洙가 나온다. 한국인의 창씨개명
   으로 보이지만 객관적으로 확인할 수 없어서 제외했다.

물론 한국인에 의한 대형조선소 건설시도가 없었던 것은 아니다. 1937
년 말 함경남도 북청의 유상렬(劉相烈), 유재룡(劉栽龍) 등이 지역유지와
함께 마양도(馬養島)에 자본금 50만 엔으로 종업원 1,000명 규모의 대형조
선소를 건설하여 각종 어선 및 그 내부에 장착할 발동기를 생산할 계획을
진행하였다. 기술적인 문제는 고공(高工) 출신의 유재룡이 담당했던 것으
로 보인다. 마양도의 해면 20만평을 조선소 부지로 하여 10만평은 25,000
엔을 들여 매립하고, 나머지 10만평은 해저를 굴착하여 선박이 출입할 수
있도록 한다는 계획이었다. 12월에 함경남도에 인가신청서가 제출되었고,
도 토목과는 대상 부지에 대한 검토결과 그 타당성을 인정하였다.[2] 그러
나 이 계획은 실현되지 못한 것으로 보인다. 이후의 자료에서 그 실체가
확인되지 않고,『조선공장명부』에도 종업원 1,000명 규모의 대규모 조선
소가 확인되지 않기 때문이다. 물론 규모를 대폭 축소하여 설립되었을 경
우 앞의 제2장 〈표 2-7〉에서 보이는 북청의 5개 조선소 중 하나일 가능성
도 있다. 그러나 인가신청서가 제출된 시점에서 매립계획에 대한 세부경
비내역은 물론, 매립설계도가 없는 등 계획자체가 치밀하지 않은 점이 지
적되었고, 함경남도 당국은 이후 서류상 미비부문을 보완한다는 조건을
붙여서 허가할 방침이었다.[3] 이와 같은 정황은 함경남도 당국이 보기에
계획 자체가 부실했다는 의미로, 실현되지 않았을 가능성을 시사하는 것
이라 하겠다.

한편 1930년대『조선공장명부』에 등장하는 한국인 조선소는 1920년대까
지 존속했던 재래식 전통선 건조부문과는 그다지 연관성이 없었던 것으로
보인다. 우선 전체적인 경향으로 전통선은 1930년대 조선산업 확장의 분위
기에 편승하지 못하고 절대 수가 감소하는 경향을 보였다. 예를 들어 〈표
8-1〉의 한국인 조선업자 중 이력이 확인되는 김규홍(金圭弘)은 전통선과는

---

[2]『동아일보』1937.12.9, 1938.1.29.
[3]『동아일보』1938.1.29.

관계없이 당시의 조선산업 호황에 편승하여 새롭게 뛰어든 한국인의 모습을 보여준다. 김규홍은 1901년 강원도 통천 태생으로 어려서 원산에 진출하여 소형선 기관장 면허를 취득, 20대 중반에 철공업 자영을 시작하였다. 김규홍의 철공소는 일제 말까지 40명의 종업원을 거느리고 상당한 축재도하였다. 1930년대 자체 고안한 특허 서선냉면기계(西鮮冷麪機械)가 1차적인 축재의 발판이었다. 태평양전쟁기에는 전시계획조선에 참여하여 115마력 선박엔진 및 20마력 보조엔진의 제작, 수리를 하였다.[4]

결국 1930년대 조선산업의 확장 속에서 한국인 자본이 일정하게 존재했고, 확장의 파고에 편승해보려는 시도가 있었음을 알 수 있다. 그러나 그것은 계획에 그치거나, 설립된 조선소도 극히 영세한 수준이었다. 그러나 태평양전쟁이 발발하고 전시계획조선이 시작되면서 대형조선소를 경영하는 한국인 자본가가 등장했다. 1930년대와 다르게 이 시대는 다른 사업으로 일정한 자본축적에 성공한 상대적으로 대자본에 속하는 한국인 자본가가 전시특수를 노리고 조선산업에 뛰어드는 형태를 보였다. 인견직물업을 통해 거부를 쌓은 백낙승(白樂承)과 목재업을 통해 성공한 이종회가 그들이다.

2. 백낙승(白樂承)의 강원조선주식회사(江原造船株式會社) 설립과 경영

1) 설립

누대에 걸친 시전상인 집안[5]에서 태어난 백낙승은 부친 백윤수(白潤洙)

---

[4] 金在瑾, 『日政時代의 造船業』, 1987, 71쪽.

[5] 趙璣濬, 『韓國企業家史』, 博英社, 1973에 의하면 백씨 일가의 시전상인 가업은 19세기 초가지 소급되며 서울 종로 네거리에 자리 잡고 있었다. 취급품목은 견직물로서 주로 청국의 고급비단을 수입하여 귀족, 고관 등의 특권층에 판매하는 縇廛이었다.

가 1916년 주단(綢緞), 면포를 수입·판매하는 무역업을 위주로 하면서도 직물류의 제조판매를 겸하는 자본금 50만 엔의 대창무역주식회사(大昌貿易株式會社)를 설립하자, 약관 20살의 나이로 취체역에 선임되어 자본가로서의 학습을 시작했다.[6] 1924년 백씨 일가는 견직 및 견과 인견의 교직물을 주 생산품으로 하는 직물제조업체 대창직물(大昌織物, 자본금 25만 엔, 1935년 海東織物로 사명 변경)을 설립하여 전통적 상인자본에서 산업자본으로 전환했다. 같은 해 백윤수가 사망하여 집안의 장남이자 백낙승의 형인 백낙원(白樂元)이 가업을 계승하여 세대교체도 이루어졌다. 1935년에는 청량리에 인견직 전문공장인 태창직물(泰昌織物, 자본금 100만 엔)을 설립하여 인견직물 업계에서 조선방직, 조선직물 등 일본인 자본과 어깨를 나란히 했다. 또 백씨 일가는 1926년 애국합명회사(자본금 11만 엔), 1932년 대창사(大昌社, 자본금 50만 엔), 1935년 삼화제약(三和製藥, 자본금 20만 엔), 백용상회(白湧商會, 자본금 30만 엔) 등 지속적으로 회사를 설립하여 1930년대 말에는 주력사업인 직물업 외에도 제약, 금융, 유통에 이르기까지 사업을 확장하여 유력한 조선인 자본가 집안으로 성장하였다. 백낙승은 집안이 일으킨 대부분의 기업 경영에 참가했고, 애국합명회사는 1926년 설립과 동시에 사장으로 취임했다.[7] 백씨 일가의 기업 활동 속에서 백낙승은 근대 자본가의 소양을 충분히 쌓았던 것이다. 그런 그가 1930년대 말 40대 중반의 장년이 되어 백낙원의 사망을 계기로 가업의 상속자가 되면서 도전한 것이 중공업 진출이었다.

백낙승은 태평양전쟁기 본격적으로 중공업에 뛰어들어 1942년 일본무연탄제철주식회사를 설립하여 제철사업을 시작했고, 다시 1944년 4월 설립된 강원조선의 경영권을 장악하여 조선산업에도 진출했다. 동 회사는 조선총독부가 해상운송력 확충을 목적으로 선박 증산을 위해 실시한 전시계획조

6) 『朝鮮總督府官報』1916.3.11.
7) 『朝鮮總督府官報』1926.11.12.

선사업을 계기로 설립되었다. 즉 조선총독부는 전시계획조선 추진을 위해 기존 조선소의 통합·정비를 유도하였는데, 이에 호응하여 강원도 장전항(長箭港)의 2개 조선소와 원산의 1개 철공소가 합동하여 설립된 것이 강원조선이었다. 백낙승은 동 회사 설립에 참여하여 125만 엔을 출자, 경영권을 장악하였다.

강원조선 설립과정을 보면 백낙승이 처음부터 참여한 것이 아님을 알 수 있다. 합동에 주도적인 역할을 한 것은 장전항에 있던 쓰루가조선소(鶴賀造船所)였다. 동 조선소 사장 쓰루가 츄지(鶴賀忠治)는 조선총독부의 통합정비방침에 의해 장전어업조합의 조선철공부(造船鐵工部), 그리고 원산 소재의 미와철공소(三和鐵工所)와 기업합동을 통해 새로운 조선소를 설립할 것을 합의하였다. 합동형태는 쓰루가조선소 및 미와철공소의 시설을 현물출자하고, 장전어업조합의 조선시설을 매수하는 형태로 해서 쓰루가조선소가 강원조선 제1공장, 장전어업조합 시설이 강원조선 제2공장이 되고, 원산의 미와철공소 설비는 이 1, 2공장으로 이전하는 형태였다.[8] 그리고 새로운 조선소는 설립과 함께 시설확장을 실시하여 조선총독부가 전시계획조선에 의해 할당하는 선박을 건조한다는 것이었다.

신설된 강원조선의 자본금 150만 엔 중 쓰루가조선소 및 미와철공소의 조선시설 현물출자액 25만 엔(쓰루가 142,000엔, 미와 106,000엔)을 제외한 125만 엔은 새롭게 조달해야 하는 자금이었다. 이 자금을 조달한 것이 백낙승이었다. 통합논의를 주도했던 쓰루가가 백낙승에게 제안한 것이라고 한다. 신규 조달 자금으로는 장전어업조합의 조선철공부 시설구입 및 시설확충 등 설비자금으로 사용할 계획이었다.[9]

8) 「江原造船鐵工株式會社調査書(1945.4)」, 『貸付關係書類(會社別)－江原造船株式會社』; 미와철공소 사장 구니모토(邦本峻德)는 철공소의 조선관련 설비를 강원조선에 현물 출자하여 강원도 장전항으로 이전시킨 후 나머지 설비에 일부 기계를 보충하여 미와중공업주식회사를 설립하여 이후 해군 관계의 항공기 부품 공장으로 경영했다.
9) 「江原造船鐵工株式會社調査書(1945.4)」.

백낙승이 강원조선에 거액의 투자를 결정한 시기는 일본무연탄제철의
자금난으로 궁지에 몰려있던 때였다. 일본무연탄제철의 2차 자본불입이
사업부진으로 주주들의 외면을 받아 실패한 것이 강원조선 설립 한 달 전
인 1944년 3월이었다. 그런 상황에서 백낙승이 또다시 전혀 경험도 없고,
기존 사업과 관련성도 없는 중공업 분야에 새롭게 진출하는 것을 상식적인
기업 활동으로 보기 힘들다. 그럼에도 불구하고 백낙승이 조선산업에 진출
한 이유는 전시계획조선사업이 소형용광로제철사업과 함께 당시 조선총독
부가 총력을 기울이고 있던 양대 사업이라는 데서 찾아야 할 것이다.

백낙승이 조달한 125만 엔의 자금출처는 식산은행이었는데, 설립 후 3개
월이 지난 1944년 7월 식산은행은 강원조선에 운영자금 50만 엔을 별도로
대출하는 특혜를 베풀었다.[10] 백낙승은 일본무연탄제철의 경영난 속에서
자기자금 한 푼 내지 않고 식산은행의 융자만으로 175만 엔을 동원하여 자
본금 150만 엔의 강원조선을 자신의 소유로 만들었다. 조선총독부의 배경
이 없었으면 생각할 수 없는 일이었고, 한편으로 조선총독부가 백낙승을
얼마나 신임했는지를 보여주는 증거이기도 하다.

2) 시설확장

강원조선은 시설확장을 통해 연간 생산능력으로 전시계획조선 150톤급
목선 60척, 100톤 부선(艀船) 50척, 전시계획조선 수리 200척, 기관생산 75
마력 60기, 기관 수리 8,000마력을 갖추는 것을 목표로 했다. 필요한 설비자
금은 백낙승이 조달한 식산은행 대출금이 사용되었다. 1945년 1월까지 조
선용 선대 12기, 기자재 가공용인 제재기 2대, 선반 18대, 그리고 정(釘) 등
강재 부품을 자급하기 위한 소형 용광로 2기의 설비를 갖추었다. 그러나

---

10) 위의 자료.

철공장과 주물공장은 건물이 완공되지 않아 관련 기계설비가 노상에 방치되고 있는 실정이었다. 시설을 완성하기 위해서는 추가로 100만 엔 이상의 추가자금이 필요한 상황이었다.[11]

시설확장에 비례하여 기술자의 확충도 필요했는데, 한국과 일본에서 조달한 것이 확인된다. 〈표 8-2〉의 1945년 1월 현재 직원 70명 중 최소한 23명의 기술자를 확인할 수 있다.

〈표 8-2〉 강원조선의 직원구성(1945년 1월 현재)

직명	參事	技師	主事	技術補
인원 수	2	2	7	4
직명	書記	技手	雇員	工手
인원 수	18	10	20	7

자료 : 「江原造船鐵工株式會社 融資決定 通知文(1945.7.28)」, 『貸付關係書類(會社別) - 江原造船株式會社』.

관리직에서도 기술자가 더 있을 수 있으나 최소한 직급명으로 확인되는 기술자는 기사(技師) 2명, 기술보 4명, 기수(技手) 10명, 공수(工手) 7명이었다. 여기에다 통합의 주역으로 취체역이었던 쓰루가 1명을 포함하면 24명이 된다. 이 중 경력을 알 수 있는 인물은 쓰루가와 기사 2명이다. 쓰루가는 강원조선의 공장장 겸 조선과장에 취임하여 기술부문의 총책임을 맡았다. 기노에조선학교(木之江造船學校)를 졸업한 그의 경력에서 알 수 있듯이 조선공학에 대한 체계적 교육을 받은 고급 조선기술자였다. 현장 최고 책임자인 기사 2명은 반도 가쓰요시(板東克芳)과 진보 가네요시(甚防兼吉)인데, 반도는 오카야마현립공업학교(岡山縣立工業學校)를 졸업하고, 1936년 함경남도 북청에 설립된 모리노철공소(森野鐵工所)의 임원을 역임한 인물이고, 진보는 소학교를 졸업하고 현장에서 기술을 익힌 기술자로 일본

11) 위의 자료.

미사키조선소(三崎造船所)에서 스카웃되었다. 반도가 철공부를 진보가 조
선부의 책임을 맡았다.

한편 기능공 조달현황은 〈표 8-3〉 및 〈표 8-4〉를 통해 대강을 파악할 수
있다.

〈표 8-3〉 강원조선 기능공의 근속년수별 현황(1945년 1월 현재)

	5년 이상	3년 이상	1년 이상	1년 미만	합계
조선공	21	42	49	72	184
선반공	4	7	11	4	26
仕上工	5	8	9	4	26
鍛冶工	5	5	10	8	28
기계운전공	1	3			4
제재공	2	5	28	15	50
목재공		11	30	16	57
주물공			7	3	10
잡역부			36	26	62
기타양성공				57	57
합계	38	81	180	205	504

자료 : 「江原造船鐵工株式會社調査書(1945.4)」.

〈표 8-4〉 강원조선 기능공의 연령별 현황(1945년 1월 현재)

50세 이상	40세 이상	30세 이상	20세 이상	10세 이상	합계
10	45	93	211	145	504

자료 : 「江原造船鐵工株式會社 資金借入申込書(1945.3)」, 『貸付關係書類(會社別)－江原造
船株式會社』.

〈표 8-3〉과 〈표 8-4〉를 통해 1년 미만 근무의 미숙련공과 10대 유년공의
비중이 높은 것을 확인할 수 있다. 숙련공 부족은 물론이고 절대 노동력이
부족했음을 의미한다. 당시 조선소 현장에서는 주어진 작업을 완벽하게 소
화할 수 있는 한 명의 숙련공이 되기까지는 최소 3년이 걸린다고 파악하고
있었다. 강원조선의 3년 이상 근속자는 24%에 불과했다. 부족한 기능공을

조달하기 위한 대책은 사내 양성공제도였다. 〈표 8-3〉에서 보듯이 57명의
양성공이 확인된다. 강원조선은 매년 소학교 졸업자 50명을 모집하여 6개
월간 교육시킨 후, 도제로 채용, 2년간 경력을 쌓은 후 정식 직공으로 채용
하는 시스템을 운영하고 있었다.[12] 그러나 시간이 걸리는 양성공제도로는
설립 초기 당장 필요한 강원조선의 노동력 문제를 해결할 수 없었다.

다음으로 시설확충 및 전시계획조선 시행을 위한 기자재 조달을 살펴보
면, 주로 조선산업 통제회사인 조선조선공업조합을 통해 배급받는 형태였
다. 강원조선은 조선조선공업조합 원산지부에서 필요자재를 배급받고 물
품 대금을 지불하고 있다. 다만 주요자재인 목재는 목재통제회사인 조선
목재주식회사의 강릉출장소와 직접 거래하고 있다. 물론 자재조달을 위해
조선총독부 교통국 뿐만 아니라 강원도가 적극 알선에 나섰다. 다양한 종
류의 자재가 필요한 조선의 특성상 관청 및 통제회사에서 취급하지 않거
나 확보할 수 없는 자재가 있었는데, 이런 자재는 민간업자로부터 구입했
다.[13]

3) 경영

강원조선의 설립과 함께 사장에 취임한 백낙승이 가장 먼저 한 일은 일
본무연탄제철과 마찬가지로 자신의 사람을 경영진에 넣어서 통합을 주도
한 쓰루가를 중심으로 한 기존 조선소, 철공소 소유주들을 견제하고 경영
권을 공고히 하는 것이었다. 취체역은 6명이었는데, 3명은 기존 통합 조선
소의 대표자들이었고, 나머지 3명이 태창직물 및 일본무연탄제철에 있던
자신의 사람들이었다.[14]

---

[12] 「江原造船鐵工株式會社 資金借入申込書(1945.3)」.
[13] 「江原造船鐵工株式會社調査書(1945.4)」.
[14] 위의 자료.

당시 조선소 통합정비정책이 대상 조선소들의 반발로 지지부진하던 상황에서 비교적 빠른 시기에 적극적 통합을 완료하고 신규 설비투자를 통해 전시계획조선을 시행하려고 했던 강원조선의 사례는 조선총독부의 정책구상과 정확하게 일치하는 모범적인 사례였다. 그러나 조선총독부가 꿈꾸었던 전시표준선 대량생산은 실현되지 못했다.

막대한 초기 투자금이 필요한 조선산업의 특성상 자금의 원활한 회전은 정상 경영의 최대 관건이다. 조선용 기자재 확보에 대규모 자금이 고정될 가능성이 있기 때문이다. 만약 조선이 부진하여 다량의 기자재가 재고로 쌓여 운전자금이 고정화될 경우 즉시 자금경색을 일으킬 수 있다. 특히 자본축적이 없는 신설 조선소의 경우 조선 부진은 심각한 경영난으로 직결될 가능성이 컸다. 강원조선의 경영상황은 전형적으로 이러한 전개를 보였다.

앞서 언급했듯이 강원조선은 설립과 함께 조달된 150만 엔의 자본금으로 통합되는 조선소들의 설비를 구매하는 한편으로 새로운 시설확장에 필요한 설비자금으로 사용할 계획이었다. 전시계획조선에 의해 조선총독부로부터 할당되는 선박건조에 필요한 운전자금은 별도로 식산은행에서 50만 엔을 차입했다. 그러나 이 운전자금은 계획조선에 의한 건조대금이 들어올 때까지 선박자재 구입비로 사용할 임시자금이었을 뿐 근본적으로는 조선대금을 통해 운전자금을 충당할 예정이었다. 그러나 1년간의 경영실적을 보면 강원조선의 운전자금은 전혀 조선대금으로 충당하지 못했다. 결국 경영을 유지하기 위해 지속적으로 운전자금을 차입할 수밖에 없었다. 1945년 4월 현재 강원조선의 차입금은 130만 엔으로 설립 당시의 3배로 불어났다. 그 내역은 우선 식산은행 차입금이 120만 엔이었다. 초기 운영자금 50만 엔을 상환하지 못한 상태에서 추가로 두 차례에 걸쳐 70만 엔을 융자받았다. 나머지 10만 엔은 1944년 12월 조선조선공업조합에서 융자받은 것이었다. 1945년 3월에 상환해야 하는 단기차입금으로, 상환기간이 지났음

에도 불구하고 갚지 못하고 있었다. 당연히 대외부채는 급증하여 자본금의
1.5배를 넘는 256만 엔에 이르렀다.[15]

강원조선이 출발하자마자 차입금 경영에 빠져들 수밖에 없었던 이유는
원래 계획과 달리 운전자금 조달원인 조선이 극도로 부진했기 때문이다.
〈표 8-5〉의 설립 후 1년간의 선박건조 실적인데, 이런 상황을 잘 보여준
다.

〈표 8-5〉 강원조선의 설립 후 1년간 조선 실적

	船型	수주	완성인도	비고
계획선	150톤 목조 화물선	11척	4척	통합한 조선소가 수주한 6척 포함
	100톤 艀船	13척	2척	
비계획선	50톤 艀船	2척	0척	
선박 및 엔진수리		90만 엔	70만 엔	

자료 : 「江原造船鐵工株式會社調査書(1945.4)」.
주) 화물선은 총톤(G/T), 艀船은 중량톤(DWT)이다.

설립 당시 강원조선의 생산목표는 계획조선에 의해 할당받은 선박을 연
간 15척 건조하는 것이었다. 조선용 선대 12기를 만들었고, 전시계획조선
주력 건조선박인 150톤급 동력 화물선의 경우 건조 기간이 3개월이었으므
로 선대를 풀가동하면 연간 48척을 건조할 수 있었으나 15척 건조를 목표
로 한 것은 당시의 자재 조달 상황을 고려한 것으로 볼 수 있다. 그러나
〈표 8-5〉에서 보듯이 실제 건조실적은 4척에 불과했다. 강원조선으로 통합
되기 전에 수주하여 1943년 10월에 기공한 계획조선 150톤 화물선은 1945
년 초에도 완성되지 못하고 있었다.[16]

건조실적의 저조와 건조 기간의 지연으로 대량의 자재와 부품이 재고로

15) 「江原造船鐵工株式會社 資金借入申込書(1945.3)」.
16) 위의 자료.

쌓이면서 운전자금을 고정화시켰다. 1945년 4월 현재 강원조선 유동자산 항목 중 자재 및 생산품(仕掛品)은 100만 엔을 훨씬 넘어섰다. 자재 재고가 45만 엔, 조선 및 수리 관련이 70만 엔이었다.[17] 기자재 입수난이 건조 기간을 지연시키고, 이것은 이미 확보된 자재의 소비를 둔화시켜 운전자금을 고정화시키는 한편으로 건조대금이 들어오지 않아 운전자금난에 직면하는 프로세스가 형성되었던 것이다.

여기서 더하여 조선총독부가 정책 수행과정에서 보인 시행착오와 추진력의 결여는 자금난을 더욱 가중시켰다. 가장 전형적인 사례가 앞서 조선조선공업의 사례에서도 확인했던 건조대금의 지불지연이었다. 이로 인해 조선소는 선수금을 받지 못한 채 조선을 시작했고 곧바로 운전자금 문제에 직면할 수밖에 없었다.

한편 계획조선과 동시에 진행된 설비확장의 경우도 설립 후 1년이 지난 시점에서 고정자산이 113만 엔으로 자본금의 75%가 설비투자 되었으나 시설확장은 마무리되지 못했고, 확장시설의 완성을 위해서는 100만 엔 이상의 추가 설비자금이 필요한 상황이었다.

결국 백낙승이 강원조선 경영을 유지하기 위해 선택할 수 있는 방법은 일본무연탄제철처럼 국가의 특혜에 의존하는 것이었다. 그는 자금난의 타개책으로 1945년 초 전시금융금고로부터 총 520만 엔의 융자를 희망했다. 조선총독부에 낸 융자승인신청서에 의하면 그 내용은 설비자금 150만 엔, 운영자금 370만 엔이었다. 설비자금은 공작기계 구입, 공장건물 건설 등을 내용으로 했다. 운전자금 370만 엔은 운전자금 고정화, 물가고, 수주품에 대한 선수금 지불지연에 따른 필요자금과, 시설확장 후 완전 조업이 이루어질 경우 예상되는 다액의 운영자금을 감안한 것이라고 했다.

백낙승의 융자신청안은 조선총독부의 심의 과정에서 심의 실무를 담당

---

17) 위의 자료.

한 식산은행의 의견이 참작되어 설비자금 100만 엔, 운영자금 270만 엔으로 감액되어 최종적으로는 370만 엔의 융자가 전시금융금고에 신청되었다.[18] 그리고 해방직전인 1945년 7월 28일 전시금융금고로부터 융자승인이 떨어졌고, 융자기간은 5년, 금리 5%의 조건으로 관련된 실무는 식산은행이 대리하였다.[19]

일제 패전에 임박하여 이루어진 융자였음으로 전시금융금고의 자금융자가 해방 때까지 실제로 집행되지는 않았다. 그러나 전시금융금고 융자업무를 대리하는 식산은행이 전대(前貸)라는 형식으로 융자 대상기업에 자금을 미리 공급했기 때문에 일정한 혜택을 받았다. 식산은행으로부터 전대 형식으로 미리 융자받은 금액은 160만 엔으로 전체 융자액의 43%였다.

3. 이종회의 대인조선주식회사(大仁造船株式會社) 인수와 경영

1) 인수

이종회는 함경남도 풍산(豊山) 출신으로 1920년대 중반부터 1930년대에 걸쳐 조선총독부가 일본 신흥재벌 일본질소(日窒)을 끌어들여 부전강과 장진강에 수력발전소를 건설할 때, 수십만 엔을 끌어 모아 풍산읍내에 공영상회(共榮商會)를 설립하여 토목용 목재를 공급하였다.[20] 그는 이 과정에서 능력을 발휘하여 일본질소의 오너 노구치 시타가우(野口遵)의 총애를 받았다고 한다.[21] 일본 거대재벌 총수의 총애는 그가 유력 자본가로 성장

---

18) 「江原造船鐵工株式會社調査書(1945.4)」.

19) 「江原造船鐵工株式會社 融資決定 通知文(1945.7.28)」, 『貸付關係書類(會社別)-江原造船株式會社』.

20) 『동아일보』 1938.12.25.

하는 발판이 되었음이 확실하다. 1940년을 전후해서 이종회는 이미 자본금 150만 엔의 동아합동목재(東亞合同木材)와 동아광업(東亞鑛業)을 경영하고 있었고, 철공업의 반도제작(半島製作), 건축자재 제조판매의 경인상사(京仁商事), 약품업의 공생제품판매(共生製品販賣)의 3개 회사에도 이사로 경영에 참여하고 있었다. 그는 1930년대 조선의 공업화를 배경으로 성장한 신흥 한국인 자본가로 목재를 주력으로 철공, 건축자재 등의 사업 분야에서도 활발한 기업 활동을 하고 있었다.

그가 대인조선 인수를 통해 조선산업에 진출한 동기는 조선총독부의 각종 특혜에 대한 기대가 크게 작용한 것이었다. 그러나 이종회의 경우 자신의 기존 사업과의 연관성을 고려한 사업적 판단도 작용한 것으로 생각되며, 이 점에서 백낙승과는 일정한 차별성을 갖는다. 당시 조선산업은 전시계획조선에 의해 목선을 대량으로 생산하는 것이었다. 목재를 중심으로 건축, 철공관련 사업을 하고 있던 그가 진출하기에 유리한 업종이었다.

대인조선은 1940년 3월 후카미 토라이치(深見寅市)가 설립한 자본금 18만 엔의 소형 조선소였다. 원래는 노자키 쓰네지로(野崎常次郎)라는 일본인이 나가사키현(長崎県)에서 조선기술을 습득하고, 1938년 조선으로 건너와 인천 월미도에서 노자키(野崎)조선소라는 이름으로 선박수리업을 한 것이 동 회사의 시발이었다. 이 회사를 후카미가 인수하여 조선기계제작소 인근의 인천 해안가로 이전·확장하여 재설립한 것이 대인조선이었는데, 이것은 후카미 개인의 자본축적과 관련된 투자행위는 아니었다. 후카미는 본업이 양조업으로 중공업과 전혀 인연이 없었다. 그런 그가 일약 조선소의 사장이 된 이유는 당시 후카미가 인천상공회의소 회두로 인천지역 상공계를 대표하는 자리에 있었기 때문이었다. 당시 인천지역 상공계는 대표적

---

21) 「大仁造船鐵工株式會社調査書(1944.11)」, 『貸付金關係書類(會社別)-大仁造船株式會社』.

인 개항장인 인천에 변변한 조선소가 없다는 것을 우려하여 지역 상공업자
들의 십시일반으로 조선소를 건설하자는 여론이 있었고, 그 결실이 대인조
선의 설립이었다. 후카미는 인천상공업계를 대표하는 입장에서 이 조선소
의 사장 자리에 앉은 것이었다.[22] 18만 엔의 자본금 조달은 노자키의 현물
출자를 제외하면 설립취지에 맞춰 인천지역 상공인 9명이 자본을 조달했
고, 후카미는 액면 50엔의 총 3,600주의 주식 중 18%에 해당하는 660주를
출자하여 최대주주였다.[23] 대인조선의 모태가 된 노자키조선소의 설립자
노자키는 대인조선의 기술책임자가 되었다.

　1940년 설립단계에서 대인조선은 개인소유 기업이라기보다는 지역경제
발전이라는 차원에서 유지들이 설립한 공익 기업의 성격을 갖고 있었다.
즉 항구에 드나드는 선박에 대한 점검과 수리서비스의 제공을 통해 인천항
의 기능 향상이라는 관점에서 설립된 것이었다. 그러나 태평양전쟁 발발과
조선총독부의 전시계획조선이 시작되면서 대인조선은 선박건조를 전문으
로 하는 조선소로 전환될 수밖에 없었고 이에 대응한 시설확장 시도하였
다. 그리고 이 과정에서 경영권 변화와 함께 기업의 성격이 바뀌게 된다.

　앞서 언급했듯이 조선총독부는 기존 조선소에 대해서 전시계획조선을
수행하기 위해 통합 · 정비를 통한 시설확장을 정책적으로 요구하고 있었
다. 그러나 대인조선은 다른 조선소와의 통합이 아닌 자체적인 시설확장
을 통해 전시계획조선에 대응했다.[24] 1942년 12월 후카미는 엔진 등 기계
및 강재부품을 다루는 철공부를 증설하고 사명(社名)도 대인조선철공주식
회사로 변경했다. 그러나 후카미는 1943년 9월 갑자기 회사를 도요무라
유타카(豊村裕)라는 인물에게 매각한다. 도요무라는 이종회가 창씨개명한

22) 위의 자료.
23) 「大仁造船鐵工株式會社 第7~9期 營業報告書(1943.1~1944.6)」, 『貸付金關係書類(會社別) –
　　大仁造船株式會社』.
24) 대인조선의 바로 옆에는 인천조선이 있었으나 통합과 관련한 이야기는 전혀 나오지 않는다.

이름이었다.

회사 매각의 이유는 '후카미가 본래 양조업자로 조선(造船)에 대해서는 경험이 없었기 때문에 결국 회사를 지인이었던 도요무라에게 넘겼다'는 간략한 언급 외에 구체적인 이유는 알 수 없다.[25] 그러나 당시 상황을 고려해 볼 때 전시계획조선으로 급속하게 시설확충이 요청됨으로써, 막대한 자금수요가 유발되었으나 기존 후카미를 포함한 인천 상공업자들의 십시일반에 의한 자금조달 방식으로는 대응하기 힘들었던 것이 조선소 매각의 주요한 배경이었음은 확실하다. 후카미가 증자 시도에 실패한 직후 이종회에게 회사를 매각했다는 상황이 이를 뒷받침해준다. 1943년 후카미는 전시계획조선에 대응한 시설확충을 위해 자본금을 50만 엔으로 증액할 것을 신청하여 그해 7월 조선총독부의 인가를 받았다. 그러나 불과 두 달 후인 1943년 9월 이종회에게 회사를 매각했다. 이종회는 대인조선의 주식 전부를 27만 5,000엔에 인수하여 자신의 회사로 만들었다. 그는 인천상공회의소 회원이 주축이던 기존 경영진을 전부 해임하여 대인조선이 지역 공동경영기업에서 개인지배기업으로 바뀌었음을 공식화하였다.[26]

2) 시설확장

대인조선을 인수한 이종회는 전시계획조선을 수행하기 위해 대규모 시설확충을 개시했다. 확장계획은 1944년 1월 결정되었는데, 시설이 완성되면 전시계획조선 주력선박인 150톤급 동력 화물선의 연간 20척 건조, 300척의 선박수리, 조기(造機)공장 건설을 통한 89기의 선박엔진 제작 등이 가능했다. 이를 통해 연간 매출액은 기존의 70만 엔 수준에서 700만 엔대로 10배 이상 확대될 것으로 전망했다. 시설확장공사는 1944년 5월부터 시작하

---

25) 「大仁造船鐵工株式會社調査書(1944.11)」, 『貸付金關係書類(會社別)─大仁造船株式會社』.
26) 위의 자료.

여 연말까지 완성하고, 특히 조기공장의 경우 최우선적으로 건설공사를 진행하여 발동기 생산은 1944년 6월부터 시작하기로 했다.[27]

시설확장에 필요한 자금은 우선 이종회가 개인적으로 조달하였다. 방법은 대인조선이 이종회 개인으로부터 자금을 차입하는 형식이었는데, 1944년 8월까지 166만 엔을 조달했다. 자본금 증자가 아닌 이종회 개인이 대인조선에 자금을 빌려주는 형태를 취한 이유는 명확하지 않지만, 절차가 필요하여 시간이 걸리는 증자보다 차입의 형태를 통해 자금의 신속한 조달을 노렸던 것으로 추측된다. 실제 대인조선은 한편으로 증자를 준비하고 있었다.[28]

이종회가 대인조선을 인수하고 시설을 확장하기 위해 투자한 거액의 자금은 그가 경영한 동아합동목재에서 조달하였다. 이종회는 자신의 개인 명의로 되어 있는 대인조선의 주식과 투자금을 증자를 계기로 동아합동목재 명의로 변경하여 대인조선을 동아합동목재의 계열사로 만들 계획이었다.

이종회가 조달한 166만 엔 중 일부가 식산은행의 기존 차입금 변제(24만 엔)와 운전자금으로 사용되었지만, 대부분은 공장부지 구입, 건물 건설 등 시설확장을 위한 설비자금으로 충당되었다. 주목되는 것은 이 자금 중 50만 엔으로 충남기계제작소를 인수했는데, 이 회사는 자본금 18만 엔으로 선박용 엔진을 생산하였다. 대인조선은 동 회사를 인수하여 자회사로 편입하고 대인조선의 조기부문을 담당시키려고 하였다. 확장계획에서 최우선시 된 것이 조기공장 건설이었음을 상기하면, 그 실현을 공장 신설이 아닌 기존 회사인수를 통해 이루려고 했음을 알 수 있다.[29]

한편 이종회는 개인적으로 조달한 자금만으로는 설비자금이 부족했기

---

[27] 「事業設備擴張許可申請書(1944.5)」, 『貸付金關係書類(會社別)－大仁造船株式會社』.

[28] 「大仁造船鐵工株式會社調査書(1944.11)」.

[29] 위의 자료.

때문에 1944년 5월 전시금융금고에 설비자금 232만 엔의 융자신청서를 제출하였다.[30]

대규모 시설확충에 따라 기술자 및 기능 인력의 새로운 조달도 필요해졌다. 이종회는 대인조선을 인수한 직후 일본 치바현에서 숙련공 20명과 양성공 50명을 데려왔으며,[31] 회사 내에서 양성공 육성을 실시했다. 대인조선은 이미 1943년부터 조선공업협회(朝鮮工業協會)의 알선으로 철공(鐵工) 양성공으로 20명을 받아들여 대인조선의 엔진생산 등에 필요한 기술인력으로 양성하고 있었다. 1944년 11월 현재 대인조선의 양성공은 기계공 40명, 조주공(造舟工)[32] 39명으로 총 79명의 존재가 확인된다.[33]

기자재 조달은 거의 전적으로 통제회사인 조선조선공업조합을 통해 공급받았다. 강원조선이 주 자재인 목재를 조선목재주식회사와 직접 거래했던 것과는 차이가 있다. 전력은 경성전기주식회사, 석탄은 경성석탄동업조합에서 공급받았다.[34]

3) 경영

인천상공회의소 회원들의 공동출자로 경영되던 대인조선을 인수하여 개인 회사로 만든 이종회는 자신의 주력회사인 동아합동목재의 자금과 전시금융금고의 융자를 통해 시설확장을 하여 전시계획조선에 참여하려고 했다. 이 과정에서 대인조선의 경영실태는 의외로 안정적인 모습을 보였다. 갑작스런 경영권 변동과 대규모 시설확장을 개시한 1943년부터 1944년 6월

---

30) 「大仁造船(株)二対スル資金融資ノ件」, 『貸付金關係書類(會社別)－大仁造船株式會社』.

31) 「大仁造船鐵工株式會社調査書(1944.11)」.

32) 목선 선체를 건조하는 大工을 의미한다.

33) 1944년 11월 현재 대인조선 종업원은 양성공 79명 이외에 기계공 35명, 造舟工 93명, 製材工 13명, 상용인부 54명, 잡부 6명으로 총 280명이었다.

34) 「事業設備擴張許可申請書(1944.5)」.

까지 3기에 걸친 영업기의 경영상황을 확인할 수 있는데, 생산액은 각각 28만 엔, 25만 엔, 49만 엔이었다. 경영권 교체가 있었던 1943년 하반기는 약간 줄었지만, 이종회가 경영권을 인수하고 최초의 영업기였던 1944년 상반기에는 2배로 급증했다. 이에 힘입어 이익률도 14%, 15%, 12%로 두 자리 수를 유지했다. 9%의 배당과 상여금 지급, 적은 액수지만 잉여금의 사내유보도 실현되었다.[35]

〈표 8-6〉 대인조선의 생산 실적(1943.1~1944.6, 단위 : 圓)

	1943년 상반기	1943년 하반기	1944년 상반기
造船	239,500	154,711	234,716
수리	34,310	78,030	239,505
기타	3,246	12,722	17,990
합계	277,056	245,463	492,211

자료 : 「大仁造船鐵工株式會社調査書(1944.11)」.

주목되는 것은 생산실적의 증가를 견인하고 있는 것이 〈표 8-6〉에서 보듯이 조선부문이 아니라는 점이다. 조선 생산액은 오히려 줄고 있다. 즉 대인조선이 상대적으로 안정된 경영을 실현한 것이 전시계획조선에 참가한 덕분이 아니라는 것을 의미한다. 그도 그럴 것이 전시계획조선을 위한 시설확장이 1944년부터 시작됐지만, 계획대로 진행되지 못했다. 가장 중요한 원인은 1944년 5월 전시금융금고에 신청한 232만 엔의 융자가 지연되고 있었기 때문이다. 전시금융금고로부터 자금융자는 금리 5%, 기간 10년의 조건으로 결정되었지만, 이미 이종회가 융자신청을 한 지 1년도 훨씬 지난 패전이 임박한 시점이었다.[36] 대인조선도 강원조선과 마찬가지로 식산은행 전대로 1945년 4월 현재로 100만 엔을 융자받았지만, 전시금융금고 융자

---

35) 「大仁造船鐵工株式會社調査書(1944.11)」.
36) 「大仁造船鉄工株式会社ニ対スル代理業務資金回送ノ件」, 『貸付金關係書類(會社別)－大仁造船株式會社』.

를 통해 1944년 말까지는 시설확장을 완료하려고 했던 이종회의 의도는 결정적인 차질을 빚었음에 틀림없다. 더불어 전쟁말기로 가면서 자재난, 운송난이 급속히 악화되어 생산 환경이 갈수록 나빠지는 구조적인 문제도 앞서 본 강원조선과 다르지 않았다.

그럼에도 불구하고 대인조선의 생산실적이 증가한 것은 선박수리 작업이 급증한 덕택이었다. 특히 1944년 상반기 수리 실적의 급증은 주목된다. 대인조선의 1944년 상반기 영업보고서는 수리선 작업이 획기적으로 증가했음을 확인하면서, 그 이유로 '계획조선이 자재난으로 부진한 대신에 수리의 경우 신조선에는 쓸 수 없는 자재 등을 재활용할 수 있기 때문'이라고 쓰고 있다. 조선총독부도 전쟁 말기로 가면서 부진한 전시계획조선의 대안으로 '계획수리'라고 하여 기존 선박의 최대한 활용을 정책적으로 강조하고 있었다. 관련하여 강원조선과 달리 인천항이라는 큰 항구에 위치하고 있었던 대인조선의 입지조건도 수리 수요 급증에 한 몫을 했을 것이다.

한편 〈표 8-7〉의 대인조선 대차대조표는 부채의 급증을 보여준다. 1943년 상반기 54만 엔이던 부채가 하반기에 85만 엔, 1944년 상반기에는 185만 엔으로 늘었다. 그러나 부채의 증가는 운영자금 고갈을 반영한 것이 아니었다. 부채증가의 원인인 차입금의 대부분이 1944년부터 시작된 시설확충 자금으로 사용되었기 때문이다. 이것은 〈표 8-7〉 차변의 가불금 급증으로 확인된다. 가불금 증가의 주요 내용은 시설확충에 필요한 설비기자재 확보를 위해 구매처에 전도금 또는 계약금을 지불한 것이었다. 차입금은 앞서 언급했듯이 경영주인 이종회가 자력으로 조달한 것으로 증자와 함께 투자금으로 전환될 것이었다.[37] 따라서 전시계획조선 부진→운전자금난→차입금 의존→경영난이라는 악순환의 프로세스가 대인조선에서는 나타나지 않았다.

---

[37] 「大仁造船鐵工株式會社調査書(1944.11)」.

〈표 8-7〉 대인조선 대차대조표(단위 : 圓)

			7기(43.1~43.6)	8기(43.7~43.12)	9기(44.1~44.6)
차변	고정자산		199,543	308,850	388,219
		토지, 건물	102,719	159,717	181,413
		기계	81,877	112,629	117,665
		船臺	6,965	5,417	15,297
		기구공구	6,161	21,617	27,378
		什器	1,821	10,012	16,465
		선박			30,000
	유동자산		539,491	742,768	1,665,835
		재료	194,172	147,987	277,614
		미수금	240,383	352,842	400,790
		仕掛品		142,500	180,378
		직공전대금	6,075		
		출자금	1,500	4,250	4,250
		유가증권	24,203	26,205	27,392
		가불금	61,365	62,324	768,068
		예금	10,402	6,007	6,914
		현금	1,391	651	428
	합계		739,038	1,051,620	2,054,056
대변	주주		183,750	185,150	187,800
		자본금	180,000	180,000	180,000
		법정적립금	1,700	2,400	3,200
		별도적립금	2,050	2,740	3,450
		퇴직적립금			650
		납세적립금			500
	부채		541,618	851,199	1,852,528
		차입금	253,000	405,780	1,205,735
		買掛金	259,060		
		미불금	9,398	409,419	596,381
		지불수형	15,000		
		가수금	5,160	36,000	50,412
	이익금		13,669	15,269	13,726
		이월금	1,246	1,776	2,320
		당기이익금	12,423	13,493	11,406
	합계		739,038	1,051,620	2,054,054

자료 : 大仁造船鐵工株式會社, 「第7~9期營業報告書(1943.1~1944.6)」, 『貸付金關係書類(會社別)-大仁造船株式會社』.
주) 엔 이하 금액은 생략했음.

물론 대인조선이 전시계획조선에 참여하지 않은 것은 아니다. 중요한 점은 당시 조선조선공업이나 강원조선처럼 전시계획조선을 위해 신설된 조선소들이 시설확장을 전제로 대규모 조선량을 할당받은 것과 달리, 대인조선은 기존 시설로 소화 가능한 조선량만 할당받았다는 사실이다. 대인조선의 기존 생산능력은 150톤 동력 화물선 3척, 120톤 무동력 화물선 3척, 100톤 선적 艀船 6척이었는데, 1944년 계획조선 할당량은 각각 2척, 1척, 5척이었다.[38]

결국 대인조선의 비교적 안정된 경영은 전시계획조선에 힘입은 생산력 확장에 있는 것이 아니라 기존 시설을 효율적으로 가동하면서 전쟁 말 급변하는 선박시장에 능동적으로 대응한 때문이라고 할 수 있다. 그러나 목재업을 하던 이종회가 대인조선의 전격 인수를 통해 조선업에 참여하면서 기대했던 자본축적을 달성할 수는 없었다. 1944년 5월 전시금융금고에 융자신청하면서 그는 시설확장을 통해 연간 20척 건조, 300척 수리, 조선(造船)과 조기(造機)의 일관 생산과 조립이 가능한 중견 조선소로 성장시키고, 장래에는 목조선을 탈피하여 강선 건조에 도전할 것이라고 했지만, 이것은 한낱 꿈에 불과했다. 전황에 비례하여 사업 환경이 급격하게 악화되는 상황에서 기대했던 국가지원은 너무나 더디게 진행되었기 때문이었다.

4. 한국인 자본의 조선소 경영이 가지는 의미

태평양전쟁기 백낙승과 이종회는 식민지 권력의 군수공업 육성정책에 협조하여 조선산업으로 사업을 확장했지만 거대한 부를 손에 쥘 수는 없었다. 이들이 설립 내지 인수한 회사들은 미완성과 경영난 속에서 해방을 맞

---

[38] 위의 자료.

앉다. 이 시기 조선총독부는 약속한 사탕을 전부 나누어 줄만큼 힘을 갖고
있지 못했다. 그 원인은 경제 환경의 악화라는 구조적 요인 외에 전시통제
경제를 이끄는 각 주체들 간의 힘겨루기에서 식민지권력이 상대적으로 약
체였다는 측면도 작용했다. 이것은 조선총독부의 계획에 대해 제국 중앙의
지원이 규모와 신속성에서 총독부의 기대에 미치지 못하는 국면의 일상화
를 초래했다.

　물론 언급한 군수회사들이 전쟁 말에 설립되어 공장 설비를 완성하고 정
상가동을 하기에 패전까지의 시간이 너무 짧았다고 할 수도 있다. 그렇다
면 시간이 더 주어지고 전쟁 말의 운송난, 조달난이 없었다면 이 두 자본가
가 거부를 손에 쥘 가능성이 있었을까. 그럴 가능성은 희박하다. 이들이 참
여한 목조선은 경제성이 없는 사업이었으며, 일제 스스로도 어느 정도는
그것을 인식하고 있었다. 단지 전시(戰時)라는 상황에서 '경제성을 무시한
극단적 생산력 증강'의 논리에 의해 추진된 것일 뿐이었다. 비경제성을 국
가의 지원으로 메우려고 했으나 태평양전쟁기 일제는 이미 그럴 힘이 없었
다. 일본에서 조차 전시계획조선을 위해 설립된 목조선소들은 패전 후 대
부분 해체되었다. 전시계획조선을 이어받아 선박 양산을 다시 시도한 것은
한국전쟁을 배경으로 극단적 양산이 필요했던 이승만정권 뿐이었다.[39]

　그러면 이 두 한국인 자본가는 전시통제기 기업 활동을 통해 무엇을 학
습했는가. 최소한 백낙승은 국가의 지원이라는 렌트에 의존한 몸집 부풀리
기가 가능하다는 사실을 본격적으로 배웠으며, 그 매력이 그에게는 상당히
강렬했던 것 같다. 백낙승의 해방 후 기업 활동이 이를 증명한다. 그는 한
말 대표적 시전상인 집안에서 성장하여, 일제시기 시장논리에 따른 정상적

[39] 이승만정권은 전시계획조선 외에도 경제성을 도외시한 또 하나의 대표적 사례로 꼽히는
　　소형용광로제철사업도 계승했다. 관련 시설 중 유일하게 남한에 있던 묘川製鐵 삼척공장
　　(해방 후에는 사명을 변경하여 三和製鐵이라고 했다)을 통해 일제가 했던 것과 같은 무연
　　탄제철법을 이용하여 철강 증산을 도모했다. 관련해서는 한국산업은행조사부,『한국의
　　산업』 2, 1958 ; 한국산업은행조사부,『한국의 산업』, 1962 참조.

인 기업 활동을 통해 한국을 대표하는 근대적 자본가로 성장했지만, 해방
후에는 전시통제기 학습했던 길을 선택한다. 그리고 이승만정권과의 밀착
으로 얻은 갖가지 특혜를 배경으로 재벌의 반열에 올랐다. 백낙승의 선택
은 이승렬[40]의 지적대로라면 전시통제기의 학습이 아닌 원래부터 백씨 집
안의 전통이었을 가능성도 있다.[41] 백씨 집안은 시전상인의 지위에다 특권
층을 상대로 하는 비단을 취급했기 때문이다. 그러나 백낙승이 군수공업
경영에 뛰어들기까지 백씨 일가의 기업 활동이 고부의 김씨 일가와 같은
다른 한국인 자본가보다 더 식민지권력과 유착되어 있었다는 증거는 어디
서도 발견되지 않는다. 오히려 시장에서의 뛰어난 기업가적 수완이 확인된
다. 특히 견직에서 인견직물로의 사업 확장에서 보인 경쟁업체보다 반 박
자 빠른 시설투자 타이밍은 1930년대 초 직물업계 시장상황을 절묘하게 포
착한 뛰어난 경영판단이었다. 따라서 백낙승과 이승만정권의 밀착을 태평
양전쟁기 조선총독부와의 밀착의 연속성 속에서 파악하는 것이 보다 합리
성을 갖는다고 생각한다. 그러나 이 선택을 통한 영광은 짧았다. 백낙승은
1956년 사망했고, 장남인 백남일이 가업을 계승하지만 이승만정권 붕괴 이
후 부정축재자로 낙인찍히면서 몰락의 길을 걸었기 때문이다.

　한편 이종회의 해방 후 기업 활동에 대해서는 알려진 것이 거의 없다.
단편적인 자료를 통해 그가 1950년대에도 대인조선을 계속 경영했으며, 대
한조선공업협회의 대표를 역임하는 등 조선업계의 중심인물이었다는 것은
확인된다. 그러나 이후 그의 기업 활동과 행적은 찾을 수 없고, 대인조선
역시 그만그만한 조선소로 머물다가 사라졌다.

　이들 두 자본가의 태평양전쟁기 기업 활동에서는 일정한 차이도 발견할
수 있었다. 백낙승의 기업 활동은 사업다각화에 대한 합리적 경영적 판단

[40] 이승렬, 『제국과 상인』, 역사비평사, 2007.
[41] 이승렬은 원래 국가의존적인 한국상인들의 전통이 새로운 통치자인 일제에 대한 협력에
주저하지 않도록 했다고 지적했다. 그러나 정작 백씨 가문에 대해서는 일제시기에 들어
권력에의 의존보다는 시장에서의 축적을 선택한 자본가 유형으로 언급하고 있다.

보다는 국가의 지원에 의존하여 정책을 맹목적으로 수행하는 정상(政商)의 모습에 가까웠다. 백낙승이 중공업 진출의 첫 번째 사업으로 선택한 제철사업이 시행착오를 거듭하면서 자금난에 허덕이고 있었음에도 불구하고, 다시 조선산업에 진출하여 거액을 투자하는 사업방식은 정상적 기업 활동으로 이해하기 힘들다. 반면 이종회는 기존 자신의 사업과의 연관성 속에서 군수회사로서의 장점을 이용해 보려는 상대적으로 합리적이고 능동적인 자본축적의 모습을 보이고 있다. 자력으로 조선소를 인수하고 자기자금과 함께 국가 지원에 편승하여 적극적 자본축적을 시도해나가는 그의 기업활동 자세가 이를 뒷받침한다.

그럼에도 불구하고 이들이 공통적으로 해방 후 짧은 기간에 퇴장한 이유는 무엇일까. 두 사람이 공유하는 점은 앞서 보았듯이 일제에 협력해 축적한 부가 그렇게 거대하지 않았던 반면 그 대가인 '친일'이라는 각인은 해방 기업 활동에 의외로 큰 부담을 주었다는 점이다.[42] 두 사람의 차이점은 우선 백낙승의 경우 일제시기 그가 학습한 두 가지 경험, 즉 전시통제기 이전 시장에서의 학습 경험과 그 이후 국가의 지원이라는 렌트에 의존한 기업 활동의 학습경험 중 후자를 선택한 결과라고 생각된다. 백낙승의 아들인 예술가 백남준이 '애국하면 망한다'는 말을 했다고 전해지는데, 사실 유무를 떠나 백낙승의 기업 활동을 압축한 표현이 아닌가 싶다. 반면 이종회는 남북분단으로 인한 목재라는 주력사업의 상실이 지적되어야 한다. 그는 귀속기업체 풍국제분(豊國製粉)의 관리인이 되어 해방 후 각광을 받은 제분업에 진출을 시도하지만 성공을 보지는 못했다.[43] 그에게 남은 것은 경제

---

[42] 예를 들어 이 둘은 매스컴에 이름이 오르내릴 때마다 항상 '친일 경력자', '친일분자'라는 수식어가 따라다녔다(『상업일보』 1948.11.9 ; 『동아일보』 1947.4.11).

[43] 성공하지 못한 이유는 회사 자금으로 조흥은행과 상업은행에서 대부받은 3,800만 원을 개인적으로 횡령한 혐의로 기소되면서 풍국제분 관리인 자리를 내놓아야했기 때문이다. 대법원에서 증거불충분으로 무죄판결을 받았지만 관리인으로 복귀할 수는 없었을 것이다(『동아일보』 1947.4.26, 5.4, 1948.1.21).

성 없는 소형 조선소뿐이었다. 결과론일지도 모르겠지만, 일제시기 기업가 활동의 경험은 해방 후 이종회에게 큰 도움이 되지 못했던 것이다.

일제 말 한국인 자본가 2명의 조선소 경영 결과는 '전시경제에의 협조→ 거대한 자본의 축적→ 해방 후 한국경제의 주도층 형성'이라는 기존 연구가 주목했던 흐름과 함께 '전시경제에의 협조→ 자본축적의 실패→ 해방 후 조기퇴장'이라는 프로세스도 한국 근대 자본가 연구에서 주목할 필요성을 제기한다. 친일혐의, 남북분단 등 해방 후 새롭게 직면한 요인들은 일제시기의 기반과 경험이라는 식민지적 요인의 위력을 반감시켰다. 결국 일제 말 축적의 한계와 잘못된 학습이 해방 후 새롭게 발생한 조건과 결합하여 형성된 새로운 구조는 일제시기 풍부한 자본가적 소양을 쌓은 자본가들을 의외로 해방 후 기업 활동에서 그 경험을 살리지 못하고 빠르게 퇴장하도록 작동했다고 볼 수 있다.

실제 존재한 역사에는 다양한 모습과 사실이 공존한다. 그 이유는 해당 시대를 지배하는 구조적 요인과 행위주체가 어느 한쪽의 일방 소통이 아니라 상호 작용하기 때문이다. 일제시기 존재한 수많은 한국인 자본가 역시 동시대의 구조적 요인(시장, 식민지권력 등)과의 관계를 통해 다양한 인식과 선택을 하고 행동했을 것이다. 여기서는 이들 중 단지 두 명의 한국인 자본가가 기업 활동을 어떻게 전개했는가에 대해 자료를 수집하고 분석하여 '역사적 事象'으로 제시했다. 그 결과 이들의 기업 활동 궤적은 경방의 김씨 일가와는 일정한 차별성을 가지는 것이었다. 물론 여기서 제시한 결론 역시 두 사례에 국한된다. 한국에서 근대 자본가가 각각의 시대적 상황과 어떻게 영향을 주고받으면서 어떤 프로세스를 거쳐 형성되었는가. 또 그렇게 형성된 자본가의 일반적 모습은 어떤 것인가에 대한 대답을 위해서는 좀 더 다양한 사례의 실증적 연구축적이 필요할 것이다.

제9장

해방과 혼란

제9장 해방과 혼란

1. 해방직전의 상황

1) 계획조선 중단과 선박수리 강화

일제의 전시계획조선은 시행 초기의 부진을 극복하고, 1943년부터 선박의 대량생산이라는 관점에서는 소기의 성과를 달성했다. 그러나 1944년 후반부터 급속하게 악화된 전황과 필요자재가 한계에 이르는 상황에 봉착하였다. 특히 남방제해권을 상실하면서 일제의 생명을 지탱하는 물동선(物動線)은 한국과 중국을 연결하는 북방지역만이 남게 되었다.

일제는 남아있는 모든 선박을 대륙 방면 물자수송 및 일본 연안해운으로 전환시키고, 보유선박의 효과적 활용을 위해 조선정책(造船政策)의 기조를 수리시설 강화로 수정하였다. 남방 상실로 원양용 대형선박의 건조가 불필요한 상황이었으므로, 일본의 계획조선은 근해 및 연안용 화물선의 건조(D, E형)로 제한되었고, 식민지와 점령지 조선소의 계획조선은 앞서 언급한대로 중지되었다. 식민지 조선소에는 대신 전시계획수리를 위한 도크(船渠) 등 시설강화 및 기존 조선소의 수리공사 집중, 일본에서의 전시표준선 건조에 필요한 조기(造機)생산 등을 요구하였다.

1944년 말 해군함정본부는 한반도 연안과 동해와 접한 일본 항구들의 수리능력 강화조치와 함께 조선소들이 수리에 대해 흥미를 가질 수 있도록 하는 수단을 강구하기 시작했다.[1] 또 1945년 2월부터 작업에 들어간 제12 선표(第12線表)에서는 수리공사 우선조치가 취해졌다.

1945년 3월에는 수리 강화 방침이 보다 구체화되어 내각회의에서 결정되었고, 해군함정본부가 그 기본 방침을 수립하였다. 수리능력 강화의 주대상지는 홋카이도(北海島)와 혼슈(本州)의 동해 쪽 항구 및 한반도 주요 항구였다. 수리시설 강화의 기본 방침은 크게 네 가지로 다음과 같다.

  ① 현지 시설능력을 최대한 계획수선에 활용할 것
  ② 수리조선시설이 없는 지역은 일본 쪽 유력 조선소를 진출시킬 것
  ③ 시간적 관계를 중시하여 시설의 목표는 특정의 항만 이외에는 해상수리(沖修理)[2]를 목표로 할 것
  ④ 시설은 1945년 4월 말까지 개략적으로 완성하고, 6월 말 완성을 목표로 할 것[3]

해군함정본부의 기본 방침은 수리시설 증강시책의 해당지역에 군공창(軍工廠)을 포함한 조선관련 시설이 있을 경우 그것을 중심으로 지역 조선관련 업자를 통합시켜, 선박수리에 최대한의 능력을 발휘하도록 하고, 그렇지 못한 지역은 다른 지역 조선소를 해당지역으로 이전 또는 진출시킨다는 것이었다.[4] 타 지역 조선회사가 진출할 경우도 단기간에 완성할 수 있

---

[1] 海軍艦政本部, 「E型船主機補機陸上豫備品製造配布ノ件通知(1944.12.25)」, 『戰時海運資料』 no.38.

[2] 배를 船渠에 입거하지 않고 항구 앞바다에 정박시킨 상태에서 기술자가 승선하여 수리하거나 간이시설(浮船渠, 工作船 등)을 통해 수리하는 것을 의미한다.

[3] 海軍艦政本部總務部商船班, 「日本海方面船舶修理能力增强案(1945.3.31)」, 『戰時海運資料』 no.27.

[4] 수리시설강화지역으로 결정된 지역은 일본의 경우 홋카이도의 留萌, 小樽, 函館의 3곳, 혼슈의 船川, 秋田, 酒田, 新潟, 直江津, 富山, 伏木, 七尾, 敦賀, 舞鶴, 宮津, 境의 12곳이었다. 이중 小樽은 函館船渠의 진출, 船川은 日本鋼管, 石川島造船, 浦賀船渠 중 1사를 소개이전, 伏木과 七尾는 三菱橫濱造船所 진출, 敦賀에는 三菱神戶造船所 진출, 境에는 三井玉野造船所 진출이 계획되었고, 나머지 지역은 현 시설을 강화할 방침이었다(海軍艦政本部總務部商船班, 위의 자료).

는 부선거(浮船渠), 공작선(工作船) 등 간이도크시설의 확충, 수리기술자의
파견에 주력한다는 방침이었다. 주요 지역에는 수리공사 독려를 위해 감독
관을 파견할 계획이었다.

해군함정본부의 기본방침에 따른 한국의 주요 항구 수리시설강화의 내
용은 〈표 9-1〉과 같다.

〈표 9-1〉 주요 항구 수리시설 강화계획

항구명	청진	원산	부산	인천	진남포
현재 이용 중인 주요공장	일본제철 청진공작소	23개 소공장	조선중공업과 그 외 소공장들	조선기계제작소 및 기 타 소공장	
증강대책	일본제철과 교섭 하여 선박수리부 문을 설립하고, 상 황에 따라서는 川 南공업을 진출시 킨다.	현상 유지	1. 조선중공업을 주체 로 하여 소수리업자 를 제휴시켜 조선중 공업에 협력하도록 조치한다. 2. 감독관의 배치가 필 요	육군 측의 양해를 구 하여 조선기계에 선박 수리부문을 설치, 船渠 수리가 가능하도록 한 다.	현상 유지

자료 : 海軍艦政本部總務部商船班, 「日本海方面船舶修理能力增强案(1945.3.31.)」, 『戰時海
運資料』 no.27.

부산은 대형 강선용 도크를 보유한 조선중공업을 중심으로 관련 중소업
체를 통합하고, 현역 군인의 감독관 배치를 통해 군의 직접통제라는 방식
으로 수리능력을 배가할 방침이었다. 수리 관련 주요 시설이 없었던 청진
은 도크설치를 통해 입거수리가 가능하도록 선박수리시설을 강화하고, 필
요할 경우 청진에 일본의 천남공업(川南工業)을 진출시킬 계획을 수립하였
다. 인천은 육군의 잠수정 건조를 명령받아 조선소로 전환 중이던 조선기
계제작소에 육군의 양해를 전제로 다시 수리용 도크를 건설하는 것이 계획
되었다. 한편 해군함정본부와 별도로 관동군의 강력한 주장으로 만주 대련
선거(大連船渠)를 나진에 진출시키는 계획이 추진되었다.[5]

2) 선박수리 강화하의 조선산업 실태

　패전을 목전에 앞두고 일제가 운송력 확보의 최후 수단으로 실시한 수리
조선 강화계획은 수리시설 확충, 통제 강화를 통한 조선시설의 선박수리 집
중이라는 두 가지 방향으로 진행되었다. 이러한 수리 강화계획이 실제 어떻
게 진행되었는지에 대해 우선 수리시설 확충계획의 성과부터 살펴보자. 〈표
9-2〉는 수리조선 강화방침이 실시된 1944년 말부터 패전 직전까지 주요 강
선 수리 참여 회사들의 현황 및 수리 실적을 지역별로 정리한 것이다.

〈표 9-2〉 지역별 계획수선 참여 회사의 현황 및 수리실적(1944.6~1945.7)

지역	회사명	수리 척수	수리종별	
			입거수리	소수리(해난수리)
부산	朝鮮重工業	62	15	47
	山本鐵工	4		4
	皆登鐵工	22		22
	田中造船鐵工	2		2
	朝鮮船舶	1		1
원산	畑鐵工所	4		4
목포	木浦造船	14		14
진남포	朝鮮商工鐵工所	1		1
인천	仁川造船	10		10
	今星鐵工所	2		2
여수	麗水造船	16		16
청진	朝鮮鐵工	5		5
합계		143	15	128

자료 : 船舶運營會運航局保船部,「戰時標準船改E型修繕施行工場調査(1945.1.25. 현재)」,
　　　『戰時海運資料』 no.33 ; 船舶運營會運航局保船部,「修繕入渠待滯船調(1944.9.21)」,
　　　『戰時海運資料』 no.33 ; 船舶運營會運航局保船部,「戰標船入渠檢査修繕工事報告
　　　(1944.11~1945.5)」,『戰時海運資料』 no.33 ; 船舶運營會運航局保船部,「在來船入渠
　　　檢査修繕工事報告(1944.11~1945.5)」,『戰時海運資料』 no.33 ; 南鮮船舶隊外,「海運
　　　總監巡視二對スル狀況報告(1945.7)」,『戰時海運資料』 no.22에서 정리.

---

5) 小野塚一郎,『戰時造船史－太平洋戰爭と計劃造船』, 日本海事振興會, 1962, 260쪽.

〈표 9-2〉는 태평양전쟁 말 해군함정본부가 추진했던 선박수리 강화계획 중 시설확충은 전혀 진전이 없었음을 보여준다. 부산에서 전체 70% 정도의 선박 수리가 이루어졌고, 입거수리는 1945년 7월까지도 조선중공업에서만 가능했다. 해군함정본부에 의해 강선수리시설 건설이 추진되었던 청진과 인천의 주요 조선소의 수리실적을 보면 다른 지역과 크게 차이가 없다. 그리고 조선기계제작소의 경우 선박수리에 참여한 흔적을 발견할 수 없다. 동 회사는 도크 건설에 착수하지만 전쟁이 끝날 때까지도 미완공되었기 때문으로 판단된다.[6]

다음으로 기존 시설의 수리공사 집중 및 최대 활용을 통한 수리 강화계획은 실제 성과가 있었는지 살펴보자. 이를 위해 해군함정본부의 선박수리 강화계획이 본격화된 1945년 4월부터 7월 상순까지 남선선박대(南鮮船舶隊) 관할지역[7]의 수리실적을 〈표 9-3〉으로 정리했다.

〈표 9-3〉 선박수리 실적(1945년 4월~7월)

	4월	5월	6월	7월(上旬)
隻	27	55	61	32
톤	81,166	178,700	106,892	49,234

자료 : 南船船舶隊,「海運總監巡視ニ對スル狀況報告」,『戰時海運資料』no.22.
주) 1. 소형선, 목선 포함한 실적임.

[6] 그 외에 1944년 12월 釜山工作船株式會社가 자본금 70만 엔으로 설립되어 선박수리용 工作船(木船, 수리능력 2,000톤)의 건조에 들어갔지만, 실제 완성되어 선박수리를 실시했는지 여부는 불확실하다(南船船舶隊,「海運總監巡視ニ對スル狀況報告」,『戰時海運資料』no.22 ; 朝鮮總督府,『在朝鮮企業現狀槪要調書-造船工業』, 1945 참조).

[7] 패전을 목전에 둔 이 시기에 오면 모든 선박이 군의 직접 관리하에 놓여서 이른바 선박대로 재편되었다. 선박대는 크게 5개로 편성되었는데, 日本海船舶隊, 東京船舶隊, 北鮮船舶隊, 瀬戸内船舶隊, 第1船舶輸送隊가 그것이고, 제1선박수송대는 다시 北九州船舶隊, 石長船舶隊, 南鮮船舶隊로 나누어졌다. 이중 한국과 관련해서는 북선선박대는 나진에 본부를 두고 동해안의 38도선 이북의 원산, 청진, 나진을 관할하였고, 주로 滿洲물자를 대형선에 의해 일본으로 수송하는 임무를 수행하였다. 남선선박대는 부산에 본부를 두고 38도선 이남의 동해안 및 남해, 서해 전역을 관할하였지만, 주로는 부산, 마산, 진해, 목포 등 남해안 주요 항구로부터 소형선 및 목선을 이용하여 일본으로 물자를 수송하는 임무를 담당하였다(南船船舶隊, 위의 자료 ; 三岡健次郎,『船舶太平洋戰爭』, 原書房, 1983, 294~297쪽 참조).

〈표 9-3〉을 보면 매월 선박수리 실적이 늘고 있음을 알 수 있다. 결국 통제를 통해 기존시설을 선박수리에 활용한다는 계획은 일단 성과가 있었음을 나타낸다. 실제로 수리 강화계획에 대한 군의 통제는 한층 강화되었다. 우선 수리감독기관으로 군—양탑사령소(揚搭司令所) 소속 상임연락관—과 선박운항관련자—선박운영회 해사관(海事官)—로 구성된 수리담당반을 두어 주요 항구의 수리관련 시설의 감독 및 수리공사 감독통제를 시행하였다. 그리고 선박수리반의 통제하에 각 항구소재 조선소 및 선박창(군 수리시설)의 수리반이 선박수리를 담당하였다.[8] 조선중공업은 1945년 4월 현역 해군중장인 시로야 기요시(代谷淸志)가 사장이 되었다.

기존시설을 선박수리에 집중하여 최대한 이용한다는 방침도 추진되었다. 우선 〈표 9-2〉에서 보는 바와 같이 을조선계획에 참여했던 한국 내 주요 목조선소들이 강선 수리에 동원되었다. 부산항의 경우 선박창 해상수리반(沖修理班)이 부산항 중앙안벽(中央岸壁)에 설치된 전기용접시설을 이용하여 선박수리를 실시하였다.[9]

이처럼 일제의 선박수리 강화계획은 통제 강화를 통해 일정한 성과를 보이고 있는 것처럼 보이지만 질적으로는 전혀 그렇지 못했다. 이런 사실은 2기의 도크를 보유하여 대형강선 2척 총 10,000톤의 동시 입거수리가 가능했던 조선중공업의 입거수리 현황에서 잘 나타난다.

---

8) 南船船舶隊, 「海運總監巡視ニ對スル狀況報告」.
9) 南船船舶隊, 위의 자료.

〈표 9-4〉 조선중공업 입거수리 현황(1944.6~1945.7)

船名	船種	톤수	선주	입항일	공사 착수일	완료 예정일	공사 완료일	공사 일수	공사 대기 일수	공사 지연 일수	공사내용
黃河	재래선	1,535	大連汽船	44.6.3	44.6.5		44.7.9	34	2		
全州		546	朝鮮郵船	44.6.15	44.6.15		44.7.21	36	0		
月山	재래선	4,515	日本海	44.11.2	44.11.3	45.5월 상순	45.8월 하순				전상수리 및 중간검사, 해난수리
京仁12	재래선	406	商船	44.12.26	44.12.28	45.1.19	45.2.8	42	2	19	중간검사
新義州	재래선	709	西日本汽船	44.12.31	44.12.31	45.1.19	45.1.26	27		7	중간검사
雲洋15	2E	884	中村	45.2.7	45.2.9	45.2.16			2		海水弁修理 其他
太宝	3E	884	大光	45.3.4	45.3.5	45.3.14	45.5.24	80	1	69	기관수리
平雄		973		45.4.29	45.5.21		45.7.10	49	22		전상수리
榮江		1,163		45.5.6	미정		미정				전상수리
五寶		882		45.5.23	45.5.24		45.7.15	52	1		윤할유펌프 교체
快進5	2E	886	大連汽船	45.6.9	미정		미정				
大寶		882		45.6.13	미정		미정				
香取		887		45.6.20	미정		미정				전상수리
新義州	재래선	789	西日本汽船	45.6.23	미정		미정				전상수리
フンネット		2,772		45.7.2	45.7.2		45.7.13	11	0		좌초로 인한 손상수리

자료 : 船舶運營會運航局保船部, 「修繕入渠待滯船調(1944.9.21)」, 『戰時海運資料』 no.33 ; 船舶運營會運航局保船部, 「戰標船入渠檢査修繕工事報告(1944.11~1945.5)」, 『戰時海運資料』 no.33 ; 船舶運營會運航局保船部, 「在來船入渠檢査修繕工事報告(1944.11~1945.5)」, 『戰時海運資料』 no.33 ; 南鮮船舶隊外, 「海運總監巡視ニ對スル狀況報告(1945.7)」, 『戰時海運資料』 no.22에서 작성.

　　헌병사령부가 1944년 1월부터 6월에 걸쳐 일본과 식민지 소재 주요 갑조선 조선소 29개소[10]의 조선 및 수리상황 실태를 조사한 보고서에 의하면 조선중공업의 입거대기일수는 평균 7일, 입거공사일수는 평균 10일이었다.[11] 이에 비해 〈표 9-4〉를 보면 1944년 6월 입거된 2척의 화물선 입거수리 공사

[10] 모두 일본 소재 조선소이고 식민지 조선소로는 한국의 조선중공업과 조선기계제작소가 포함되었다.

[11] 憲兵司令部, 「甲造船及船舶修理ノ狀況(1944.9.5)」, 『戰時海運資料』 no.32.

기간은 34~36일 정도가 소요되었고, 동년 11월 입거한 월산호(月山號)는 1945년 5월 완성계획이었으나 계속 지연되고 있다. 1945년에 들어서면 대부분의 입거선박이 공사가 지연되거나, 장기간 입거대기를 하는 상황에 놓였다. 1945년 5월부터는 대부분의 선박이 아예 도크입거 일정조차 잡지 못한 상태였다. 이처럼 조선중공업의 선박수리공사는 이미 1944년 말부터는 차질을 빚었고, 1945년에는 마비 싱황에 빠졌다는 사실을 확인할 수 있다.

결국 1944년 말부터 선박수리능력 강화를 위한 일제의 정책적 시도가 있었지만 당시의 현실과는 큰 차이가 있었다. 간이도크 등 시설확충은 고사하고 보유 도크의 활용도 차질을 빚고 있는 실정이었던 것이다. 가능한 것은 응급수리 수준의 소규모 수리였을 뿐, 일제가 계획한 운송력 강화는 이루어질 수 없었다.[12]

1945년 7월 현재 남선선박대 관할 선박의 1/3이 수리를 요하는 상태였다. 고육지책으로 기관고장선박은 예인선을 이용하여 운항 하도록 했지만, 그외에는 항구에 계류해 두는 것 외에 방법이 없었다. 원인은 자재 부족, 특히 강재의 부족과 엔진 등 선박의 핵심부문을 수리할 기술 인력의 부족이었는데, 특히 자재 부족이 가장 큰 원인이었다. 수리용 자재의 공급은 주자재의 경우 Bx 및 일반물동 자재에서 전용하였고, 부자재의 경우 선박창 보관 자재 및 민간공장의 수제주물(手製鑄物)을 활용하는 등, 갖은 수단을 동원하고 있었지만 자재 부족을 해소할 수 없었다.[13]

해방직전, 구체적으로는 1945년부터 계획조선에 의한 선박건조는 더 이상 추진되지 않았다. 다만 1944년까지의 계획 중에서 자재가 확보된 선박

---

[12] 일제가 패전직전 운송력 강화에 얼마나 필사적이었는가는 1945년 6월경부터 실시된 이른바 海流수송작전에서도 잘 나타난다. 일본 군부는 朝鮮軍 및 關東軍과 함께 三井物産의 협력을 얻어 동해안에서 무인 선박에 大豆를 실어 해류에 띄워 보내 일본 해안에 도달하는 실험을 실시하였다. 이 2척의 선박은 1개월이 걸려 일본 해안에 도달했다. 실험이 성공하자 본격적인 해류운송이 시작되었는데, 그 규모에 대해서는 알 수 없지만 패전시까지 이 해류운송작전은 지속되었다(三岡健次郎, 앞의 책, 253~254쪽).

[13] 南船船舶隊, 앞의 자료.

의 건조작업을 제외하고는 한국 내 모든 조선소가 선박수리에 매달리는 상황이었다. 선박수리계획의 강화방침은 정책적으로 추진되었지만 급속하게 악화된 전황과 자재수급이 한계를 드러내는 상황에서 성과를 내기에는 역부족이었다. 혼란은 이미 시작되고 있었다.

2. 해방공간의 혼란

미국은 패전국 일본의 해외재산에 대해서 연합국의 전쟁배상용으로 사용한다는 원칙을 종전 이전에 이미 정해놓고 있었다. 이 원칙에 의해 해외에 있는 일본인 재산은 점령당국이 조사하여 연합국의 처리 결정이 있을 때까지 '관리, 보존'할 것이 지시되었고, 남한의 점령을 담당할 주한미군정 사령관 하지(John R. Hodge)에게도 진주 며칠 전인 1945년 9월 1일 동일한 명령이 하달되었다. 이에 따라 9월 8일 남한에 진주한 미군정은 9월 25일 법령 제2호 'Concerning Property Transfers'를 발표하여 남한 소재 일본 재산의 미군정 관리를 선언하였다. 법령 제2호를 통한 미군정의 일본재산 관리방침의 핵심은 일본 국공유 재산의 경우 미군정이 접수하여 관리하고, 일본인 사유재산의 경우 국제법의 관례상 몰수할 수 없었기 때문에 자유매매를 인정하지만 그 거래대금을 조선은행에 강제로 예치시켜 미군정이 관리하도록 하였다.[14]

전쟁배상을 목적으로 한 미군정의 일본 재산 관리방침은 결과적으로 한국인의 소유권을 부정하는 것이었으므로 국내 여론의 강한 반발에 직면했다. 한국에 있는 일본 재산은 그것이 국공유 재산이든 사유재산이든 막론하고 기본적으로 한국인의 피와 땀으로 이루어진 것이기 때문에 당연히 한

---

[14] 이선희, 「미군정의 귀속농지 정책과 신한공사의 농지운영」, 부산대 사학과 석사논문, 2002, 5~6쪽.

국인 전체의 소유라는 여론이 절대적이었기 때문이었다. 해방공간 치열하게 대립하던 좌우익 정치세력도 일본인 재산문제에 대해서는 대체로 의견 일치를 보이고 있었다.[15] 더욱이 38도선 이북을 점령한 소련군정은 일본 또는 일본인 소유 재산을 몰수하여 무상으로 분배하는 작업을 빠르게 진행하였기 때문에 미군정의 일본 재산처리 방침은 더욱 큰 발발을 불러일으켰다.

반발에 직면한 미군정은 1945년 11월 미 본국에 일본인 재산 매매의 전면적 인정을 통해 일본인 재산을 한국인들이 소유할 수 있도록 해 줄 것을 건의했지만, 미국은 일본의 해외 재산은 연합국 배상용이라는 기본 원칙을 고수하였다. 1945년 12월 6일 법령 제33호가 발표되어 부분적으로 인정되던 일본인 사유재산의 매매까지도 전면적으로 금지되고, 한국 내 일본 국공유재산과 사유재산 전부가 미군정의 소유로 귀속되어, 이른바 귀속재산이 되었다.[16] 그러나 이러한 미국의 조치는 일정한 기준이 없는 편의적인 것이었다. 왜냐하면 한국에 본점이 있는 법인의 일본 내 관련재산은 한국에 귀속되지 않고 그것을 정리하여 일본 국내재산화하는 조치가 함께 취해졌기 때문이다.[17] 조선중공업의 경우도 한국 내 재산은 주한미군정에 귀속·관리되는 한편, 조선중공업의 일본 내 재산은 일본 정부의 정리에 의해 일본 국내재산이 되는 절차를 밟았다. 아직 전후처리문제가 결정되지 않은 상황에서 미국이 어떤 배경을 계기로 이와 같은 조치를 취한 것인지

15) 배석만,「해방 후 지식인층의 신국가 경제건설론」,『지역과역사』제7호, 부산경남역사연구소, 2000, 114쪽 ; 비난의 초점은 연합군이 일본인 재산을 전리품으로 인식하고, 한국인 소유를 부정하는 데 있었다. 해방공간 대표적인 좌파이론가 박문규는 적산을 일본의 연합군 배상대상에 포함시키려는 움직임에 대해 '조선에 있는 일본재산은 우리 전민족의 고혈로서 이루어진 것으로 배상의 대상이 될 수 없다'고 하였다. 그는 그 이유로 '과거 36년 동안 우리 민족이 받아온 착취와 압박은 결코 이번 大戰에서 일본의 침략으로 말미암아 연합국이 입은 손해에 뒤지지 않기 때문'이라고 하였다(박문규,「산업부흥과 외국원조」,『朝鮮經濟』, 1946.7, 7~8쪽).

16) 이선희, 앞의 논문, 14쪽.

17) 1947년 7월~1948년 6월에 걸친 SWNCC378 Series의 논의와 결정에 의거한 것이었다(大藏省財政史室編,『昭和財政史 −終戰から講和まで』, 544쪽).

에 대해서는 불명확하다.[18] 그러나 미국이 자의적으로 결정한 이 조치는 이후 청구권문제라는 한일 간의 최대 정치외교쟁점으로 부상하였다.[19]

미군정은 접수한 귀속재산에 대해 관리인을 선임하여 관리하였다. 기업체의 경우 관리인이 선임되는 경로는 크게 두 가지였다. 우선 미군정이 관리인을 선임하여 해당 기업체에 파견하는 경우로 주로 중요기업체를 대상으로 이루어졌고, 미국인 관리인이 파견되거나 임명되는 관리인과 별도로 미군 감독관이 파견되는 기업체도 있었다. 다음은 공장 노동자들이 자체적으로 결성한 관리위원회[20]의 위원장을 미군정이 관리인으로 승인해 주는 경우이다. 일본인이 철수한 후 미군정의 관리통제가 이루어지기 전까지의 기간 동안 해당 공장의 한국인 노동자 및 기술자, 직원을 중심으로 관리위원회가 조직되어 공장을 관리 내지 재가동하였다.[21] 미군정이 귀속기업체를 접수하면서 이들 관리위원회는 미군정의 승인을 받아야 했고, 이 경우 관리위원장이 미군정 임명의 관리인이 되는 형식이었다.

18) 그 배경으로 남한 내 좌익세력 봉쇄 및 북한에서의 소련군정의 조치에 대응한 대소 전략 (김기원,『미군정기의 경제구조』, 푸른산, 1990, 43~48쪽), 미군정의 재정난 타개 및 한국경제의 독립을 통한 일본무력화 전략(박태균,「한일회담 시기 청구권 문제의 기원과 미국의 역할」,『한국사연구』131, 한국사연구회, 2005, 44~46쪽)등이 거론되고 있지만 구체적으로 실증되지는 않았다.

19) 한국은 미국의 조치가 '일본 재산은 우리 전 민족의 고혈로서 이루어진 것으로 당연한 우리의 재산이고 전쟁배상의 대상이 될 수 없다'는 한국의 입장이 받아들여진 것으로 해석했고, 일본은 반대로 이를 통해 한국에 대한 배상이 이루어진 것으로 해석했기 때문이다. 일본은 한술 더 떠서 1950년대 한일회담에서는 한국 내 일본인 사유재산에 대한 역청구권을 주장하기까지 했다. 그 근거는 국제법(헤이그 육전법규) 상의 규정, 즉 '적국의 재산이라도 사유재산의 경우 그 소유권이 존중되어야 한다'는 조항이었다.

20) 해방 직후 노동자들의 자발적 조직체에 대해서는 관리위원회, 자치위원회, 운영위원회, 접수위원회 등 다양한 명칭으로 불렸으나, 관리위원회가 보편적으로 사용되었으므로 이것으로 통일한다. 관련해서는 김기원, 위의 책, 71쪽 ; 차철욱,「해방 직후 부산·경남 지역 사업체관리위원회의 운영과 성격」,『지역과역사』1, 부산경남역사연구소, 1996, 112쪽 참조.

21) 관리위원회의 성격은 그 구성원에 따라 노동자(조합) 중심, (하급)직원중심, 노동자와 직원, 한국인 주주의 공동운영, 노동자와 한국인 재력가의 공동운영, 지역 인민위원회 중심, 노동자(조합)과 지역주민의 공동운영 등 다양한 형태로 나타났다(김기원, 위의 책 및 차철욱, 위의 논문 참조).

미군정의 관리인 임명과정에서 분쟁이 빈발했는데, 주로 미군정에 의해
새롭게 임명된 관리인이 기존 관리위원회를 부정하고 해체를 시도한 데서
발생했다. 미군정이 관리위원회를 부정한 근본적인 이유는 관리위원회의
상당수가 좌익적 성향을 가지고 좌익 노동조직체였던 전평(全評)과 연계를
강화하고 있었던 것을 좌시할 수 없었기 때문이었다.[22] 더구나 미군정의
관리인 임명을 둘러싼 분쟁은 이러한 사상적 대립 이외에 관리인 선정기준
이 무원칙했고, 민주적이지 않았다는 점도 분쟁을 증폭시켰다.[23]

관리인 임명을 둘러싼 마찰은 조선산업 귀속기업체에서도 광범위하게
발생했다. 하나의 사례를 들어보면 부산의 공화조선소(共和造船所)는 종업
원 50명의 소규모 조선소였는데, 1946년 4월 일제시기 서기를 했던 주석환
(朱錫煥)이 전일본인 경영주의 위임장을 받았다는 이유로 미군정 광공국으
로부터 관리인으로 임명되어 부임하였다. 이에 대해 당시까지 공장을 운영
하고 있던 관리위원회는 즉각 반발하고 주석환을 축출하자 주석환은 미군
헌병 및 폭력단을 동원하여 관리위원회 노동자 40명을 해고하고, 공장을
장악하였다. 이에 해고 노동자들은 복직과 주석환의 축출을 요구하며 투쟁
을 전개하였다.[24] 법령 33호에 의해 일본인과의 귀속재산을 둘러싼 거래는
부정되었음에도 불구하고 일본인 전소유주로부터 위임을 받았다는 사실이
주석환이 관리인이 되는 데 중요한 역할을 하였다. 미군정의 관리인 임명
기준이 무원칙하게 적용되고 있음을 보여주는 것이다.

1943년 10월 일제의 계획조선에 의거 지역 10여 개의 조선소를 통합하여
설립된 통영조선유한회사의 경우도 새로운 관리인 임명을 둘러싸고 1946

---

[22] 김기원, 위의 책 제3장 참조.
[23] 원칙적으로 유능하고 자격 있는 사람을 관리인에 임명해야 했지만, 현실은 그렇지 않았고
단순히 연고권자나 경력자, 일정액 이상의 자산가 또는 영어나 일어 통역이 가능해서
미군정과 친밀한 관계를 가질 수 있었던 자 등이 선정되었기 때문이다(이대근, 『解放後
1950年代의 經濟』, 삼성경제연구소, 2002, 101쪽).
[24] 『전국노동자신문』 1946.4.26, 7.19.

년 5월 분쟁이 발생하였다. 통영조선을 관할하는 경남도군정은 동 회사의
영업 성적이 나쁘고, 종업원을 선동하여 노동능률을 저하시켜 회사를 망치
는 분자들이 있으니 이를 숙청할 필요가 있다는 이유로 기존 공장 상무였
던 백남주(白南主)를 신임관리인으로 선정하는 것과 함께 5월 2일 통영경
찰서에 의해 공장이 폐쇄되고 700명의 종업원 중 120명이 해고되었다.[25]
단지 영업 부진과 내부 선동이라는 애매한 이유로 감행된 공장폐쇄와 해고
에 대해 노동자들은 반발하고 나섰다. 동 공장 노동자 김정기(金正基)의 다
음과 같은 언급은 당시 노동자들의 반응을 대변한다.

> 대체 어떤 이유로 공장을 폐쇄하며 종업원을 파면시키는지 알 수 없다. 우리
> 종업원은 8·15이후 공장자재와 이권을 팔아 착복하려는 왜인의 음모와 헌병의
> 수차에 격한 총칼 밑에서도 위험을 무릅쓰고 꾸준히 회사와 직장을 사수하고 그
> 후 각 공장대표 및 한국인 주주들과 군정에서 보낸 관리자를 합하여 20명으로써
> 운영위원회를 구성하여 오늘날까지 아무 일없이 잘 운영하여 나왔는데 돌연히
> 오늘 또 총칼로서 우리종업원 120여 명을 공장에서 축출하여 매일 품삯으로 겨우
> 살아오는 우리들 종업원과 그 가족 7백여 명을 기아선상에 방황시키니 이것이
> 될 말이요. 도대체 우리들은 굶어죽거나 총칼에 마저 죽거나 일반이 단결로서 최
> 후까지 투쟁하여 일 책임추궁과 목적관철에 감투할 것뿐입니다.[26]

 법령 33호에 의한 미군정의 귀속기업체 접수와 관리인 임명은 관리위원
회와의 충돌 속에서도 1946년 상반기까지 대체적으로 완료되었다.[27]
 귀속기업체는 관리 방법에 따라 중앙 직할 기업체와 지방관할 기업체로
나누어졌다. 중앙직할 기업체는 중요기업체, 해당 기업 재산이 2개 행정구역
이상에 걸쳐 있는 기업체로 미군정 중앙행정기구에서 관리를 담당하였다.[28]

25) 『민주중보』 1946.5.10.
26) 『민주중보』 1946.5.10.
27) 경상남도의 경우를 보면 자본금 5만 원 이상 450개 귀속기업체 중 1946년 4월 현재 정식으
 로 관리인이 임명된 공장이 382개로 85%의 실적을 보이고 있었다(『민주중보』 1946.5.19).
28) 조선은행조사부, 『경제연감』, 1949, 귀속사업체 일람표 참조.

조선업체의 경우 조선중공업이 1946년까지는 동척의 후신인 신한공사의 관리를, 이후 한국정부 수립까지는 운수부—일제시기 교통국의 후신—의 관리를 받았다.[29] 지방관할 기업체는 각 지방미군정의 관리하에 있었다.

관리인은 지정된 보증금을 납부하고, 정기적으로 공장운영보고서를 제출하도록 규정되었다. 보증금의 경우 관리인의 부정행위, 경영태만, 당국 지시 위반 등의 사실이 있을 때 면직과 함께 몰수되었다.[30] 또 관리 당국은 수시로 귀속기업체에 대한 감사를 실시하여 관리인의 부정 및 귀속기업체 경영실태를 관리하였다.[31]

1947년에 들어오면서 남조선과도정부를 수립하고, 미군정의 행정권 이양이 서서히 시작되는 분위기 속에서 귀속기업체에 대한 미군정의 통제 강도도 약해지기 시작하고, 한국인에게 그 권한이 부분적으로 이관되었다. 귀속기업체 통제의 행정권도 미군정의 직접통제에서 과도정부 내 한국인 관리에게로 넘어오고, 귀속기업체에 있어서도 미국인 감독관의 권한이 회사 이사회에 이양되는 조치가 취해졌다.[32] 그리고 1948년 전후로 미군정에 의한 귀속재산 불하가 실시되었지만, 기업체의 경우 불하된 것은 거의 중소업체였고, 그 비중도 얼마 되지 않았다.[33] 대부분의 귀속기업체는 한국 정부 수립과 함께 정부로 이관되었다.

해방 당시 일본인 기업체가 어느 정도 규모이고, 그중 얼마가 미군정에 의해 접수되었는가에 대해서는 관련 자료가 적은 관계로 정확한 파악이 힘들다.[34] 일본인이 소유한 조선소도 마찬가지 상황이다. 해방과 가장 가까

29) 『대한조선공사30년사』, 1968, 61~70쪽 참조.
30) 『민주중보』 1946.2.10.
31) 『부산신문』 1947.5.24.
32) 「관재령 10호(1947.12)」.
33) 財務部, 『財政金融의 回顧—建國十周年業績』, 1958, 121쪽.
34) 기존 연구에서도 간접적인 자료를 통한 추론에 의존하여 대체적인 규모를 산출하고 있다. 관련해서는 김기원, 앞의 책 및 김대래 · 배석만, 「귀속사업체의 연속과 단절(1945-1960) — 부산지역을 중심으로—」, 『경제사학』 33, 경제사학회, 2002 참조. 한편 한국정부는 미군정

운 시기 전국적인 조선소 현황을 알 수 있는 자료는 『조선공장명부』 1943
년판으로 1941년 현재의 상황을 보여준다. 이에 의하면 당시 조선에는 97
개의 조선소가 존재하고 있었다. 그중 2개는 한국인 소유 조선소였으므로
95개가 일본인 소유 조선소이다. 95개 조선소 중 남한에 소재한 조선소는
64개로 전체의 67%가 남한에 있었다.[35] 1943년 11월 전국 조선업체의 일원
적 통제기관으로 설립된 조선조선공업조합의 조합원 수는 152명이었다.[36]
이중 93%가 일본인이었으므로[37] 대략 140명 정도였다고 할 수 있고, 1941
년 현재 남한과 북한의 조선소 비율(67%:33%)을 적용하면 대략 90여 개로
추정된다. 이것은 1941년 조선업체 수를 훨씬 능가하는 숫자인데, 일차적
으로 1942~1943년 동안 조선업체가 증가했을 가능성이 있다. 그러나 앞서
확인한 대로 당시 조선총독부는 전시계획조선 실시를 위해 중소조선소 통
합을 추진하고 있었고, 더구나 임시자금조정법을 통해 회사설립이 통제되
는 상황이었으므로 많은 조선소가 신설되었다고 보기는 힘들다. 굳이 해석
한다면 공장명부의 조선소 조사 기준과 조선조선공업조합의 조합가입 기
준에 차이가 있고[38], 조선조선공업조합은 태평양전쟁기 조선산업 통제단
체로 가입의 강제성이 있었기 때문에 기존 『조선공장명부』에는 누락되었
던 조선소가 통계에 잡혔을 가능성이 있다. 1943년 말 현재 남한의 일본인

에 의해 513件의 기업체가 불하되었고, 미불하된 2,203件의 기업체를 미군정으로부터
인계받은 것으로 공식 파악하고 있었다(財務部, 위의 책, 121~127쪽). 件을 1개의 기업체
로 생각한다면 최소한 2,716개 기업체가 한국정부에 의해 파악된 것으로 볼 수 있다.

[35] 제2장 〈표 2-6〉, 〈표 2-7〉 참조.

[36] 『殖銀調查月報』 제69호, 1944.2, 19쪽.

[37] 「朝鮮船舶工業協會 設立趣旨書(1948.1.7)」, 韓國造船工業協同組合, 『造船組合四十年史』,
1988, 143쪽.

[38] 『조선공장명부』의 조사기준은 5인 이상의 상시직공 보유, 내지 그에 준하는 시설 보유이
다. 朝鮮造船工業組合의 가입자격은 ①길이 15m 이상 선박의 제조 또는 수리할 수 있는
船渠 내지 船架를 구비하여 선박의 건조 내지 수리사업을 하고 있는 자, ②공칭마력 100마
력 이상의 선박기관의 제조 내지 수리설비를 가지고 주로 선박용기관의 제조 내지 수리사
업을 하고 있는 자였다(『殖銀調查月報』 제69호, 15쪽).

조선소를 90여 개라고 가정한다고 하더라도 1944년부터는 전국적인 조선
소의 정비통합이 본격화되었고, 특히 최대의 조선소 밀집지역인 부산, 여
수, 군산 등지에서 통합이 진행되었기 때문에 해방 당시 일본인 조선업체
의 수는 1943년 말보다는 감소했을 것으로 추정된다.

그러면 해방 당시 남한에는 몇 개의 조선소가 실제로 존재했는가. 자료
에 의하면 56개 조선소가 확인된다. 해방 당시 조선조선공업조합의 남한
조합원 수가 54명이었고[39], 이들이 56개의 조선소를 가지고 있었다.[40] 이
들 56개 업체의 지역별 분포는 경기 6, 경남 25, 경북 8, 전남 6, 전북 1, 충
남 1, 강원 9개였다.[41] 경남의 경우 일제시기 조선산업이 가장 발달했던 부
산이 포함되었기에 가장 높은 비율을 보이고 있다. 이 56개 조선업체 중
5개 조선소가 한국인 소유였다고 하므로[42] 51개 업체가 일본인 소유 조선
소였다는 결론이 나온다. 그리고 이들 중 미군정에 의해 접수된 조선소의
현황을 살펴보면 다음과 같다.

〈표 9-5〉 미군정 접수 일본인 소유 조선소의 현황

강원	경남	경북	부산	서울	인천	전남	전북	합계
2	11	4	11	1	2	9	1	41

자료 : 재무부,『법인대장』, 연도미상 ; 國稅廳,『法人株式臺帳(國有財産)』, 1966 ; 朝鮮
銀行調査部,『經濟年鑑』1949년도판에서 작성.

서울의 1개 업체는 1943년 계획조선 전문조선소로 원산에 설립되었던
조선조선공업주식회사의 본사 사무실이고, 조선소는 4장에서 살펴본 바
와 같이 원산과 청진에 있었기 때문에 실제 접수된 조선소는 40개였다. 이

---

39) 海洋經濟硏究所,『海運界의 現勢와 展望』, 1948, 20쪽.
40) 韓國造船工業協同組合, 앞의 책, 76쪽.
41)『대한조선공사30년사』, 55쪽.
42) 위의 책, 56쪽.

렇게 보면 해방당시 남한의 일본인 조선소 51개 중 약 80%가 미군정에 접
수된 것이다. 그리고 나머지 11개 조선소는 해방의 혼란 속에서 유실된 것
으로 판단된다. 한국 유일의 대형 강선 건조 조선소인 조선중공업과 태평
양전쟁기 계획조선을 위해 정비 통합된 주요 조선소들은 대부분 접수된
사실이 확인되기 때문에[43], 이들 유실된 조선소들은 모두 소형조선소들로
추정된다.

　일본인 조선소의 관리인으로 선정된 인물들의 성격을 알기 위해서는 이
들의 전직이 파악되어야 하는데, 자료의 한계로 전체적인 상황은 알 수 없
지만 확인이 가능한 조선중공업을 중심으로 정리하면 다음과 같다.

〈표 9-6〉 귀속 조선소 관리인의 성향

성명	관리회사	관리시기	관리전 직업	비고
朴相吉	朝鮮重工業	1945.9월	영도경찰서 치안관	
金在鍊	朝鮮重工業	1945.10월	건축공사장 십장	미군정 승인 초대 관리인
鄭雨朝	朝鮮重工業	1945.11월	조선중공업 직원	
金權泰	朝鮮重工業	1945.12월		신한공사파견
文昌俊	朝鮮重工業	1946~1947	해방전 해외 영사관 영어 통역	신한공사파견
李成雨	朝鮮重工業	|1947~1949	조선중공업 기술자	大阪工業專門學校 졸업
朴沃圭	朝鮮重工業		조선우선 선장	1953년 2대 해군참모총장
金聖權	朝鮮重工業		조선중공업 기술자	鐵道專門學校 졸업
鄭甲吉	방어진조선철공	관리, 불하받음	방어진조선철공 직원	
安昌海	진해조선	관리, 불하받음	진해조선 직원	
金斗千	日出造船	1945.11~?	日出造船 주주	
黃德贊	朝鮮船舶工業	관리, 불하받음	함석공장 경영	
安成達	極東金屬工業社	관리, 불하받음	극동금속공업사 기술자	
金在元	釜山造船工業	관리, 불하받음	하역업자	
朱錫煥	共和造船	1946.4~?	일제시기 서기	

자료 : 『民主衆報』1945.11.28 ; 『전국노동자신문』1946.4.26 ; 『中外經濟新報』1947.1.10. ; 『경
상남도인사록』1947 ; 財務部, 『法人臺帳』年度不明 ; 『大韓造船公社30年史』, 1968 ; 『국
제신문』1991.5.6 ; 김종길, 「박옥규의 중해심 첫 재결」, 『해양한국』, 2001.5에서 작성.

---

43) 재무부, 『법인대장』참조.

해방 후 조선에 남은 전체 귀속기업체를 대상으로 관리인의 성격을 분석한 김기원의 연구에 의하면 관리인은 크게 두 부류로 나누어진다. 첫째는 해당 기업과 직접적인 관계를 갖고 있는 인물이다. 해당 귀속기업체의 직원(노동자 포함), 기술자, 주주 등이 이에 속한다. 반면 해당 기업과 아무런 연고가 없었지만 미군정과의 관계 등 정치적 배경을 등에 업고 관리권을 차지한 인물로 미군정관리, 일제시기 관리, 재력가가 포함되었다. 전자는 중소기업체가 많았고, 후자는 면방직회사와 같은 대기업체에서 주로 나타나서 분쟁이 발생하였다.[44] 미군정의 관리인 임명이 엄정하지 못했던 것은 전후 처리문제가 결정될 때까지 귀속재산은 현 상태만을 유지하면 된다고 생각했기 때문이기도 했다. 그러나 이것은 부동산이 아닌 공장의 경우 가동되지 않으면 현상유지조차 어렵다는 사실을 간과한 것이었다. 조선산업 귀속기업체의 경우도 경험 없는 관리인과 이로 인한 혼란 등의 당시 귀속기업체의 일반적 모습에서 크게 벗어나지 않았다.

1945년 9월 조선중공업에는 영도경찰서 치안관인 박상길(朴相吉)을 위원장으로 한 조선중공업 관리대책위원회가 조직되었다. 일본인들의 철수는 10월 말 사장 이하 잔류자 전원이 일본으로 귀환함으로써 최종적으로 완료되었다.[45] 이런 사실을 종합해보면 1945년 9월부터 10월까지는 일본인 경영진과 한국인 중심의 관리대책위원회가 병존하고 있었음을 알 수 있다. 물론 주도권은 관리대책위원회에 있었을 것으로 보이지만, 이 관리대책위원회 역시 제대로 기능을 수행하였다고 보기는 힘들다. 관리대책위원회 위원장이 1달에 한 번씩 바뀌는 혼란이 거듭되었기 때문이다.

혼란의 원인을 『대한조선공사30년사』는 공장 내 공산주의자들의 준동과

---

44) 김기원, 앞의 책, 128~130쪽. 재력가의 경우 해당 공장 노동자자치위원회가 공장경영을 위한 자금공급을 위해 관리인으로 영입하는 경우도 있었다. 한편 경상남도 귀속기업체 관리에 대해 실증적으로 분석한 차철욱의 연구에 의하면 경상남도의 경우 대체로 해당 사업체의 한국인 직원(하급간부)이 관리인이 되고 있다(차철욱, 앞의 논문, 126쪽).

45) 「朝鮮重工業株式會社現狀槪要報告書(1945年9月30日現在)」, 『朝鮮重工業(株)』.

여기에 대한 미군정의 느슨한 대응 때문이라고 지적하였다.[46] 물론 공장 내 사상적 갈등을 부정할 수는 없지만, 조선소와 전혀 연관이 없는 외부의 인물들이 관리위원장에 임명되었던 것이 보다 갈등을 증폭시키는 원인이었다고 생각된다. 〈표 9-6〉을 보면 초대 위원장 박상길은 경찰이었고, 정식으로 미군정의 승인을 받았던 2대 위원장 김재련은 건축공사장 십장으로 모두 외부인이었다. 공장 내 혼란이 수습되지 않자 미군정은 조선중공업 직원이었던 정우조를 3대 관리위원장으로 임명하여 수습을 시도하였고, 약간이나마 안정되었다는 기록이 이를 뒷받침한다.[47]

조선중공업의 관리대책위원회가 제 기능을 발휘하지 못하는 상황에서 조선중공업은 1945년 12월 미군정이 법령 33호에 의해 한국 내 일본인 재산을 미군정에 귀속시키는 것과 때를 같이하여 신한공사의 관리체제 아래 들어간다. 동양척식주식회사의 후신인 신한공사가 조선중공업의 관리를 맡게 된 직접적인 배경을 알 수 없다. 단지 추정할 수 있는 요인으로는 첫째, 앞서 언급한 미국의 귀속재산 처리 방침의 변경, 둘째, 조선중공업의 최대주주가 동척이었다는 점, 셋째, 관리대책위원회에 의한 공장관리상의 한계, 넷째, 조선공업의 기간산업으로서의 성격 등을 들 수 있을 것이다. 신한공사 관리체제하에서 조선중공업은 〈표 9-6〉에서 보듯이 신한공사에서 파견된 인물이 사장이 되었다. 1945년 12월 신한공사 관리하에 들어간 이후 조선중공업은 1950년 국영기업 대한조선공사가 되기까지 계속 정부 관리하에 있었다. 1년 뒤인 1946년 12월에는 관리가 신한공사로부터 미군정 운수부의 직접관리로 변경되었고, 1947년 5월 남조선과도정부가 수립되면서 과도정부 운수부가 관리를 맡았다. 1948년 8월 이승만정권 수립이후에는 교통부 직영 부산조선창(釜山造船廠)이 되었고, 1949년 귀속재산법이 제정되어 귀속재산에 대한 처리방침이 결정된 것과 때를 같이하여 그해 말 국영기업 설

---

46) 『대한조선공사30년사』, 55쪽.
47) 위의 책, 55쪽.

립이 결정되었다. 1950년 1월 1일부로 조선중공업은 대한조선공사법(법률 제57호)에 의해 국영기업 대한조선공사(大韓造船公社)가 되었다.[48]

조선중공업의 관리인 변천과정에서 하나의 특색은 1947년 이후에는 기술자가 관리인으로 장기간 임명된 사실을 볼 수 있다. 이것은 조선산업과 같은 종합기계공업의 경우 공장 관리에도 전체 공장을 컨트롤할 수 있는 전문적인 엔지니어가 필요했기 때문으로 생각된다. 일제시기 조선중공업의 사장들도 대부분 대학의 조선공학과를 졸업한 고급기술자들이었다.

조선중공업의 경우 해방 후 한국인 고급기술자로는 이성우, 김성권(金聖權)이 있었다. 이성우는 오사카공업전문학교(大阪工業專門學校), 김성권은 철도전문학교(鐵道專門學校) 출신이었다.[49] 이 2명은 1945년 9월 조선중공업에 관리위원회가 조직되면서 영도경찰서(당시는 부산수상경찰서) 치안관 박상길이 관리위원장이 되었을 때 함께 부위원장이었다.[50] 당시 국내 최대의 조선소에 현역 경찰관을 관리위원장으로 임명한 것은 앞서 언급했듯이 미군정의 귀속기업체에 대한 소극적 관리정책에 의한 것으로, 실질적인 공장관리 및 가동과 관련한 영향력은 이성우와 김성권이 가지고 있었다고 판단된다. 이들은 1947년 이후 조선중공업이 대한조선공사로 출범할 때까지 관리인으로서 동 회사를 경영했다.[51] 김성권은 이후 대선조선주식회사(大鮮造船株式會社)의 창립자인 안성달(安成達)의 자금지원을 받아 귀속

48) 대한조선공사는 이후 1968년 극동해운 남궁연에게 불하될 때까지 우여곡절 속에서도 국영기업 체제를 유지하였다. 1968년 민영화된 대한조선공사는 1980년대 후반 경영난에 봉착하여 다시 법정관리기업이 된 후 1989년 한진그룹이 인수하여 한진중공업 부산조선소로 오늘에 이르고 있다.

49) 金鎔基, 「1950年代韓國企業の經營管理と勞動者」, 『大原社會問題硏究所雜誌』 469, 法政大學大原社會問題硏究所, 1997, 5~6쪽.

50) 『대한조선공사30년사』, 54쪽.

51) 『대한조선공사30년사』에는 김성권이 1946년 3월에 사장이 되었고, 한 달 후인 1946년 4월부터 1948년 12월까지 이성우가 조선중공업의 사장(관리인)이었다고 서술하고 있다. 그러나 1947년 1월까지도 신한공사에서 파견된 문창준이 사장이었다는 사실이 다른 자료에서 확인되기 때문에(『중외경제신보』 1947.1.10) 이들 기술자가 사장이 된 것은 그 이후로 생각된다.

조선회사인 조선선박공업주식회사(朝鮮船舶工業株式會社) 제2공장을 인수, 경영하였다.[52]

3. 경영실태

1) 조선중공업

해방 후 1950년 대한조선공사가 되기까지의 운영실태를 살펴보기 전에 당시의 시점에서 조선중공업에는 무엇이 식민지 유산으로 남고, 무엇이 사라졌는가를 검토해 볼 필요가 있다. 우선 물적 재산 부문을 살펴보자.

주요 설비를 보면 선박건조시설인 선대 5기, 수리용 도크 2기를 중심으로 각종 크레인 25대, 조선(造船)·조기(造機)관련 각종 부속공장 등이었다. 선박건조는 최대 3,000톤급 선박 3척을 동시에 건조할 수 있었고, 수리용 도크는 최대 7,000톤급 선박의 수용이 가능했다. 일제시기 각 종 자료에서 보이는 선박건조능력 20,000톤은 보유 선대 5기(3,000톤급 3기 와 500톤급 2기)를 연간 2회전 할 수 있다는 전제로 상정한 것이다. 또 300,000톤의 수리능력은 보유 도크를 연간 30회전 이상 실시한다고 상정한 것이다. 이 것은 회전율에 영향을 주는 자재, 기술 , 노동력 등 생산조건이 일정한 상황을 전제로 한 것이다.

해방 직후 미군이 조사한 조선중공업의 생산능력에 대한 자료들[53]은 대체로 그 능력을 낮추어보고 있다. 전쟁말의 자재난, 인력난 등 생산조건의 변화가 반영된 것이다. 조선중공업의 생산능력은 자료마다 일정한 격차를 보이고 있는데, 건조능력의 경우 최저 6,000톤에서 16,000톤, 수리능력은

52) 「부산의 상맥 34」, 『국제신문』 1991.5.6.
53) 『朝鮮重工業(株)』.

200,000톤에서 300,000톤 정도로 산정하고 있다. 가장 구체적인 자료에는 1945년에 들어서 한 달 평균 460톤의 건조와 15,800톤의 수리실적을 올리고 있었고, 종전 1개월 전까지는 매월 480톤의 건조실적과 17,000톤의 수리실적을 올리고 있었다고 기록한 후에, 종전 후에도 종전 당시의 시설과 인력이 유지된다면 월평균 500톤의 선박건조와 16,000톤의 수리가 가능하다고 하였다. 이 자료에 의할 경우 해방 당시의 시설과 생산조건에서 조선중공업의 연간 능력은 대략 6,000톤의 선박건조와 200,000톤의 선박수리가 가능했다는 결론이 나온다.

그러나 미군정기 조선중공업은 경영되었다기보다는 관리 · 보관되었다고 하는 편에 가까울 정도로 정상적인 경영이 이루어지지 않았다. 미군이 6,000톤의 선박건조의 전제로 제시한 패전 시점의 시설 및 인력유지 중 시설의 경우 전쟁 말 미군기의 공습으로 입은 경미한 피해[54]를 제외하면 고스란히 남았지만, 인력은 일본인의 철수로 그 단절이 심했기 때문이다.

우선 조선중공업의 경영진은 모두 일본인으로 앞서 언급한 대로 10월 말까지 전원 철수하였다. 거대한 종합기계공장인 조선소는 전문성이 높기 때문에 사장조차도 조선관련 엔지니어인 경우가 보통이다. 조선중공업도 일제시기 역대 사장이 모두 조선엔지니어였다. 이러한 점을 고려하면 일본인 철수에 의한 경영공백은 조선소의 경우 그 타격이 훨씬 컸을 것이다.

둘째, 기술자 문제이다. 조선중공업의 패전 당시의 기술자 현황은 앞서 언급한 대로 총 179명이었고, 그중 상급기술자 39명, 하급기술자 140명에 달했다. 이들 중 한국인은 상급기술자 5명, 하급기술자 80명이었다. 조선중공업의 경우 1930년대 말부터 공장 내에 양성소가 설치되어 운영된 결과로 한국인 기술자의 성장이 두드러졌으나, 일본인 기술자의 철수로 기술 인력이

---

[54] 『朝鮮重工業(株)』에는 조선중공업이 전쟁말의 공습에 의해 제재공장건물 20%, 제재기 10%의 피해가 있었다고 기록하고 있다. 태평양전쟁기 말 부산지역에 공습이 있었다는 이야기는 있지만, 조선중공업에 공습이 있었다는 것은 이 자료가 처음이 아닌가 한다. 좀 더 구체적인 자료의 발굴과 확인이 필요하다.

절반이하로 줄었고, 특히 조선소를 전체적으로 컨트롤할 수 있는 상급기술
자의 경우 5명에 불과했기 때문에 기술적 공백의 영향이 컸다고 할 수 있다.

　셋째, 직공문제를 보면 해방 시점에서 조선중공업의 직공이 어느 정도였
는지에 대해서는 자료마다 차이가 있다. 한국 측 자료의 경우 4,000명[55],
철수한 일본인들이 작성한 보고서에는 2,000명에서 1,700명[56]까지 언급되
고 있다. 자료에 따라서 차이가 많이 나는 이유는 통계 자체의 부정확성을
우선 상정할 수 있지만, 그 외에도 노동력을 생산 공정에 따라 신축적으로
운용해야 하는 조선공업 자체의 특성, 징용노동자의 동원 가능성 등이 합
쳐진 결과라고 보여 진다. 그렇다 하더라도 최소한 2,000명 전후의 직공을
보유하였던 것은 확실하다. 그러나 해방 후 공장에 남은 직공은 300명 전후
에 불과했다.[57] 그 이유는 해방과 함께 일본인 경영진이 조선소 운영을 중
지하고 종업원의 대부분을 해고 하는 등 회사정리 작업을 했기 때문이
다.[58] 직공들의 입장에서도 해방 후 조선소가 가동을 멈춘 상황이었으므
로, 일부 공장유지에 뜻을 둔 기술자 및 숙련공을 제외하면 대부분 흩어져
서 호구지책을 찾을 수밖에 없는 상황이었음을 짐작할 수 있다.

　한편 일본인 경영진은 철수하면서 가지고 갈 수 있는 거의 모든 회사 재
산을 챙겼다. 당연히 거기에 비례해서 조선중공업의 타격은 컸을 것이다.
이들이 어느 정도의 회사 재산을 챙겼고, 일본에서 어떻게 사용했는지 그
과정을 좀 더 구체적으로 살펴보자.

---

55) 海運港灣廳, 『草稿 韓國海運港灣史(上)』, 1979, 700쪽 ; 「부산의 상맥 18」, 『국제신문』
　　1990.11.17.
56) 조선중공업 도쿄사무소는 1945년 11월 총 2,800명 중 직원 300명(징집된 인원 포함), 직공
　　2,500명(징집된 직공 500명 포함)으로 보고하고 있고(朝鮮總督府, 『在朝鮮企業現狀槪要
　　調書-造船工業』), 朝鮮總督府, 「朝鮮に於ける日本人企業槪要調書」 no.5에는 1,703명으
　　로 기록하고 있다.
57) 해방 후 조선중공업의 노동자 수는 급감하여 1946년 4월에는 약 300명에 불과다(『전국
　　노동자신문』 1946.4.12).
58) 「昭和20年 在外企業調査」, 『三菱關係會社資料』 no.50.

1945년 10월 일본으로 철수한 조선중공업의 일본인 직원 중 일부가 태평양전쟁기 조선중공업이 전시계획조선 수행을 위해 설립했던 도쿄사무소를 중심으로 조선중공업의 전후처리에 대응했다. 그 중심에 상무취체역이었던 후카세 오사무(深瀨治)가 있었다. 일제 패전 당시 조선중공업 사장이었던 시로야 기요시(代谷淸志)는 사임하였고, 또 한명의 상무취체역인 나카무라 다케오(中村武夫)가 해방 직후 사망함으로 인해 후카세가 중심이 되었던 것으로 보인다.[59] 조선중공업 도쿄사무소가 제일 처음 한 일은 일본정부에 조선중공업의 한국 내 재산을 보고하는 것이었다. 이것은 1945년 11월 6일 대장성령(大藏省令) 95호 '재외재산 등의 보고의 건'에 의하여 일본 정부차원에서 식민지 및 점령지의 일본재산 조사가 실시된 데 따른 것이었다. 도쿄사무소는 11월 20일부로 재산의 개요 및 한국 내 재산의 처리희망서를 내무성 관리국 식산과에 제출하였다.[60]

일본정부에 조선중공업의 재산보고를 완료한 이후 도쿄사무소가 실시한 것이 일본 내 재산의 임의처리였다. 도쿄사무소는 1946년부터 1947년까지 동 회사 임원 및 직원들에게 거액의 급료와 퇴직금을 지급하였다. 그 명세를 보면 〈표 9-7〉과 같다.

〈표 9-7〉 급료 및 퇴직금 지급명세(단위 : 圓)

수입		지출	
이월금	902,823	퇴직금	477,409
차입금	89,160	급료	334,596
선박매각대금	80,000	제 경비	259,978
합계	1,071,983	합계	1,071,983

자료 : 『戰時金融金庫·朝鮮重工業(株)』에서 작성.

---

59) 『朝鮮重工業(株)』.

60) 조선중공업의 처리에 대한 의견은 '기존형태나 한일합작 어느 쪽으로도 회사경영이 곤란한 것으로 판단, 회사의 매각을 희망한다'는 것이었다(朝鮮總督府, 『在朝鮮企業現狀槪要調書-造船工業』).

1947년까지 2년간 80여만 엔의 자금이 조선중공업에서 철수한 일본인 임원 및 직원의 급료와 퇴직금으로 지불되었는데, 실제로는 거의 대부분 1946년에 지불되었다.[61] 1946년 8월에 조선중공업 도쿄사무소가 폐쇄되었기 때문에 실질적으로는 1946년 전반기에 직원 및 임원에 대한 퇴직금 및 급료지불이 집중적으로 이루어진 것으로 보인다.[62] 여기서 문제는 퇴직금 및 급료지불에 사용한 자금의 재원이 어디에서 나왔는가 하는 것이다. 퇴직금 지불에는 SCAP에 의해 동결된 조선중공업의 예금을 사용할 수는 없었다.[63] 주요한 재원은 〈표 9-7〉에서 보듯이 90만 엔이라는 거액의 이월금인데 글자 그대로 해석한다면 1945년 회기로부터의 이월이지만 어디서 이월된 것인지 그 출처가 불명확하다. 추정해보면 가장 가능성이 큰 것은 일본인 경영진이 철수하면서 조선중공업 회사자금을 임의로 가져 온 것이다. 또 봉쇄된 예금 외에 일본 내 다른 조선중공업의 재산을 매각했을 가능성도 있다. 어느 쪽이든 미국이 정한 재산처리방침에 위배되는 것이다. 즉 1945년 8월 9일 이후 한국 내 일본 재산은 동결되어 미군정에 귀속되었고, 한국에 본점을 둔 법인단체의 일본 내 재산 역시 SCAP에 의해 동결되었기 때문이다. 도쿄사무소의 행위가 불법이라는 점은 선박매각과 관련하여 여실히 드러난다. 〈표 9-7〉의 선박매각 대금은 조선중공업 일본인 직원들이 철수하면서 타고 온 동 회사 소유 70톤급 기범선 광진호(廣進號)의 매각 대금이었다. 도쿄사무소는 이 배를 1946년 12월 17만 5,000엔에 간몬(關門)기범선주식회사라는 일본 해운회사에 매각하고, 관련 제 경비 9만 5천 엔을 뺀 8만 엔을 수입에 계상했던 것이다.[64] 이 배는 미국의 전후 일본인 재산

---

[61] 1946년에 지불된 급료 및 퇴직금은 75만 엔으로 90%이상이 1946년에 지불되었다(『朝鮮重工業(株)』).

[62] 도쿄사무소 폐쇄 이후 조선중공업 사무소 주소는 효고현(兵庫縣)으로 나온다. 이 주소는 후카세의 주소와 일치하는 것으로 보아 후카세의 거주지가 사무소 구실을 한 것을 추정된다. 따라서 이름뿐인 사무소였을 가능성이 크다고 하겠다(『朝鮮重工業(株)』).

[63] 위의 자료.

[64] 제 경비로 차감된 9만 5천 원의 내역은 선박수리비 25,000엔, 船用品 15,000엔, 선원퇴직수당

처리결정에 의한다면 다시 한국의 조선중공업에 귀속되어야 할 것으로, 실제로 1947년 12월 주한미군정이 이 배에 대한 인도요청을 함으로써 문제가 되었다. 이에 대해 SCAP이 조사를 실시하지만 결국 어떤 결과도 도출하지 못한 채 흐지부지되었던 것으로 보인다.

해방의 시점에서 조선중공업의 일본 내 재산은 최소한 확인되는 것만으로도 도쿄사무소가 이월금으로 표시한 90만 엔과 동결된 일본 내 예금 19만 엔, 그리고 선박판매 대금 17만 엔의 합계 126만 엔이었다. 그러나 이들 재산의 대부분은 이미 1946년 시점에서 철수한 조선중공업의 임원 및 직원 퇴직금으로 지불되었다. 그 결과 조선중공업의 일본 내 재산의 공식적 처리가 시작된 1948년에는 재산이 거의 남아있지 않았던 것이다.[65] 이러한 일본 내 조선중공업 재산 처리는 물론 미국이 결정한 일본 재산처리방침에 위반되는 것이었다.

자본과 기술이 사라지고, 노동자들이 흩어진 상황에서 2명의 기술자와 300명의 직공들이 대규모 종합기계공장을 단시간 내에 이전과 같은 경영 상태로 돌린다는 것 자체가 불가능한 일이었다.

조선중공업에 남은 기술자와 직공들은 최소한 공장을 다시 가동하기 위해 노력했지만 자본, 노동, 기술의 부족이라는 기본적인 제약 외에 몇 가지 특별한 제약이 재가동을 더욱 어렵게 하였다.

우선 미군정의 귀속재산과 관련한 정책을 지적할 수 있다. 귀속기업체를 포함한 한국 내 일본인 재산은 연합국에 대한 대일배상의 구체안이 결정될 때까지 현상유지를 하는 것이 목적이었기 때문에 공장 시설에 대한 단순한 관리 이상을 시도하지 않았다. 오히려 조선인 관리인을 중심으로 공장 재가동 및 활발한 생산 활동을 위한 움직임이 있을 경우 그것을 저지

16,000엔 및 기타 39,000엔이었다(『朝鮮重工業(株)』).

[65] 봉쇄된 예금 19만 엔의 경우도 최종 재산정리 시에는 5만 엔으로 줄어있었다. 봉쇄된 예금이 줄어든 이유는 알 수 없다.

하는 자세를 취했다.

조선중공업은 특히 미군의 현상유지정책이 관철된 공장이었다. 그 근거로 두 가지 점을 지적할 수 있다. 우선 공장접수 후 신한공사의 관리하에 있던 조선중공업은 1946년 12월부터 군정청의 관리로 다시 이관되었는데, 공장시설 중 기계공장과 같은 육상시설은 상무부에서 도크, 선대 등 해상시설은 운수부에서 관리하는 이원적 관리를 받았다.[66] 한 공장을 미군정청의 두 부처에서 관리하는 파행성은 미군정이 조선중공업을 경영이 아닌 관리의 대상으로 여기고 있었음을 보여주는 것이다. 다음으로 미군 감독관의 존재이다. 미군정은 접수한 중요기업체에 관리인 임명과 별도로 미군정 감독관—1946년 12월 관재령 8호 공포 이후에는 고문관—을 파견하였다. 미군 감독관이 파견된 공장에서는 관리인이 실권을 쥐지 못하고 경영상의 주요 결정권은 미군 감독관에게 있었다. 조선중공업에도 미군 감독관이 파견되었다.[67] 최초의 미군 감독관으로 재미한인 2세 현(玄)모라는 미군 중위가 파견되었고, 1946년에는 중국인 2세 탕(湯)모 소위가 파견되었다.[68] 미군 감독관은 조선중공업의 재가동을 저지하는 역할을 수행하였다. 대표적인 것이 아넷트호(3,500톤급) 인양수리 계획이다. 1946년 이성우를 중심으로 한 회사간부들은 공장 재가동을 위해 60만 원을 들여서 해방 전 침몰된 독일선박 아넷트호를 인양하여 수리할 계획을 세웠다. 수리에 필요한 자금은 조선은행과 교섭하여 900만 원을 융자 받기로 결정되었지만, 어떤 이유에서인지 미군감독관이 융자를 반대하여 수리계획은 수포로 돌아가고 공장은 다시 휴면상태에 빠졌다.[69]

---

66) 『中外經濟新報』 1947.1.10.
67) 관리인이 있지만 실권은 미군 감독관이 가지고 있는 구조하에서 현장공사를 담당하는 工務部, 일반사무를 담당하는 총무부로 나누어지고, 공무부에는 船渠長, 기계과, 선박과, 기획과, 설계과의 5과, 총무부에는 구매과, 영업과, 경리과, 서무과의 4과가 있었다(『대한조선공사30년사』, 67쪽).
68) 위의 책, 61쪽.
69) 『中外經濟新報』 1947.1.10.

조선중공업의 재가동을 제약한 두 번째 요인은 공장 내 좌우익 간의 갈
등이었다. 조선중공업 노동조합은 당시 좌익 전평계열 노동조합 중에서도
대표적인 사업장이었다. 조선중공업의 노동조합은 1946년 9월 총파업을 계
기로 서북청년단에 의해 붕괴될 때까지 전평계가 주도권을 잡고 있었고,
미군정이 임명한 관리인을 교체시킬 정도로 강력한 조직력을 가졌다. 그
이유는 노조를 주도한 것이 일제시기 동 회사 양성소 출신의 직공들이었
기 때문이다. 이들은 태평양전쟁기 계획조선을 통한 선박양산을 경험한
숙련공으로 해방 후 일본인 기술자들이 귀환하자 그 공백을 메우는 역할
을 담당하여 조선현장의 하급기술자, 직장(職長), 조장(組長)으로 일했다.
물론 기술자라기보다는 현장 경험이 풍부한 숙련 기능공이라고 보아야겠
지만[70], 이들이 있었기에 시설정비 등의 기본적인 공장관리가 가능한 상황
이었다. 따라서 이들이 주도하는 노조는 강력할 수밖에 없었고 관리인을
바꿀 정도의 힘을 가졌던 것이다. 전평계 노조에 의한 공장 장악을 좌시할
수 없는 미군정과 그 허수아비 관리인을 인정할 수 없었던 노조의 대립 속
에서 나타난 타협의 산물이 바로 상급기술자로서 직장 층의 통제가 가능한
이성우, 김성권의 관리인 임명이었다고 할 수 있다. 1946년 9월 총파업이후
전평계 노조 조직이 서북청년단에 의해 붕괴되었지만, 공장 내 좌우갈등은
이후에도 계속되었고, 이것은 공장 경영의 주요한 제약요인이 되었다고 할
수 있다.[71]

---

70) 기술의 집결체라고 할 수 있는 회사 설계과의 경우 일제시기 조선중공업 기술양성소
출신의 現圖工이 설계업무를 담당했지만, 구 전시표준선의 설계도나 미군에 의해 들여온
미군용 수송선의 도면을 읽는 수준으로 자체적인 설계는 생각할 수 없었다(韓國船舶研究
所, 『우리나라 造船工業發達史』, 1978, 74쪽).

71) 전평계 노조를 주도했던 職長 층 중 이승만정권 수립 후에도 공장에 남아있던 사람들은
모두 국민보도연맹에 가입하였다. 해방공간 좌익활동 혐의로 국민보도연맹에 가입했던
사람들이 한국전쟁을 계기로 집단학살을 당했다는 것은 주지의 사실이다. 조선중공업(이
시기에는 대한조선공사로 사명 변경)도 보도연맹가입자들을 회사 내 창고와 숙사에 모아
서 집단생활을 하도록 하였고 집단학살의 위기에 놓였지만, 당시 사장이었던 李年宰와
前사장으로 후일 해군참모총장이 되는 朴沃圭 등이 해군과 교섭하여 '군함수리를 위해

당시 시장의 상황도 조선중공업에게 새로운 일감을 줄 처지가 아니었다. 조선의 시장인 해운업 자체의 발전이 미약했고, 그나마도 일제시기에는 거의 전부를 일본인들이 독점하였다. 주요 해운회사인 조선우선, 서일본기선 등의 선박은 태평양전쟁을 계기로 대부분 전쟁에 동원되어 소모됨으로써 해방 후에는 이름뿐인 회사가 되었다. 그 결과로 해방 후 심각한 선박부족에 직면하지만, 미군정은 새로운 선박건조보다는 전쟁이 끝나고 쓸모없어진 미군함정을 국내에 들여오는 방법으로 선박부족문제를 해결하려고 하였다. 민간해운회사들 역시 해방 후 활발하게 설립되었지만, 영세한 신설 해운회사가 국가의 재정·금융상의 지원 없이 자기자금으로 국내에서 선박을 건조하는 것은 불가능했다. 이들은 주로 구 일본인 소유의 선박을 불하받거나, 노후선박을 수입해 운항하였다.[72]

국내 조선공업의 이러한 상황은 같은 시기 일본 조선업계와 극히 대조를 이룬다. 일본의 경우 1945년 9월 15일 SCAP에 의해 국내 물자수송 및 해외 일본인 귀환자 수송을 위한 선박의 건조가 허가됨으로써 종전 때까지 건조 중이던 선박들의 공사가 불과 한 달 만에 재개되었다. 국가의 재정·금융적 지원은 태평양전쟁기와 마찬가지로 산업설비영단이 1946년 말까지 실시하였고, 동 영단이 SCAP에 의해 폐쇄기관으로 지정되어 청산되게 되자 1947년 선박공단(船舶公團)이 설립되어 업무를 계승, 조선사업에 대한 정부지원을 담당했다. 1947년부터는 근대 일본 조선공업의 상징적 사업인 계획조선이 다시 시작되었다.[73] 결국 태평양전쟁기 선박 양산을 위해 구축했

처벌을 보류한다'는 명목으로 학살을 면하였다고 한다. 이들이 갖고 있던 조선기술이 목숨을 살린 것이다(金鎔基, 앞의 논문, 7쪽).

[72] 관련해서는 孫兌鉉, 앞의 책 참조. 국내 조선시장을 수입중고선이 점령한 상황은 이승만 정권기는 물론 박정희정권기에도 유지되었다. 1970년대 중화학공업화 속에서 현대중공업 등 대형조선소들이 건설되지만, 이들의 시장은 국내가 아닌 국외였다. 국내 조선소가 국내 시장에 대한 선박공급을 활성화하게 된 것은 1975년부터 시작된 계획조선 때부터였다. 오일쇼크로 국내 조선소의 국제 시장에서의 선박수주가 어려워진 것을 계기로 정부가 이들 조선소에 일감을 주기위해 시작한 것이 계획조선이었다.

던 전시계획조선 시스템은 패전 한 달 만에 재가동하였고, 변한 것은 함정 건조의 중단을 통한 군수적 성격의 제거와 정부지원 창구가 산업설비영단 에서 선박공단으로 바뀐 것뿐이었다.

해방과 일본인 철수로 인한 인적·물적 단절과 그것이 결과한 자본, 노동, 기술의 부족, 해운업으로 대표되는 국내시장의 미성숙 등으로 인해 미군정기 조선중공업은 정상적인 운영이 이루어지지 않았다. 공장 가동 자체가 힘겨웠기 때문에 선박건조 실적은 없었고 보유 재고자재를 이용한 응급 수리 정도가 시행되었다.[74] 공장가동이 제대로 되지 않은 관계로 손실은 눈덩이처럼 불어나서 1946년 7월 말 현재 270만 원에 달했다.[75] 조선중공업의 운영 부진은 이후에도 장기간 지속되었다.

조선중공업의 부진한 운영 상황은 1950년대 대한조선공사라는 국영기업으로 재출발한 이후에도 그다지 개선되지 않았다. 저렴한 중고선박이 일본을 중심으로 한 외국에서 수입됨으로 인해 국내 시장 형성이 어려웠기 때문이다. 1950년대 대한조선공사의 국영기업 중 최대의 부실기업이었고[76], 1960년 군사쿠데타이후 정부가 대한조선공사 부흥을 위해 파견했던 신동식(申東植)[77]의 다음과 같은 언급은 대한조선공사의 운영부진이 해방 직후

---

73) 寺谷武明, 『造船業の復興と發展』, 日本經濟評論社, 1993, 89~102쪽.

74) 동 기간 조선중공업이 500톤급 화물선 2척을 건조했다는 기록이 있지만(海洋經濟硏究所, 앞의 책, 21쪽),『대한조선공사30년사』에는 전혀 그런 기록이 나오지 않고 다른 자료에서도 발견되지 않기 때문에 신뢰하기 어렵다. 태평양전쟁기 계획조선하에 건조 중이던 전시표준선이 해방 후 완성되었을 가능성은 있다. 즉 1944년 해군함정본부로부터 할당받은 2D형 전시표준선 중 3척이 미완성 상태로 1945년에 이월되었는데, 그중 1척은 해방 전 진수되었지만 2척은 1944년 말까지 30%의 공사 진척 상황에서 그 후 어떻게 되었는지 알 수 없다. 이 2척의 2D형 화물선이 해방 후 F형 급으로 규모가 축소되어 완성되었을 가능성이 있다.

75) 「朝鮮重工業株式會社貸借對照表(1946.7.31)」, 『新韓公社總括及本社支店貸借對照表』.

76) 1950년대 대한조선공사의 경영실태와 관련해서는 배석만, 「1950년대 대한조선공사의 자본축적시도와 실패원인」, 『부산사학』 25·26합집, 부산사학회, 1994 참조.

77) 신동식은 서울대 조선공학과 출신으로 영국과 스웨덴 유학을 거쳐 1958년부터 영국 로이드선급협회의 선박검사관으로 활동했다. 1961년 박정희가 일본에 방문했을 때 로이드 선박검사관으로 일본에 파견되어 있던 그를 발탁하여 대한조선공사의 기술고문으로

의 단기적인 것이 아닌 장기간 지속되었음을 보여준다.

> 내가 조선공사에 내려가니 조선소가 풀밭이었다. 잡초가 무성하고, 1950년대 원조자금으로 산 시설과 기계들은 한 번도 쓰지 않아서 고철처럼 되어있었다. 내가 제일 처음에 한 일은 직원들 전부 모아서 실시한 조선소의 풀 깎기와 청소였다. 그리고 직원들의 밀린 월급지급과 최소한의 조선소 가동을 위해 기존 시설 중 전기 용광로를 이용한 주물작업을 통해 조개탄이나 구공탄을 때는 난로, 미싱 머리 등을 생산했다. 어쨌든 이를 통해 조선소가 가동됨으로써 조선소 내에 활기가 되살아나기 시작했다.[78]

2) 목조선소

해방 후 남한의 조선소는 조선중공업을 제외하면 모든 조선소가 목선을 건조하는 목조선소였다. 또 강선 조선소로 건설되다가 미완성인 상태로 해방을 맞은 조선기계제작소는 이후 조선시설을 전부 철거하여 다시 기계제작소로 돌아갔다.[79] 목조선소도 대부분 일본인이 경영했던 귀속기업체였기 때문에 조선중공업과 마찬가지로 해방 직후의 종업원들이 조직한 관리위원회 단계를 거쳐 미군정에 접수된 이후에는 미군정이 임명한 관리인이 회사를 경영하였다. 목조선소 중 방어진철공조선, 목포조선, 통영조선 등 주요 조선소에는 조선중공업과 같이 미군감독관이 파견되었을 가능성이 있지만, 자료로 확인되지는 않는다.

미군정기 목조선소도 정도의 차이는 있었겠지만 자본, 기술, 자재의 생산조건 제약[80], 관리인을 둘러싼 마찰, 공장 내 좌우익 갈등 속에서 정상적

동 공사의 재건을 맡겼다. 1965년부터는 대통령 경제수석비서관으로 해사관련 업무를 총괄하였다. 현재 (주)한국해사기술 대표이사이다.
78) 신동식 인터뷰(2006.5.23).
79) 韓國船舶硏究所, 앞의 책, 42쪽.
80) "목재만 하더라도 국내산의 赤松만으로서는 질적으로도 도저히 완벽을 기하기 어려우며, 더욱 그 양에 있어서도 新船建造의 適材생산은 경북 태백목재에 국한되는 실정에 비추어

인 경영이 이루어지지 않았다. 조선소에 따라서는 해방 후 수요에 대응하여 어선을 위주로 선박건조를 실시한 정황이 포착된다. 충남기계제작회사의 저예망(底曳網)어선 50톤 80마력 1척, 동 20톤 25마력 소형 저예망 어선 2척, 인천 영화제작소(永和製作所)의 포경포(捕鯨砲) 3基와 동 130톤 400마력 포경철선(완성 과정), 화물선 30톤급 1척 완성, 부산 대선조선소(大鮮造船所)의 20톤 75마력 객선(客船) 1척과 서울 한양조선소의 30톤 75마력 객선 1척 등이다.[81] 그러나 미군정기 전체 선박건조실적을 살펴보면 이것이 미군정기 선박건조 실적의 거의 대부분이었음이 확인된다.

〈표 9-8〉 미군정기 조선산업 생산실적

年度	선박건조(톤)	기관제작(마력)	선박수리(톤)	기관수리(마력)
1945	326	560	117,000	126,000
1946	396	342	125,000	135,000
1947	136	163	148,000	186,000
1948	141	266	149,000	197,000
1949	454	670	176,000	207,000

자료 : 상공부, 『造船工業』, 1965, 37쪽에서 작성.

미군정기 선박건조실적은 1946년의 396톤이 최대였다. 태평양전쟁기 북한을 포함한 것이기는 하지만 연평균 20,000톤의 건조실적과는 비교할 수 없는 수치이고, 그나마도 1947년부터는 실적이 감소하였다. 조기(造機)실적도 1945년 560톤을 정점으로 감소하여 선박건조와 마찬가지의 경향을 보이고 있다. 해방 직후에는 재고자재를 이용해서 어느 정도의 조업이 가능했지만, 재고가 바닥난 이후 자재조달이 되지 않은 결과이다. 반면 수리실

금후 수산업과 불가분의 관련성을 가진 本業의 육성과 조성발전을 위하여 수산물의 대외수출대상물자구입시에는 수산국과 혹은 수산협회, 조선선박공업협회의 긴밀한 연락하에 수산자재 이외의 물자로서는 종합적으로 조선자재확보를 次位에 고려하는 것이 유일한 방법일 것이다(海洋經濟研究所, 앞의 책, 21~22쪽)".

81) 『동아일보』 1949.2.8.

적은 해마다 약간씩 상승하고 있다. 해방으로 인한 재생산조건의 단절, 그리고 해방공간의 혼란 속에서 목조선 역시 선박건조능력을 상실하였고, 간단한 선박수리로서 공장을 유지하는 상황이었음을 알 수 있다. '우수한 중견이상의 기술자 중 선대공(船大工)은 가구공(家具工)이 되고, 주물공(鑄物工)은 부정공(釜鼎工)으로 전락하고, 기계공은 군소철공소 경영주로 이탈하여 조선산업 전반의 기술진영이 약화되고 있다[82]'는 지적은 이 시기의 상황을 단적으로 표현해 준다.

해방 후 고전을 면치 못했던 조선업계는 돌파구를 마련하기위해 1948년 1월 조선선박공업협회(朝鮮船舶工業協會)를 결성하였다. 자재 및 노동력 수급, 필요자금 융자 등 일개 회사로서는 극복하기 어려웠던 제약을 조선업계 전체가 공동으로 타개해 보자는 것이 설립목적이었다. 특히 조선업계의 극도의 불황이 재생산조건의 단절 만에 있었던 것이 아니라 해방공간 속에서 조선업계가 단결하지 못함으로써 당연히 확보해야 할 이권조차 여타 공업 분야에 빼앗겼다는 의식이 크게 작용하였다.

> 朝鮮造船工業組合은 해방이후 4년간 造船業者의 助長發展과 造船工業의 유지 및 육성에 관한 임무를 충실히 수행치 못하고 해방 전 造船業者에 분배할 대량의 중요자재를 해방 후 주로 非業者를 상대로 처분하였으며 또한 造船事業과 불가분의 緊切한 관련성을 가진 수산업과 목재생산업 등의 제중요기관은 이미 상응한 융자를 얻어 목조선 건조의 주문 요청이 연일 격증함에도 불구하고 불행히도 前者보다 一步 전진하여야 할 우리 造船業界만 그 현실을 보지 못함은 千秋의 有恨事로서……[83]

설립과정을 보면 1947년 12월 창립 발기인대회가 개최되고, 이듬해인 1948년 1월 9일 창립총회를 통해 설립되었다. 7월 3일 미군정의 설립인가

---

82) 海洋經濟硏究所, 앞의 책, 20~21쪽.
83) 「朝鮮船舶工業協會 설립 취지서(1948.1.7)」.

를 받았고 정부수립이후에는 대한조선공업협회(大韓造船工業協會)로 명칭
을 변경하였다.[84] 서울에 중앙본부를 두고 하부조직으로 경기, 충남, 전북,
전남, 경북, 경남, 강원에 지방협회를 두었는데, 조선소가 밀집해 있던 부산
에 본부를 둔 경남선박공업협회(慶南船舶工業協會)가 제일 먼저 발족하였
다.[85]

협회결성을 주도한 것은 귀속기업체로서 협회 창립발기인 11명 중 개인
3명을 제외한 법인체 8개소 중 6개가 귀속기업체였다.[86] 협회의 총 회원은
80개 업체가 넘었다. 해방 당시 56개 업체와 비교하면 2년 남짓한 기간에
20개 이상의 조선소가 신설되었음을 의미한다. 극도의 불황에도 불구하고
조선소 신설이 활발했던 현상의 원인은 기존 조선소에서 이탈한 숙련공이
개인 소공장을 설립하는 경향이 나타났기 때문이었다.[87] 상대적으로 조선
산업이 발전했던 부산경남지역에 조선소 신설이 집중되었던 사실도 이를
뒷받침한다.[88] 기존 조선소에서 숙련공이 이탈하여 소규모 조선소를 설립
한 것은 선박정비수요에 대응한 것으로, 선박의 간단한 정비의 경우 도크,
선가(船架) 등 대규모 시설이 없어도 가능하였기 때문이다.[89]

---

84) 韓國造船工業協同組合, 앞의 책, 140~141쪽. 동 협회는 1962년 2월 중소기업협동조합법에
   의해 설립된 韓國造船工業協同組合으로 계승되었다.

85) 海洋經濟研究所, 앞의 책, 37쪽.

86) 설립 발기인 8개 조선소는 인천의 大仁造船鐵工(주), 仁川造船工業(주), 新成造船所, 충남
   의 忠南機械製作(주), 군산의 朝鮮造船(주), 목포의 木浦朝鮮鐵工(주), 부산의 大洋朝鮮鐵
   工所, 朝鮮船舶工業(주)였다(韓國造船工業協同組合, 앞의 책, 144~145쪽). 이중 한국인
   경영 造機 업체인 충남기계제작주식회사(朝鮮銀行調査部, 『朝鮮經濟年報』, 1948, Ⅰ-
   191쪽)와 귀속기업체 여부를 알 수 없는 新成造船所를 제외하고 모두 귀속기업체이다.

87) 『대한조선공사30년사』, 62쪽.

88) 1947년 말 현재 80개 造船業者의 지역별 분포를 보면 경기 인천(10), 전북 충남(7), 전남
   목포(5), 경남 부산(43), 경북 포항(4), 강원 삼척(6), 제주도(5)로 전체의 절반이상이 부산경
   남지역에 집중되었다(海洋經濟研究所, 앞의 책, 20쪽).

89) 이러한 상황은 해방 직후 금속기계공업의 전반적 상황이었다. 관련해서는 배석만, 「해방
   후 한국전쟁기 부산지역 공업구조의 변화」, 『항도부산』 16, 부산광역시사편찬위원회,
   2000 참조.

협회 설립의 물적 토대는 태평양전쟁기 조선산업 통제단체였던 조선조
선공업조합이었다. 협회의 역할과 관련해서도 태평양전쟁기 조선조선공업
조합의 주요 업무를 계승하였다. 즉 협회의 주요 업무는 ①관계당국과 긴
밀한 연락하에 필요자재의 공동구입, 적정배급, ②각 공장의 설비, 기술자,
자재의 교류를 통해 기술 자재난에 대응하고 조선 효율성 증진, ③필요자
금을 본 협회에서 총괄 차입하여 그 적정액을 융자, ④국가방침에 따른 산
하 조선업자의 지도, ⑤본 협회 자체적 숙련공 양성 등[90]으로 조선조선공
업조합이 태평양전쟁기 수행하던 업무와 대체로 일치했다.

그러나 조선선박공업협회는 전시통제단체 조선조선공업조합과 근본적
인 성격의 차이가 있었다. 우선 조선조선공업조합이 전시통제기관으로써
총독부권력을 배경으로 가졌던 강제력이 없었다는 점을 들 수 있다. 그러
나 무엇보다도 큰 차이는 조선조선공업조합이라는 태평양전쟁기 일원적
통제를 위해 만들어진 시스템을 해방 후 조선업자 스스로가 부활시켜 자
본, 기술, 자재 등 재생산조건의 제약을 극복하는 데 이용하려고 했다는 점
이다. 결국 동 협회는 조선산업과 관련하여 국가의 업계쪽 창구에서 업계
의 국가쪽 창구로 성격이 바뀐 것이었다.

조선조선공업조합의 업계 대변인으로서의 역할은 정부 수립 후 보다 강
화되었다. 이승만정권기 수차례에 걸쳐 시도되었던 계획조선을 계기로 조
선선박공업협회(대한조선공업협회)는 산하 목조선소의 이익을 대변하는 한
편으로 경우에 따라서는 목조선소를 대표하여 정부로부터 계획조선을 할
당받아서 이를 소속 조선소에 분배하는 역할을 담당하였다.[91]

90) 韓國造船工業協同組合, 앞의 책, 144쪽.
91) 『부산일보』 1956.10.5.

결론

결 론

이 책은 20세기 한국 조선산업사의 일제시기 전개 과정을 분석 한 것이다. 일본 전통선인 와센(和船)의 이식을 중심으로 한 초기 목조선 중심의 전개, 민수와 군수의 양 방향 수요에 힘입은 1930년대 조선산업의 본격적 성장과 조선중공업의 설립, 태평양전쟁기 선박 양산을 위한 전시계획조선의 실시와 조선중공업의 시설확충 및 조선활동, 목조선소의 신설 및 통합 정비, 해방 당시 남한에 존재한 일본인 조선소의 상황과 미군정의 접수·관리 실태 등이 이 책에서 밝힌 주요한 내용들이다. 이하에서는 우선 본론의 주요 내용들을 정리하고, 이러한 일제시기 조선산업사 연구가 가지는 의미를 제기하는 것으로 결론에 대신하고자 한다.

이미 한말부터 일본 수산업자들을 따라 조선업자들이 한국에 들어왔고, 최초 거점지역인 부산에는 이들이 경영하는 기업형태의 조선소들이 생겨났다. 그러나 1920년대까지 한국의 조선산업은 한일 양국의 전통선에 기반한 소형 무동력 목선의 세계였고, 근대적 산업으로서 의미를 부여하기 힘들었다. 가장 큰 이유는 화물선, 여객선, 원양용 대형어선 및 연근해용 동력어선 등 근대적 조선산업의 시장이 일본 조선산업에 잠식되었기 때문이다. 이에 따라 일본 수산업자의 진출과 일본인 이주어촌의 형성, 수산업 확대에 비례하여 한국의 어선 시장이 확대되기는 했지만, 한국의 조선산업은 전통선의 세계와 겹치는 소규모 무동력 조선시장만을 차지할 수 있었다.

일본인 경영 조선소가 회사의 형태를 구축하고 조직된 노동력을 이용하면서 점차 규모를 확대해가고 있었지만, 부산 등 남해안 주요 항구의 몇몇 조선소를 제외하면 대부분은 근대적 조선산업의 범주에 넣기 힘든 수준이었다. 1920년대 말까지 근대적 조선산업의 본격적 이식은 아직 시작되지 않았으며, 일본형 무동력 어선을 건조하는 일본인 경영 조선소의 상층 일부가 1920년대에 접어들어 동력선 건조를 통해 근대적 조선소로의 발전을 모색하고 있었다.

한편 이 시기는 한국인의 전통적 조선업도 큰 타격 없이 유지될 수 있었던 것으로 보인다. 한국인 배목수들은 일본 목조선의 이식에 대응하여 일본형 선박의 조선기술을 습득하고, 이들 선박을 건조하면서 전통적 조선업의 생명을 연장시키려 하였다. 이 과정에서 양국의 전통적 조선기술은 '개량'이라는 명목으로 섞이기도 했고, 일본인 조선소를 모방하여 회사 형태의 조선소 설립을 시도하기도 했다. 그러나 가업(家業)으로 이어진 영세한 한국인의 전통적 조선업이 근대적 조선소로 전환되는 것은 그렇게 쉬운 일은 아니었다. 한국 구래의 전통적 조선업은 일본인 조선소가 건조하지 않는 조선형 선박의 증가, 그리고 일본형 어선시장의 일부로서, 주로 일본형 어선을 가지고 싶은 한국인 어민의 수요 속에서만 존속할 수 있었다.

일제시기 조선산업의 성장이 본격화된 것은 1930년대부터였다. 민수와 군수 양 방향의 급속한 시장 확장이 있었기 때문이다. 종래와 같다면, 일본 조선업계가 이 확장된 시장을 차지했겠지만 1930년대는 상황이 달라졌다. 일본 조선시장 역시 급격히 확장되었고, 당시 일본 조선업계의 설비규모로는 일본 국내시장을 감당하기에도 힘들었기 때문이다. 이것은 식민지 조선산업에는 기회가 되었다. 이 시기 한국 조선산업의 확장 과정은 목조선 부문과 강선조선 부문에서 일정한 차이가 있었다. 먼저 확장을 시작한 것은 목조선이었으며, 그 계기는 1930년대 어업과 해운업의 활황에 있었다. 목조선은 1930년대에 걸쳐 조선소 수는 3배, 종업원 수는 4배 이상 증가하였다. 어업 및 해운업의 활황이 절정을 이룬 1930년대 후반에는 상대적으로 대규모 조선소도 출현하였다.

목조선의 확장에 필요한 자금은 대개 민간자본에 의해 공급되었다. 자본 공급루트는 크게 일본 독점자본의 투자와 한국 내 일본인 자본의 투자로 나눌 수 있다. 일본 독점자본의 투자는 하야시가네상점, 가네가후치방적과 같이 이전부터 한국 내 사업장을 갖고 있던 대기업이 보유선박을 확대·강화하기 위해 추가투자를 하는 경우였다. 한국 내 일본인 자본의 투자는 조선조선철공소의 경우에서 보았듯이 기존 일본에서 선박건조가 힘들어진 어업 및 수산가공업 관련 자본이 필요한 어선을 한국 내에서 공급받기 위해 공동출자 형태로 전용조선소를 신설한 경우와, 부산의 다나카조선소, 나카무라조선소의 경우처럼 시장 확장에 대응한 기존 조선소의 투자확대, 소자본의 신규참여 등이었다.

이렇듯 1930년대 목조선의 성장 과정은 시장 확장과 그 대응이라는 형태로 민간자본이 주도하였고, 그 과정에 일본 정부나 조선총독부가 정책적으로 강력하게 개입하지는 않았다. 반면 대형 강선조선 부문에서 1937년 조선중공업의 설립과 확장에는 조선총독부와 일본 정부, 군부의 매우 강력한 개입과 주도가 있었다. 조선총독부는 일본에서 건조가 힘들어진 반면 대륙 간 물동량의 급증에 따른 해운업의 활황에 의해 오히려 늘어난 한국 내 대형 강선의 수요를 조선중공업을 통해 해소하려고 했다. 일본 정부는 생산력확충계획을 통해 조선중공업의 초기 시설확충에 개입했다. 그리고 대륙과의 긴장감 고조로 군부는 한국에 일정한 수준의 군수산업 육성이 필요하다고 생각했고, 조선산업의 경우 유사시 함정을 수리할 조선시설을 한국에 두어야 한다고 판단했다. 조선총독부과 군부는 '식민지 공업화'와 '대륙병참기지 건설'의 관점에서 의기투합할 수 있었고, 이를 통해 조선중공업의 건설 및 빠른 시설확충을 달성해 낼 수 있었다. 이것은 당시 일본 조선업계에도 전례가 없는 것으로, 조선중공업은 1937년 설립 당시 종업원 69명과

1,500톤급 수리용 도크 1기가 전부였으나, 시설확충의 결과 1941년경에는 종업원 1,000명 이상, 3,000톤급 선대(船臺) 3기, 500톤급 선대 2기를 보유하였고, 별도로 수리용 도크 7,500톤급 1기, 3,000톤급 1기를 보유하게 되었다. 결국 1930년대 조선산업의 성장은 민수시장 확장에 힘입은 목조선의 성장으로 시작해서 군수시장 형성에 힘입은 강선조선의 확충으로 보다 가속화되었다고 할 수 있다.

1930년대 조선산업은 외형적으로 뚜렷하게 확장되었고 이를 통해 그전까지 전적으로 일본에서 도입되었던 선박의 일부를 한국 내에서 건조하게 되었지만, 비례하여 산업의 약점도 보다 선명하게 나타나게 되었다. 이 중 일부는 '식민성'으로 간주될 수 있는 것이었다.

우선 주요 자재인 철강과 목재, 엔진과 같은 핵심부품 및 기술자를 전적으로 일본에 의존하였다. 그 이유는 한국에 철강, 기계공업의 발전이 이루어지지 않았기 때문이다. 철강의 경우 겸이포제철소가 1934년부터 선박용 강재를 생산하기 시작하여 1930년대 말에는 7~8만 톤 정도의 우수한 강재를 생산하고 있었지만 전량이 일본에 이출되는 구조였다. 조선중공업은 필요한 강재를 일본 야하타제철소에서 구입해야만 했다. 목조선의 주 자재인 목재의 경우도 일본 와센의 보급에 비례하여 '스기'라고 불리는 일본산 삼나무의 이입에 의존하는 경향이 높아졌다. 와센의 경우 선박의 외판 목재는 곡선을 만들어야 하는데 여기에는 일본산 삼나무 이외에는 자재로 사용할 수 없었기 때문이다. 선박용 엔진의 경우도 당시 조선의 기계공업 수준에서는 제작이 불가능하여 완성품을 일본에서 도입하여 장착할 수밖에 없었다. 이로 인해 1910년대 동력선의 보급과 함께 무동력선이 빠르게 자취를 감춘 일본에 비해 조선은 1930년대 동력선도 증가하지만, 무동력선도 같이 증가하는 현상을 보이게 되었다.

1930년대 말 한국에도 전시통제경제의 영향력이 본격적으로 미치게 되면서 조선산업 성장에 비례하여 높아졌던 대일 의존성이라는 취약성은 일거에 생산제약 조건으로 작용하였다. 조선중공업은 철강부족으로 기존에 수주 받은 선박건조가 거의 중지되었고, 자재난을 타개하기 위해 자체적으로 제철사업 진출을 모색했지만 한계가 있었다. 조선 내 어업 및 수산업자는 그들이 필요로 하는 어선 및 수산물 운반선 건조를 위해 공동으로 자본을 출자하여 대형 목조선소 조선조선철공소를 건설하려고 했지만 정책적 규제에 자재난이 겹치면서 건설공사에 결정적 차질을 빚었다.

그러나 태평양전쟁의 발발은 이러한 위기의 국면을 일거에 반전시킬 수 있는 기회로 작용했다. 그 기회는 전쟁에 필요한 선박 양산을 위해 제국 차원에서 사활을 걸고 실시한 전시계획조선으로 마련되었다. 전시계획조선은 국가가 조선산업의 재생산구조 전반을 장악하고 시장을 무제한으로 창출하는 구조였다. 전시계획조선의 대상 조선소로 선정되면 핵심 군수기업으로서 안정적인 자재확보가 보장되었고, 이 자재로 국가에 의해 할당된 선박을 건조할 수 있었다. 물론 전시계획조선을 위해 필요한 조선시설의 확충도 수반되었다. 전시계획조선은 그간 조선소들의 생산 활동의 제약장치로 작동하던 전시통제경제시스템을 안정적 생산 활동을 보장하는 장치로 전환시켰다.

전시계획조선 사업은 두 종류로 나누어져서 실시되었다. 우선 500톤급 이상의 강선건조사업인 갑조선은 해군에서 관장하였고, 500톤급 미만의 소형강선 및 목선의 계획조선인 을조선은 일본 체신성에서 담당하였다. 전시계획조선이 실시되면서 한국의 조선산업도 여기에 편입되었다. 그러나 편입방식은 강선건조부문과 목조선부문이 차이가 있었다. 유일한 강선조선소였던 조선중공업과 강선조선소로의 전환이 결정된 조선기계제작소 및 선박용 강재 생산공장들은 해군성이 통제하는 일본의 갑조선에 편입되어 계획조선을 수행하였다. 반면 목조선은 체신성이 통제하는 을조선에 편입되지 않고, 조선총독부가 별도로 수립한 계획조선에 의거하여 선박건조를 실시하였다. 이것은 조선총독부의 의지라기보다는 목조선의 현실적 조건

이 만들어낸 결과였다. 즉 수많은 소규모 조선소가 전국에 산재하는 목조
선소의 성격상 일본 체신성이 식민지 조선소까지 일원적으로 통제한다는
것은 현실적으로 불가능했기 때문이다. 조선총독부가 자체적으로 을조선
을 시행하면서 한국의 현실적 조건 등이 반영되어 일본과는 다른 여러 가
지 차이를 만들어 내었다. 가장 큰 차이는 한국의 경우 전시계획조선의 실
무를 전담하는 일본의 산업설비영단과 같은 조직이 없었다는 점, 건조된
선박을 민간해운회사가 운영했던 일본에 비해 한국은 통제단체가 직접 운
영했다는 점 등이었다.

전시계획조선을 통해 일본 갑조선에 직접 편입된 조선중공업은 기존의
생산력제약을 극복하고 한 단계 더 확장할 수 있었다. 해군성의 주도로 대
규모 시설이 확충되었고 2,000톤 전후의 화물선을 자체적으로 건조할 수
있게 되었다. 1944년에는 연간 10,000톤의 건조실적을 달성했다. 을조선은
1942년 하반기부터 전시계획조선에 의한 선박건조가 시작되었다. 조선총
독부는 계획조선을 위해 기존 목조선소들을 '1항1사주의'의 원칙하에 강력
한 지역별 통합정비를 진행했고, 한편으로 전시계획조선을 전담할 대형 목
조선소의 신설도 병행했다. 대형 목조선소는 1943년 말 원산에 조선조선공
업을 설립하는 것으로 현실화되었다. 조선총독부의 을조선을 통해 한국의
목조선소들은 50,000톤의 건조능력을 가지고 연간 평균 16,000톤 정도의 건
조실적을 달성하였다. 기술적인 측면에서도 일정한 진보가 있었고, 하급기
술자의 일부를 한국인들이 담당했다. 조선중공업에서는 하급기술자의 경
우 한국인의 비중이 높았다. 그러나 이런 현상은 일본인 기술자들이 전쟁
에 징집되면서 그 공백을 메운 것에 불과했다. 패전 시까지도 전체 조선기
술자의 80%가 여전히 일본인이었다. 전시계획조선에는 백낙승과 이종회의
사례에서 확인했듯이 당시 두각을 나타내고 있던 한국인 자본도 적극 가담
했다.

전시계획조선을 통해 한국의 조선산업이 태평양전쟁기 군수산업으로 규

정되고 그에 입각하여 전시경제체제의 혜택을 누리면서 극적인 성장을 이룩했음을 명확히 확인할 수 있다. 그러나 이것은 상식적으로 이해할 수 있는 성장은 아니었다. 이 시기 나타난 문제들은 1930년대 성장기에 나타났던 한계와는 또 다른 측면의 것들이었다. '경제성을 도외시한 무조건적 증산과 동원'이라는 일제 전시경제체제의 근본적 한계가 결과한 성장이기 때문이다. 애초 제도와 규정에 의한 효율성이 극대화된 동원을 추구했던 전시경제체제는 전황이 불리해짐에 따라 원시적 강제동원에 가깝게 변했다. 이것은 식민지에 있어서는 식민성을 보다 뚜렷하게 만들고 수탈성을 강화시키는 방향으로 작용했다.

조선중공업은 계획조선에 의해 2,000톤급 선박의 대량건조를 실현하였고, 이에 따라 매출액도 급신장했지만 영업성적은 비례하지 않았다. 자재난 가중과 이로 인한 공사 지연으로 선박건조비용은 일본의 조선소보다 높았다. 더욱이 식민지의 전시인플레이션이 심화되면서 경영에 결정적인 압박을 가했다. 조선중공업은 식민지 조선소의 특수성을 내세워 선박가격의 인상을 요구했지만 받아들여지지 않았고, 1944년 하반기에는 설립 후 한번도 거르지 않았던 주주배당을 할 수 없었다. 이것은 당시 일본 조선소의 경영상황과는 크게 다른 것이었다. 대인조선과 강원조선, 조선조선공업의 사례 분석에서 확인했듯이 통합정비되거나 신설된 주요 목조선소의 상황도 조선중공업과 비슷한 상태였다. 성장의 내실이 없었다는 것이다.

식민지 조선산업은 일본 조선산업을 보조하는 예비적 성격을 띠며 우선순위에서 밀렸기 때문에 일본 조선소에 비해 근본적인 차별을 받았다. 조선중공업의 시설확충은 동일 규모의 일본 조선소의 시설확충과 비교하면 절반에도 못 미쳤으며, 조선기계제작소의 강선조선소로의 전환은 무리한 것이었고, 그나마 패전 시까지 완공도 되지 않았다. 그 외 겸이포제철소 부근의 강선조선소 건설이나 동해안 주요 항구의 강선수리 조선소의 건설계획도 실현되지 않았다. 전황에 의해 전시계획조선의 규모가 축소되면서 제일 먼저 선박건조가 중단된 것도 식민지 조선소였다.

한편 목조선소의 재생산구조는 일본과 분리되는 경향을 보였다. 이것은 일본에서의 목재공급이 한계에 다다름으로써 나타난 '강요된 분리'였기 때문에 한국산 목재에 대한 무차별적인 수탈로 직결되었다. 전시계획조선을 위한 전국적인 목재공출운동을 실시하고 산림뿐만 아닌 개인 주택의 조경수까지 공출 대상으로 했다는 점은 태평양전쟁기 물자수탈의 전형을 보여주는 것이었다. 이렇게 했음에도 불구하고 일본과 분리되어서는 조선산업에서 증산은 불가능했다. 중공업적 기반이 없는 상황에서 한국 내 동원만을 통해 일본으로부터의 물적, 인적 공급력 약화를 메우는 것은 현실적으로 무리였다. 을조선 전문 조선소로 조선총독부가 강력하게 추진한 조선조선공업의 건설 사례는 이를 명확하게 보여준다.

태평양전쟁기 전시계획조선을 중심으로 한 조선산업의 확장에는 대규모의 노동력 수탈이 내포되어 있었다. 우선 갑조선을 수행하는 일본의 조선소에 조선인 노동자가 징용되었다. 전체 규모를 알 수는 없지만 쓰루미 조선소와 같은 곳은 6,000명의 노동자 중 3,000명이 조선인 노동자였다고 하는 증언을 감안할 때 전쟁 말기 일본 조선소에 강제 징용된 조선인 노동자의 규모는 상상 이상일 것으로 추정된다. 한국에서 유일하게 갑조선 계획을 수행한 조선중공업도 1944년부터 징용 노동자가 들어와서 노동자수가 4,000명까지 늘어났다. 그나마도 최전선인 남방에 끌려가지 않고 조선중공업에 징용되는 것이 하나의 특혜처럼 생각되는 분위기였다. 이들은 공장에 수용되어 군대식 규율 속에서 노동력을 무제한으로 착취당했다. 1944년 자재난과 기술의 제약 속에서도 조선중공업이 10,000톤의 건조실적을 올릴 수 있었던 것도 이들 징용노동자에 대한 노동력 수탈이 토대가 된 것이었다. 목조선소의 경우 자료를 통해 확인할 수는 없지만 조선조선공업에서 수형자까지 노동력으로 동원한 것으로 보아 계획조선을 수행하는 주요 조선소에 징용이 실시되었던 것으로 추측된다.

1945년에 들어오면 일제는 본토결전을 준비하는 절박한 상황에 몰리게 된다. 사실상 전시계획조선은 중단되었고, 남아있는 선박을 최대한 활용하기 위해 기존 조선소의 선박수리능력 확충에 전력을 기울였다. 특히 이 시기는 대륙으로부터의 물자수송이 일본 제국주의를 유지하는 유일한 생명선이었기 때문에 일본의 동해 쪽 항구 및 한국 연안 조선소의 수리능력 확충을 계획하는 한편 기존 조선소는 군부의 직접통제하에서 공장가동 능력을 모두 선박수리에 집중하도록 했다. 그러나 이미 물자동원이 한계를 넘어선 상황이었기 때문에 수리시설 확충계획은 전혀 이루어지지 못했고, 선박수리도 간단한 응급수리 이상을 기대할 수 없었다. 이로 인해 패전직전 일제의 해상운송력은 완전히 마비된 상태에 있었다고 해도 과언이 아니었다.

1945년 8월 15일 한국은 일제 식민지배에서 해방되었고, 일본인들은 한국에서 철수하였다. 해방은 자주적 독립국가 건설의 희망을 가져왔지만 경제면에서는 일본과의 연결이 갑자기 단절됨으로써 커다란 충격을 받았다. 특히 자본과 기술을 일본인이 독점하고, 태평양전쟁기 전시계획조선을 계기로 한층 심화되었던 대일 의존도를 감안하면 조선산업이 가지는 단절성은 심각했다. 그리고 남북분단은 그 단절성을 한층 가중시켰다.

일본인이 경영했던 조선소는 귀속기업체로서 미군정에 접수되었다. 조선산업의 경우 해방 전후의 혼란으로 인한 시설 파괴나 유실은 크지 않았다. 일부 소규모 조선소의 유실이 있었지만, 전시계획조선을 수행했던 주요 조선소를 포함한 전체의 80% 정도는 1946년 전반기까지 미군정에 의해 대부분 접수되었다. 미군정은 조선중공업을 비롯한 각 조선소에는 관리인을 파견했다. 그러나 일본 및 북한과의 단절로 주 자재인 강재와 목재의 공급이 어려웠고, 계획조선의 중단으로 시장이 상실되었으며, 일본인 철수와 함께 기술과 자본이 빠져나간 상태에서 조선은 사실상 중단된 상황이었다. 조선소에 남아 있던 자재를 이용하여 건조 중이던 전시표준선 선박의 완성을 시도한다거나, 침몰된 선박을 인양하여 수리하려는 계획을 세웠지만, 그마저도 제대로 이루어지지 않았다. 전쟁배상의 관점에 입각한 미군정의 소극적 관리정책과 조선소 내에서 벌어진 갖가지 갈등 때문이었다. 패전 후 미쓰비시중공업, 하리마조선(播磨造船), 가와사키중공업(川崎重工業) 등 일본의 주요 조선소들이 국가적 지원 아래 전시계획조선의 체제를 유지하고, 그 속에서 패전까지 완성시키지 못한 전시표준선 건조를 지속하여 신속하게 정상화의 궤도에 올라서고 있었던 것과는 극히 대조적인 것이었다.

미군정이 통치한 해방공간의 시기는 조선산업의 새로운 재편을 통해 부흥을 준비하는 시간이 되지 못했고, 이로 인해 일제가 남기고 간 유산의 위력은 이미 결정적으로 반감되고 있었다. 전시계획조선과 육군이 발주한 잠수정 건조를 계기로 조선소로의 전환이 진행되던 조선기계제작소는 해방 후 건설 중이던 도크를 메우고 다시 기계공장으로 회귀하였다. 태평양전쟁기 강원조선과 대인조선을 소유하고 전시계획조선에 참여하여 조선소 경영을 경험했던 한국인 자본가 백낙승과 이종회는 면방직과 제분업으로 주력 사업의 방향을 틀었다. 해방 후 조선산업은 일제시기 이미 조선소를 경영한 한국인 기업가에게조차 전망을 상실한 산업이었던 것이다. 한국조선산업이 일제 말의 수준에 다시 도달하는 것은 1960년대 말에 가서야 가능했다. 조선중공업은 1950년 1월 대한조선공사라는 이름으로 국영기업이 되어 정부의 지원하에 재도약을 시도하지만, 장기간 경영난을 벗어날 수 없었다. 이 조선소가 일제 말 경험했던 2,000톤급 화물선의 건조보다 큰 배를 만든 것은 1966년에 이르러서였다.

이상이 일제시기 조선산업에 대해 이 책이 밝힌 내용들이다. 20세기 한국조선산업사에서 일제시기의 역사는 일제가 자신들의 필요에 의해 만들었고, 일제 말 군수공업으로 일정하게 성장했으며, 그들이 철수한 이후에는 정치적 이유를 가미한 생산 활동의 현실적 제약 속에서 방치되어 일단 제 구실을 할 수 없는 상황에 직면했다고 정리하면 크게 틀리지 않다. 그러면 일제시기 조선산업사는 그 구체적 모습(사실)을 확인하고 실증했다는 것 외에 다른 의미는 없는 것인가. 비록 이 책이 20세기 한국조선산업사의 전편에 해당하는 부문으로서 일제시기 조선산업사이기는 하지만, 다음의 두 가지 측면에 어느 정도 기여하고 있으며, 그런 의미에서 자기완결성을 가진다고 생각한다.

첫째는 일제시기 한국경제사와 관련하여 그간 자료의 한계로 명확하지 않았던 일제 말 전시체제기 경제의 실태가 미흡하지만 일정하게는 드러났다고 생각한다. 우선 1930년대 조선총독부가 주도한 '식민지 공업화'의 전체상을 좀 더 구체화시킬 수 있었다. 조선총독부, 일본 정부, 군부, 그리고 기업 등 식민지 공업화에 관련된 핵심 주체들의 대립과 조율 과정이 어느 정도 드러났다고 생각하기 때문이다. 특히 '식민지 공업화'와 '군수공업화'의 상관관계가 명확해졌다고 생각한다. 즉 조선총독부는 계획한 공업화를 추진하기 위해서 군부의 협조를 얻는 것이 거의 유일한 방법이었다. 따라서 식민지 공업화가 본격화되는 것에 비례하여 군수적 성격 역시 농후해질 수밖에 없었고, 조선총독부에 의해 인위적으로 강조되었다. 조선총독부 주도의 식민지 공업화 시대인 1930년대 후반과 태평양전쟁기인 1940년대 전반기는 동일한 전시체제기이지만, 일정한 시기 구분과 양 시기의 차이에 주목하는 것이 일제 말 전시체제기의 이해에 필수적이라는 사실도 이해되었을 것으로 생각한다. 여러 가지 측면이 있겠지만, 단적으로 1930년대 후반은 목조선에서 보듯이 민간자본의 독자적 자본 활동이 가능했고, 조선중공업을 통해서 조선총독부의 주도성이 상대적으로 강했던 시기임이 확인되는 반면, 1940년대 전반기는 전시계획조선을 통해 일본 정부와 군부가 한국의 조선산업을 직접적으로 통제하던 시기였다. 현실적 조건으로 목조선은 을조선의 이름으로 조선총독부의 통제하에 있었지만, 강선조선은 군부의 직접 통제하에 있었기 때문이다. 개별기업의 사례에서 보더라도 1930년대 후반 주로 광산용 기계 제작을 사업목적으로 설립된 조선기계제작소는 1940년대에는 육군 잠수정을 제적하는 완전한 '군용 조선소'로 변모되고 있었다.

둘째는 이승만정권기 선박 양산을 위한 국가 차원의 적극적 노력이 있었는데, 그 방법이 일본인이 남기고 간 조선소들을 토대로 태평양전쟁기 전시계획조선을 대체로 모방했다는 점 때문이다. 이것 역시 '제한된 조건에서 단기간에 대량의 선박건조가 필요'한 전쟁이 계기가 되었던 것이다. 이 점은 해방 후 한국 역대 정권의 조선산업 육성정책을 분석하기 위한 '도구'로 일제시기 조선산업사를 밝혀야 하는 하나의 이유가 된다. 흥미로운 사실은 이승만정권의 계획조선을 통한 선박 양산의 목적이다. 태평양전쟁기 일본은 해상운송력 확충을 위해 선박 양산이 필요했지만, 이승만정권은 한국 해역에서 일본선박을 쫓아내는 것이 목적이었다. 전쟁으로 인한 물자수송이 급격히 늘어난 것에 비례해 부족해진 해상수송력을 미군이 일본 선박들을 대규모로 용선(傭船)하여 메웠기 때문이었다. 미국의 일본 중시 정책을 비판하고 대응전략으로 반일정책의 기치를 걸었던 이승만정권의 입장에서 유엔군 소속이라고는 하지만 군수물자 수송을 빌미로 일장기를 달고 국내 연안을 누비는 일본선 문제는 정치적으로도 용납할 수 없었다. 그러나 1952년부터 '일선대치(日船代置)'를 슬로건으로 시작된 계획조선은 지속적인 노력에도 불구하고 결과적으로 실패로 끝났다. 일본선 축출을 위해 식민지 유산을 이용하는 아이러니였던 이승만정권의 조선산업 육성 실패는 정책적 미숙과 시행착오, 미국의 반대로 인한 필요자금 조달 실패 등이 원인이었다. 그러나 이승만정권의 조선산업 육성정책은 박정희정권기 조선산업 육성정책과 관련하여 볼 때 보다 중요한 의미를 갖는다. 조선산업이 국가 주도로 육성해야 할 핵심공업이라는 정책기조가 계승되었기 때문이다. 이승만정권기 제정된 '조선장려법'에 의해 계획조선이 시행되고, 조선중공업의 후신인 대한조선공사의 경영은 박정희정권기 변함없이 조선산업 육성의 중심에 있었다. 조선산업은 산업기반이 전혀 없는 상황에서도 박정희정권기 중점육성산업의 대상에서 한 번도 제외되지 않았다. 1970년 경제기획원이 추진한 '4대핵심공장건설계획'에서도 조선은 4개 분야 중 하나였고, 결과적으로 현대중공업을 탄생시켰다. 1973년 중화학공업정책 추진에서도 조선산업은 핵심 육성산업이었다. 관련한 구체적인 내용들은 이승만정권기부터 박정희정권기 조선산업사를 다루는 후편에서 중심적으로 다루어질 것이다.

참고문헌

1. 자료

1) 문서

『鑛工業關係會社報告書－三菱製鋼株式會社』.

『茗荷谷文書』E38, E45, E51, E53, E75, E77, E78, E235.

『柏原兵太郎文書』R18.

『三菱關係會社資料』.

『新韓公社 總括 及 本社 支店 貸借對照表』.

『戰時海運資料』no.22, no.27, no.28, no.32, no.33, no.35, no.36, no.37, no.38, no.44.

『第86回帝國議會說明資料(1944.12)－交通局關係』.

『海運業』, 연도미상.

관재청, 『단기 4287년 2월 말일 현재(미불하기업체) 귀속기업체 명세부』.

國稅廳, 『法人株式臺帳(國有財産)』, 1966.

東洋拓殖株式會社, 『帝國議會說明資料－業務槪要(1938.12)』.

商工省金屬局, 『製鐵業參考資料－昭和18年8月調査』.

재무부, 『법인대장』, 연도미상.

朝鮮殖産銀行調査部, 『朝鮮會社事業成績調』 1934~1938.

朝鮮總督府, 『事業資金調整關係書類(乙)』, 1940.

朝鮮總督府, 『在朝鮮企業現狀槪要調書－金屬及機械工業』, 1945.

朝鮮總督府,『在朝鮮企業現狀槪要調書-造船工業』, 1945.

朝鮮總督府,『朝鮮に於ける日本人企業槪要調書』no.5, 1945.

朝鮮總督府,『朝鮮産業經濟調査會に提出すべき議案參考書(1936.9.15)』.

朝鮮總督府,『朝鮮産業經濟調査會諮問答申書(1936.10)』.

朝鮮總督府,『朝鮮産業經濟調査會諮問答申案試案參考書(1936.10)』.

朝鮮總督府,『朝鮮産業經濟調査會會議錄(1936.10)』.

朝鮮總督府,『朝鮮總督府時局對策調査會諮問案參考書-軍需工業ノ擴充二關スル件
　　　　(1938.9)』.

朝鮮總督府,『朝鮮總督府時局對策調査會會議錄(1938.9)』.

總督府東京事務所,『造船關係書類』, 연도미상.

〈閉鎖機關淸算關係資料〉

『朝鮮重工業K.K関係(簿冊番号 前17G番24号)』.

『朝鮮造船工業KK關係』.

『貸付關係書類(會社別)-江原造船株式會社』.

『貸付關係書類(會社別)-大仁造船株式會社』.

『融資部關係綴, 簿書番號2029號, 昭和18年度』.

『(株)朝鮮機械製作所書類綴(在外貸付金45號)』.

『(株)朝鮮機械製作所書類綴(在外貸付金46號)』.

『融資部關係綴, 簿書番號2029號, 昭和18年度』.

『朝鮮重工業(株)』.

『鐘淵朝鮮造船KK』.

『在外會社 利原鐵山(株)書類綴』.

2) 간행자료

『生産力擴充計劃資料』1~9, 現代史料出版, 1996.

『日帝下支配政策資料集』1~17, 高麗書林, 1993.

大蔵省管理局,『日本人の海外活動に関する歴史的調査』9冊(朝鮮編 第8分冊), 第11
　　　　冊(朝鮮編第10分冊), 1947.

大藏省財政史室編,『昭和財政史 – 終戰から講和まで』1권, 1984.

朝鮮總督府,『朝鮮總督府統計年報』각년도판.

3) 영업보고서, 社史, 기타 회사·단체관련 자료

『(株)朝鮮機械製作所 영업보고서』.

『臺灣船渠株式會社 영업보고서』.

『三菱商事社史』, 1986.

『播磨造船所50年史』, 1960.

『浦賀船渠六十年史』, 1957.

『大阪商船株式會社80年史』, 1966.

『大韓造船公社30年史』, 1968.

『三菱重工業株式會社 영업보고서』.

『西日本汽船株式會社 영업보고서』.

『日本製鐵株式會社史』, 1959.

『朝鮮郵船二十五年史』, 1937.

『朝鮮郵船株式會社 영업보고서』.

『朝鮮重工業株式會社 영업보고서』.

三菱社誌刊行會,『三菱社誌』, 1981.

船舶運營會,『船舶運營會史(前編)上』, 1947.

日本郵船株式會社,『七十年史』, 1956.

朝鮮汽船株式會社,『伸び行く朝汽』, 1940.

韓國造船工業協同組合,『造船組合四十年史』, 1988.

4) 신문, 잡지, 정기간행물

『每日申報』,『전국노동자신문』,『부산신문』,『상업일보』,『中外經濟新報』,『동아일보』,『조선일보』,『민주중보』,『國際新報』,『釜山日報』,『국제신문』,『朝鮮』(조선총독부),『海運』(日本海事振興會),『朝鮮經濟』,『殖銀調查月報』,『朝鮮總督府統計年報』,『朝鮮及滿洲』,『朝鮮總督府官報』.

4) 기타

『蔚山東區誌』, 1999.

關澤明淸·竹中邦香, 『朝鮮通漁事情』, 團々社書店, 1893.

兵庫朝鮮關係硏究會編, 『近代の朝鮮と兵庫』, 明石書店, 2003.

梁弘模, 「造船所勞動者6000人の半ばが朝鮮人だった」, 『統一評論』 460号, 2004.2.

朝鮮經濟通信社, 『朝鮮經濟統計要覽』, 1949.

朝鮮總督府殖産局, 『朝鮮工場名簿－昭和10年~18年版』, 朝鮮工業協會.

竹國友康, 『ある日韓歷史の旅－鎭海の櫻』, 朝日選書, 1999.

重要産業協議會編, 『産業設備營團解說』, 東邦社, 1943.

金在瑾, 『등잔불─牛岩隨想集』, 正宇社, 1985.

小磯国昭, 『葛山鴻爪』, 中央公論事業出版, 1963.

『釜山日本人商業會議所年報』, 1907.

アメリカ合衆國戰略爆擊調査團, 『日本戰爭經濟の崩壊』, 日本評論社, 1950.

東亞經濟時報社, 『朝鮮銀行會社(組合)要錄』, 1923, 1931, 1933, 1941.

東洋經濟新報社, 『年刊朝鮮』, 1942.

東洋經濟新報社, 『朝鮮産業の決戰再編成－昭和18年版朝鮮産業年報』, 1943.

滿蒙資料協會, 『工業人名大辭典』, 1939.

森健吉, 『玉泉錄－森辨治郎追憶記』, 1941.

商工部, 『造船工業』, 1965.

鮮交會, 『朝鮮交通史』, 1986.

船舶部會‘橫浜’, 『船舶史稿』 19, 2000.

穗積眞六郎, 『わが生涯を朝鮮に』, 友邦協會, 1974.

習院大学東洋文化硏究所 友邦文庫, 「未公開資料 朝鮮總督府關係者 錄音記錄(5)－
    朝鮮軍·解放前後の朝鮮」, 『東洋文庫硏究』 6, 学習院大学 東洋文化硏究所,
    2004.

神戶海務局 九鬼英利, 『木造船』, 佃書房, 1943.

阿部薰編, 『朝鮮功勞者銘鑑』, 民衆時論社, 1935.

野田經濟硏究所, 『戰時下の國策會社』, 1940.

尹鍾根, 『造船 老技士의 메모』, 釜山日報社, 1985.

日本近代史料研究會,『日本陸海軍の制度・組織・人事』, 1981.

日本造船學會編,『昭和造船史』제1권(戰前・戰時編), 原書房, 1977.

財務部,『財政金融의 回顧—建國十周年業績』, 1958.

井浦祥二郎,『潜水艦隊』, 學研文庫, 2001.

帝國秘密探偵社,『第14版大衆人事錄—外地,滿洲,海外篇』제4권, 1943.

朝鮮事情社,『朝鮮の交通及運輸』, 1925.

朝鮮輿論通信社,『慶尙南道人士錄』1947.

朝鮮銀行調査部,『經濟年鑑』1949.

朝鮮銀行調査部,『朝鮮經濟年報』1948.

朝鮮總督府交通局,『朝鮮交通狀況』第1回, 1944.11.

朝鮮總督府殖産局,『朝鮮工場名簿—昭和7年, 9年版』, 朝鮮工業協會.

中島篤巳,『陸軍潜水艦隊—極秘プロジェクト!深海に挑んだ男たち—』, 新人物往來
　　社, 2006.

土井全二郎,『決戰兵器陸軍潜水艦—陸軍潜航輸送艇⑩の記錄—』, 光人社, 2003.

韓國産業銀行調査部,『韓國의 産業』2, 1958.

韓國産業銀行調査部,『韓國의 産業』, 1962.

韓國船舶研究所,『우리나라 造船工業發達史』, 1978.

海洋經濟研究所,『海運界의 現勢와 展望』, 1948.

海運局,『海運十年略史』, 1955.

海運港灣廳, (草稿)『韓國海運港灣史』上, 中, 下, 1979.

Horace H. Underwood, *Korean Boats and Ships,* Yonsei University Press, 1979.

신동식 인터뷰(2006.5.23).

한국역사정보통합시스템(www. Koreanhistory.or.kr).

2. 연구논저

1) 저서

橋本德壽,『日本木造船史話』, 長谷川書房, 1952.

국사편찬위원회,『한국사―서세동점과 문호개방』 37, 2000金在瑾,『續韓國船舶史
　　　　研究』, 서울대출판부, 1994.

權泰檍,『朝鮮近代綿業史硏究』, 一潮閣, 1989.

堀切善雄,『日本鐵鋼業史硏究-鐵鋼生產構造の分析を中心として』, 早稻田大學出
　　　　版部, 1987.

金在瑾,『韓國船舶史硏究』, 서울대출판부, 1984.

吉田敬市,『朝鮮水產開發史』, 朝水會, 1954.

김기원,『미군정기의 경제구조-귀속기업체의 처리와 노동자 자주관리운동을 중
　　　　심으로』, 푸른산, 1990.

김승,『근대 부산의 일본인 사회와 문화변용』, 선인, 2014.

김인호,『식민지 조선경제의 종말』, 신서원, 2000.

김재근,『우리 배의 역사』, 서울대학교출판부, 1989.

大塩武,『日窒コンツエルンの硏究』, 日本經濟評論社, 1989.

林采成,『戰時経済と鉄道運営-「植民地」朝鮮から「分断」韓国への歴史的経路を
　　　　探る-』, 東京大学出版会, 2005.

麻島昭一,『三菱財閥の金融構造』, 御茶の水書房, 1986.

麻島昭一,『戰間期住友財閥經營史』, 東京大學出版會, 1983.

朴慶植,『朝鮮人強制連行の記錄』, 未來社, 1965.

박영구,『한국중화학공업화연구총설』, 해남, 2008.

배석만·부산대학교 한국민족문화연구소 편,『일제시기 부산항 매축과 池田佐忠』,
　　　　도서출판 선인, 2012.

寺谷武明,『造船業の復興と發展』, 日本經濟評論社, 1993.

山崎志郎,『戰時金融金庫の硏究―総動員体制下のリスク管理』, 日本経済評論社,
　　　　2009.

山辺健太郎,『日本統治下の朝鮮』, 岩波新書, 1971.

三岡健次郎,『船舶太平洋戰爭』, 原書房, 1983.

杉山和雄,『海運復興期の資金問題』, 日本經濟評論社, 1992.

三和良一,『占領期の日本海運』, 日本經濟評論社, 1992.

小林英夫,『大東亞共榮圈の形成と崩壞』, 御茶の水書房, 1975.

小林英夫,『日本軍政下のアジア-大東亞共榮圈と軍票』, 1993.

小野塚一郎,『戰時造船史-太平洋戰爭と計劃造船』, 日本海事振興會, 1962.

孫兌鉉,『韓國海運史』, 亞成出版社, 1982.

安秉直·中村哲,『近代朝鮮工業化의 硏究-1930~1945年』, 일조각, 1993.

안병직편,『韓國經濟成長史-예비적 고찰』, 서울대학교출판부, 2001.

呂博東,『일제의 조선어업지배와 이주어촌 형성』, 도서출판 보고사, 2002.

原朗 編,『日本の戰時經濟-計劃と市場』, 東京大學出版會, 1995.

原朗·山崎志郎,『戰後日本の經濟再編成』, 日本經濟評論社, 2006.

이대근,『한국전쟁과 1950년대의 자본축적』, 까치, 1988.

이대근,『解放後 1950年代의 經濟』, 삼성경제연구소, 2002.

이승렬,『제국과 상인』, 역사비평사, 2007.

정재정,『일제침략과 한국철도』, 서울대학교출판부, 1999.

趙璣濬,『韓國資本主義成立史論』, 大旺社, 1977.

趙璣濬,『韓國企業家史』, 博英社, 1973.

주익종,『대군의 척후—일제하의 경성방직과 김성수·김연수—』, 푸른역사, 2008.

차기벽 외,『일제의 한국 식민통치』, 정음사, 1985.

淸水弘·小沼勇,『日本漁業經濟發達史序說』, 潮流社, 1949.

村上勝彦 外,『1940년대의 アジア : 文獻解題』, アジア經濟硏究所, 1997.

최근식,『신라해양사 연구』, 고려대학교출판부, 2005.

樋口雄一,『戰時下朝鮮の農民生活誌 1939~1945』, 社會評論社, 1998.

한규설,『漁業經濟史를 通해 본 韓國漁業制度 變遷의 100年』, 선학사, 2001.

洪紹洋,『近代臺灣造船業的技術移轉與學習(1919-1977)』, 遠流出版社, 2011.

Gregg Brazinsky, *Nation Building in South Korea : Koreans, Americans, and the*

Making of a Democracy, Chapel Hill: The University of North Carolina Press, 2007.

2) 논문

강만길, 「李朝造船史」, 『한국문화사대계』 Ⅲ, 고려대민족문화연구소, 1968.

곽건홍, 「일제의 전시노동정책 연구」, 고려대 박사논문, 1998.

곽건홍, 「일제의 중화학공업 '숙련'노동자 양성정책의 성격(1937~1945)」, 『史叢』 47, 고려대학교 사학회, 1998.

權權泰, 「日本纖維産業の海外進出と植民地−日本と植民地朝鮮の絹業・綿業と中心に−」, 一橋大 博士論文, 1997.

권혁희, 「밤섬마을의 역사적민족지와 주민집단의 문화적 실천」, 서울대 박사논문, 2012.

金鎔基, 「1950年代韓國企業の經營管理と勞動者−大韓造船公社の事例分析」, 『大原社會問題研究所雜誌』, 1997.

金在瑾, 「日政時代의 造船業」, 大韓民國學術院, 1987.

金在瑾, 「日政時代의 造船業體」, 『大韓造船學會誌』 15-4, 1978.

김양화, 「1950년대 제조업대자본의 자본축적에 관한 연구−면방, 소모방, 제분공업을 중심으로」, 서울대 박사논문, 1990.

나애자, 「한국근대 해운업발전에 관한 연구(1876-1904)」, 이화여대 박사논문, 1994.

박기주, 「조선에서의 광공업 발전과 조선인 광업가」, 서울대 박사논문, 1998.

배석만, 「조선 제철업 육성을 둘러싼 정책조율과정과 청진제철소 건설(1935~45)」, 『동방학지』 151, 연세대 국학연구원, 2010.

배석만, 「태평양전쟁기 일본 戰時金融金庫의 식민지 조선에 대한 자금투융자구조와 실태」, 『경영사학』 27-3, 한국경영사학회, 2012.

배석만, 「해방 후 지식인층의 신국가 경제건설론」, 『지역과역사』 제7호, 부산경남역사연구소, 2000.

山崎志郎, 「軍需省關係資料の解說」, 『軍需省關係資料』, 現代史料出版, 1997.

山崎志郎, 「生産力擴充計劃資料の解說」, 『生産力擴充計劃資料』 1, 現代史料出版, 1996.

서문석, 「귀속 면방직기업의 변천에 관한 연구-사례연구를 중심으로」, 단국대 박사논문, 1997.

西野純也, 「한국의 산업정책 변화와 일본으로부터의 학습 : 1960~70년대를 중심으로」, 연세대 박사논문, 2005.

神谷丹路, 「日本漁民の朝鮮への植民過程をたどる-岡山縣和氣郡日生漁民を中心として」, 『靑丘學術論集』 13, 1998.

신원철, 「기업내부노동시장의 형성과 전개 : 한국 조선산업에 관한 사례연구」, 서울대 박사논문, 2001.

原朗, 「初期物資動員計劃資料解說」, 『初期物資動員計劃資料』 1, 現代史料出版, 1997.

이선희, 「미군정의 귀속농지 정책과 신한공사의 농지운영」, 부산대 석사논문, 2002.

林えいだい, 「序文」, 『戰時外國人强制連行關係史料集』, 明石書店, 1990.

鄭安基, 「戰間期 朝鮮紡織의 事業經營과 金融構造-'資金運用表' 작성에 의한 收支構造分析을 중심으로」, 『경제사학』 30, 2001.

鄭安基, 「戰前戰時鐘紡コンツェルンの研究」, 京都大 박사논문, 2000.

정안기, 「1930년대 조선형특수회사, 조선중공업(주)의 연구」, 『사회와 역사』 102, 한국사회사학회, 2014.

曺晟源, 「植民地期朝鮮棉作綿業の展開構造」, 東京大 博士論文, 1992.

주익종, 「일제하 평양의 메리야스 공업에 관한 연구」, 서울대 박사논문, 1994.

차철욱, 「해방 직후 부산·경남지역 사업체관리위원회의 운영과 성격」, 『지역과역사』 1, 부산경남역사연구소, 1996.

코노 노부카즈, 「일제하 中部幾次郎의 林兼商店 경영과 '水産財閥'로의 성장」, 『동방학지』 153, 연세대 국학연구원, 2011.

▌ 민족문화 학술총서를 내면서

21세기의 새로운 미래를 향해 나아가는 현 시점에서 한국학 연구는 새로운 전기를 맞이하고 있다. 한국은 물론이고, 아시아·구미 지역에서도 한국학에 대한 관심은 고조되고 있으며 여러 분야에서 다각도로 심층적인 분석이 이루어지고 있다. 이러한 추세에 발맞추어 우리 나라의 한국학 연구자들도 지금까지의 연구를 기반으로 하여 방법론뿐 아니라, 연구 영역에서도 보다 심도 있는 연구가 요청되고 있는 형편이다. 따라서 우리는 동아시아 속의 한국, 더 나아가 세계 속의 한국이라는 관점에서 민족문화의 주체적 발전과 세계 문화와의 상호 관련성을 중시하는 방향에서 연구를 진행해야 할 것이다.

본 한국민족문화연구소는 한국문화연구소와 민족문화연구소를 하나로 합치면서 새롭게 도약의 발판을 마련한 이래 지금까지 민족문화의 산실로서 중요한 역할을 수행해 왔다. 그런 중에 기초 자료의 보존과 보급을 위한 자료총서, 기층문화에 대한 보고서, 민족문화총서 및 정기학술지 등을 간행함으로써 연구소의 본래 기능을 확충시켜 왔다. 이제 이러한 성과를 바탕으로 한국학 연구자의 연구 성과를 보다 집약적으로 발전시켜 나아가기 위해서 민족문화 학술총서를 간행하고자 한다.

민족문화 학술총서는 한국 민족문화 전반에 관한 각각의 연구를 체계적으로 정리함으로써 본 연구소의 연구 기능을 극대화하는 역할을 할 것으로 기대한다. 또한 본 학술총서의 간행을 계기로 부산대학교 한국학 연구자들의 연구 분위기를 활성화하고 학술 활동의 새로운 장이 되기를 바란다.

   아울러 본 학술총서는 한국학 연구의 외연적 범위를 확대하는 의미에서 한국학 관련 학문과의 상호 교류의 장이자, 학제 간 연구의 중심 기능을 수행함으로써 명실상부한 한국학 학술총서로서 자리 잡을 수 있도록 해야 할 것이다.

1997년 11월 20일
부산대학교 한국민족문화연구소